CAMBRIDGE LIBRARY COLLECTION

Books of enduring scholarly value

Classics

From the Renaissance to the nineteenth century, Latin and Greek were compulsory subjects in almost all European universities, and most early modern scholars published their research and conducted international correspondence in Latin. Latin had continued in use in Western Europe long after the fall of the Roman empire as the lingua franca of the educated classes and of law, diplomacy, religion and university teaching. The flight of Greek scholars to the West after the fall of Constantinople in 1453 gave impetus to the study of ancient Greek literature and the Greek New Testament. Eventually, just as nineteenth-century reforms of university curricula were beginning to erode this ascendancy, developments in textual criticism and linguistic analysis, and new ways of studying ancient societies, especially archaeology, led to renewed enthusiasm for the Classics. This collection offers works of criticism, interpretation and synthesis by the outstanding scholars of the nineteenth century.

Zur Geographie und Geschichte von Alt-Italien

The philologist Georg Friedrich Grotefend (1775–1853) combined his career as a senior master at schools in Frankfurt and Hannover with the publication of school textbooks on German and Latin, and academic research in ancient history and languages. He was a co-founder of the *Monumenta Germaniae Historica* series of historical sources, still widely consulted today, and is also remembered for his role in the decipherment of Old Persian cuneiform. During his lifetime he was best known for his studies of the Umbrian and Oscan languages (also reissued in the Cambridge Library Collection) and this collection of essays on the geography and history of pre-Roman Italy, published 1840–2. Grotefend emphasises the need to consult the earliest, near-contemporary Greek sources, rather than relying on later accounts. He discusses Greek and Roman myths relating to Italy, the different ethnic groups within the pre-Roman population, and evidence for their family or clan names.

T0370764

Zur Geographie und Geschichte von Alt-Italien

Georg Friedrich Grotefend

CAMBRIDGE
UNIVERSITY PRESS

CAMBRIDGE
UNIVERSITY PRESS

University Printing House, Cambridge, CB2 8BS, United Kingdom

Cambridge University Press is part of the University of Cambridge.

It furthers the University's mission by disseminating knowledge in the pursuit of
education, learning and research at the highest international levels of excellence.

www.cambridge.org
Information on this title: www.cambridge.org/9781108077675

© in this compilation Cambridge University Press 2015

This edition first published 1840–2
This digitally printed version 2015

ISBN 978-1-108-07767-5 Paperback

Zur

Geographie und Geschichte

von

Alt-Italien,

von

Dr. G. F. Grotefend,

Director am Lyceum zu Hannover.

Erstes Heft.

Älteste Kunde von Italien bis zur Römerherrschaft.

Mit einer Karte von Italien
nach Skylax von Karyanda.

Hannover.

Im Verlage der Hahn'schen Hof-Buchhandlung.

1840.

Älteste Kunde von Italien bis zur Römerherrschaft.

1. **D**ie älteste Geschichte von Italien ist noch nicht so von allen Schlacken gereinigt, dafs nicht noch viele irrige Ansichten darin herrschend wären: denn so viel auch Niebuhr's tiefere Forschungen schon gesichtet haben, so sind doch die Erfindungen späterer Zeiten noch nicht gehörig von demjenigen ausgeschieden, was allein als historisch erwiesene Wahrheit gelten kann, weil sich noch keiner die Mühe gab, die älteste Kunde von Italien im Fortgange der Zeiten so zu verfolgen, wie es geschehen muſs, wenn wir nicht Gefahr laufen wollen, bloſse Vermuthungen Späterer für wirkliche Geschichte zu halten. Wer wird nicht die älteste Geschichte Persiens lieber von den gleichzeitigen Griechen, oder die älteste Geschichte unsers Vaterlandes lieber von den gleichzeitigen Römern, als von den später lebenden heimischen Schriftstellern lernen wollen? Gleichwohl ist auch Niebuhr noch von der erst spät bearbeiteten römischen Geschichte ausgegangen, ungeachtet uns Italien nicht durch ein heimisches Volk desselben zuerst bekannt geworden ist, sondern durch das Ausland, welches dahin verkehrte. Um die Wahrheit dessen prüfen zu können, was uns die Römer, welche durch die Griechen ihre Bildung erhielten, oder die ihnen gleichzeitigen griechischen Geschichtsforscher von Italiens ältester Geschichte aus heimischen Quellen berichten, müssen wir zuvor erforschen, was die Griechen von Italien wuſsten, ehe sie Rom selbst kennen lernten. Denn mögen auch die Phöniken noch so früh nach Italien geschifft sein, die älteste Kunde desselben lesen wir doch nur in griechischen Schriften: und wollen wir diese gründlich kennen lernen, so müssen wir, unbekümmert um die Fortschritte späterer Zeit, vor allem zu erforschen suchen, wie die Griechen selbst allmählich zu immer gröſserer Kenntniſs von Italien gelangten. Hierdurch ist im Allgemeinen der Gesichtspunkt gegeben, der uns bei dem gegenwärtigen Aufsatze leitet.

2. Die ersten Spuren von Italien finden wir in Homers Odyssee; weil aber des Odysseus fabelhafte Irrfahrt nicht verständlich ist, wenn wir nicht zugleich die Quelle kennen, aus welcher der Sänger der Odyssee seine Kenntniſs schöpfte, so müssen wir diese vorher zu erforschen suchen, ehe wir zur Erklärung seiner Vorstellungen schreiten. Es werden

uns zwei seefahrende Völker genannt, welche hier in Betrachtung kommen: die Phäaken und die Taphier. Da aber die Phäaken nur als ein Wundervolk der Ferne geschildert werden, Od. VI, 8. 202 ff., mit welchem keine anderen Sterblichen verkehrten; so bleiben uns die Taphier allein übrig, durch welche die erste Kunde von Italien zu den Griechen gelangt zu sein scheint. Ob die Taphier eins waren mit den später so genannten Teleboern, Hesiod. Sc. H. 19., und ob diese ein den Griechen verwandtes oder fremdes Volk waren, kann uns hier zu erforschen gleichgültig sein: es genügt uns zu wissen, daſs Odysseus mit ihnen von Alters her in gastfreundschaftlicher Verbindung stand, Od. I, 187. 417. 264. XVI, 426 ff. Es waren aber die Taphier ein seefahrendes Volk, das einerseits Seeräuberei bei Sidon in Phönikien trieb, Od. XV, 426., und die Griechen mit Sklaven versah, Od. XIV, 452., andererseits zu andersredenden Völkern nach Temesa fuhr, Od. I, 184., um Kupfer gegen blinkendes Eisen einzutauschen. Nach Strabo's Deutung, VI, 1. 5. pag. 255., ist hierunter die von den Ausonen gegründete und später von Ätoliern bewohnte Stadt Tempsa in Bruttium zu verstehen, wo noch zur Zeit des Thukydides VI, 2. Sikeler wohnten, denen die Griechen nach dem Sänger der Odyssee XX, 383. Sklaven verkauften, aus deren Lande aber vermuthlich die sikelische Alte stammte, Od. XXIV, 211. 366. 389., welche den Greis Laertes pflegte. Durch den Verkehr mit diesem Volke, dessen Übergang nach Sicilien man erst später erfuhr, lernte der Verfasser der letzten Rhapsodie der Odyssee auch Sikanien kennen, Od. XXIV, 307., und einen noch fernern Ort Alybas, Od. XXIV, 304., dessen Lage sich nicht näher bestimmen läſst. Dem Sänger der Odyssee heiſst aber diese Insel nur von ihrer Gestalt das dreizackige Eiland Thrinakia, Od. XI, 107. XII, 127 ff. XIX, 275.

3. Hiermit ist alles erschöpft, was der Sänger der Odyssee von Italien historisch kannte, und zufolge seiner Quelle historisch wissen konnte. Thrinakia erschien dem Odysseus, so weit er es auch durchwanderte, Od. XII, 333., noch menschenleer, Od. XII, 351., und nur von des Sonnengottes Heerden beweidet, wodurch der Dichter ihre Lage im fernsten Westen andeutete, Od. XII, 135., von wo des Ost- und Südwindes Sturm, Od. XII, 326., den aus dem hohen Norden kommenden Odysseus nach Hause zu kehren verhinderte. Es war demnach weder Herakles, noch Minos von Kreta, noch irgend ein Troer oder ein von Troja rückkehrender Grieche, wie man in spätern Zeiten dichtete, jemals in Thrinakia oder Sikania gelandet, und eben so wenig ist etwas von alle dem, was Voſs, durch die Deutungen späterer Griechen verleitet, auf seiner homerischen Welttafel dahin verlegt hat, auf dieser Insel zu suchen. Mit Völcker „über homerische Geographie und Weltkunde", S. 119., die Menge von Widersprüchen, welchen die homerische Welttafel von Voſs unterliegt, durch die Annahme zu heben, daſs Thrinakia eine von Sikania verschiedene Insel innerhalb der Meerenge sei, ist gleich unstatthaft, weil kein Wort des Dichters darauf führt, die weiten Gebirgsländer der Lästrygonen, Kyklopen und Giganten auf einer Insel ihrer Nachbarschaft

zu suchen. Freilich mußte Italien, so lange es nur auf seiner Südküste befahren ward, selbst noch als eine Insel erscheinen, daher auch noch der Dichter der Eöen Hesiodos, Theog. 1013 ff., der schon die Herrschaft der Agrier oder Aboriginer und Latiner über die hochberühmten Tyrrhenen kannte, diese noch sehr fern im Schoofse heiliger Inseln wohnen ließ; aber eben deshalb durfte der Sänger der Odyssee an die Möglichkeit einer nördlichen Durchfahrt vom grofsen westlichen Inselmeere bis in das Nordmeer denken, in welches die Argonauten unter Iason, von Lemnos aus, Il. VII, 469. XXIII, 747., geschifft waren, und den Weg dahin über Griechenland mit allerlei Wundervölkern, wie den andern Weg zurück mit allerlei Wunderscheusalen besetzen. Daß der Sänger der Odyssee wenigstens des Odysseus Fahrt durch die Irrfelsen aus der Argonautensage entlehnte, bezeugt er selbst Od. XII, 70., und hiervon läßt sich auf vieles Andere schliefsen, vergl. Strab. I, pag. 21.

4. Daß wirklich die ääische Insel der Kirke in der Nähe des Landes Äa zu suchen sei, wo ihr Bruder Äetes herrschte, Od. X, 137., beweiset ihre Lage am Rande der von der Eos und dem Helios erleuchteten Erde, Od. XII, 3., unfern des Okeanosstromes, wohin der Nordwind Thrakiens, Il. XXIII, 230., führt, Od. X, 507., und wo die winterlichen Kimmerier an der Einfahrt in die Unterwelt, Od. XI, 14., von ewiger Nacht umschattet sind. Durch des Nordwindes Wehen wird eine hyperboreische Gegend angedeutet, wie durch des Zephyros Hauch in des Orpheus Argonautenfahrt v. 1155. eine westliche, und daß Äa selbst ursprünglich nicht in Kolchis lag, beweiset des Homeros Unkunde aller Länder über Paphlagonien hinaus, weil seine Halizonen, Il. II, 856., in der Mitte zwischen den Paphlagonen und Mysiern, wie schon ihr Name andeutet, im silberreichen Bithynien, und die amazonischen Männinnen, Il. III, 189., unmittelbar hinter Phrygiens Rebengefilden zu suchen sind. Das Land, wohin die Argonauten fuhren, war zwar noch von der Eos und dem Helios erleuchtet, sofern es noch auf der Oberwelt lag; aber für eine Fahrt nach Norden zeugt die Bemerkung der gröfsern Tageskürze bei den Lästrygonen, Od. X, 83.: denn daß auch diese aus der Argonautenfahrt entlehnt wurden, beweiset der Quell Artakia, Od. X, 108., an welchem die fernthorige Feste des Königes Lamos lag, Od. IX, 81. XXIII, 318. Es folgt hieraus freilich nicht, daß Homers Lästrygonen in die Gegend des spätern Kyzikos zu versetzen seien; aber daß die Homeriden sie in ein nördliches Land verpflanzten, gleich den Götterverachtenden Kyklopen und Giganten, beweiset ihre Riesengröfse im Gegensatze der südlichen Pygmäen, Il. III, 6. Daß sich auf Sicilien keine Spur von Lästrygonen und Kyklopen fand, sagt Thukydides VI, 2. mit klaren Worten; und Homeros konnte auch ihre weiten Länder nicht auf einer Insel denken, da sie gleich den Männern, welche Teiresias Od. XI, 122. den Odysseus nach seiner Heimkehr zu bereisen rieth, weder Schiffszimmerung, noch Seefahrt übten, Od. IX, 125. Vielmehr wohnten sie alle in Gebirgsländern, Od. X, 81 ff. IX, 106 ff., und den Kyklopen weiset Homeros Od. IX, 116. ihr Land einer

kleinen Insel gegenüber in der Nachbarschaft des weiten Gefildes Hypereia Od. VI, 4. an, welches mit einem thessalischen Quelle, Il. 234. VI, 457., gleichen Namen führt. Von da wanderten einst die Phäaken in Scheria ein, dessen Name schon auf festes Land hindeutet, in weiter Ferne des von Menschen befahrenen Meeres gelegen, Od. VI, 202 ff., wo sie mit den Göttern verkehrten, Od. V, 35. VI, 241. VII, 206. X, 120.

5. So wundervolle Seefahrer auch die Phäaken waren, Od. VI, 270 ff. VII, 34. VIII, 557., so wird doch nirgends behauptet, daſs sie zur See in ihr Land eingewandert seien. Wie sie selbst, wohnten also auch die Kyklopen, aus deren Nachbarschaft sie kamen, Od. VI, 5., nordwärts über Griechenland. Mag man nun auch diese Nord-gegenden noch so schmal sich denken, weil Odysseus in einer Fahrt von der ääischen Insel zu den Seirenen und Klippen der Skylla und Charybdis gelangt, Od. XII, 153 ff.; und mag man auch immerhin unter dem polypenartigen Ungeheuer der Skylla und dem Meerstrudel der Charybdis die Gefahren geschildert glauben, welche dem durch die Meer-enge von Sicilien fahrenden Schiffer droheten, weil sie sowohl nach Od. XII, 127. 261., als nach Od. XII, 428 ff. unfern von der Insel Thrinakia waren: so muſs man sich doch die Insel der Seirenen sowohl, Od. XII, 39. 158. 167., als die Irrfelsen, Od. XII, 70., mit der zehen Tagfahrten weit westlich von Ithaka schwimmenden Insel des Äolos, Od. X, 1—55., und allem Uebrigen, was der Dichter Od. XXIII, 314—327. kurz wiederholt, aus der Sage von der Argonautenfahrt entlehnt denken, in welche es daher auch der Pseudo-Orpheus mit andern zum Theil wieder übertrug. Wirklich scheinen die Seirenen nur eine lieblichere Umgestaltung der Harpyien zu sein, und so mag auch die ogygische Insel der Kalypso, Od. XII, 448., welche in weiter Ferne, wohin nie ein Schiff kam, Od. V, 55. 101. 135. 278. VII, 268., westlich von Ithaka, Od. V, 277., nach den Säulen des Atlas zu, Od. I, 50 ff., im Nebel des Meeres wohnte, eine bloſse Erfindung des Homeros sein: wie aber Voſs und Völcker glauben konnten, Homeros habe unter der Wachtelinsel Ortygia unter-halb der syrischen Insel, Od. XV, 404., wo die Sonne auf ihrer täglichen Bahn vom Ost- bis zum Westoceane wendete, die erst spät entdeckte Insel vor Syrakus verstanden, muſs jedem unbegreiflich dünken, welcher die Schilderung von des Eumaeos Vaterlande mit der Schilderung von Thrinakia vergleicht, und erwägt, daſs, wenn wir auch Syros dem ägäischen Meere entziehen, in den Gesängen des Homeros keine der Kykladen genannt wird, als Delos Od. VI, 162. und die entfernter liegende Insel Attika's Kranae Il. III, 445.

6. Mag man noch so viele Orte, welche Odysseus befuhr, in die Gegend verlegen, wo Italien liegt; so darf man doch bloſse Hirngespinnste nicht geographisch deuten, und eine gröſsere Kunde dieses Landes daraus folgern, als welche eine seltene Fahrt nach dem Lande der Sikeler bedingt: Italien selbst erschien dabei nur als eine gröſsere Insel, der-gleichen man allmählich mehre in jener Gegend fand, welche Hesiodos Theog. 1014. unter

dem Namen der heiligen Inseln zusammenfaſst. Eben hieraus ergibt es sich auch, daſs, wenn gleich Hesiodos schon die Agrier oder Aboriginer und Latiner über die hochberühmten Tyrsenen herrschend kannte, die Ligyer doch ihm noch nicht bekannt sein konnten, wofür vielmehr in dem verdorbenen Bruchstücke bei Strabo VII, 2, 7. pag. 300. der Libyer Name zu schreiben ist, zumal wenn es dem γῆς περιόδῳ angehörte, welchen Strabo VII, pag. 302. dem Hesiodos beilegt. Zwar war ihm schon Homers Thrinakia mit dem Riesenvorgebirge Peloron zu einem Rotheilande Erytheia Theog. 290. geworden, wo der dreihauptige Riese Geryones jenseit der Okeanosströmung die Sonnenrinder weidete, wie Homers Elysium Od. IV, 564. zu der Seligen Inseln am Rande des Erdkreises Hausl. 171., wo der triebsame Grund des Gefildes noch hinter den Goldäpfeln der Hesperiden Theog. 215. den hochbeglückten Heroen dreimal im Jahre Honigfrüchte zum Labsal bot, Hausl. 171.; so wenig er aber schon Libyens Fruchtbarkeit bei Homeros Od. IV, 85 ff. gleich den spätern Dichtern bei Aristoteles de mirab. 81. auf das Land der Ombriker übertrug, so wenig kannte er auch den Zug des Herakles, welchen Apollodos II, 5, 10 med. von Tartessos aus beschreibt. Diesemnach ist auch der tiefstrudelnde Eridanos, welchen Hesiodos Theog. 338. unter den merkwürdigen Flüssen nennt, noch nicht auf den Po zu beziehen, sondern nach Herodotos III, 115. auf einen erdichteten Strom im Norden von Europa, wohin nach der Erzählung der Griechen am Pontos Herod. IV, 8. 32. Herakles von Erytheia kam. Möglich ist es, daſs Hesiodos schon den Ätna kannte, wie Eratosthenes nach Strabo I. pag. 23. behauptete; aber daſs er auch schon von der ortygischen Insel bei Syrakus gesungen habe, aus welcher erst 735 v. Chr. G. Archias von Korinthos die Sikeler vertrieb, Thukyd. VI, 3. Strabo VI, 2. 4. pag. 269 sq., ist zu bezweifeln.

7. Obgleich Hesiodos selbst von Askra am Helikon, Hausl. 640. nicht weiter zu Schiffe fuhr als nach Aulis und Chalkis in Euböa, Hausl. 650 ff., wo er als Sieger im Wettgesange einen gehenkelten Dreifuſs gewann; so hatte doch sein Vater von dem äolischen Kyme aus Hausl. 636. viele Meereswogen durchsteuert, und die Chalkidier waren die ersten, welche in Verbindung mit den Kymäern Strab. V. pag. 243. Vellej. I, 4. eine griechische Pflanzstadt in Italien stifteten, von wo aus später auch Neapolis Strab. V, pag. 246. und Zankle in Sicilien Thuk. VI, 4. gegründet ward. Unwahrscheinlich ist es freilich, daſs Cumae schon, wie Eusebios meldet, 1050 v. Chr. G. bald nach Kyme's Gründung in Aeolis erbauet sei, weil erst dreihundert Jahre später andere Colonieen in Sicilien und Unteritalien nachfolgten, seitdem der Athener Theokles oder Thukles Thuk. VI, 3. Strab. VI. pag. 267., durch einen Sturm verschlagen, die Fruchtbarkeit des sicilischen Bodens und die Schwäche seiner Bewohner kennen lernte; aber daſs die Chalkidier früher schon diese Gegend kannten, erhellet daraus, weil Thukles nur diese bereit fand, mit ihm 736 v. Ch. G. Naxos in Sicilien zu gründen. Seit dieser Zeit folgte eine griechische Pflanzstadt der andern, wie Thukles

selbst mit Doriern von Megara Hybla gründete: und sowie Thukydides VI, 3—5. die Gründung der sicilischen Pflanzstädte geschichtlich aufzählt, so liefert eine bei Basta in Apulien gefundene Inschrift aus einer Zeit, wo das griechische Alphabet nur erst 16 Buchstaben enthielt, eine Beschreibung Choniens in Unteritalien, soweit es durch griechische Colonieen bekannt geworden war, in vier elegischen Distichen, welche meiner Erläuterung in den Rudimentis linguae Oscae pag. 54. zufolge also lauten:

$$\text{Χώνης ἴσθ' ὁρίαν Μαρσαπίδος ἄστεϊ Βάστᾳ}$$
$$\text{Εἶναι Ὑδρᾶντα, Τάρανθ', οὖ ἕδρα Μετταβόου·}$$
$$\text{Χωνεδονὰς δ'ἀκτὰς Σύβαριν τ' Οἰνώτριον, ὄκκου}$$
$$\text{Αἰσάροος πόντου ὕδασιν ἀντιρέει·}$$
$$\text{Ἔνθ' Ἴρηξ ὁρικὸς καταρεῖ, ᾗ Χωνέτου ἥ τε Νεαίθου}$$
$$\text{Ὕδατα Χωννείᾳ, ἔνθ' Ὑλίας τε νάει·}$$
$$\text{Ἀκτὰς Κραθιαεῖς, ἔνθ' αὖ Βάρδαννος ἀπ' ὀχθῶν}$$
$$\text{Χωννείαν διαρεῖ ἱμερόεσσαν ἀεί.}$$

8. Mag man auch in dieser bisher fast drei Jahrhunderte hindurch für unerklärbar gehaltenen Inschrift Einzelnes anders lesen; jedenfalls besitzen wir darin die älteste geographische Beschreibung des chonischen Gebietes, in welchem seit dem achten Jahrhunderte vor Chr. G. die griechischen Pflanzstädte aufblüheten, welche in dem eigentlich sogenannten Italien lagen, und wegen ihrer ausgedehnten Macht in den spätern Kriegen mit dem sicilischen Tyrannen Dionysios sich die Benennung Grofsgriechenlands aneigneten. Chonien wird in dieser Beschreibung, die noch während der Blüthe von Sybaris 720—510 v. Chr. G. und wegen des Mangels eines pythagorischen Ypsilons noch vor Pythagoras verfafst wurde, durch ein ähnliches Beiwort bezeichnet, welches nach Athenaeus XII, 25. der Dichter Archilochos von Paros um 720 v. Chr. G. der Gegend am Siris gab, deren Bezeichnung durch chonedonisches Gestade sich durch des Hekatäus iapygische Stadt Chandane bei Stephanus Byz. erklärt. Aufser der messapischen Stadt Basta werden folgende Pflanzstädte Choniens namentlich aufgezählt: Hydruntum, Tarentum, Metapontum, Siris, Sybaris, das schon oenotrisch genannt wird, mit Kroton am Flusse Aesaros; Choniens Umfang selbst aber durch den Lauf der Flüsse Irex, Chonetos, Neaethos, Hylias, Krathis und Bardannos bestimmt. Um dieselbe Zeit, als jene merkwürdige Inschrift verfafst ward, eröffneten nach Herodotos I, 163. die Schifffahrten der Phokäer zuerst den Adria, Tyrrhenien, Iberien und Tartessos, durch welche Benennungen beide italische Meere mit den Ländern vom Rhodanos bis an die Säulen des Herakles bezeichnet werden: denn 600 v. Chr. G. gründeten die Phokäer ihre erste Niederlassung in Massilien, und um 640 v. Chr. G. ward nach Herodotos IV, 152. Tartessos durch den samischen Schiffer Koläos entdeckt, welchen ein Sturm aus Osten durch die Säulen des Herakles trieb. Hier fanden die Phokäer den König Arganthonios, der,

weil man alle Könige daselbst so nannte, achtzig Jahre geherrscht und im Ganzen 120 Jahre gelebt haben soll, nach Dederich im rheinischen Museum IV, S. 101, Not. 5. von 660—540 v. Chr. G. Ihn meinte der Zeitgenosse von Polykrates und Hipparchos am Ende des sechsten Jahrhunderts vor Chr. G., Anakreon, wenn er nach Strabo III, pag. 151. sang, er möchte nicht 150 Jahre König von Tartessos sein; aber schon funfzig Jahre früher verband Stesichoros aus Himera in Sicilien nach Strabo III, pag. 148. die Silberquellen des Tartessosflusses mit der gepriesenen Insel des Geryones Erytheia, cf. Athen. XI, 38. 99 sq.

9. Eine Ἡράκλεια dichtete schon Pisander aus Kamiros in Rhodos in zwei Büchern um die Mitte des siebenten Jahrhunderts v. Chr. G.; bevor aber die Phokäer Massilien gründeten, konnte die Sage vom Zuge des Herakles so, wie wir sie bei Apollodoros II, 5, 10. med., und noch weiter ausgesponnen bei Diodoros IV, 17 ff. lesen, durch alle die Länder, welche Sophokles in einem Bruchstücke bei Dionysios Hal. I, 12. in umgekehrter Ordnung aufzählt, nicht entstehen. Aber da man später in der Beschreibung dieses Zuges die jedesmalige Kunde von Italien und Sicilien niederzulegen pflegte, so mußte ihn schon die gepriesene Ἡράκλεια, welche Panyasis aus Halikarnassos in Karien um die Mitte des fünften Jahrhunderts v. Chr. G. in vierzehn Büchern dichtete, ungefähr so enthalten, wie ihn Apollodoros erzählt, welcher vorzüglich der Sagengeschichte des Pherekydes aus Leros bald nach den Perserkriegen folgte, vgl. Macrob. S. V, 21, extr. Wie Sophokles in seinem Trauerspiele Triptolemos bei der Aufzählung der Länder, welche Triptolemos nach der Anweisung der Demeter durchwandern sollte, auch Italien nicht vergaß, dessen Segensfülle er auch in Bezug auf Bakchos in der Antigone 1106. pries, und nach der Erwähnung der italischen Südküste vom japygischen Vorgebirge bis zur sicilischen Meerenge, worauf Strabo I. pag. 27. und Plinius H. N. XVIII, 12, 1. anspielen, auch Sicilien berührt hatte, umschrieb er die fernere ihm bekannte Meeresküste durch folgende Verse:

Τὰ δ' ἐξόπισθε χειρὸς εἰς τὰ δεξιὰ
Οἰνωτρία τε πᾶσα, καὶ Τυῤῥηνικὸς
Κόλπος, Λιγυστική τε γῆ σε δέξεται.

10. Umgekehrt durchwanderte Herakles, dem Apollodoros zufolge, auf seinem Zuge von Tartessos Abderien bis Ligyen, wo ihm Poseidons Söhne, Alebion und Derkynos, die Rinder entwandten, und nach deren Tödtung durch Tyrrhenien nach Rhegion in Italien, das von dem Ausreißen eines Stieres also benannt ward (ἀποῤῥήγνυσι ταῦρος oder in tyrrhenischer Sprache ἰταλός). Da der Stier nach Sicilien übergeschwommen war, wo ihn der Elymer König Eryx unter seine Heerden mischte, übergab Herakles seine Rinder dem Hephästos, um den Stier zu suchen, und nachdem er ihn dem im Ringkampfe getödteten Eryx wieder abgenommen hatte, zog er mit seinen Rindern längs des ionischen Meeres bis in dessen innerste Busen, wo Hera die Rinder rasend machte. So dürftig dieser Umriß von

Italien und dem übrigen Westeuropa auch noch erscheint, so verrathen doch die Namen Alebion und Derkynos, statt deren wir bei Pomponius Mela II, 5, med. Albion und Bergion lesen, welche Herakles in dem Steinfelde unweit der Rhonemündung tödtete, das schon Äschylos in einem Bruchstücke des befreieten Prometheus bei Strabo IV, pag. 183. und Dionysios Hal. I, 41, extr. aus des Herakles Kampfe gegen die Ligyer bei dem Übergange über die Alpen ableitete, die erste Kunde der Alpen und der herkynischen Bergkette, wefshalb man um so weniger Anstand nehmen darf, des Hekatäos Stadt Iberiens Sikane bei Stephanus Byz. am Flusse Sequana in Gallien zu suchen. Wenn man mit Klausen, welcher seiner Sammlung der Bruchstücke des Hekatäos auch eine Welttafel beigegeben hat, annehmen darf, dafs Avienus Or. mar. 675. die Meinung von des Rhodanus dreifacher Mündung, in das äufsere, ligustische und adriatische Meer, aus Hekatäos schöpfte; so mochte dieser Vater der Geographie, welcher am Ende des sechsten Jahrhunderts v. Chr. G. das erste geographische Werk zur Erläuterung der Erdtafel seines Freundes Anaximandros Strab. I, pag. 7. schrieb, wol schon davon gehört haben, dafs der Rhenus und Rhodanus in derselben Alpengegend entspringen, aus welcher der Ticinus sich in den Padus ergiefst, wie er auch die Pflanzstädte der Phokäer Massalia, Monökos und Ampelos im ligystischen Lande kannte; aber dafs dieser vielgereiste Mann, wie ihn Agathemeros nennt, jemals in Italien gewesen sei, läfst sich durch nichts erweisen.

11. Dafs dem Hekatäos von Miletos die Insel Sardo nicht unbekannt war, lehrt uns Herodotos V, 125.; hätte er aber Kyrnos aus eigener Ansicht gekannt, so hätte er die Lage dieser Insel schwerlich so, wie man bei Stephanus Byz. lieset, als nördlich von Iapygien bestimmt. Nach Stephanus nannte er die Eiseninsel Äthale eine Insel der Tyrsenen, und mit dem Namen Adria Stadt, Flufs und Meeresbusen zugleich; doch wohnten ihm die Istrier mit den Kaulikern am ionischen Busen. Ob er aber schon diejenige Fruchtbarkeit kannte, welche der Pseudo-Aristoteles de mirab. 81. von den Ombrikern rühmt, während Aristoteles de animal. VI, 1, init. mit Plinius X, 53. die fruchtbaren Hennen adrianisch nennt, ist sehr zu bezweifeln, da er nördlich von Iapygien, worin nach ihm auch Eleutier oder die Valentini des Plinius III, 11. wohnten, oberhalb Chandane nur die Peukäer oder Peuketianten, sowie nördlich von Italien, worin ihm mitten im Aulon, wo sich die Krotoniaten angebauet hatten, Aulonia, Locri Epizephyrii, Krotalla und Medma an einem gleichnamigen Bache, das Vorgebirge Skylläon und die vom Flusse Lametos bei Kroton benannte Stadt Lametini lag, nur die Önotrer im Innern des Landes kennt. Zwar wird auch von Suidas sowohl als von Stephanus Nola eine Stadt der Ausonen genannt; es fragt sich aber, ob dieses nicht eine spätere Bestimmung sei, wie wenn Kapya eine Stadt, und Kapriene oder vielmehr Kaprie eine Insel Italiens genannt wird. Denn da Hekatäos so viele Städte der Önotrer nannte, welche alle in μεσογείᾳ oder auch, wie Arinthe, in μεσοποταμίᾳ lagen, so dafs

Klausen auch Brystakia und Drys, (vielleicht Dryus, wie Prokopios de bello Gothico I, 15. für Hydrus schreibt), ungeachtet bei diesen, wie bei Θύελλα statt Οὐελία oder Υέλη aus dem Herodot, jene Bestimmung fehlt, aus dem Hekatäos angeführt glaubt; so wird es wahrscheinlich, dafs er, wie Sophokles, alles Land bis Tyrrhenia Önotrien nannte. Nur unter dieser Voraussetzung, mit welcher freilich die Illumination und Zeichnung der Niebuhr'schen Karte von Italien in der ersten Hälfte des dritten Jahrhunderts der Stadt Rom wenig übereinstimmt, lassen sich die meisten der von Hekatäos genannten Örter wiederfinden.

12. So ist Arinthe, von Herodianos auch fälschlich (vgl. Μυργέται bei Steph.) Arianthe genannt, wenn man unter μεσοποταμία oder Interamnia die Gegend der pontinischen Sümpfe versteht, Ardea des Geschichtschreibers Xenagoras bei Dionysios Hal. I, 72.; Artemision oder Dianium (vgl. Strabo III, pag. 159. Liv. I, 48. Plin. H. N. III, 12.), welches Philistos von Syrakus in seiner dorischen Mundart Artemition nannte, Aricia in Latium; Erimon vielleicht das sabinische Eretum; Ixias aber Vescia oder Suessa Auruncorum, sowie Menekine vielleicht Minturnae. Ninäa kann für Signia oder Anagnia, und Kyterion für Cliternum in Samnium geschrieben sein: denn dafs Samnium vormals zu Önotrien gehörte, beweiset die von den önotrischen Morgeten benannte Stadt Murgantia oder Morgentia bei Stephanus. Darum ist auch Malanios für Milonia oder Milionia bei Livius X, 3. 34. zu erklären, wie Kossa für Compsa im Lande der Hirpiner. Ehe man bei Kossa an das heutige Cassano in agro Thurino denkt, welches Cäsar B. C. III, 22. und Vellej. I, 14. Cosa nennt, ist eher an das Flüfschen Cosa bei Frusino zu denken, da auch in Brystakia die Frusinates verborgen liegen können. Est ist sogar möglich, dafs Sophokles Homers Alybas Od. XXIV, 303., welches Hesychius durch ὄρος oder πόλις bei Sophokles, aber λίμνη ἐν Ἰταλία bei andern erklärt, auf Alba am Fucinussee bezog, wo auch ein Flecken Frusteniae lag: da aber Hesychius auch schreibt: Ἀλίβας · νεκρὸς ἢ βροῦχος ἢ ποταμὸς ἢ ὄρος, so vermuthet Brunck, Sophokles habe Ἀλύβας durch Ἀλίβας (saftlos) erläutert, wodurch er, nach einem Bruchstücke bei Eustathius zu Il. Φ, pag. 1237. zu urtheilen: εἰς Ἀλίβαντα καταπεσεῖν αὐτὸν, ζῶντι ποδὶ χρώμενον, den Aufenthalt der Todten bezeichnete, obwohl Brunck auch im Lexicon Sophocleum die Glosse eines handschriftlichen Wörterbuches anführt: Ἄορνος λίμνη· — εἶναι δὲ καὶ νεκυομαντεῖον ἐν τῇ Τυρσηνίᾳ λίμνῃ Σοφοκλῆς ἱστορεῖ. Von Sicilien nennt uns Hekatäos in den noch erhaltenen Bruchstücken vorzüglich nur die Städte der Nordküste, welche Herakles durchzogen haben sollte, wie Zankle, Mylae, Himera, Solus, wo zufolge des Zusatzes: ἐκλήθη δὲ ἀπὸ Σολοῦντος κακοξένου, ὃν ἀνεῖλεν Ἡρακλῆς für πόλις Κιλικίας — Σικελίας zu lesen ist. So lieset man auch bei Stephanus: Μοτύη, πόλις Σικελίας, ἀπὸ Μοτύης γυναικὸς, μηνυσάσης Ἡρακλεῖ τοὺς ἐλάσαντας τοὺς αὐτοῦ βοῦς, mit dem Zusatze: Ἑκαταῖος Εὐρώπῃ· Φίλιστος δὲ φρούριον αὐτήν φησι Σικελίας παραθαλάττιον. Auch das südwestliche Vorgebirge Siciliens Lilybäum mit der Stadt gleiches Namens führt Stephanus

aus Hekatäos an; aufserdem aber nur die gröfste Stadt Siciliens Syrakusae, und bei Katana die Worte: μετὰ δὲ Κατάνη πόλις, ὑπὲρ δὲ ὄρος Αἴτνη. Von einem Ausbruche des Ätna wufste er wol noch nichts: der Ätna galt vor Pindaros und Äschylos nur für einen grofsen Berg, daher Hesychius mit dem Scholiasten den Ausdruck des Sophokles im Ödipus auf Kolonos v. 312. Αἰτναία πῶλος durch μεγάλη erklärt.

13. Sicilien und Italien mufste den Griechen seit der Gründung so vieler Pflanz-städte immer bekannter werden, da diese ihre Macht zum Theil so weit über die Umgegend ausdehnten, dafs Sybaris bei seiner Zerstörung 510 v. Chr. G. nach Strabo VI, 1, 13. pag. 263. über vier benachbarte Völker herrschte, und 25 Städte unter seiner Botmäfsigkeit besafs. Seit der Mitte des sechsten Jahrhunderts aber, da Pythagoras aus Samos in Kroton und Metapontum, und Xenophanes aus Kolophon in Elea, eigene philosophische Schulen stifteten, welche sich mehr oder weniger mit Politik und Naturkunde befafsten, so dafs Xenophanes nach Arist. de mirab. 37. schon die Feuerausbrüche auf der Insel Lipara kannte, und die Zeit zu bestimmen suchte, wie oft sie sich wiederholten, mufste diese Kenntnifs sich in Griechenland immer weiter verbreiten; daher es uns nicht wundern darf, wenn Italien auch in die griechische Sagengeschichte immer mehr verflochten wurde, und unter anderm die Metapontiner nach Herodotos IV, 15. behaupteten, der wundersame Dichter der Arimaspien Aristeas habe sich 340 Jahre nach seinem Verschwinden aus Prokonnesos im Gefolge des Apollon unter der Gestalt eines Raben daselbst gezeigt, und ihm auf dem Markte unter Lor-beerbäumen neben dem Apollon eine Bildsäule zu errichten befohlen. Eben so wenig ist es zu verwundern, dafs einzelne Männer in Griechenland auftraten, welche die sich bildenden Sagen, dem pythischen Orakel gleich, das bei jeder Coloniestiftung um Rath gefragt wurde, zu Weissagungen benutzten, auf welche man immer neue Ansprüche zu Ansiedelungen bauete. Solche Weissagungen führt Herodotos namentlich vom böotischen Seher Bakis und Musäos an, und derselbe erwähnt auch V, 43. der Orakelsprüche des Laios, welche man nach Lar-cher's und Schweighäuser's Meinung so benannt glauben mufs, wie die παλαιὰ Λαΐου θέσ-φατα bei Sophokles Öd. R. 906. Auf diese Orakel gründete ein Eleonier, als der um die Königswürde in Sparta betrogene Dorieus, ohne vorher das Orakel in Delphi zu befragen, mit seinen Anhängern fortgeschifft, und mit Männern von Thera nach Libyen gefahren war, wo er sich in der schönsten Gegend am Flusse Kinyps niederliefs, aber im dritten Jahre, vom libyschen Volke der Maken und den Karthagern vertrieben, nach dem Peloponnese zu-rückkehrte, den Rath, eine Heraklea in Sicilien zu gründen, wo die ganze Gegend des Eryx einst von Herakles erobert sei, und seinen Nachkommen gehöre. Da ihm hierzu die befragte Pythia Glück verhiefs, schiffte er mit einer Flotte hin, als eben die Krotoniaten Sybaris zerstörten. In Sicilien wurde er aber mit allen seinen Begleitern von den Phöniken und Egestäern erschlagen, und selbst Euryleon, der allein am Leben geblieben war und mit dem

Reste des geschlagenen Heeres Minoa, eine Pflanzstadt der Selinuntier, einnahm, wurde, als er die Selinuntier von ihrem Tyrannen Peithagoras befreiet hatte, und nun selbst nach der Herrschaft strebte, durch einen Aufstand am Altare des Zeus auf dem Markte erschlagen.

14. Wenn man diese auch von Pausanias III, 16, 4 sq. berührte Geschichte mit der Erzählung von dem Zuge des Kreters Minos gegen den Sikanenkönig Kokalos bei Herodot VII, 110. und Diodoros IV, 79. vergleicht; so läfst es sich kaum verkennen, dafs die älteste aller Sagen, welche man mit den Thaten des Herakles in Sicilien verknüpfte, und welcher man ähnliche Sagen von allerlei Ansiedelungen alter griechischer und troischer Helden in Sicilien und Italien nachdichtete, erst durch die Orakelsprüche des Laios aufkam, und nach den unglücklichen Schicksalen des Dorieus umgestaltet wurde. Da sie aber nicht nur lehrt, wie dergleichen Sagen entstanden, sondern wegen ihres Alterthums zugleich einen Beitrag zur ältesten Kunde von Sicilien liefert; so verdient sie hier um so mehr angeführt zu werden, als sich daraus ergibt, welche Vorstellungen man zur Zeit des Hekatäos von Italien und Sicilien hatte. Dädalos sollte zu Kokalos geflohen sein, und von demselben freundlich aufgenommen viele Werke seiner Kunst vollendet haben, welche Diodoros IV, 78. nach den Vorstellungen seiner Zeit aufzählt. Minos suchte den Dädalos auf, und landete nach Heraklides de polit. c. 28. ed. Köhler. bei einem Orte Makara an Siciliens Südküste unfern der dem Kokalos von Dädalos erbaueten Feste Kamikos, fand aber durch eine Hinterlist des Kokalos, der ihn im Bade ersticken liefs, seinen Tod. Herodot. I, 170. Des Minos Begleiter sahen sich dem Diodoros zufolge, nachdem ihre Flotte von den Sikanen verbannt war, gezwungen auf der Insel zu bleiben, wo ein Theil derselben an derjenigen Stelle, welche Herakles dem Eryx abgewonnen hatte, und darum vom Spartaner Dorieus in Anspruch genommen wurde, die Stadt Minoa, ein anderer Theil aber im fernern Innern das nach Troja's Zerstörung durch Meriones mit neuen Kretern verstärkte Engyon erbauete. Einige Zeit nachher schifften, wie Herodotos erzählt, auf göttlichen Antrieb alle Kreter aufser den Polichniten und Präsiern mit einer grofsen Flotte aus, den Tod des Minos zu rächen, und belagerten Kamikos, welches zu des Herodotos Zeit die Akragantiner bewohnten, fünf Jahre lang, ohne es zu erobern. Vom Hunger gedrängt, zogen sie unverrichteter Sache wieder ab, und gründeten auf ihrer Rückfahrt, bei Iapygien in Unteritalien durch einen heftigen Sturm, wobei ihre Schiffe scheiterten, an den Strand geworfen, die Stadt Hyria, von wo aus sie als iapygische Messapier noch andere Städte gründeten, welche die Tarentiner späterhin nicht ohne den gröfsten Verlust von ihrer Seite sowohl, als von Seiten der ihnen zu Hülfe geeilten Rheginer zerstörten.

15. So vieles auch in dieser Sage später hinzugesetzt sein mag, so erhellet doch so viel, dafs sie in einer Zeit entstand, wo die Sikanen noch als das Hauptvolk in Sicilien betrachtet wurden, deren Hauptsitz Kamikos war, wovon freilich die Römer späterhin, dem

Strabo VI. pag. 273. zufolge, keine Spur mehr fanden. Aus der Geschichte von Dorieus erklärt es sich aber auch, warum Hekatäos, obwohl ein Freund der Sagengeschichte überhaupt, doch hierin eines Bessern belehrt, die Sagen von Herakles sowohl, wie manche andere, anders deutete, und nach Arrian's Exped. Alex. II, 16. nicht zugeben wollte, daſs Herakles auf eine Insel Erytheia auſserhalb des groſsen Meeres ausgesandt sei, da es für ihn kein geringer Kampf gewesen sei, wenn Geryones ein König des festen Landes um Ambrakia und die Amphilochier war, und von dort die Rinder weggetrieben wurden. Es leidet auch wol keinen Zweifel, daſs man Homers dreizackige Insel mit den Sonnenrindern, als man sie nicht bei Sicilien fand, aber ein noch westlicher gelegenes Tartessos entdeckte, in ein Rotheiland des dreihauptigen Geryones auſserhalb der Säulen des Herakles umschuf, vgl. Strabo VI. pag. 269., diesen dagegen auf seinem Rückzuge durch Italien auf die sicilische Insel kommen lieſs. Nach Herodotos IV, 8. verlegte man Erytheia bei Gadeira, dessen Namen man schon bei Pindaros N. IV, 112. u. Anakreon XXXII, 25. lieset, und in dessen Nähe nach Stephanus Byz. Artemidoros auch Abdera, Strabo's III. pag. 157. sq. Audera oder Abdera und Avien's Or. mar. 469—480. Idera nebst einer Stadt Odysseia versetzte; ob man aber auch des Hekatäos kimmerische Stadt bei Strabo VII. pag. 299. in des Avienus Stadt des Erebos auf dem zephyrischen Berge bei Tartessos zu suchen habe, steht dahin. Sowie man den Herakles von Erytheia auch nach Skythien nördlich ziehen lieſs, so verlegte man seine Säulen in die verschiedensten Gegenden, und so auch auf die westlichste Spitze Galliens in der Bretagne bei Skymnos Ch. 188. Wie wenig man auſser den phönikischen Colonien Gadeira und Abdera vom westlichen Europa kannte, lehrt Herodotos II, 33., wenn er den Istros bei den Kelten und der Stadt Pyrene entspringen und mitten durch Europa strömen, die Kelten aber jenseit der Säulen des Herakles in der Nachbarschaft der Kynesier wohnen läſst, welche ihm das westlichste Volk in Europa sind.

16. Wenn gleich Herodotos IV, 36. II, 21. derer spottet, welche nach des Anaximandros und Hekatäos Weise die Erde ganz rund zeichneten, damit sie der Okeanos rings umströme, und wenn er auch III, 115. nicht annimmt, daſs es gegen Abend von Europa einen Fluſs Eridanos gebe, der sich in das Meer gen Mitternacht ergieſse, wo der Bernstein herkomme und die Zinninseln liegen, vgl. IV, 45.; so beweiset doch schon die Anähnlichung der Sprache dieses Doriers an die ionische Mundart und Ausdrucksweise des Hekatäos in der geographischen Übersicht IV, 37—45. und der Rede des Aristagoras V, 49., als er ihm auf einer ehernen Tafel nach des Hekatäos Erfindung alle Länder von Ionien bis Susa zeigte, wie gern er da dem Hekatäos folgte, wo ihm seine eigene Erfahrung keine Abweichung zeigte. Wie daher Herodotos nach Suidas nicht nur fleiſsig den Hekatäos benutzte, sondern nach Porphyrios bei Eusebios Präpar. Ev. X. pag. 466. B. einiges sogar wörtlich in seine Geschichte übertrug, so mag er auch die IV, 49. wiederholte Nachricht vom Laufe des

Istros, welchen er selbst nur in dem Striche des Skythenlandes kennen gelernt hatte, aus dem Keltenlande, das an die Kyneten im äufsersten Westen von Europa gränzet, von Hekatäos entlehnt haben. Wenn Herodotos auch die Nachricht, dafs sich in den Istros von dem Lande über den Ombrikern nordwärts zwei Flüsse Karpis und Alpis ergiefsen, dem Hekatäos verdankte; so wird es klar, dafs er unter dem Eridanos nicht den Po, sondern den Rhein verstand. Bei einer solchen Kunde vom westlichen Europa, welche den Phokäern in Massilien durch den Bernsteinhandel zuflofs, konnte dann auch der Flufs Sikanos oder die Seine mit der Stadt Sikane leicht bekannt geworden sein, welche zu Iberien gerechnet ward, sofern man den Rhodanos zur Gränze von Iberien und Ligyen machte. Wenn gleich schon Narbo nach Stephanus Byz. dem Hekatäos bekannt war, so erklärte er es doch dem Avienus Or. mar. 584. zufolge für die Hauptstadt der Elisyken (Caesar's Volcae), die ihm freilich nach Stephanus Byz. schon ein ligysches Volk waren, wie auch Herodotos VII, 165. die Elisyken neben den Iberen und Ligyern nennt. Da nach Herodotos V, 55. der Milesier Aristagoras mit seiner Erdtafel von Sparta nach Athen ging, so scheint man hier eine Nachzeichnung derselben an einem öffentlichen Orte aufgestellt zu haben, wo nach Aelianus V. H. III, 28. Sokrates den Alkibiades hinführte, um ihn von seinem Stolze zu heilen. Hieraus erklärt es sich, warum die Tragiker in ihren geographischen Schilderungen Italiens mit Hekatäos zusammenstimmen, von welchen nur Aeschylos, welcher 468 v. Chr. G., von Sophokles besiegt, nach Sicilien ging und bald darauf zu Gela starb, darin abwich, dafs er nach Strabo VI. pag. 258. den Namen Rhegion's davon ableitete, weil es von Sicilien durch Erdbeben losgerissen sei, vgl. Athen. IX, 65. Der Eridanos war ihm nach Plinius H. N. XXXVII, 11, 1. eins mit dem Rhodanos in Iberien, statt dafs Euripides, wie Apollonios, den Rhodanos und Pados an der adriatischen Küste zusammenfliefsen liefs.

17. Mit Aeschylos fanden auch die Lyriker Pindaros, Simonides und dessen Schwestersohn Bakchylides bei Hieron in Syrakus die ehrenvollste Aufnahme; daher durch sie Sicilien den Griechen viel bekannter wurde. Aufserdem war unter den Lyrikern Stesichoros von Himera in Sicilien selbst geboren, wie Ibykos von Rhegion, der mit Anakreon am Hofe des Polykrates in Samos sehr beliebt war, in Unteritalien. Ob aber gleich Stesichoros eine Geryonide dichtete, Strab. III, pag. 148., so besitzen wir doch von den Lyrikern zu wenige Bruchstücke, als dafs wir ihre Kunde von Italien und Sicilien beurtheilen können: eine Ausnahme macht nur Pindaros, in dessen Siegeshymnen auf den König Hieron, Ol. I. Pyth. I—III., und auf Agesias von Syrakus Ol. VI., auf Theron und Xenokrates Ol. II. III. Pyth. VI. Isth. II. und Midas von Akragas Pyth. XII., auf Chromios von Ätna N. I. und IX., auf Psaumis von Kamarina Ol. IV. und V., auf Ergoteles von Himera Ol. XII., wozu noch zwei auf Agesidamos von Lokri Epizephyrii Ol. X. und XI. kommen, zwar die dreizüngige (τριγλώχιν bei Eustath. zu Dionys. Perieg. 467), heerdenreiche, Ol. I, 19., und fette,

N. I, 19. Insel Sicilien der vorzüglichste Gegenstand ist, aber bei Hieron's Thaten aufser Lokri P. II, 35. auch dessen Sieg über die Tyrrhenen bei Kyma P. I, 139 ff. erwähnt werden mufste, welchen noch ein im Jahre 1817. unter den Ruinen von Olympia aufgefundener Helm mit der Inschrift: Ἱάρων ὁ Δεινομένεος καὶ τοὶ Συρακόσιοι τῷ Δὶ Τυῤῥάν' ἀπὸ Κύμας, Boekh Inscr. V, I, n. 16. Franz. Elem. epigr. n. 27. Böttiger Amalthea II. S. 231. bezeugt. Darum liefs er den hunderthauptigen Kilikier P. VIII, 20. oder funfzighauptigen Typhon bei Strabo XIII, p. 930. A. nicht blofs unter dem Ätna, Ol. IV, 10., sondern unter ganz Sicilien und weiter bis Kyma ausgestreckt liegen, P. I, 31., vgl. Strabo V, pag. 248, wie nach dem Scholiasten des Apollonios II, 1214. Pherekydes in seiner Theogonie die Insel Pithekusa über ihn warf. Zu dieser Schilderung Typhon's veranlafste den Pindaros sowohl als den Äschylos Prom. 365. ein Ausbruch des Ätna im J. 476 v. Chr. G. bald, nachdem Hieron die Einwohner der Stadt Katana vertrieben, und eine neue Colonie von Doriern am Flusse Amenas P. I, 131. unter dem Namen Ätna gestiftet hatte, P. I, 116 ff. Diod. XI, 49. Strab. VI, pag. 268., der zwar für die neubevölkerte Stadt noch keine schlimmen Folgen gehabt zu haben scheint, aber als der erste Ausbruch des Ätna, seitdem Sicilien von Griechen bewohnt wurde, einen grofsen Eindruck machte. Denn von einem ältern Ausbruche hat man keine Nachricht, obwohl Thukydides III, 196. bei der Erwähnung des zweiten Ausbruches, durch welchen 50 Jahre später im sechsten Jahre des peloponnesischen Krieges Katana mehr litt, auch schon des dritten gedenkt, dessen Diodoros XIV, 59. bei dem Feldzuge des Imilkon gegen Dionysios 394 v. Chr. G. kurz vor des Thukydides Tode erwähnt.

18. Wie der Ätna, dessen furchtbaren Ausbruch Pindaros P. I, 40 ff. mit den grellsten Farben schildert, unter den Bergen hervorstrahlt, so Syrakus unter den Städten, P. II. Ol. XIII, 158 f.: denn Syrakus und Ortygia, des Alpheios ehrwürdige Erholung N. I. Strab. VI, p. 270 extr., waren es, wo Hieron, die Demeter mit ihrer Tochter und die Macht des ätnäischen Zeus ehrend, herrschte, Ol. VI, 156 f., vgl. N. I. P. II, 10. Ihm dankten die Lokrier ihre Befreiung von des Krieges grausen Gefahren, P. II, 37., als sie der Fürst von Rhegion Anaxilaos bekriegte, und sowie er 475 v. Chr. G., Diod. XI, 51., über die Tyrrhenen bei Kyma in Italien einen entscheidenden Seesieg erfocht, P. I, 139., so errang er sechs Jahre früher mit seinem Bruder Gelon einen blutigen Sieg über die Karthager beim Himeras in Sicilien, P. I, 452., Hiero's erhabenste Krone, P. I, 96. 195. Wie vom Flusse Himeras die Stadt Himera, Ol. XII, 2., benannt ist, so die schönste der sterblichen Städte Akragas, der prachtliebende Sitz Persephone's, von dem gleichnamigen Flusse, an dessen heerde-nährenden Ufern die strom-bespülte Stadt der Chariten P. VI, 6. XII, init., erbauet war. Mit diesem wenigen, was uns Pindaros von Sicilien meldet, müfsten wir noch die dichterischen Darstellungen des Argonautensängers Orpheus verbinden, wenn wir darunter den Krotoniaten Orpheus zu denken hätten, welcher nach der

von Cäcius oder Tzetzes uns erhaltenen Notiz unter Peisistratos die Homerischen Gedichte ordnen half; allein schon die Erwähnung einer iernischen Insel, Argon. 1186., setzt ihn unter das Zeitalter eines Pytheas von Massilien herunter. Es bleibt uns also nichts anzuführen übrig, als die geschichtlichen Nachrichten von den Colonieenstiftungen und die dadurch verbreiteten Sagen, welche des Kyros Eroberungen in Vorderasien veranlaſsten. Da wir hier aber nicht sowohl die Geschichte von Italien behandeln, als vielmehr zu deren besseren Beglaubigung nur dasjenige zu sammeln haben, was uns die ersten Geschichtschreiber der Griechen davon melden; so gehen wir sogleich zu den Feldzügen der Athener gegen Sicilien während des peloponnesischen Krieges über, welche wir als diejenige Periode zu betrachten haben, in welcher der erste Grund zu einer historisch beglaubigten Geschichte von Italien gelegt wurde. Denn damals sah man sich nicht nur zu einer genauen Erforschung aller Verhältnisse in Italien und Sicilien gezwungen; sondern es traten auch diejenigen Männer auf, welche wir als die Schöpfer einer kritischen Geschichte verehren: und wenn wir gleich nur von zweien, dem Herodotos und Thukydides, noch deren vollständige Werke besitzen, so sind uns doch noch von andern, deren verschiedenartige Aussagen das mannigfaltigste Licht verbreiten, bedeutende Bruchstücke erhalten.

19. Zur Zeit des peloponnesischen Krieges, 431—404 v. Chr. G., vereinigte sich alles zu einer genauern Kunde von Italien nicht nur, sondern auch zu einer vielseitig beglaubigten Geschichte der Vorzeit. Denn es wurden nicht nur von den Athenern glaubwürdige Männer ausgesandt, um sich nach allen Verhältnissen sorgfältig zu erkundigen, sondern auch aus eigenem Antriebe erforschten wiſsbegierige Männer der verschiedensten Gattung die ältere und neüere Geschichte zu gleicher Zeit. Die Athener unternahmen schon im J. 427. den ersten Feldzug gegen Sicilien, Thuk. III, 86.; der für die Geschichte so wichtige zweite, welchen Thukydides in seinem sechsten und siebenten Buche ausführlich berichtet, fällt in die Jahre 415—413. Um dieselbe Zeit traten aber vier groſse Geschichtschreiber auf, Hellanikos aus Mitylene in Lesbos, Herodotos aus Halikarnassos in Karien, Antiochos aus Syrakus in Sicilien, und Thukydides des Oloros Sohn aus Athen, von welchen einer Nachricht des Gellius N. A. XV, 23. zufolge Hellanikos zu Anfange des peloponnesischen Krieges 65, Herodotos 53, und Thukydides 40 Jahre alt war, Antiochos aber nach Diodoros XII, 71. seine Geschichte von Sicilien von der Zeit des Sikanenfürsten Kokalos bis zum J. 421 v. Chr. G. vollendete. Wenn also auch Antiochos den zweiten Feldzug der Athener nicht erlebte, so darf er doch als ein wichtiger Gewährsmann der frühern Geschichte von der sicilischen Gegenpartei des Thukydides gelten, der als ein Nachkomme des berühmten Miltiades und Kimon von seiner Seite zu gründlicher Schilderung des für die Athener so unglücklichen Feldzuges möglichst genaue Nachrichten einzog, und seine Geschichte des peloponnesischen Krieges mit des Thrasybulos Siege bei Kynossema im J. 411 schloſs. Hero-

dotos aber ward, wenn er gleich, in der dorischen Pflanzstadt Halikarnassos geboren, ursprünglich ein persischer Unterthan war, und die vielfachen Erfahrungen auf seinen aus brennender Wißbegierde unternommenen Reisen in die ionische Sprache seines Vorgängers Hekatäos kleidete, doch dadurch in das athenische Interesse gezogen, daß er nach Suidas und Dionysios Hal. ed. Reisk. T. V. pag. 452. Plin. H. N. XII, 4. zugleich mit dem Redner Lysias in die neugestiftete Colonie Thurii 445 v. Chr. G. ging, welche Stadt auch außer dem Philosophen Empedokles nach Apollodoros bei Diogenes Laert. VIII, 2, 3. Thukydides seinem anonymen Lebensbeschreiber zufolge besuchte.

20. Wenn auch Herodotos seine Geschichte schon im J. 444. in Olympia vorzulesen begann, wie Lukianos ed. Reiz. T. I. p. 831 ff. versichert, so vollendete er sie doch erst viel später in Thurii, weil er in derselben einzelne Nachrichten von Begebenheiten des peloponnesischen Krieges bis zur Beendigung der Feldzüge gegen Sicilien einstreute. Wir müssen daher den Antiochos als den ältesten Geschichtschreiber dieser Zeit betrachten, und die einzelnen Nachrichten, welche wir von ihm noch besitzen, selbst den noch erhaltenen Bruchstücken aus den zahlreichen Werken des Hellanikos voraufschicken, weil dieser nach Lukianos ein Alter von 85 Jahren erreichte, und jene Geschichtschreiber zum Theil überlebte, zum Theil auch fleißig ausschrieb. Dabei war er ein so unkritischer Sammler historischer Nachrichten, und ein so unkundiger Geograph von Italien, daß er nach Stephanus Byz. behauptete, Gela in Sicilien habe seinen Namen von einem Gelon, dem Sohne der Ätna und des Hymaros, dessen Name vielleicht aus Himeras verdrehet war, wie des Xenophon Cheimera nach Stephanus aus Himera. Außerdem besitzen wir von ihm kein geographisches Bruchstück über Italien, außer der Nachricht bei Constantinus Porphyrog., daß Sicilien früher Sikanien genannt sei; seine historischen Nachrichten über Italiens Bewohner aber, welche wir dem Dionysios Halik. verdanken, verbinden wir nebst den Bruchstücken des Pherekydes, Damastes, und anderer am besten mit den ähnlichen Nachrichten des Antiochos, auf daß man deren Unwerth deutlicher erkenne. Denn wenn sich auch Hellanikos das Verdienst erwarb, durch sein Werk über die Priesterinnen im Tempel der argivischen Juno einen chronologischen Leitfaden zu genauerer Bestimmung der Folge der Begebenheiten zu begründen, nach welchem auch Thukydides II, 2. vgl. IV, 133. den Anfang des peloponnesischen Krieges bestimmt; so hatte er doch mit Pherekydes den Fehler einer mehr fleißigen als kritischen Sagensammlung gemein, so daß man seinen chronologischen Angaben nach der eigenen Bemerkung des Thukydides I, 97. eben so wenig blindlings vertrauen darf, wie der parischen Marmorchronik oder den Chroniken des Eusebius und Syncellus. Dagegen rühmte sich Antiochos nach Dionysios Hal. I, 12. die glaubwürdigsten und zuverlässigsten Nachrichten aus den alten Sagen zusammengetragen zu haben, ohne die Zeit der Begebenheiten auszumitteln, Dion. H. I, 22. Strabo, dem wir nächst Dionysios die meisten Nach-

richten des Antiochos verdanken, nennt sein Werk den eigenen Anfangsworten desselben bei Dionysios I, 12. gemäfs σύγγραμμα περὶ τῆς Ἰταλίας, wogegen uns Pausanias X, 11, 3. einen Auszug aus seiner ἱστορία τῶν Σικελικῶν, welche nach Diodoros XII, 71. neun Bücher enthielt, unter dem Titel Σικελιῶτις συγγραφὴ liefert. Ohne die Einerleiheit oder Verschiedenheit beider Werke bestimmen zu wollen, schicke ich hier des Pausanias Auszug den Bruchstücken bei Dionysios und Strabo voraus.

21. Nach Pausanias berichtete Antiochos, die Knidier hätten am Vorgebirge Pachynos in Sicilien eine Stadt gegründet, und, von da durch die Elymer und Phöniken verdrängt, unter Anführung des Knidiers Pentathlos, nach Diodoros V, 9. 578 v. Chr. G., die Inseln, welche man den Homerischen Gedichten zufolge die Inseln des Äolus nenne, in Besitz genommen, sei es, dafs sie damals noch öde waren, oder dafs sie deren Bewohner vertrieben. Was jedoch Pausanias weiter hinzusetzt, scheint aus Thukydides III, 88. geschöpft zu sein, demzufolge die Knidier eine nicht grofse Insel Lipara bewohnten, und von da aus noch andere Inseln, Didyme, Strongyle und Hiera, bebaueten. Auf Hiera sollte Hephästos seine Werkstatt haben, weil man Nachts viel Feuer und bei Tage Rauch aufsteigen sehe; alle Inseln litten aber Mangel an Trinkwasser, weshalb die Athener nur im Winter Angriffe darauf versuchten, Thuk. III, 88. 115. Unter Italien, dessen Geschichte Antiochos zuerst beschrieb, verstand er nach Strabo VI, pag. 254. nur die Seeküste an der sicilischen Meerenge, welche später die Bruttier besetzten, und bestimmte als Gränze dieses Landes am tyrrhenischen Meere den Laosflufs, am sikelischen Metapontion, so dafs das tarentische Gebiet an der Gränze des metapontischen schon aufserhalb Italien lag, und zu Iapygien gehörte. Damit stimmen auch Herodotos, bei welchem I, 167. Hyele in Önotrien, und Thukydides, bei dem Kyme VI, 4. in Opikien lag, und obwohl Herodotos I, 24. III, 138. Tarent noch zu Italien zu zählen scheint, so erstreckte sich ihm doch Iapygien IV, 99. mit seinem Vorgebirge, welches Herodotos mit Sunion in Attika und dem taurischen Chersonese vergleicht, vom brentesischen Hafen bis Taras, und bei Thukydides wird Taras meist mit dem iapygischen Vorgebirge VI, 44. VII, 33. verbunden, während Metapontion ausdrücklich eine Stadt, und Rhegion schlechthin das Vorgebirge Italiens genannt wird. Die älteste Nachricht über dieses Italien gibt uns Aristoteles Polit. VII, 9., welcher ohne Zweifel aus Antiochos schöpfte, wenn er gleich einige Namen etwas anders als Dionysios und Strabo schreibt. Italien, sagt er, sei einst das Meergestade von der Breite einer halben Tagereise zwischen dem skylletischen und lametischen Busen von einem önotrischen Könige Italos genannt, welcher die nomadischen Önotrier in Ackerbauer umgeschaffen, und noch lange vor Minos unter andern Gesetzen auch die Syssitien eingeführt habe: nach Tyrrhenien hin hätten die Opiker, sowohl früher als später auch Ausonen genannt, nach Iapygien und dem ionischen Busen aber die Chonen, welche ihrer Herkunft nach Önotrier waren, in dem sogenannten seiritischen Gebiete gewohnt.

3*

22. Eben dieses Chone nannten nach Antiochos bei Hesychius die Alten Italien, bei Steph. Byz. s. v. Βρέττος aber auch Brettia oder Önotria. Stephanus scheint jedoch seine Notiz aus Strabo VI, pag. 255. geschöpft zu haben, welcher sagt, dafs bei den Älteren nur diejenigen Önotrer und Italer genannt seien, welche innerhalb des Isthmus an der sicilischen Meerenge wohnten, die nach Antiochos zwischen dem napitinischen und skylletischen Busen war; hernach sei der Name Italiens und Önotriens bis zum metapontischen und seiritischen Gebiete ausgedehnt: denn diese Gegenden hätte ein angesehener önotrischer Volksstamm, die Chonen, bewohnt, nach welchen das Land Chonien genannt sei. Das nachmalige Bruttium lag nach Strabo auf dem Isthmus zwischen dem skylletischen und hipponischen Busen, wofür jedoch auch Dionysios Hal. I, 35. den napetischen bei dem nach Italos benannten Italien nennt. Dieser Italos sei nach Antiochos ein rechtlicher und weiser Mann gewesen, welcher, das benachbarte Volk theils beredend, theils zwingend, zuerst das eben bestimmte Land sich unterworfen, nachher aber sich immer weiter ausgedehnt habe, viele Städte als Önotrer beherrschend. Die Verfassung, welche Italos seinem Lande gab, übergeht Dionysios I, 12., nur meldend, dafs nach des Italos Herrschaft Morges folgte, von dem die Önotrer eben so Morgeten genannt seien, wie Italer von Italos; als aber Morges den Sikelos gastlich bei sich aufgenommen habe, sei durch dessen Streben nach eigener Herrschaft das Volk gespalten, und so die Italieten, welche Önotrier waren, zu Sikelern und Morgeten geworden. Des Antiochus eigene Worte lauteten aber nach Dionysios I, 73. also: »Als Italos alt wurde, »herrschte Morges: unter diesem aber kam ein Flüchtling aus Rom, mit Namen Sikelos«. Ob nun gleich Dionysios aus diesen Worten ohne Grund folgert, dafs Roms Kunde noch über die troischen Zeiten hinaufreiche; so erhellet doch daraus, dafs Antiochos Rom schon kannte, und wufste, dafs die Sikeler aus seiner Gegend gekommen waren; nur schuf er nach der Weise der Griechen die Völkernamen in Könige um. Dafs sich das Reich des Morges von Taras bis Poseidonia erstreckte, mag eine richtige Erläuterung des Dionysios sein; was aber dessen Zeitalter betrifft, so sagt Dionysios I, 22. selbst, dafs Antiochos noch keine Zeit bestimmt habe, in welcher die Sikeler nach der gegenüberliegenden Insel übergeschifft seien, die von ihnen den Namen erhalten habe; sondern dafs dem Thukydides zufolge erst lange nach dem troischen Kriege die Sikeler, von Opikern gedrängt, wofür Antiochos Heere der Önotrer und Opiker nenne, nach Sicilien ausgewandert seien. Nach Thukydides VI, 2. waren ungefähr dreihundert Jahre verflossen, als die Griechen den Sikelern in Sicilien nachfolgten: nur der unkritische Sagensammler Hellanikos bestimmte, der Sage von des Herakles Zuge zufolge Dion. H. I, 35., genau das 26ste Jahr der Priesterwürde der Alkyone in der dritten Generation vor dem troischen Kriege, Dion. H. I, 22., als die Zeit des Überganges der Sikeler nach Sicilien.

23. Hellanikos nahm aber zwei Übergänge nach Sicilien an: denn zuerst seien die

Elymer von den Önotrern verdrängt, fünf Jahre später aber die Ausonier, die nach ihrem Könige Sikelos den Namen der Insel angenommen hätten, vor den Iapygen geflohen. Demgemäfs bestimmte dann der noch spätere Philistos aus Syrakus das achtzigste Jahr vor dem troischen Kriege als die Zeit des Überganges, aber er liefs weder Sikeler, noch Ausonen, noch Elymer, durch Sikelos überführen, den er einen Sohn des Italos nannte, sondern Ligyer, welche von den Ombrikern und Pelasgern aus ihrem Lande vertrieben seien. Man sieht hieraus klar, wie Philistos, den Hellanikos widerlegend, ob er gleich dessen Zeitbestimmung annahm, des Antiochos Nachricht bei Strabo VI, pag. 257 extr., dafs die ganze Gegend um Rhegion vor Alters von Sikelern und Morgeten bewohnt gewesen sei, welche später, von den Önotrern vertrieben, nach Sicilien übergingen, und die Aussage des Thukydides VI, 2., dafs die Sikanen in unbestimmbar früher Zeit vom iberischen Flusse Sikanos durch die Ligyer nach Sicilien gedrängt zu sein scheinen, mit einander vermengte, und damit nach seiner Ansicht vereinigte, was Hellanikos von den Pelasgern und Ombrikern erzählte. Obgleich der Lydier Xanthos, welchen Creuzer nur neun Jahre älter sein läfst, als Hellanikos, zwar nach Dion. H. I, 28. die Mäonier in zwei Mundarten, gleich den griechischen Ioniern und Doriern, theilte, und ihre Benennungen von zwei Söhnen des Atys, Lydos und Torybos, ableitete; so liefs er sie doch beide in ihrem Vaterlande bleiben, ohne von einer Colonie der Mäonen nach Italien zu sprechen. Hellanikos erklärte aber die Toryber für die Pelasger, welche nach ihrem Übergange in Italien den Namen Tyrrhenen angenommen hätten, und liefs von ihrem Könige Pelasgos und des Peneios Tochter Menippe der Reihe der Geschlechtsfolge nach Phrastor, Amyntor, Teutamides und Nanas geboren werden, worauf dann, unter des Nanas Herrschaft die Pelasger, von den Hellenen verdrängt, nach Italien zogen, und mit Zurücklassung ihrer Schiffe am Spinesflusse im ionischen Busen die Stadt Kroton im Innern des Landes eroberten, und von da aus das später sogenannte Tyrrhenien gründeten. Wie hier Wahres und Unwahres unter einander gemengt war, ergibt sich aus der Abweichung des Myrsilos, dafs die Tyrrhenen von ihren Wanderungen durch griechisches und barbarisches Land, bei welchen sie auch nach Athen kamen, und auf der dortigen Burg die pelasgische Mauer erbaueten, den Zugvögeln gleich πελαργοὶ genannt seien. Gleichwohl nahm auch Herodotos I, 94. an, dafs die Tyrrhenen auf Veranlassung einer grofsen Hungersnoth unter des Atys Sohne aus Lydien ausgewandert seien, und sich bei den Ombrikern angesiedelt hätten.

24. Wie willkürlich man in der Anreihung der Geschlechtsfolge des reinmythischen Pelasgus und der damit verknüpften Geschichtsdata verfuhr, erhellet aus den vielfachen Abweichungen der Sagensammler, wie des dem Hesiodos folgenden Akusilaos bei Apollodoros III, 8. 1. und Tzetzes zum Lykophron 481, vgl. Not. zu Hygin. f. 176. Nach Apollodoros II, 4, 4. lebte der König der Larissäer Teutamias, oder Teutamides nach Tzetzes zum Lyko-

phron 838., zu des Perseus Zeit; aber Dionysios H. I, 11. hat nach dem Pherekydes, welchem Apollodoros zu folgen pflegte, eine Geschlechtsfolge aufgestellt, derzufolge die Önotrier unter Anführung des Önotros, eines Sohnes des Arkadiers Lykaon, welchen nach Pherekydes Dion. H. I, 13. Pelasgos von der Dejanira erzeugte, schon in der 17ten Generation vor dem troischen Kriege nach Italien übergegangen sein sollen, in welcher Zeit nach des Pausanias VIII, 3, 5. richtiger Bemerkung noch nicht einmal ein barbarisches Volk in ein fremdes Land gewandert war. Aus der von Dionysios aus Pherekydes angeführten Stelle ergibt sich nur, daſs er die Namen der Önotrer in Italien, und der Peuketier am ionischen Busen von zweien Söhnen Lykaons Önotros und Peuketios ableitete; was Dionysios von ihren Ansiedelungen meldet, trug er aus andern alten Geschichtschreibern zusammen. Fast scheinet es aber, daſs Hellanikos seine Nachricht von der Eroberung Kroton's oder Kothornia's nach Dionys. H. I, 26., d. h. Cortona's in Etrurien, aus einer Sage des Pherekydes in den Scholien zu Homer's Il. V, 302. von den Gortyna oder Gyrton im thessalischen Perrhaebien bei Strabo IX, p. 442. B. bewohnenden Phlegyern, durch deren Raubzüge die Umwohner bedrängt wurden, zusammen geschmiedet habe. Von des Hellanikos unkritischer Verfahrungsweise in dergleichen Sagengeschichten zeugt die Nachricht bei Dionysios H. I, 35. von Herakles, als er des Geryones Rinder nach Argos trieb. Da dem Herakles, sagte er, bei seiner Ankunft in Italien ein Rind von der Heerde entsprang, und längs der Küste hinlaufend zuletzt die Meerenge von Sicilien durchschwamm, hörte er überall, wo er sich nach dem verlorenen Rinde erkundigte, den Namen Vitulus, weshalb er das ganze so durchzogene Land Vitalia, oder nach griechischer Umformung des Namens Italia nannte. Wenn Dionysios unter diesem Italien das ganze zu seiner Zeit sogenannte Land verstand, so miſsdeutete er gewiſs des Hellanikos Nachricht, der unter Italien nichts anderes verstehen konnte, als was alle seine Zeitgenossen so nannten. Wenn aber dem Hellanikos, wie seinem Schüler Damastes aus Sigeum, nach Dionysios H. I, 72. Rom's Name schon bekannt war; so ist das nach dem, was Antiochos schrieb, nicht zu verwundern; es zeugt dagegen von seinem unkritischen Verfahren in der Sagensammlung, daſs er zwei sich widersprechende Nachrichten gab.

25. Statt daſs Hellanikos in seiner troischen Geschichte bei Dionys. H. I, 47. den Äneas nach Troja's Eroberung in die thrakische Halbinsel Pallene ziehen lieſs, berichtete er in dem chronologischen Werke von den argivischen Priesterinnen nach Dionys. H. I, 72. die von Damastes und einigen andern angenommene Sage, welcher zufolge Äneas nach Odysseus, oder gar, wie Reiske lieset, mit Odysseus aus dem molossischen Lande nach Italien gekommen und daselbst Gründer einer Stadt geworden sein sollte, welche er nach einer Troerinn, die, der langen Irrfahrt müde, ihre Begleiterinnen alle Schiffe zu verbrennen beredete, Roma genannt habe. Daſs Agrios und Latinos Söhne des Odysseus von der Kirke seien, hatte schon Hesiodos Theog. 1011. behauptet, und nach Livius I, 49. sollte auch der

Schwiegersohn des römischen Königes Tarquinius Superbus, Octavius Mamilius von Tusculum ein Sohn des Ulixes und der Göttinn Circe sein, obwohl Festus nach Verrius Flaccus
das Geschlecht der Mamilier von einer Tochter des Telegonus als Erbauers von Tusculum
ableitet; aber Hellanikos nannte nach Suidas auch den athenischen Redner Andokides einen
Abkömmling von des Odysseus Sohne Telemachos und der Nausikaa, und obwohl Plutarchos
im Leben der zehn attischen Redner des Andokides Geschlecht auf den Stifter der Herolde
Hermes zurückführte, welches Photius in seiner Bibliothek ed. Bekker. T. II, pag. 488. ausführlicher meldet, so berichtete er doch im Leben des Alkibiades cap. 21. Ähnliches, wie
Hellanikos, wodurch sich beider gleich unkritisches Verfahren verräth. Hiernach dürfen
wir den Hellanikos als denjenigen bezeichnen, welcher den ersten Grund zu den mancherlei
Sagen legte, welche den Ursprung der meisten Völker und Städte, deren Kunde zu den Griechen gelangte, auf allerlei griechische und troische Helden zurückführten. Bei Herodotos
und Thukydides lesen wir dergleichen Sagen bis auf das, was jener VII, 170. von den Kretern unter Minos, und dieser VI, 2. von den aus Troja kommenden Elymern und Phokiern
meldet, noch nicht; und was Dionysios H. I, 49 u. 72. von dem Gergithier Kephalon schreibt,
welcher einerseits den Äneas, wie Hegesippus, nach Pallene in Thrakien wandern liefs, andererseits dem Äneas vier Söhne gab, den Askanios, Euryleon, Romulus, Romus, wovon dieser
im zweiten Jahre nach dem troischen Kriege mit den Begleitern des Äneas Rom erbauete,
vgl. Fest. s. v. Roma, Syncell. ed. Bonn. p. 361., wogegen der arkadische Dichter Agathyllos den Äneas selbst nach Hesperien wandern und den Romulus erzeugen liefs, das ist, wenn
auch nicht, wie Athenäus IX, 49. versichert, vom Alexandriner Hegesianux dem Kephalon
untergeschoben, doch dem Hellanikos nachgeschrieben.

26. Nach Thukydides IV, 24. durchschiffte zwar Odysseus schon die Meerenge zwischen Rhegion und Messene, wo ihm der Zusammenflufs der beiden grofsen Meere, des tyrrhenischen und sikelischen, in einem so engen Raume, welchen er VI, 1. auf höchstens zwanzig
Stadien schätzt, Wallungen genug zu verursachen schien, um für eine schwer zu befahrende
Charybdis zu gelten; allein ob er gleich auch die liparischen Inseln III, 88. für die Inseln
des Äolus hält, so überläfst er doch die Bewohnung der trinakrischen Insel durch Kyklopen
und Lästrygonen den Dichtern, und erkennt nur die Sikanen als älteste Einwohner an, wenn
er sie auch nicht, wie sie selbst von sich rühmten, für Eingeborne erklärt, sondern sie für
Iberen hält, welche einst vom Flusse Sikanos in Iberien durch die Ligyer vertrieben wurden. Nur die Elymer, welche zu seiner Zeit den Sikanen zunächst auf der Westseite von
Sicilien wohnten, hält er für Troer, welche bei der Eroberung Ilions den Achäern entkamen,
und nach Sicilien schiffend die Städte Eryx und Egesta erbaueten, und neben ihnen sollen
sich auch einige Phokier, von Troja aus durch Sturm zuerst nach Libyen verschlagen, dann
nach Sicilien überschiffend, angesiedelt haben. Aufser dieser, wie es scheint, aus dem Zuge

des Spartaners Dorieus ausgebildeten Sage weiſs er nur noch von Sikelern, die, nahe an dreihundert Jahre vor der ersten historisch beglaubigten Ankunft der Griechen, aus dem noch zu seiner Zeit von Sikelern bewohnten Italien, welches von einem Könige der Sikeler Italos seinen Namen erhielt, vor den Opikern fliehend, auf Flöſsen oder, wie sie sonst vermochten, in so groſser Anzahl übersetzten, daſs sie die Sikanen in die südlichen und westlichen Theile der Insel zurückdrängten, selbst dagegen die Nordküste und das Innere des Landes besetzten, wo sie noch Thukydides fand. Alle Vorgebirge um Sicilien nebst den nahe gelegenen kleinen Inseln besetzten die Phöniken, zur Unterstützung ihres Handels mit den Sikelern; seitdem jedoch die Griechen in groſser Zahl heranschifften, verlieſsen sie die meisten Plätze, und siedelten sich in der Nachbarschaft der Elymer in Motya, Soloeis und Panormos an, wo sie, mit den Elymern verbündet, nur durch eine kurze Überfahrt von Karthago entfernt wohnten. Wie groſs die Insel war, welche nun die Griechen statt Sikanien Sikelien nannten, wuſsten die Athener während des peloponnesischen Krieges noch nicht, VI, 17., obgleich die Griechen schon über dreihundert Jahre daselbst wohneten: daſs man acht Tage gebrauche, um die Insel mit einem beladenen Schiffe zu umfahren, scheint also Thukydides erst durch den unbesonnenen Feldzug der Athener erfahren zu haben.

27. Die erste griechische Stadt in Sicilien gründeten nach Thukydides VI, 3. die Chalkidier aus Euböa, von welchen auch Kyme in Opikia VI, 4. zuerst gegründet war. Diese Stadt war das von Thukles oder Theokles erbauete Naxos, vor welcher ein Altar des Apollo Archegetas errichtet war, auf dem die Theoren vor ihrer Abfahrt aus Sicilien zu opfern pflegten; und zufolge der Berechnung Heyne's Opusc. acad. Vol. II. fällt die Gründung von Naxos in die eilfte Olympiade 736 v. Chr. G. Es hängt aber die ganze Berechnung der Colonienstiftungen bei Thukydides davon ab, wann man Syrakus gestiftet glaubt, da Thukydides nach dieser Stiftung alle übrigen bestimmt, ohne etwas anderes anzugeben, als daſs der Heraklide Archias von Korinthos im nächsten Jahre nach der Gründung von Naxos die Sikeler von der Insel vertrieben habe, welche später durch Austrocknung des Canales zu Syrakus gezogen wurde. Fünf Jahre später hätten Thukles und die Chalkidier von Naxos aus Leontini, und nach der Vertreibung der Sikeler auch Katana gestiftet; doch hätten die Katanäer den Evarchos zum Stifter gewählt. Um dieselbe Zeit kam auch Lamis aus Megara VI, 4. nach Sicilien, wo er oberhalb des Flusses Pantakias ein Fort mit Namen Trotilon anlegte, später jedoch nach Leontini zu den Chalkidiern zog, und von diesen verjagt Thapsos stiftete. Nach seinem Tode stifteten die ihn Überlebenden unter Anführung eines sikulischen Königes Hyblon das hybläische Megara, das nach Strabo VI, pag. 267. auch Ephoros von Kyme unter die ältesten Städte Siciliens zählte, die in der funfzehnten Generation nach dem troischen Kriege erbauet seien. Denn früher hätte man die Seeräubereien der Tyrrhenen und die Rohheit der dortigen Barbaren gefürchtet, so daſs man nicht einmal

Handel dahin trieb. Als aber Theokles von Athen, durch widrige Winde nach Sicilien verschlagen, die Schwäche der Bewohner und die Güte des Bodens bemerkt habe, die Athener
jedoch nach seiner Rückkehr nicht zu einer Coloniestiftung bewegen konnte, sei er mit einer
grofsen Anzahl von Chalkidiern in Euböa und einigen Ioniern und Doriern, besonders Megarern, dahin geschifft, und die Chalkidier hätten Naxos, die Dorier aber Megara, früher
Hybla genannt, erbauet.

28. Hegewisch ordnete seine geographischen und historischen Nachrichten, die
Colonieen der Griechen in Sicilien und Unter-Italien betreffend, wie Heyne, nach den Ver-
fassungen, nach welchen sie ihm in Colonieen vom dorischen Stamme und von andern
Stämmen, theils vom achäischen, theils vom äolischen, zerfielen; Raoul-Rochette ging in
seiner vierbändigen Histoire critique de l'établissement des colonies grecques mehr chronologisch zu Werke, ohne jedoch die spätern Sagenerfindungen von der einzig glaubhaften
Geschichte gehörig auszuscheiden. Wenn wir blofs das durch Thukydides historisch Beglaubigte hier aufnehmen, so können wir die Colonieen der Sikelioten, wie man die in
Sicilien wohnenden Griechen nannte, mit Poppo, welcher jedoch, wie Cluver, einer geographischen Anordnung folgt, in drei Classen theilen, wie sie des Thukydides Geschichte
ihrer Feindschaft gegen einander an die Hand gibt: denn sie waren theils ionischen, und
zwar chalkidischen, theils dorischen, theils gemischten Ursprungs. Naxos, Leontini und
Katana waren die einzigen Städte der Chalkidier; ob aber gleich das chalkidische Naxos,
IV, 25., die älteste aller griechischen Ansiedelungen in Sicilien war, so ist doch aufser
seiner Lage am Flusse Akesines oder, wie Plinius III, 8. schreibt, Asines, und zwar an
dessen linkem Ufer in Messene's Nachbarschaft, VI, 74., nichts weiter davon zu berichten,
als dafs es schon im ersten sicilischen Kriege, als den Athenern befreundet, tapfer gegen die
Messenier kämpfte, und im zweiten zuerst von allen Städten die Athener bei sich aufnahm,
VI, 50., welche auch im 17ten Jahre des peloponnesischen Krieges einen Theil des Winters
daselbst zubrachten, VI, 74. u. 88., weshalb auch die Naxier mit den Katanäern, VII, 57.,
unter die athenischen Bundesgenossen in Sicilien gezählt werden. Als Nikias die Athener
von dem unsinnigen Plane des Alkibiades abzubringen suchte, VI, 20., sagte er, dafs aufser
Naxos und Katana, welche wegen ihrer Verwandtschaft mit den Leontinern sich zu den
Athenern schlagen würden, noch sieben andere Städte eben so in Flotten, Reiterei und
anderer Heeresmacht gerüstet wären, VII, 55., wie die Athener, vor allen Selinus und
Syrakus: zu den übrigen fünf mufs man Messene, Himera, Kamarina, Gela und Akragas
zählen, wovon die letzteren jedoch auf der Seite nach Libyen wohneten, VII, 58. Alle diese
waren unabhängige dorische Städte, mit welchen sich auch diejenigen Sikeler verbanden,
welche nicht von den Syrakusern zu den Athenern abgefallen waren. Denn zur Zeit des
peloponnesischen Krieges waren die Sikeler in den Ebenen der syrakusischen Herrschaft

unterworfen, VI, 88., welche sich gröfstentheils eben so, wie fast alle noch freien Sikeler im Innern, zu den Athenern schlugen, und sie nicht nur mit Getraide und Geld unterstützten, sondern auch die Streitkräfte der Gegner in einem Hinterhalte überfielen, VII, 32. Treu blieben den Syrakusern nur die Inessäer und Hybläer, VI, 94., und noch einige andere seit dem Tode ihres Königes Archonidas, VII, 1., welcher ein Freund der Athener war. Über die Lage und den Ursprung von Syrakus, welches nächst Naxos und Hybla die älteste griechische Stadt in Sicilien war, hat Göller ein besonderes Buch geschrieben: hier mögen folgende Angaben genügen.

29. Syrakus, das später fünf Städte umfafste, Ortygia, Akradina, Tyka, Neapolis, Epipolä, bestand zur Zeit des Thukydides nur aus zwei oder höchstens drei Theilen, der Insel Ortygia und Akradina, mit einer grofsen Anzahl von Gebäuden in Tyka, obwohl auch noch Temenites, wo später Neapolis erbauet wurde, schon während des Feldzuges der Athener mit einer Mauer umschlossen zu werden begann. VI, 75. Die Stadt lag in einer Ebene, welche sich ins Meer erstreckte, gleich einer Halbinsel von einem doppelten Busen umschlossen, VI, 99. Ihr ältester Theil war auf der Insel Ortygia, schlechthin Insel genannt, im Gegensatze der innern Stadt, mit welcher sie durch einen Steinwall so verbunden war, dafs das Wasser sie nicht mehr umspülte. Akradina heifst dem Thukydides die äufsere Stadt; Tyka aber, die von einem Tempel des Glücks ihren Namen hatte, Syke VI, 98. Epipolä heifst eine schroffe Anhöhe gegen Westen, weil sie so über die Stadt vorragte, dafs man von daher alles beobachten konnte, VI, 96. Die höchsten Spitzen hiefsen Labdalon und Euryelos, VI, 97. VII, 2. 43., und nahe bei Labdalon, der höchsten Spitze nach dem hybläischen Megara hin, waren die Steinbrüche, VII, 86., worin die gefangenen Athener einen schmählichen Tod fanden. Eine Wasserleitung lief zwischen Epipolä und dem Anapos so, dafs sie der Besitzer von Epipolä abschneiden konnte, VI, 99.; aber zwischen Epipolä und Akradina lag der Temenites, welcher von einem mit Olivenwaldung umgebenen Apollotempel den Namen hatte, VII, 3. Zwischen den Ringmauern von Akradina und der kleinen Meerenge von Ortygia waren die alten Schiffsrheden, VII, 25., der Schiffswerft dagegen auf Ortygia selbst bei dem Hafen Lakkios, VII, 22. Der Häfen in Syrakus waren drei, der Trogilos, VI, 99. VII, 2., bei einem gleichnamigen Flecken, der kleinere, sonst Lakkios genannt, zwischen Akradina und Ortygia, und der grofse oder Hafen schlechthin, VII, 25. Der Trogilos stiefs auf der Ostseite der Stadt an die Halbinsel Thapsos, wo die attische Flotte ihren ersten Standplatz nahm, VI, 97. 99. Auf dieser Halbinsel lag die Stadt Thapsos, einst von den Megarern erbaut, VI, 4., und nahe dabei der Flecken Leon, wo die Athener von Katana aus ihre Krieger ans Land setzten, VI, 97. Der grofse Hafen auf der Westseite der Stadt hatte eine Mündung von acht Stadien, VII, 59., und enthielt mehre kleinere Buchten, VII, 52. 4., bis an die kleine Meerenge von Ortygia hin, VII, 25. Zum Busen Daskon, VI, 66., führte eine Landzunge, VII, 53.

30. Die Geschichte von Syrakus, wie sie Poppo nach des Thukydides Angaben erzählt, müssen wir hier der Kürze wegen übergehen; dagegen mag hier das Wenige hinzugefügt werden, was uns Herodotos von Syrakus meldet, indem wir aus des Thukydides Colonieengeschichte VI, 4. nur noch die Bemerkung vorausschicken, daſs Gela, nach einem gleichnamigen Flusse benannt, im 45sten Jahre nach Syrakus an einem Platze, der Lindii hieſs, von Antiphemos aus Rhodos und Entimos aus Kreta gemeinsam erbauet wurde. Oberhalb Gela lag nach Herodotos VII, 153. die Stadt Maktorion, wohin einst einige im Aufruhre überwundene Männer von Gela flohen: diese führte einer der Nachkommen aus der Insel Telos am Triopion, welche mit den Lindiern aus Rhodos unter Antiphemos an der Erbauung Gela's Theil nahmen, mit Namen Telines, unter der Bedingung, daſs er und seine Nachkommen Oberpriester der unterirdischen Götter würden, mit den Heiligthümern dieser Gottheiten zurück, übrigens ein weibischer und verweichlichter Mensch. Als nun Kleandros nach seiner siebenjährigen Herrschaft in Gela von Sabyllos erschlagen war, und sein Bruder Hippokrates zur Regirung kam, wurde ein Nachkomme des Oberpriesters Telines, Gelon genannt, welcher mit Änesidamos und vielen andern des Hippokrates Lanzenträger war, wegen seiner Tapferkeit zum Obersten der gesammten Reiterei ernannt: denn durch seine Tapferkeit in allen Kriegen, welche Hippokrates gegen Kallipolis und Naxos und Zankle und Leontion und Syrakusä und viele Städte der Barbaren führte, bemächtigte sich der Fürst von Gela aller dieser Städte mit Ausnahme der Syrakusier, die zwar am Flusse Eloros geschlagen wurden, aber, von den Korinthiern und Kerkyräern gerettet, gegen Abtretung von Kamarina einen Frieden vermittelten. Hippokrates fand, nachdem er eben so lange Fürst von Gela gewesen war, als sein Bruder Kleandros, im Kampfe gegen die Sikeler vor der Stadt Hybla den Tod, und nun schwang sich Gelon statt seiner Söhne auf den Thron, und gewann auch dadurch, daſs er die sogenannten γάμοροι oder Grundbesitzer von Syrakus, welche von dem Volke und den Kyllyriern, ihren Sklaven, nach Kasmene vertrieben waren, zurückführte, die Stadt Syrakus. Er setzte nun seinen Bruder Hieron über Gela, und verstärkte Syrakus so, daſs es groſs und blühend wurde, und Gelon's Macht keiner hellenischen nachstand. VII, 145. Denn er machte nicht nur alle Kamarinäer, deren Stadt er zerstörte, VII, 156., zu Bürgern von Syrakus, sondern versetzte auch über die Hälfte der Bürger von Gela dahin: und als die Megarer in Sicilien nach einer langen Belagerung sich zu einem Vergleiche verstehen muſsten, führte er nicht nur die Reichen, welche den Krieg wider ihn erhoben hatten, nach Syrakus, sondern auch das unschuldige Volk, welches er jedoch, in der Meinung, von ihm keinen Nutzen ziehen zu können, in die Sklaverei nach fremden Ländern verkaufte. Eben so machte er es mit den Euboeern in Sicilien, und wurde so ein groſser König.

31. Daſs das hybläische Megara, unfern von Syrakus gelegen, Thuk. VI, 49.

4*

245 Jahre nach seiner Gründung, nachdem es noch 145 Jahre zuvor den Pammilos zur Stiftung der mächtigen Stadt Selinus ausgesandt hatte, verlassen ward, weil der syrakusische Tyrann Gelon dessen Bewohner aus Stadt und Lande vertrieb, meldet auch Thukydides VI, 4. Im Besitze dieser Gegend, VI, 94., erbaueten die Syrakuser daselbst, um den Athenern Widerstand zu leisten, ein Castell, in welches sie eine Besatzung legten, VI, 75., nach Göller's Vermuthung, pag. 161., vom Stephanus Byz. Styella genannt, wogegen die Athener ein anderes Castell auf Labdalon bei Syrakus, VI, 97., errichteten, sowie sie auch den syrakusischen Schiffen bei Megara nachstellten, VII, 25. Leontini, in dessen Nachbarschaft sie ursprünglich eine Zeit lang wohnten, war die vorzüglichste Stadt der Chalkidier in Sicilien, welche jedoch nach dem Abzuge der Athener im ersten sicilischen Kriege, als das Volk viele neuen Bürger zugezogen hatte, um mit deren Hülfe die Ländereien unter sich zu theilen, die Machthaber mit Hülfe der Syrakuser verwüsteten, um Bürger von Syrakus zu werden, V, 4. Das unstät umherirrende Volk vereinigte sich darauf wieder mit einigen Unzufriedenen, welche Syrakus verlassend einen festen Platz der Stadt Leontini, Namens Phokeis, und ein Castell Brikinniä besetzten. Da jedoch der Athener Phäax andere Sikelioten vergebens zu ihrem Beistande aufforderte, scheinen sie von den Syrakusern wieder unterdrückt zu sein, weil außer den Egestäern die leontinischen Flüchtlinge am meisten zum zweiten Zuge gegen Syrakus ermunterten, VI, 19., und deshalb die Athener vor Syrakus die Leontiner, welche daselbst wohnten, besonders aufforderten, zu ihnen überzugehen, VI, 50. Bei dieser Gelegenheit wird ein Fluß ihres Gebiets Terias genannt, wofür, VI, 94., auch Tereas geschrieben wird, sowie der Fluß Symäthos, VI, 65., in einigen Handschriften Simäthos heißt. Katana's, welches im sechsten Jahre des peloponnesischen Krieges durch einen Ausbruch des Ätna, des größsten Berges in Sicilien, III, 116., litt, bemächtigten sich die Athener durch List, VI, 51., um von da aus ihre Angriffe auf Syrakus zu beginnen, VI, 52. 62. 71. 88. 94., weshalb auch die Syrakuser sein Gebiet verheerten, VI, 75., denen gleichwohl auch viele Katanäer geneigt waren. VI, 64. In den Friedensverträgen zwischen Kamarina und Gela, IV, 65., wird einer Stadt Morgantine gedacht, welche man gewöhnlich an den Fluß Symäthos zwischen Syrakus und Katana versetzt; doch bleibt deren wahre Lage zweifelhaft.

32. Syrakus stiftete siebenzig Jahre nach seiner Gründung Akrä, und gegen zwanzig Jahre später Kasmenä, VI, 5.; auch Kamarina wurde zuerst von Syrakus aus, obwohl erst nahe an 135 Jahre nach seiner eigenen Gründung, durch Daskon und Menekolos erbauet. Da aber die Kamarinäer von den Syrakusern wegen eines Abfalls vertrieben waren, führte einige Zeit nachher Gela's Tyrann Hippokrates, als er für die Auslieferung der syrakusischen Gefangenen das Gebiet von Kamarina erhalten hatte, eine Colonie dahin, und als auch diese von Gelon vernichtet war, wurde Kamarina von demselben Gelon zum dritten Male wieder

aufgebauet. Noch wechselnder waren die Schicksale von Zankle, welches Herodotos VI, 25. für die schönste Stadt nächst Syrakus erklärt. Den Namen Zankle erhielt diese Stadt, wie Thukydides VI, 4. bemerkt, von den Sikelern, welche dadurch ihre sichelförmige Gestalt bezeichneten. Sie war aber anfangs von Seeräubern aus der chalkidischen Stadt Kyme in Opikia gegründet, und später durch eine Colonie von Chalkis in Euboea unter Perieres von Kyme und Kratämenes von Chalkis verstärkt. Diese wurden jedoch nachher von Samiern und andern Ioniern, welche vor den Medern flohen, vertrieben. Denn nach Herodotos VI, 22. von den Zankläern auf die sogenannte schöne Küste daselbst, auf der Seite Siciliens gegen Tyrrhenien hin, eingeladen, wollten die mifsvergnügten Samier dort eine Stadt von Ioniern gründen, und mit ihnen zogen auch einige Milesier. Als sie aber auf ihrer Fahrt bis zu den epizephyrischen Lokriern gekommen waren, kam zu ihnen der Fürst von Rhegion Anaxilaos, welcher mit den Zankläern in Feindschaft lebte, und beredete sie, weil die Zankläer mit ihrem Könige Skythes eben ausgezogen waren, um eine Stadt der Sikeler zu belagern, Zankle selbst in Besitz zu nehmen. Da riefen die Zankläer ihren Bundesgenossen Hippokrates von Gela zu Hülfe; der legte aber den Skythes sammt seinem Bruder in Ketten, und schickte sie nach Inykos; die übrigen Zankläer dagegen lieferte er nach geschlossenem Vergleiche den Samiern aus. Skythes entfloh jedoch aus Inykos nach Himera, und von da nach Asien zum Könige Dareios, der ihn für den gerechtesten Mann von allen Hellenen erkannte, weil er mit des Königes Erlaubnifs nach Sicilien gezogen, und wieder zu ihm zurückgekommen war: er blieb daher im persischen Lande, bis er in einem hohen Alter bei grofsem Reichthume starb. Die Samier vertrieb nach Thukydides VI, 5. bald darauf der Fürst der Rheginer Anaxilas wieder, der ein Gemisch von allerlei Völkern daselbst ansiedelte, und den Namen der Stadt nach dem Namen seines Mutterlandes in Messene umänderte: denn es lag diese Stadt an dem bequemsten Punkte der Insel, um von Italien aus dahin überzusetzen und zu landen, IV, 1., und der Hafen war grofs genug zur Stationirung einer bedeutenden Flotte. VI, 48.

33. Im messenischen Gebiete lag das pelorische Vorgebirge, IV, 25., und der befestigte Platz Mylä, III, 90., durch dessen Eroberung die Athener auch Messene sich unterwürfig machten. Im nächstfolgenden Jahre fielen zwar die Messenier, von Syrakus und Lokri unterstützt, von den Athenern ab, IV, 1., worauf die Syrakuser diese Schiffsstation gegen Rhegion benutzten; aber die Athener rächten sich, nachdem ihnen die Naxier eine grofse Niederlage beigebracht hatten. IV, 21. Nachher gerieth Messene durch innern Zwiespalt eine Zeitlang in die Gewalt der Lokrer, V, 5., doch wurden diese wieder vertrieben, und auch die Athener versuchten im zweiten Feldzuge gegen Sicilien vergebens, Messene durch Verrath zu gewinnen. VI, 74. Ehe noch Zankle seinen Namen geändert hatte, ward von da aus unter Eukleides, Simos und Sakon Himera gegründet, VI, 5., nach Thukydides VI, 62. VII, 58., der das Fort Mylä in keine Betrachtung zog, die einzige griechische Stadt auf der

Nordküste Siciliens am tyrrhenischen Busen, gegen den Inseln des Äolus über III, 115. Aufser den Chalkidiern bewohnten auch Vertriebene aus Syrakus, die sogenannten Myletiden, diese Stadt, weshalb zwar die Verfassung chalkidisch, aber die Sprache ein Gemisch von chalkidischer und dorischer war. Die Athener suchten vergebens eine Aufnahme daselbst VI, 62; dagegen verbanden sich die Himeräer mit dem Spartaner Gylippus VII, 1., als er den Syrakusern zu Hülfe kam VII, 58. Messene und Himera sind auf diese Weise als Städte gemischten Ursprungs zu betrachten, während andere dorische Städte in Sicilien entweder korinthischen oder megarischen oder rhodischen Ursprungs waren. Als die wichtigste der korinthischen Städte haben wir Syrakus kennen gelernt, dessen Namen man von einem See Syrako ableitet, an dessen Statt aber Thukydides VI, 101. VII, 53. einen See Lysimeleia nennt, nach dem Flusse Anapos hin, wo die Syrakuser auf einer Wiese ihre Truppen zu mustern pflegten VI, 96. 97. Das Gebiet von Syrakus war durch mehre Castelle gesichert VI, 45.; dagegen erbaueten die Athener unter Nikias drei Castelle VII, 4. auf dem Vorgebirge Plemmyrion, wo sie den Hafen sperrten VII, 1. und auf einer der beiden kleinen Inseln daselbst ihre Tropäen errichteten VII, 23. Das gröfste dieser Castelle, welches westlich lag, eroberte Gylippus vom Olympieon aus, das ein Tempel des Zeus mit einem Städtchen war VII, 4. VI, 70.

34. Über den Anapos, welcher sich zwischen dem Olympieon und Syrakus in den grofsen Hafen ergofs, führte eine Brücke VI, 66. am helorischen Wege, der von Heloron längs der Seeküste nach dem Flusse Kakyparis VII, 80. lief. Als sich aber die Athener über den Anapos zurückzogen, suchten ihnen die Syrakuser zuerst an einer bewohnten steilen Anhöhe, Ἀκραῖον λέπας VII, 78., den Weg zu versperren. Da nun die Athener ihre Richtung nach Katana aufgaben, und gegen Kamarina und Gela zogen, kamen sie über den Flufs Kakyparis nach einem andern Flusse Erineos VII, 80 ff., welchen jedoch Demosthenes nicht mehr erreichte: nur Nikias kam noch an den Assinaros, dessen Ufer steil war. Kamarina hatte sich seines dorischen Ursprunges ungeachtet anfangs doch gegen Syrakus mit den chalkidischen Städten verbunden III, 86., und da ein gewisser Archias IV, 25. es vergebens zu verrathen suchte, doch zuerst mit den Geloern einen Waffenstillstand geschlossen IV, 59. Im zweiten sicilischen Kriege nahm es zwar die Athener nicht auf VI, 52., und schickte vielmehr den Syrakusern ein kleines Hülfscorps VI, 57.; doch hielt es sich neutral VI, 88. bis zu des Gylippus Ankunft VII, 33. Das an Kamarina zunächst gränzende Gela von rhodischem Ursprunge hatte 108 Jahre nach seiner eigenen Gründung VI, 4. 582 v. Chr. G. unter Aristonoos und Pystilos Akragas am gleichnamigen Flusse erbauet, und der Stadt seine eigene dorische Verfassung gegeben; obwohl aber die Geloer den Syrakusern beistanden VI, 67. VII, 1. 33. 58., verhielt sich doch Akragas neutral VII, 32. 46. 50. Westlich von da VII, 58. lag die mächtigste der megarischen Städte Selinus, etwas über

funfzig Jahre vor Akragas erbauet, VI, 4., von wo die kürzeste Überfahrt nach Libyen von
zweien Tagen und einer Nacht gewesen sein soll, VII, 50. VI, 20. Da deren Streitigkeiten
mit den benachbarten Egestäern VI, 6. den Feldzug der Athener nach Sicilien veranlaſsten,
so unterstützten die Selinuntier die Syrakuser VI, 67. VII, 58., sowie die Egestäer die
Athener unterstützten VI, 98., und nach geendigtem Kriege schlossen sie sich auch an die
Lakedämonier an, VIII, 26. Die Selinusier erwähnt auch Herodotos V, 46., welcher Minoa
ihre Pflanzstadt nennt, obwohl Dorieus von Sparta ausgeschifft sein sollte, um in jener Gegend eine Heraklea zu stiften V, 43., nebst einem Altare des Ζεὺς Ἀγοραῖος in ihrer Stadt.
In der Stadt der Egestäer erwähnt er ein Heroon des Philippos von Kroton, des schönsten
Mannes seiner Zeit und olympischen Siegers, V, 47., welcher mit einem eigenen Dreiruderer
von Kyrene aus den Spartaner Dorieus begleitete, aber mit ihm zugleich sein Leben verlor.
Nach Thukydides VI, 46. hatten die Egestäer ihren einzigen Reichthum, mit welchem sie
die Athener hintergingen, im Tempel der Aphrodite zu Eryx aufgehäuft: Nikias erhielt nur
dreiſsig Talente Geldes von ihnen, wofür er ihnen eine Seestadt der Sikanen Hykkara übergab VI, 62., deren Einwohner nach der Eroberung durch die Athener zu Sklaven gemacht
wurden VII, 13.

35. Da die Egestäer Elymer waren, so bewohnten die Westseite Siciliens von
Panormos VI, 2., welches nebst Soloeis und Motya, dem kürzesten Überfahrtspunkte nach
Libyen, die Phöniken besaſsen, vgl. Herodot. V, 46., bis Lilybäon keine Griechen, sondern
Elymer, Phöniken und Sikanen, das Innere von Sicilien dagegen die Sikeler, von welchen
jedoch Thukydides nur vier Städte am Ätna anführt: Hybla, Inessa, Kentoripa, Alikyä.
Hybla, zum Unterschiede des megarischen Geleatis genannt, VI, 62., wurde zwar von den
Athenern vergebens berannt, aber doch in seinen Ländereien verwüstet VI, 94. Eben so
erging es den Inessäern, III, 103. VI, 94., bei welchen die Syrakuser eine Besatzung in der
Burg unterhielten. Kentoripa hieſs vielleicht eigentlich Kentorips, da die Einwohner VII, 32.
Κεντόριπες genannt werden, welche die Athener, als sie ihrer Stadt sich bemächtigt hatten,
VI, 94., eben so wie die Alikyäer VII, 52., wenn man nicht, da Alikyä nach Stephanus und
Diodorus zwischen Egesta, Entella und Lilybäon lag, mit Cluver Agyrinäer dafür lesen will,
sehr unterstützten. Von Sardo und Kyrnos spricht Thukydides nicht; aber Herodotos VII,
165. führt die Sardonier, nach welchen das umliegende Meer Σαρδόνιον πέλαγος genannt
wird I, 166., als Bundesgenossen der Karthager gegen Gelon in Sicilien an, vgl. VII, 158.
Sardo heiſst dem Herodotos V, 106. die gröſste Insel I, 170., wo schon Bias von Priene
allen Ioniern sich anzubauen anrieth, wie bald darauf auch Aristagoras den Milesiern V, 124.
Nach Kyrnos gedachten die Phokäer zu schiffen, als sie ihre Stadt in Ionien verlieſsen, da
sie zwanzig Jahre zuvor daselbst zufolge eines Götterspruches eine Stadt Alalie gegründet
hatten. Die von ihnen nicht vom Heimweh ergriffen nach Phokäa zurückkehrten, wohnten

auch hier fünf Jahre lang mit den frühern Ansiedlern zusammen I, 165.; aber die Tyrrhenier verbanden sich mit den Karthagern gegen sie, und zwangen sie, ungeachtet die Phokäer die Schlacht im sardonischen Meere gewannen, Kyrnos wieder zu verlassen. Die von den zerstörten Schiffen den Feinden in die Hände fielen, wurden gesteinigt; die aber nach Rhegion entwichen, baueten im Lande Önotrien die Stadt Hyela, weil ihnen ein Mann von Poseidonia erklärt hatte, was ihnen die Pythia von Kyrnos geweissagt habe, bezöge sich auf einen Heros dieses Namens. VII, 165—167.

36. Bei dieser Gelegenheit erwähnt Herodotos auch die Agylläer, welche, so oft sie an der Stätte vorübergingen, wo die gefangenen Phokäer gesteinigt waren, von der Gottheit gestraft wurden, und da sie die Sünde zu büfsen verlangten, auf den Rath des befragten Gottes in Delphi die noch bis zur Zeit des Herodotos üblichen Todtenopfer mit Spielen im Fufskampfe und zu Wagen einführten. Diese in mehrfacher Hinsicht merkwürdige Nachricht verdient eine besondere Beachtung. Denn einerseits beweiset sie, dafs Herodotos nicht alle die Gegenden persönlich bereisete, von welchen er zu seiner Zeit noch Übliches meldet, weil er, wenn er je in Agylla war, weder von Rom gänzlich geschwiegen, noch vom ganzen Ober-Italien so geringe Kunde gehabt hätte, dafs er vom Lande über den Ombrikern die Flüsse Karpis und Alpis IV, 49. gen Mitternacht in den Istros sich ergiefsen liefs. Agylla oder das spätere Cäre, Dion. H. I, 20., von dessen einstiger Macht und Verbindung mit Delphi der daselbst befindliche Schatz der Agylläer zeugte, Strab. V, pag. 220., soll schon unter dem ältern Tarquinius, dessen angeblicher Ursprung aus Korinthos dem Herodotos nicht unbemerkt bleiben konnte, nach Dionysios H. III, 58. um 590 v. Chr. G. in solche Berührung mit Rom gekommen sein, dafs es den Phokäern gleich einen sogenannten kadmeischen Sieg erfocht; Rom aber war durch die Tarquinier, unter welchen eben sowohl die pythagorischen Lehren aus Italien Liv. I, 18. als die sibyllischen Orakel aus Kyme in Opikien, welches sich 520 v. Chr. G. durch die kräftige Abwehr der durch die einwandernden Kelten aus den höhern Gegenden des adriatischen Meeres vertriebenen Tyrrhenen, sammt den mit ihnen verbundenen Ombrikern, Dauniern und vielen andern Barbaren, Dion. H. VII, 3. einen grofsen Ruhm erwarb, und auch von dem aller Hoffnung zur Wiedererlangung seiner Herrschaft beraubten Tarquinius 496 v. Chr. G. unter dem Tyrannen Aristodemos zu seinem letzten Aufenthaltsorte gewählt ward, Liv. II, 21., nach Rom gelangt sein sollen, schon zu einer so bedeutenden Stadt geworden, dafs die Karthager schon im ersten Jahre nach der Vertreibung der Könige 509 v. Chr. G. einen Handelsvertrag mit Rom schlossen, Polyb. III, 22., welchen sie 348 v. Chr. G. und später noch zur Zeit des Einfalls des Königes Pyrrhus erneuerten, Polyb. III, 24 f. Zufolge dieser Handelsverträge durften die Römer und deren Bundesgenossen nicht über das schöne Vorgebirge nördlich vor Karthago schiffen, und in Sardinien so wenig als in Libyen eine Niederlassung stiften; in Sicilien aber sollten sie

gleiche Rechte mit den Karthagern haben, wogegen sich die Karthager aller Städte in Latium enthalten sollten, und weder dem Volke von Ardea, Antium, Laurentum, Circeji, Tarracina, noch einem andern den Römern unterworfenen Volke der Latiner etwas zu Leide thun.

37. Andererseits lernen wir, daſs die Agylläer, welche Strabo V, pag. 220. eben so sehr wegen ihrer Gerechtigkeit und Enthaltung von Räubereien als wegen ihres Muthes rühmt, gleichwohl an der Seeschlacht gegen die Phokäer als Bundesgenossen der Tyrrhenen Theil genommen hatten, und wenn sie für die Steinigung der gefangenen Phokäer von Seiten der Tyrrhenen besonders büſsen muſsten, dieses Schicksal sie als blutsverwandte Griechen traf. Für den griechischen Ursprung der Agylläer zeugte ihre Sprache, in welcher der von den Tyrrhenen aus Miſsverstand abgeänderte Name Cäre dem griechischen Gruſse χαῖρε, Strab. V, pag. 220., entsprochen haben soll, und die Verehrung der Ilithyia in ihrer Schiffs-rhede bei Pyrgi nach Strabo V, pag. 226. Strabo erklärt sie aber für Pelasger aus Thessa-lien, welche er von den Tyrrhenen lydischen Ursprunges unterscheidet, und erwähnt auch eines Pelasgers Maläotos, welcher in Regisvilla zwischen Graviscä und Kosa seinen Sitz hatte, und die Pelasger jener Gegend als König beherrschte, aber von da nach Athen ging. Damit streitet jedoch, was Herodotos I, 57. von der Sprache der Pelasger meldet, welche er selbst in Kreston jenseit der Tyrrhenen und in Plakia und Skylake am Hellesponte ken-nen lernte, sowie Strabo XIII, pag. 621. auch des Herodotos Nachricht I, 56., daſs das pelasgische Volk nirgendswohin ausgewandert, das hellenische dagegen viel umhergezogen sei, auf ganz entgegengesetzte Weise deutete. Dem Herodotos I, 58. zufolge war die helle-nische Sprache vom Anfange an von der pelasgischen verschieden, welche er als eine bar-barische bezeichnet: und damit stimmt auch Thukydides IV, 109. überein, man mag nun mit Kruse (Hellas I, S. 435. Not. 149.) unter Kreston das heutige Christania an der Quelle des Echedoros zwischen dem Strymon und Axios, nördlich von Saloniki, vgl. Herod. VII, 124. 127. V, 3. oder mit Müller (Etrusker I, S. 97. vgl. 345.) das krestonische Volk des Thuky-dides auf der Halbinsel Chalkidike verstehen. Jedenfalls irrte Dionysios H. I, 29., wenn er bei Kreston an Cortona in Etrurien dachte, welches eine der etruskischen Zwölfstädte war. Aus allem geht nach Müller S. 99. hervor, daſs die Annahme einer pelasgischen Colonisirung Etruriens über Cortona auf bloſser Umdeutung eines Abentheurers der tuskischen Sage in einen pelasgischen Flüchtling beruhte, da auch Strabo's Maläotes bei Lutatius zu Statius Theb. IV, 224. Maleus heiſst, Tusculorum rex, qui primus tubam invenit, der seinen Namen vom lakonischen Vorgebirge Malea haben soll.

38. Da wir nun auch nicht die Meinung von Raoul-Rochette (Hist. de l'établ. I, p. 302.), der auf des Dionysios Zeugniſs bauet, ungeachtet er nach p. 354. Herodot's Stelle miſsverstand, für annehmbar erklären können; so bleibt uns, weil Herodotos selbst auf kei-nen Unterschied zwischen den Agylläern und Tyrrhenen hindeutet, nichts Anderes übrig,

als unter den Tyrrhenen, welche nach ihm I, 94. viele Völker vorbei zu den Ombrikern kamen, und daselbst sich Städte baueten, welche sie bis zu seiner Zeit bewohnten, nicht sowohl Lydier, als mit den Griechen verwandte, obwohl von den Hellenen ganz verschiedene, Pelasger aus Thessalien I, 57. zu denken, welche die Hellenen aus ihrem ursprünglichen Sitze II, 56. verdrängten. Wären die Agylläer Hellenen gewesen, so bliebe es auffallend, daſs sich die Kunde vom obern Italien erst so spät unter den Griechen verbreitete. Von den Kelten ist bei Thukydides noch gar keine Rede: denn er weiſs nur von Ligyern VI, 2. an der Gränze der Iberen, die Alkibiades VI, 90. unter die vielen Barbaren zählte, von welchen man ihrer Tapferkeit wegen Miethstruppen beziehen könne, wie auch Herodotos VII, 165. Iberen und Ligyer und Elisyken nebst den Sardoniern und Kyrniern im Heere des Karthagers Amilkas, Annon's Sohnes, anführt. Thukydides läſst durch die Ligyer die Sikanen in unnennbar früher Zeit vom Flusse Sikanos verdrängen; nach Herodotos V, 9. wohnten sie aber oberhalb Massalia, welches nach Thukydides I, 13. die Phokäer erbaueten. Unter den Barbaren, mit welchen die griechischen Italioten VI, 44. in nächste Berührung kamen, nennt Thukydides VII, 53. 57 extr. nur die Tyrsenen und Iapygier nebst den Opikern und einem in Italien sitzen gebliebenen Theile der Sikeler VI, 2. Die Opiker wurden nach Antiochos bei Strabo V, pag. 242. auch Ausonen genannt; den Ländernamen des Thukydides, Tyrsenien VI, 103., Opikien VI, 4. mit der chalkidischen Stadt Kyme, und Iapygien VII, 33. mit den choeradischen Inseln an dessen Küste, fügt aber Herodotos I, 167. Önotrien mit der phokäischen Stadt Hyela, welche Antiochos nach Strabo VI, 1. Elea nannte. Wenn man bei Strabo mit Casaubonus Ἀλαλίαν für Μασσαλίαν lieset, so erzählte Antiochos mit Herodotos übereinstimmend, daſs die Phokäer nach der Eroberung ihrer Stadt durch des Kyros Feldherrn Harpagos zuerst nach Alalia in Kyrnos mit Kreontiades schifften, aber von dort abgeschlagen Elea gründeten. Iapygien kannte Herodotos IV, 99. mit seinem weit ins Meer hineingehenden Vorgebirge, wo die Iapygen vom brentesischen Hafen querdurch bis Taras wohnten, aus eigener Ansicht, weil er dadurch seine Nachrichten vom taurischen Lande zu verdeutlichen suchte; vgl. VII, 170., wo von den messapischen Iapygen die Rede ist, welche von Hyria aus noch andere Städte gründeten. Da er hier den groſsen Verlust, welchen die Tarantiner bei der Zerstörung dieser Städte erlitten, die gröſste hellenische Niederlage von allen ihm bekannten nennt; so scheint dieses noch vor der gröſsern Niederlage der Athener bei Syrakus geschrieben zu sein: denn obwohl er die Zahl der umgekommenen Tarantiner nicht anzugeben vermag, so verloren doch von den Rheginern, welche von Mikythos, Choeros Sohne, gezwungen den Tarantinern zu Hülfe kamen, nur 3000 Bürger das Leben.

39. Thukydides spricht auſser den Iapygen messapischen Stammes VII, 33. noch von einem kleinen, den Athenern sehr befreundeten, Könige Artas, und nennt das Vorgebirge,

welches mit dem Vorgebirge Italiens Rhegion den tarantinischen Busen bildet, Ἄκρα Ἰαπυγία, bald mit dem Artikel VI, 30., bald ohne denselben VI, 34. 44. VII, 33. dem Namen einer Stadt gleich, womit er Taras meist so verbindet, als wäre es noch zu Iapygien gezählt, während bei Herodotos Taras schon zu Italien gehört I, 24. III, 138. Daſs aber Herodotos gleich dem Thukydides VI, 44. VII, 33. nur die Küste von Taras bis Rhegion Italien nannte, und unter den Italioten IV, 15. nur die griechischen Bewohner dieses Landes verstand, beweiset die Nachricht, daſs die Phokäer von Rhegion aus die Stadt Hyela in Önotrien I, 167. baueten. Wenn der Busen, welchen Gylippus von Taras aus beschiffte, bei Thukydides VI, 104. der terinäische heiſst, so muſs dafür wol Ταραντῖνος κόλπος gelesen werden; wenn aber die Insel Kythera IV, 53. das sikelische Meer mit dem kretischen verbindet, so soll dadurch eine gelegene Mittelstation zwischen beiden Meeren bezeichnet werden: denn sikelisches Meer heiſst eigentlich nur das, welches die Meerenge zwischen Rhegion und Messene mit dem tyrsenischen IV, 24. verbindet; mit dem Namen des ionischen Busens VI, 44. VII, 33. wird dagegen I, 24. auch dasjenige Meer bezeichnet, welches sonst das adriatische heiſst. Taras war als dorische Stadt den Lakedämoniern befreundet VI, 104. VII, 1. VIII, 91., den Athenern dagegen abgeneigt VI, 44., welche vielmehr in Metapontion VII, 33. und Thurii VII, 35. 57. am Flusse Sybaris Unterstützung fanden. Als Kleisthenes in Sikyon alle als Freier seiner Tochter um sich versammelte, welche unter den Hellenen stolz auf sich selbst oder auf ihr Vaterland waren, kamen nach Herodotos VI, 127. aus Italien der weise Damasos von Siris und der üppige Smindyrides von Sybaris, welches zu der Zeit in seiner schönsten Blüthe stand: und als Themistokles bei Salamis den Spartaner Eurybiades zu einer Schlacht bewegen wollte, drohte er im entgegengesetzten Falle nach Siris VIII, 62. zu fahren, weil es schon seit alter Zeit ionisch sei und Göttersprüche den Athenern geböten, daselbst sich anzubauen.

40. Dem Antiochus bei Strabo VI. pag. 264. zufolge hatten die Tarantiner im Kriege gegen Thurii und Kleandridas, der aus Sparta geflohen war, wegen des seiritischen Landes einen Vertrag abgeschlossen, daſs beide Theile es gemeinschaftlich bewohnen, aber die Colonie als ein Eigenthum der Tarantiner betrachtet werden sollte, welche dann in der Folgezeit mit verändertem Platze und Namen Heraklea genannt sei. Bald darauf meldet aber Strabo VI. pag. 265. weiter: in der Gegend, wo Metapontion gelegen sei, hätten einige Achäer, von den Achäern in Sybaris aufgefordert, den von den Bewohnern verlassenen Platz in Besitz genommen, damit nicht die benachbarten Tarantiner ihn besetzten. Da nun zwei Städte der Metapontier näher bei Taras lagen, so wären die von den Sybariten Gekommenen beredet worden, Metapontion zu besetzen, weil sie in dessen Besitze auch das seiritische Land beherrschen würden; wenn sie aber nach dem seiritischen Gebiete sich wendeten, würden die Tarantiner Metapontion in der Seite bedrohen. Nachher gegen die

Tarantiner und die oberhalb wohnenden Önotrier kriegend, hätten sie den Vertrag geschlossen, sich mit dem Theile zu begnügen, welcher damals dis Gränze von Italien und Iapygien gewesen sei. Es meinte aber Antiochos, dafs die Stadt Metapontion früher Metabos genannt sei; Melanippe aber, von welcher man fabele, dafs sie mit ihrem Sohne Boeotos daselbst als Gefangene gewesen sei, wäre nicht nach diesem Orte geführt, sondern nach Dion, wie das Heroon des Metabos und der Dichter Asios beweise, welcher sage, den Boeotos

$$\Delta iov \ \grave{e}vi \ \mu e \gamma \acute{a} \varrho o i \varsigma \ \tau \acute{e} \varkappa e v \ e v e i d \grave{\eta} \varsigma \ M e \lambda a v \acute{\iota} \pi \pi \eta.$$

Den Ursprung von Taras erzählte Antiochos nach Strabo VI. pag. 278. also. Im messenischen Kriege wären die am Feldzuge der Lakedämonier nicht Theilnehmenden für Heiloten und Sklaven, alle während des Krieges geborene Kinder aber unter dem Namen Jungfernkinder für ehrlos erklärt. Diese hätten, stark durch ihre Zahl, dem Volke Nachstellungen bereitet, und die es Merkenden verstellte Freunde abgesandt, um die Art der Nachstellung zu entdecken. An der Spitze der Verschworenen stand Phalanthos, mit welchem verabredet war, dafs er bei den hyakinthischen Spielen im Amykläon durch das Aufsetzen seines Helmes das Zeichen zum Angriffe auf die durch ihr Haar Kenntlichen geben sollte. Weil dieses aber verrathen war, so rief der Herold beim Anfange der Spiele aus, Phalanthos solle den Helm nicht auf das Haupt setzen. Da sich so die Parthenier verrathen sahen, liefen einige davon, andere fleheten; den Phalanthos aber sandte man nach Delphi, den Gott wegen einer Colonie zu befragen: und dieser sagte:

$$\Sigma a \tau \acute{v} \varrho i \acute{o} v \ \tau o i \ \delta \tilde{\omega} \varkappa a, \ T \acute{a} \varrho a v \tau \acute{a} \ \tau e \ \pi \acute{\iota} o v a \ \delta \tilde{\eta} \mu o v$$
$$O \grave{\iota} \varkappa \tilde{\eta} \sigma a i, \ \varkappa a \grave{\iota} \ \pi \tilde{\eta} \mu a \ \text{'} I a \pi \acute{v} \gamma e \sigma \sigma i \ \gamma e v \acute{e} \sigma \vartheta a i.$$

So schifften nun mit Phalanthos die Jungfernkinder dahin, und wurden von den Barbaren und Kretern, die zuvor den Ort in Besitz genommen hatten, aufgenommen: dies sollen diejenigen gewesen sein, welche mit Minos nach Sicilien geschifft, und nach dessen Tode bei den Kamikern durch Kokalos (vgl. Herodot. VII, 170.) aus Sicilien wieder abgezogen, und bei der Rückfahrt dorthin verschlagen wären, von welchen einige zu Lande den Adria bis Makedonien umzogen, und Bottiäer genannt wurden. Iapygen dagegen habe man alle bis Daunien von Iapyx benannt, der dem Dädalos von einer Kreterinn geboren und Führer der Kreter gewesen sei. Taras selbst benannte man nach einem Heros; doch sagt Strabo nicht ausdrücklich, dafs auch schon Antiochos dieses behauptet habe. Wenn man aber bei Diodoros IV, 23. lieset, wie er, dem spätern Timäos folgend, des Herakles Zug von Geryones mit der Erzählung vom Spartaner Dorieus in Verbindung brachte, und am Ende desselben hinzusetzte, Herakles habe nach Italiens Durchwanderung den Adria umkreiset, und diesen Busen zu Lande umziehend über Epeiros den Peloponnesos erreicht; so siehet man klar, wie Antiochos Ähnliches von den Kretern des Minos behauptete.

41. Um hier gleich noch hinzuzufügen, was Strabo ferner aus Antiochos meldet,

werde Folgendes bemerkt, was Strabo VI. pag. 262. berichtet. Als der Gott den Achäern gerathen hatte, Kroton zu stiften, sei Myskellos dahin gekommen, die Gegend in Augenschein zu nehmen; und da er daselbst schon Sybaris gegründet sah, was nach dem benachbarten Flusse benannt war, habe er diese Gegend besser gefunden, und das Orakel von neuem befragt, ob ihm dieser Tausch mit Kroton gestattet sei; das Orakel habe aber geantwortet:

Μύσκελλε βραχύνωτε πάρεκ σέθεν ἄλλο ματεύων,
Κλάσματα θηρεύεις· δῶρον δ' ὅ τι δῶ τις ἐπαίνει.

Da habe dann Myskellos Kroton erbauet, durch den Gründer von Syrakus Archias unterstützt, als er zufällig auf seiner Fahrt nach Syrakus dort landete. Hiernach würde Kroton's Stiftung in dasselbe Jahr fallen, da auch Syrakus gegründet ward, obwohl Heyne Opusc. acad. Vol. II. Kroton's Erbauung durch die Achäer erst in das Jahr 710 v. Chr. G. setzt, da Sybaris erst zehn Jahre früher, Taras aber, dessen Colonie Heraklea erst 433 v. Chr. G. gegründet wurde, 707 v. Chr. G. von den Lakedämoniern erbauet war. Daſs die Krotoniaten Achäer waren, sagt auch Herodotos VIII, 42., welcher sie von den jenseitigen Hellenen als die einzigen nennt, die dem bedrohten Hellas bei Salamis mit einem Schiffe unter dem dreimaligen Sieger bei den pythischen Spielen Phayllos zu Hülfe kamen. Durch Demokedes, den geschicktesten Arzt zur Zeit des Polykrates von Samos III, 125., waren die krotonischen Ärzte, III, 131., zu dem Ruhme gelangt, die ersten in Hellas zu sein, und selbst die kyrenäischen zu übertreffen. Bei der Zerstörung von Sybaris half ihnen der lakonische Auswanderer Dorieus, V, 44.; wenigstens zeigten die Sybariten, das heiſst, die Bewohner von Thurii, an dessen Gründung Herodotos selbst Theil nahm, und wo er seine Geschichte schrieb, am Bette des ausgetrockneten Flusses Krathis, V, 45., der seinen Namen von einem nie versiegenden Flusse bei Aegä in Achaja erhalten hatte, I, 145., einen heiligen Bezirk mit einem Tempel, welchen Dorieus der Krathischen Athenäa erbauet haben sollte. Die Krotoniaten nannten dagegen statt des Dorieus einen Seher aus dem Stamme der Iamiden, Kallias aus Elis, und zeigten viele Ländereien ihres Gebietes, welche er zum Danke für seine Theilnahme geschenkt erhalten habe, und welche Herodotos auch noch im Besitze seiner Nachkommen fand.

42. Die Sybariten, deren Gebiet nach Thukydides VII, 35. der Fluſs Hylias vom Gebiete der Krotoniaten schied, standen nach Herodotos VI, 21. mit den Milesiern in der engsten Gastfreundschaft: darum schoren sich die Milesier, als Sybaris von den Krotoniaten eingenommen wurde, alle das Haar ab, und trugen groſses Leid; als aber die Milesier dasselbe Schicksal von den Persern erfuhren unter Dareios, Hystaspis Sohne, vergalten ihnen die Sybariten, welche nach der Vertreibung aus ihrer Stadt Laos und Skidros bewohnten, nicht Gleiches mit Gleichem. Zwischen Kroton und Lokri Epizephyrii, das auch Herodotos VI, 23. gelegentlich erwähnt, lag nach Thukydides VII, 1. 25. das kauloniatische Gebiet,

wo die Syrakuser das von den Athenern aufgehäufte Schiffsbauholz verbrannten; im lokri-
schen Gebiete floſs aber der Fluſs Kaïkinos, III, 103., und der Halex III, 99., an welchem
Peripolion lag. Die Lokrier lebten mit ihren Nachbaren, den Rheginern, in beständiger
Feindschaft, IV, 1. 24., und schlossen sich darum an die Lakedämonier, III, 86. VII, 1.
VIII, 91., und die Syrakuser, IV, 1. 24. VII, 25., an, während sie den Athenern, VI, 44.
VII, 35., ihre Unterstützung versagten. Laches nahm ihnen deshalb nach zweimaliger Be-
siegung am Halex und Kaïkinos, III, 99. 104., ein Kastell, III, 115., weg; sie selbst aber
benutzten einen Aufstand in Messene, V, 5., um Colonisten dahin zu senden, welche jedoch
wieder vertrieben wurden, sowie ein Krieg, welchen sie mit den benachbarten Itoneern und
Meläern zu führen hatten, sie mit dem Athener Phäax zu unterhandeln nöthigte. Der Name
Rhegion, welchen Herodotos I, 166. bei der Geschichte von den Phokäern anführt, umfaſst
bei Thukydides VI, 44. die Stadt sammt dem Vorgebirge, IV, 24., obwohl wir auch, VII, 35.,
dafür den Namen Petra im rheginischen Gebiete lesen. Rhegion beherrschte zwar der Tyrann
Anaxilas, VI, 5., vom messenischen Stamme; aber da es, wie Leontini in Sicilien, VI,
44. 79., chalkidischen Ursprungs war, befreundete es sich mit den Athenern, III, 86., obwohl es sich im zweiten sicilischen Kriege neutral verhielt, VI, 44., und den Athenern nur
einen Markt auſserhalb der Stadt beim Tempel der Artemis gestattete. Als die Rheginer an
der groſsen Niederlage der Tarantiner Theil nahmen, sandte sie nach Herodotos VII, 170.
Mikythos ab, der ein Diener des Anaxilaos und als Verweser in Rhegion zurückgelassen
war, aber aus Rhegion vertrieben zu Tegea in Arkadien sich niederlieſs, und von da
aus eine Menge Bildsäulen in Olympia weihete. Auſser diesen griechischen Städten in
Italien nennt Herodotos I, 167. nur noch gelegentlich Poseidonia, ohne zu sagen, in was für
einem Lande es lag: wahrscheinlich lag es ihm, wie das von den Phokäern erbaute Hyela,
in Önotrien, während Kyme von Thukydides VI, 4. nach Opikia versetzt wird. Nach Heyne
Opusc. acad. Vol. II. wurde Poseidonia von den Sybariten bei der Zerstörung ihrer Stadt
510. v. Chr. G. erbauet, Hyela aber oder Elea 536 v. Chr. G. Rhegion ward nach ihm von
den Chalkidiern um 668 v. Chr. G. gegründet, Lokri Epizephyrii aber schon 683 v. Chr. G.
oder gar noch früher.

43. Nachdem wir nun den Herodotus und Thukydides mit allen Gegenden, welche
die Italioten und Sikelioten besetzt hatten, so vertraut sehen, und Antiochos auch die ältere
Geschichte der Barbaren in Italien und Sicilien auf möglichst glaubhafte Weise vortrug,
obwohl er auch schon einzelne minder beglaubigte Sagen in dieselbe verwebte, welche bei
den spätern Griechen und den ihnen folgenden Römern einen groſsen Anklang fanden, seitdem ihnen Homers Odyssee und Hesiods Theogonie in Bezug auf Odysseus, die Geryonis des
Stesichoros und die Orakelsprüche des Laios in Bezug auf Herakles, die Geschichte von den
Schicksalen des Spartaners Dorieus und deren Verknüpfung mit allerlei andern Wanderungen

in Bezug auf den Kreter Minos und die messapischen Iapygen einerseits und die barbarischen Elymer andererseits mit lockendem Beispiele vorangegangen waren; so brauchen wir nicht mehr alles ängstlich zu sammeln, was spätere Schriftsteller von jenen Gegenden melden, sondern wir haben vorzüglich nur zu beachten, welchen Zuwachs theils die wirkliche Kunde von Italien, theils die willkürlich erfundene Sagengeschichte gewann. In beiderlei Hinsicht schließt sich an Hellanikos und dessen Schüler Damastes zunächst der Geschichtschreiber Philistos von Syrakus, welcher von der Zeit des ältern Dionysios, dessen Rathgeber er gegen das Ende des peloponnesischen Krieges war, bis auf Dion in der Mitte des vierten Jahrhunderts vor Christi Geburt lebte, und Σικελικὰ in zwei Theilen schrieb, deren erster in sieben Büchern die Geschichte Siciliens bis auf die Einnahme von Akragas 406 v. Chr. G., der zweite die Regirung des ältern Dionysios in vier Büchern enthielt. Die Bruchstücke daraus, welche Göller in seinem Buche de situ et origine Syracusarum gesammelt hat, zeigen, daß er, wie sein Landsmann Antiochos, seine Geschichte mit des Dädalos Ankunft bei dem Sikanenfürsten Kokalos begann. Nach Diodoros V, 6. hielt auch er die Sikanen für Ankömmlinge aus Iberien von einem Flusse Sikanos, wich aber nach Dionysios I, 22. von seinen Vorgängern darin ab, daß er weder Sikeler, noch Ausonen, noch Elymer, sondern Ligyer unter Anführung des Sikelos, der ein Sohn des Italos gewesen sei, im achtzigsten Jahre vor dem troischen Kriege nach Sicilien übergehen ließ, da dann die von den Ombrikern und Pelasgern verdrängten Ligyer den Namen der Sikeler angenommen hätten. Als Stadt der Sikeler finden wir von Philistos bei Stephanus Byz. Μόργυνα angeführt, wie Krastos als Stadt der Sikanen.

44. Von andern Städten Siciliens zählt Steph. Byz. noch folgende auf: Arbele oder Arbelä nach Suidas, Argyros, vielleicht eins mit Agyrion oder Agyrena, Daskon und Plemmyrion bei Syrakus, Erbessos bei Akragas nach Polybios I, 18., Ergetion oder Sergention nach Ptolemäos III, 4., Eryke, welches Duris nach Steph. Byz. s. v. Ἀκράγαντες nach einem Flusse benannt glaubte, Therma, nach Diodoros XIII, 79. von seinen warmen Bädern benannt, Iätia und Ietä, vgl. Sil. Ital. XIV, 271., Kype, ein Castell, Lichindos und Londone, Maktorion, eine griechische Colonie, Motye, ein Castell am Meere, wie Motylä bei Motyle, Nakone und Nonymna, Xuthia bei Leontini nach Diodoros V, 8., Omphake, eine Stadt der Sikanen nach Pausanias VIII, 46, 2. IX, 40, 4., Tauaka und Tarchia, Tissä, ein Städtchen am Ätna nach Ptolemäos III, 4., Trikalon oder Trikala, nach Diodoros und Sil. Ital. XIV, 270. auch Triocala genannt, Hybla Tiella oder vielmehr Styella im megarischen Gebiete, und Hykkaron. In einer Stelle des Philistos, welche Dionysios de praecip. hist. 5. zur Bezeichnung seines Stiles anführt, wird auch außer den Syrakusern, Megarern, Ennäern, Kamarinäern, Geloern und Sikelern der Fluß Hyrminos genannt, und nach dem Scholiasten des Pindaros zu Ol. V, 19. erzählte Philistos, daß Gelon Kamarina zerstört, Hippokrates aber gegen die Auslieferung

seiner zahlreichen Gefangenen im Kriege mit Syrakus Kamarina bekommen und wieder aufgebauet habe. Von seinen übrigen geschichtlichen Nachrichten kann uns hier nur das interessiren, was Cic. de div. I, 20. von der Mutter des syrakusischen Tyrannen Dionysios bemerkt: Schwanger mit ihm, habe sie geträumt, einen Satyrisken geboren zu haben, und die Traumdeuter, damals in Sicilien Galeoten genannt, hätten erklärt, der Sohn, welchen sie gebären würde, werde der berühmteste Griechenlands mit dauerndem Glücke sein, vgl. Val. M. VII, 7 extr. Ael. V. H. XII, 46. Stephanus Byz. erklärt zwar die Galeoten für ein Volk in Sicilien oder Attika mit seltsamer Deutung ihres Namens, setzt aber doch hinzu, daſs andere darunter eine Gattung sicilischer Seher verständen. Zu diesen gehörte aber nach Pausanias V, 23, 6. Philistos, des Archomenidas Sohn, mit der Bemerkung, daſs von den beiden Hyblä in Sicilien das eine im Gebiete von Katana das gröſsere, das andere aber Gereatis genannt sei, wo die Sikeler einen Tempel der hybläischen Göttinn in hohen Ehren hielten. Daſs Philistos die önotrische Stadt des Hekatäos Artemision in seiner dorischen Mundart Artemition nannte, haben wir schon oben bemerkt: so sagte er auch Ἀμβρακῖνος für Ἀμβρακιεὺς oder Ἀμβρακιώτης. Er erwähnte aber nach Stephanus Byz. auſser der Stadt Tyrseniens Nukria und dem italischen Städtchen Käkinon und der Insel Äthalia schon zweier Städte der Samniten Mystia, welche nach Pompon. Mel. II, 4. und Plin. H. N. III, 10. zwischen den Vorgebirgen Lakinion und Zephyrion lag, und Tyrseta, woraus es sich vielleicht erklärt, warum Stephanus die Sauniten Gränznachbaren der Iapygen nennt. Daſs die Samniten den Griechen erst durch die Lukanier bekannt wurden, als sie die Önotrier und Chonen zurückdrängten, meldet Strabo VI, pag. 253. Wenn nach ihm V, pag. 250. einige behaupteten, daſs auch Lakonen unter der Benennung Pitanaten unter den Samniten gewohnt hätten, so erklärt er dieses selbst für eine Dichtung der Tarantiner, wie auch Thukydides I, 20. das Vorhandensein einer pitanatischen Schaar bei den Lakedämoniern leugnet, welcher Herodotos IX, 53. erwähnt, vgl. Photii lexicon und Hesychius s. h. v., obwohl Millingen diesen Namen auch auf italischen Münzen fand.

45. Auch die Münzen dieses Zeitalters dürfte man unter die Quellen der ältesten Kunde von Italien zählen, wenn nicht einerseits die genauere Bestimmung ihrer Zeit mit manchen Schwierigkeiten verknüpft, andererseits selbst der Münzort meist nur durch wenige Buchstaben angedeutet und zuweilen so zweifelhaft wäre, daſs sie mehr durch die anderweitig bekannte Geschichte erläutert werden müssen, als sie selbst zur Aufhellung derselben beitragen. Wie lange hielt man nicht die griechischen Münzen von Elis mit der Aufschrift *FΑΛΕΙΩΝ* für altitalische von Falerii, und die Silbermünzen von Sybaris mit den Buchstaben *VM* für umbrisches Geld, bis ähnliche Münzen mit der vollständigern Aufschrift *ΑΒVM* zeigten, daſs von der Rechten zur Linken *ΣΥΒΑριτᾶν* zu lesen sei? Dagegen hat man noch bis auf diesen Tag nicht erkannt, daſs die altgriechische Legende einiger Kupfermünzen *DΘVI, IDNO*

oder *IDNOIꟻ* wahrscheinlich der eigentliche Name der Önotrier oder Vinthri in Pandosia war, und daſs *OPPA* auf Concordia-Münzen mit Locri Epizephyrii Ursentum in Lucanien bezeichnet. Nicht nur aus Unkunde der alterthümlichen Schrift und Sprache erklärte man Münzen von Aquilonia in Samnium mit der oskischen Aufschrift *Akudunniad* für Münzen des unbedeutenden Acherontia in Apulien; sondern auch wegen der Undeutlichkeit oder Sonderbarkeit einzelner Schriftzüge streitet man noch darüber, ob nicht auf einem Goldquinar Velsu oder Volsinii in Etrurien für Velia in Lucanien zu lesen sei: und ob man gleich längst entschieden hat, daſs die oskische Aufschrift *Akeru* einiger Kupfermünzen weder auf Acerrä in Campanien, noch auf ein unbedeutendes Acerrä in Umbrien, oder gar in dem münzenleeren Gallia Cisalpina, zu beziehen sei; so ist es doch noch streitig, ob man *Aderu* oder *Aderl* lesen, und Aternum im Picenischen oder Atella in Campanien darunter verstehen solle. Überdies erfahren wir durch die Aufschriften alter Münzen entweder keine andern Namen, als welche auch die Schriftsteller nennen, oder deren Deutung bleibt eben deshalb ungewiſs, weil sie bei keinem alten Schriftsteller vorkommen. So fällt es auf, wenn man Pästum in Lucanien nicht blofs durch die neuere Aufschrift *ΓΑISTANO* oder die ältere *MOꟌ* und *ΓOMEIΔΑνιατᾶν*, sondern auch durch *FIIS* und *ΦISTΑVS*, welches die Richtung von der Linken zur Rechten als oskische Benennung zu erklären verbietet, bezeichnet glaubt. Es scheint daher das Rathsamste, das, was wir aus den noch vorhandenen alten Münzen lernen, einer besondern Behandlung dieses Gegenstandes vorzubehalten, und hier nur noch diejenigen Schriftsteller zu berücksichtigen, welche sich zunächst an den Geschichtschreiber Philistos von Syrakus anschlieſsen.

46. Diese Schriftsteller sind die beiden Schüler des Isokrates, Theopompos von Chios und Ephoros von Kyme in Äolis, obwohl statt des erstern mehr noch Xenophon in Betrachtung kömmt, und der letztere nur dadurch wichtig wird, weil die spätern Schriftsteller im Vertrauen auf seine erweiterte Kunde meist dessen Angaben folgten. Überblicken wir, was Marx in seiner Sammlung der Bruchstücke des Ephoros über diesen Schriftsteller zusammengetragen hat; so finden wir, daſs er zwar nach Josephus c. Apion. I, 3. den Hellanikos in den meisten seiner Nachrichten als einen Lügner darzustellen suchte, aber, wie Seneca N. Q. VII, 16. mit Recht bemerkt, eben so oft sich selber täuschte. Um davon zu schweigen, daſs er in der ältern Geschichte, wie auch Theopompos, der nach Strabo I, pag. 43. darin seine Vorgänger Herodotos, Ktesias und Hellanikos zu übertreffen sich rühmte, aber auch, wie Frommel in Creuzer's Meletem. P. III, pag. 140. gezeigt hat, das, was Herodotos I, 216. von den Massageten und IV, 104. von den Agathyrsen erzählte, nach Athen. XII, 14. auf die Tyrrhenen, Sauniten und Messapier übertrug, zu sehr den Dichtern folgte, deren Mythen er auf eine Geschichte der Vorwelt zurückführte, vgl. Strab. V, pag. 221. VII, pag. 302., und besonders auch zu groſses Vertrauen in die Wahrhaftigkeit der Orakelsprüche

setzte, Strab. VII, pag. 327. IX, pag. 422., wovon auch die seltsamen Nachrichten über die Kimmerier beim Orakel des acherusischen Sees in der Nähe von Cumä in Campanien, Strab. V, pag. 244. zeugen; so verwickelte er sich nicht nur in Widersprüche, Strab. IX, pag. 423. X, pag. 463 sq., sondern er wird auch von Diodoros I, 39. einer grofsen Vernachlässigung der Wahrheit in der Länderkunde beschuldigt. Wenn auch hierin Diodoros dem Timäos folgte, der sich durch seine Schmähsucht den Namen Ἐπιτίμαιος zuzog, sowie man nach Diodoros II, 106. des Eubulides Schüler Alexinos wegen gleicher Tadelsucht gegen Ephoros Ἐλεγξῖνος nannte, und wenn auch Timäos, der es sich nach Polybios XII, 23. vorzüglich angelegen sein liefs, den Ephoros der Lüge zu zeihen, nicht überall Glauben finden sollte; so beweiset doch auch Strabo VII, pag. 303., so gern er ihn auch berücksichtigt, dessen Unglaubhaftigkeit in vieler Hinsicht. So oft er auch von seinen Vorgängern abwich, so wufste er doch von Italien so wenig als vom ganzen West-Europa etwas Besseres zu sagen. Aus Kosmas pag. 349. erfahren wir, welches Bild er von der Oberfläche der ganzen bewohnten Erde entwarf, die er im breitern Norden und Süden mit Skythen und Äthiopen, im schmalern Osten und Westen mit Indern und Kelten bevölkerte, was auch Strabo I, pag. 34. berichtet. Wir lernen aber auch aus Strabo IV, pag. 199. u. VII, pag. 293., welche seltsamen Nachrichten er von den Kelten und Kimbern oder vielmehr Kimmeriern verbreitete: und was für Lügen er von den Tartessiern berichtete, um des Homeros Worte Od. I, 23. dadurch zu erläutern, meldet nicht nur Strabo I, pag. 33., sondern wies ihm nach Strabo III, pag. 138. besonders Artemidoros nach, der nichts von alledem in jener Gegend fand. Dafs er von den Galatern und Iberen, ungeachtet er die Kelten in ungeheurer Ausdehnung von Gadeira bis zu den Skythen wohnen liefs, und ganz Hesperien als einen Staat mit Iberen bevölkerte, gar keine Kenntnifs besafs, versichert auch Josephus c. Apion. I, 12. In keinem bessern Lichte aber erscheint alles das, was er von Italien und Sicilien meldete.

47. Wer so, wie Ephoros, nur darauf ausging, vom Alterthume besser unterrichtet zu scheinen, als Andere, hat in seinen Abweichungen, wie wenn er die epizephyrischen Lokrier zu einer Colonie der opuntischen Lokrier machte, Strab. VI, pag. 259., den Schein wider sich, wenn er auch eine genauere Kunde der Gesetze des Zalenkos verrieth, Strab. VI, pag. 260. und bei Pausanias III, 19. Glauben fand: und fast scheint es, dafs er die Nachricht Anderer, welche Locri Epizephyrii durch die Lokrier am krissäischen Busen unter Evanthes nicht lange nach der Gründung von Kroton und Syrakus stiften liefsen, zu einer andern verdrehte, Strab. VI, pag. 265., dafs Daulios von Krissa bei Delphi Metapontion erbauete. So wenig wir ihm glauben dürfen, dafs die Gegend um Kroton, Strab. VI, pag. 262., vor dessen Stiftung von den Iapygen bewohnt gewesen sei; so wenig verlohnt es sich der Mühe, des Ephoros ausführlichere Nachricht von der Gründung Tarents bei Strabo VI, pag. 279 sq. zu wiederholen, da sie des Antiochos frühere Nachricht mehr bestätigt als widerlegt. Wer

bürgt uns dafür, dafs Istros eine Stadt in Iapygien war, wie Ephoros nach Stephanus Byz. behauptete? oder dafs Baris, wie Stephanus aus Ephoros und Posidippos anführt, ein Zusammenwohnen bedeutete, obwohl diese Nachricht, da Posidippos auch von Zeleia in Troas dichtete, mehr auf die phrygische Stadt dieses Namens bei Ptolemäos V, 5., als auf Barium in Apulien zu beziehen sein möchte? Eher ist unter dem Städtchen Baretion, welches nach Theopompos am Adria lag, Strabo's Veretum VI, pag. 282. zu verstehen. Nach Ephoros bei Stephanus war auch Pharos, eine Stiftung der Pharier, eine Insel im Adria mit einem Flusse gleiches Namens: umständlicher berichtet diese Stiftung der Parier Diodoros XV, 3. mit dem Zusatze, dafs der Tyrann Dionysios dabei behülflich gewesen sei. Mehr unterrichtet vom adriatischen Meere scheint nach Skymnos Chios 369. Theopompos gewesen zu sein, wiewohl er es mit dem pontischen Meere verbunden glaubte, und von absyrtischen und elektrischen, wie von liburnischen Inseln daselbst sprach. Nach Strabo VII, pag. 317. bestimmte er die ganze Fahrt des Meeres zu sechs Tagen; aber was er über den Ursprung des Namens Adria von einem Flusse sagte, hatte schon Hekatäos behauptet: und dazu fügte er die unglaublichen Nachrichten, dafs ein Arm des Istros ins adriatische Meer falle, und dieses selbst in unterirdischer Verbindung mit dem ägäischen stehe. Von den Pelasgern in Arkadien berichtete Ephoros nach Strab. V, pag. 221. VII, pag. 327. nur das, was ihn Homeros und Hesiodos lehreten, und in Ansehung der Tyrrhenen wird seiner nie erwähnt. Wie er aber die Nachrichten seiner Vorgänger verdrehete, beweiset seine Behauptung bei Strabo VI, pag. 270., dafs Iberen die ersten Barbaren gewesen seien, welche die Insel Sicilien bewohnten, worunter er des Thukydides Sikanen verstand.

48. Übrigens erzählte Ephoros nach Theon Progymn. II, 4. von des Dädalos Ankunft bei dem Sikanenkönige Kokalos eben das, womit Philistos seine sicilische Geschichte begann. Von der Art, wie er die Zeiten nach Generationen berechnete, zeugt die Nachricht bei Strabo VI, pag. 267., dafs die ersten griechischen Städte in Sicilien an der Meerenge in der funfzehnten Generation nach dem troischen Kriege gegründet seien. Wie man früher die Räubereien der Tyrrhenen und die Rohheit der dort wohnenden Barbaren gefürchtet habe, bis der Athener Theokles, durch Sturm dahin verschlagen, von der Schwäche der Bewohner und der Fruchtbarkeit des Bodens überzeugt worden sei, und darauf Naxos und Megara gestiftet habe, ist oben schon gelegentlich bemerkt worden. Merkwürdig ist es aber, dafs Ephoros, sonst durch seine Übertreibung in Zahlangaben bekannt, die Umschiffung Siciliens bei Strabo VI, pag. 266. auf fünf Tag- und Nachtfahrten beschränkte. Ob das, was Herodotos VII, 165. 167. von Gelon's Schlacht in Sicilien an demselben Tage, als die Griechen bei Salamis fochten, erzählt, oder was der Scholiast des Pindaros Pyth. I, 146. zu Gelon's Lobe aus Ephoros meldet, mehr Glauben verdiene, wird man leicht nach dem ermessen, dafs er nach Stephanus Byz. s. v. Τύχη diesen Theil von Syrakus νῆσον

Τυχίαν nannte. Dafs er in der Erzählung der Schlacht bei Salamis doch nur dem Herodotos folgte, wenn er gleich in anderen Fällen, wie Hellanikos, dem Herodotos widersprach, ersieht man aus dem Scholiasten zu Pindaros Isthm. V, 63. Von seiner Sucht, seinen Nachrichten durch grofse Zahlen Gewicht zu geben, zeugt die Nachricht von Hannibal's Einfalle in Sicilien 409 v. Chr. G. bei Diodoros XIII, 51.: denn statt dafs Timäos mit Xenophon Hellen. I, 1, 37. sein Heer auf nicht viel mehr als zehen Myriaden schätzte, gab er zwanzig Myriaden zu Fufs und viertausend zu Pferde an, sowie er auch nach Diodoros XIII, 60. berichtete, die Himeräer hätten zwei Myriaden Karthager getödtet, deren nach Timäos nicht mehr als sechstausend waren. Beim neuen Feldzuge der Karthager, 405 v. Chr. G., schätzte er deren Heer, welches Timäos mit Xenophon Hell. I, 5, 21. zu nicht viel mehr als zwölf Myriaden ansetzte, nach Diodoros XIII, 80. auf dreifsig Myriaden, und eben so viele sollte nach Diodoros XIV, 54. der Karthager Himilkon gegen Dionysios 396 v. Chr. G. aus Libyen und Iberien zusammengebracht haben, nebst 4000 Reitern und 400 Streitwagen, während mehr als sehshundert Lastschiffe die 400 Kriegsschiffe begleiteten, wogegen Timäos keine gröfsere Streitmacht aus Libyen übersetzen liefs als zehen Myriaden, zu denen noch drei andere aus Sicilien kamen. Nach dem Scholiasten zu Aristides Panath. erzählte er vom zweiten (?) Dionysios, dafs er unter dem Vorwande, den Lakedämoniern gegen die Athener zu Hülfe zu kommen, Griechenland mit dem Perser habe theilen wollen, worauf jedoch weder Diodoros XV, 47., noch Xenophon Hell. VI, 2, 33. VII, 1, 20. hindeuten.

49. **Entela** in Sicilien führt Stephanus Byz., wie **Erbita** aus Ephoros an, ohne jedoch zu bestimmen, ob auch die Nachricht, dafs diese Stadt von Campaniern im Bunde der Karthager bewohnet sei, demselben angehöre. Vom Tode des Philistos 355 v. Chr. G. berichtete er nach Diodoros XVI, 16. und Plutarchos im Leben Dion's c. 35., der Schmach der Gefangenschaft zu entgehen, habe er sich im eroberten Tempel entleibt; Timonides aber erzählte als Augenzeuge das Gegentheil, dafs er lebend gefangen und verhöhnt sei. Bei so vielerlei Unwahrheiten stimmte ihm gleichwohl Timäos bei, wenn er den Seher, der dem Timoleon dessen nach der Alleinherrschaft strebenden Bruder tödten half, nach Plutarchos Timol. c. 4. nicht, wie Theopompos, Satyros, sondern Orthagoras nannte. Die Kunde von Sicilien wurde jedoch durch Ephoros eben so wenig gefördert, als durch Xenophon geschehen war: denn obgleich dieser bei einzelnen Jahren seiner griechischen Geschichte kurz hinzufügte, was zu derselben Zeit in Sicilien geschah; so beschränkt sich dieses doch auf die wenigen Nachrichten von Hannibals Feldzuge gegen Sicilien 409 v. Chr. G. I, 1, 37., wobei Selinus und Himera von den Karthagern erobert wurden, und von dem neuen Feldzuge gegen Sicilien 404, I, 5, 21., da die Karthager Akragas durch Hunger in ihre Gewalt bekamen, aber in der Schlacht besiegt wieder abziehen mufsten, II, 2, 24. Der damalige Tyrann von Syrakus, Dionysios, des Hermokrates Sohn, verlor jedoch im J. 403, II, 3, 5.,

von den Karthagern besiegt, Gela und Kamarina, und bald darauf fielen auch die Leontiner in Syrakus ab, weshalb Dionysios sich beeilte, nach Katana syrakusische Reiterei zu schicken. Bei der Geschichte dieser Zeit, III, 1, 2., erwähnt Xenophon auch einen syrakusischen Schriftsteller Themistogenes, der dem Suidas zufolge noch vor Xenophon über den Feldzug des jüngern Kyros schrieb; doch hat sich von ihm so wenig etwas erhalten, als von Hippys aus Rhegion, welcher nach Suidas Nachrichten über Sicilien und Italien gab. Dafs Rom von den Galliern eingenommen sei, hatte nach Plinius H. N. III, 9. schon Theopompos berichtet; aber nächst Klitarchos schrieb Theophrastos zuerst von Rom etwas ausführlicher.

50. Auch dessen Lehrer Aristoteles soll nach Plutarchos im Leben des Kamillos c. 22. schon die Einnahme Roms durch die Gallier gekannt, aber den Retter Roms Lucius genannt haben, wogegen sein Schüler Herakleides Pontikos $\pi\varepsilon\varrho i \; \Psi v\chi\tilde{\eta}\varsigma$ noch schrieb, dafs ein Heer der Hyperboreer von Westen her eine irgendwo am grofsen Meere gelegene griechische Stadt Rome erobert habe. Nach Dionysios Hal. I, 72. erzählte Aristoteles, einige Achäer wären auf der Rückkehr aus Troja bei der Fahrt um Malea vom Sturme verschlagen und zuletzt in die Gegend von Opika gekommen, die Latium heifse und am Tyrrhenischen Busen liege. Freudig das Land erblickend, hätten sie die Schiffe ans Ufer gezogen, um den Winter über daselbst zu verweilen, und im Frühjahre weiterzuschiffen; da hätten aber die gefangenen Troerinnen, um ihrer Knechtschaft in Griechenland zu entrinnen, während der Nacht die Schiffe verbrannt, und so die Achäer gezwungen, daselbst ihren Wohnsitz aufzuschlagen. Plutarchos, der Q. R. 6. eben dieses berichtet, aber es auch nach Andern, de mulier. virt. s. v. $T\varrho\omega\acute{\alpha}\delta\varepsilon\varsigma$ und im Leben des Romulus I, 3., etwas verschieden erzählt, setzt noch hinzu, dafs die Troerinnen aus Furcht vor der Strafe der Männer alle ihnen begegnende Angehörigen mit Küssen und Umarmungen empfangen hätten, um sie zu besänftigen, und dafs daher noch späterhin bei den Römern die Weiber ihre nächsten Verwandten geküfst hätten. Aufserdem lesen wir bei Aristoteles, da das Buch de mirabilibus ihm viel später erst untergeschoben ist, nichts, was nicht schon aus frühern Schriftstellern bekannt wäre, wie die Verbündung zwischen den Tyrrhenen und Karthagern zur See, Polit. III, 5., und die Zwistigkeiten zwischen den Achäern und Trözeniern, welche zusammen Sybaris gründeten, da die Achäer, den Trözeniern an Zahl überlegen, diese verdrängten, aber späterhin auch gleiches Schicksal in Thurii erfuhren Polit. V, 3. Wenn er dem Antiochos von Syrakus nacherzählt, dafs der önotrische König Italos noch lange vor Minos, der nach Begründung seiner Seeherrschaft das Leben um Kamikos in Sicilien endigte, Polit. II, 7., die Syssitien stiftete, Polit. VII, 9.; so ist dabei zu bemerken, dafs er zwar die Opiker noch als zu seiner Zeit unter dem Namen der Ausonen bekannt nennt, von den Chonen bei Iapygien und dem ionischen Busen in der sogenannten siritischen Gegend, wie von den Önotrern überhaupt, zu dessen Stamme sie gehörten, als von einem Volke der Vorzeit spricht. Damit stimmt der Periplus des Skylax von Karyanda, der, wie

Ukert in der ersten Beilage zum ersten Theile seiner Geographie der Griechen und Römer, aber noch ausführlicher, auch in Bezug auf Italiens Schilderung, Klausen in seiner Ausgabe des Skylax hinter den Fragmenten des Hekatäos erwiesen hat, kurz vor Alexander schrieb, und zwar noch von Opikern, aber statt der Önotrier nur von Campaniern, Samniten und Lucaniern spricht.

51. Die erste Nachricht von den Lucaniern gab nächst Skylax Theopompos, welcher nach Plinius H. N. III, 15. den Epiroten Alexander bei deren Stadt Pandosia seinen Tod finden liefs, 332 v. Chr. G.: ob auch Eudoxos ihrer erwähnte, welcher um dieselbe Zeit eine Geographie in acht Büchern schrieb, steht dahin, da dessen Bruchstücke, so sehr er auch von Strabo IX. pag. 390. sq. X. pag. 465. wegen seiner genauen Kenntnifs und Beschreibung von Griechenland gelobt wird, für die Geographie von Italien keine Ausbeute liefern, und sein Lobredner Polybios I, 2. selbst versichert, dafs zu der Zeit den Griechen Europa's streitbarste Völker im Westen gar nicht bekannt gewesen wären. Obwohl Arrian Exp. Alex. VII, 15. erzählt, dafs dem Alexander auf seinem Rückzuge nach Babylon unter andern Gesandtschaften auch Bruttier, Lucanier und Tyrrhenen aus Italien ihm huldigten, fügt er doch hinzu, dafs von den Kelten und Iberen, welche sich seine Freundschaft schon vor seinem asiatischen Feldzuge am Ufer des Istros, ungeachtet ihres Stolzes auf ihre Macht und Körpergröfse, vom ionischen Busen aus erbeten haben sollen, I, 4., Namen und Sitten damals zuerst den Griechen und Makedonen bekannt geworden seien, Diodor. XVII, 43. In dem Waarenverzeichnisse des Hermippos bei Athenäos I, 49., welches der Handelsverkehr der Athener gegen Alexanders Zeit aufzustellen verstattete, werden zwar auch Italiens Getraide und Rinder mit den Schweinen und Kühen aus Syrakus genannt; aber von genauerer Kunde dieser Gegenden zeugen nur die Verse, in welchen der Komiker Alexis bei Eustathios zu Dionys. Perieg. 568. Siebenkees Anecd. gr. pag. 26., die Inseln des Mittelmeers nach ihrer Gröfse ordnend, Sicilien, Sardo, Kyrnos, obenan stellte, und dann erst Kreta, Euboea, Kypros, Lesbos folgen liefs. Vollständiger, aber auch umsichtiger, zählt Skylax am Ende seines Periplus die Inselgröfsen auf, dem doch noch, wie dem Herodotos, Sardo die gröfste Insel ist, welcher dann Sicilien, Kreta, Kypros, Euboea, Kyrnos, Lesbos, Rhodos, Chios, Samos, Korkyra, Kasos, Kephalenia, Naxos, Lemnos, Ägina, Imbros, Thasos, folgen. Da nach der Eroberung Tarents, der Hauptstadt Italiens nach Skymnos Chios v. 329. im Jahr 265 v. Chr. G., welches im Jahr 332. den Alexander von Epiros gegen die Samniten, Bruttier und Lucanier zu Hülfe rief, wie 281. den König Pyrrhos, schon die ganze grofse Halbinsel von Italien der römischen Herrschaft unterworfen ward; so schliefsen wir am befsten unsern Aufsatz über die älteste Kunde von Italien mit dem Periplus des Skylax, sofern man aus diesem vollständig erkennt, was die Griechen von Italien und den benachbarten Inseln vor der Römerherrschaft wufsten.

52. Da dieser Periplus die erste noch erhaltene vollständige Beschreibung von Italien enthält, aber, so viele Erdtafeln man auch schon nach den Vorstellungen der Dichter Homeros, Hesiodos, Äschylos, und des Geschichtschreibers Herodotos entworfen hat, auch Klausen seiner Erdtafel des Hekatäos noch keine Tafel zum Periplus des Skylax zugegeben hat; so scheint es mir um so mehr angemessen, diesem Aufsatze eine Karte von Italien nach des Skylax Beschreibung beizufügen, da es sich am Ende zeigen wird, dafs selbst die Periegesis des Skymnos von Chios, welcher zwar Italien und Sicilien selbst durchwandert zu haben versichert, v. 129 ff., aber doch meist ältern Gewährsmännern, und besonders auch dem Timäos v. 213. 411. und Theopompos v. 369. folgte, nicht sehr von dem Periplus des Skylax abweicht. Wie Italien nach des Skylax Angaben eigentlich gezeichnet werden müfste, hat Bobrik in seinem Atlasse zur Geographie des Herodotos auf der Tafel von Europa, die zugleich als Karte für Italien und Sicilien dient, anzudeuten versucht, da er in seiner Geographie des Herodot S. 115. sagt: »Für die Zeichnung Italiens ist noch zu bemerken, was »bereits Niebuhr erwähnt, dafs Herodot sich über die Gestalt zwar nirgends äufsert, ver- »muthlich sie aber eben so dachte, wie Skylax, nämlich das Adriatische Meer gegen Norden »tief eingreifend, das Land selbst aber zwischen Po und Arno ganz schmal.« Wie jedoch dieses tiefe Eingreifen des Adriatischen Meeres nur auf irriger Deutung des Skylax nach Klausens richtiger Bemerkung zum 59sten Bruchstücke seines Hekatäos beruht; so hat Bobrik auch, wie des Skylax Angaben der Fahrten von Sardo nach Libyen und von Sardo nach Sicilien zeigen, Sardo zu weit von Libyen entfernt. Ich habe es daher für das Rathsamste gehalten, alle Länder nach ihrer wahren Lage zu zeichnen, und nur anzugeben, wie viele Tages- und Nachtfahrten zur See, wie viele Tagereisen zu Lande oder wie viele Stadien er bei gröfsern oder kleinern Entfernungen bestimmt: denn so kann man am befsten des Skylax geringe Kunde von Italien mit derjenigen Karte vergleichen, welche Niebuhr dem zweiten Theile seiner römischen Geschichte nach den Staaten um das Jahr Roms 417 oder 345 v. Chr. G. beigegeben hat. Nur darin mag Bobrik Recht haben, dafs er den ganzen Strich von den Säulen des Herakles bis Alpion an der Gränze der Ligyer und Tyrrhenen, voll guter Häfen nach Skylax, in einer nordöstlichen Richtung zeichnete. Wenn wir demnach auch mit Gronovius Ἄλπιον für Ἄντιον lesen, und darunter Albium Intemelium, oder, wenn man will, Albium Ingaunum verstehen; so müssen wir dennoch annehmen, dafs des Skylax Ligyer vom Rhodanosflusse bis zur nördlichsten Bucht des Tyrrhenischen Meeres wohnten. In deren Lande führt Skylax nur die griechische Stadt Massalia und deren Hafen an: die Namen der Colonieen von Massalia, Tauroeis, Olbia und Antipolis, welche Skymnos von Chios v. 214 f. nennt, fehlen in der Handschrift des Skylax, wofern man nicht mit Gail Antipolis unter der Lesart Ἄντιον verstehen will. Die Fahrt an der Küste vom Rhodanosflusse bis Alpion wird zu vier Tagen und vier Nächten angegeben, wie die Fahrt

von Alpion bis zur Stadt Rome längs der Küste der Tyrrhenen. Von den Tyrrhenen geht Skylax zur Beschreibung der gegenüber liegenden Inseln über; wir wollen aber diese späterhin mit den übrigen Inseln verbinden, und den Bestimmungen der Fahrten längs der Küste um die ganze Halbinsel Italiens folgen.

53. An Tyrrhenien schließen sich die Latiner bis Kirkäon, wo sich Elpenor's Grabmal befindet, längs der Fahrt eines Tages und einer Nacht; an diese die Olsen oder Volsken längs der Fahrt eines Tages; an diese die Campaner mit den griechischen Städten Kyme und Neapolis und der Stadt auf der Insel Pithekusa längs der Fahrt eines Tages; an diese die Sauniten längs der Fahrt eines halben Tages; an diese die Leukanen bis Thuria längs einer Fahrt von sechs Tagen und sechs Nächten. Es ist aber Leukanien eine Landspitze, und darin sind die griechischen Städte Poseidonia und Elea, La(o)s, eine Pflanzstadt der Thurier, Pandosia, Platäeis, Terina, Hipponion, Mes(m)a, Rhegion, Vorgebirge und Stadt, Lokri, Kaulonia, Kroton, Lakinion, der Hera Tempel, nebst der Insel der Kalypso, worin Odysseus weilete, und dem Flusse Krathis und Sybaris mit der Stadt Thuria. Sybaris ist hier Name des Flusses, Platäeis aber vermuthlich die Stadt Clampetie, wie Mesa oder vielmehr Mesma die Stadt Medma: Ἐλαὰ ist wahrscheinlich verschrieben für Ἐλέα, Λᾶς, weil Θουρίων ἀποικία folgt, Velia aber eine Pflanzstadt der Phokäer in Önotrien war, dessen Königssitz nach Strabo Pandosia nennt. Zu des Skylax Zeit war Pandosia schon mit Kroton vereint, wovon die Concordia-Münzen beider Städte zeugen. Die Önotrer kennt Skylax nicht mehr; ihr Land ist zu Lucanien geworden. An dieses gränzen die Iapygen bis zum Berge Drion oder dem Garganus im Busen Adrias längs einer Fahrt von sechs Tagen und sechs Nächten. Zum Volke der Iapygen gehören die Laternier oder Leuternier des Strabo, die Opiker oder Osken, die Kramonen um Kramon oder Grumentum, die Boreontinen um Forentum, und die Peuketier, welche verschiedene Sprachen oder Mundarten reden: in Iapygien wohnen aber auch Griechen in den Städten Herakleion, Metapontion, Taras, und dem Hafen Hydrus an der Mündung des Adrias in den ionischen Busen. Vom Drion nordwärts wohnen die Sauniten, die sich vom Tyrrhenischen Meere bis zum Adrias erstrecken, längs einer Fahrt von zwei Tagen und Nächten; hinter den Sauniten die Ombriker um die Stadt Ankon, wo Diomedes in einem Heiligthume als Wohlthäter verehrt wird, längs einer Fahrt von zwei Tagen und einer Nacht.

54. So weit ist alles genau nach Tages- und Nachtfahrten bestimmt; aber da bricht Skylax ab, weil hinter dem umbrischen Gebiete die Tyrrhenen wieder vom äußern Tyrrhenischen Meere bis zum Adrias reichen, wo eine griechische Stadt an einem Flusse, zwanzig Stadien von der Mündung aufwärts, liegt. Statt aber den Namen der Stadt und des Flusses besonders zu nennen, der vermuthlich Adria nach des Hekatäos 58sten Bruchstücke lautete, wiederholt er die Angabe, daß Tyrrhenien vom äußern Meere sich bis zum Busen Adrias

erstrecke, und sagt, daſs dies ein Weg von drei Tagen sei, was für einen Weg längs der Küste vom Ombrischen Gebiete bis zum Flusse Adrias zu lang wäre. Bei den Worten ἀπὸ πόλεων πόλεως hat man eine Lücke vermuthet, und allerlei Städtenamen ergänzt; aber Skylax, der hier keine Städte weiter kennt, als Adria, welche er statt Ankon irrig eine griechische nennt, schrieb vermuthlich ἐπώνυμον für ἀπὸ πόλεων, um dadurch nachzuholen, was er vorher zu sagen vergessen hatte, daſs Stadt und Fluſs gleichnamig mit dem Busen Adrias seien. Hinter den Tyrrhenen folgen die Kelten in der Enge bis zum Adrias, wo der innerste Winkel des Busens Adrias ist; und hinter den Kelten, die da, nach Prokopios de bello Gothico I, 15. bei Ravenna, von ihrem Feldzuge, gegen Rom vermuthlich, sitzen blieben, sind die Eneter mit dem Flusse Eridanos, wie hinter den Enetern die Istrier mit dem Flusse Istros. Beide Flüsse waren ihm nur aus Sagen bekannt: denn daſs er unter dem Istros die Donau verstand, welche seiner Meinung nach, wie der Eridanos, mit einem seiner Arme in das adriatische Meer mündete, wodurch man die Einfahrt der Argonauten vom Pontos in den Adrias zu erklären suchte, erhellet aus dem Zusatze, daſs dieser Fluſs sich auch in den Pontos ergieſse, gerade gegen Ägypten über. Die Fahrt längs den Enetern bestimmt er ἀπὸ Πίσης πόλεως auf einen Tag, wie die Fahrt längs der Istrianer auf einen Tag und eine Nacht. Für Πίσης hat Cluver Σπίνης vermuthet; vielleicht schrieb aber Skylax ἀπ' ἐκείνης τῆς πόλεως, oder vielmehr ἀπὸ τῆς ἴσης (für ἰσωνύμιον) πόλεως, worunter Adria zu verstehen ist, wenn nicht die Fahrt längs der Keltenküste fehlen soll. Merkwürdig ist es, daſs Skylax Sicilien eben so, wie Kreta, von Europa sondert, obwohl die Entfernung von Rhegion bis zum Vorgebirge Pelorias nur 12 Stadien beträgt, während jede Seite des Dreiecks von Sicilien auf ungefähr anderthalbtausend Stadien geschätzt wird. Die Entfernung vom Hafen der griechischen Stadt Mylä bis zur Insel Lipara gegen Sicilien über wird zu einer halben Tagesfahrt angegeben; die Fahrt von Sicilien nach Sardo aber auf zwei Tage und eine Nacht: und während man vom hermäischen Vorgebirge Libyens bis zur Insel Kosyros einen Tag, und wieder einen Tag zur Überfahrt von Kosyros bis zum lilybäischen Vorgebirge in Sicilien gebraucht, schifft man von Libyen nach Sardo in einem Tage und einer Nacht. Von Sardo nach Kyrnos, in deren Mitte eine öde Insel liegt, beträgt die Fahrt nur den dritten Theil eines Tages; von Kyrnos aber nach Tyrrhenien, in deren Mitte die bewohnte Insel Äthalia und viele andere öde Inseln liegen, anderthalb Tage. In Sicilien wohnen auſser den Griechen die barbarischen Völker der Elymer, Sikanen, Sikeler, Phöniken, Troer: griechische Städte sind vom pelorischen Vorgebirge aus Messene mit einem Hafen, Tauromenion, Naxos, Katane, Leontini, 20 Stadien aufwärts am Flusse Terias, auſser welchem ein anderer Fluſs Symäthos heiſst, Megaris mit dem xiphonischen Hafen, Syrakusä mit zwei Häfen innerhalb und auſserhalb der Ringmauer, und Heloron; dann vom pachynischen Vorgebirge aus Kamarina, Gela, Akragas, Selinus, und vom lilybäischen Vorgebirge aus Himera.

55. Damit man nun erkenne, wie wenig sich noch des Skymnos von Lnios Beschreibung Italiens hiervon unterscheide, und nur ein geschichtlicher Commentar zum Skylax sei, füge ich auch diese noch vom 205ten Verse an hinzu. Nächst den Rhodiern, welche Rhode gründeten, kamen nach Iberien die Phokäer als Gründer von Massalia, Agathe und Rhodanusia, neben welcher Stadt der grofse Flufs Rhodanos fliefst. Massalia ist aber eine sehr grofse Stadt, welche die Phokäer nach der Erzählung des Timäos im ligystischen Lande 120 Jahre vor der Schlacht bei Salamis erbaueten. Hierauf folgt Tauroeis, und nahe dabei Olbia, am fernsten davon aber Antipolis. Hinter dem ligystischen Lande sind die Pelasger, die sich früher aus Griechenland daselbst ansiedelten, und mit den Tyrrhenen gemeinschaftlich das Land bewohnen. Tyrrhenien gründete der Lydier Tyrrhenos, des Atys Sohn, welcher einst zu den Ombrikern kam. Auf der Fahrt dahin liegen die Meeresinseln Kyrnos und Sardo, welche die gröfste Insel nächst Sicilien sein soll, und die einst sogenannten Inseln der Seirenen und der Kirke. Es sind aber oberhalb der Pelasger die Ombriker, welche des Odysseus Sohn von der Kirke stiftete, und die Ausonen im Innern des Landes, welche Auson, des Odysseus Sohn von der Kalypso, gestiftet haben soll. Bei diesen Völkern liegt die Stadt Rom, das gemeinsame Gestirn des ganzen Erdkreises, dessen Macht seinem Namen entspricht, im latinischen Lande; ihr Erbauer Romylos soll ihr diesen Namen gegeben haben. Hinter den Latinern ist im Lande der Opiker, nahe bei dem sogenannten See Aornos, die Stadt Kyme, welche zuerst Chalkidier, dann Äolier gründeten. Neben diesen wohnen die Sauniten, an die Ausonen gränzend, hinter welchen im Innern des Landes die Leukanier und Campanier wohnen. An diese gränzen die Önotrier bis zum Gebiete der Stadt Poseidonia, welche einst die Sybariten gestiftet haben sollen, und der Massalioten und Phokäer Stadt Elea, welche die Phokäer, vor den Persern fliehend, baueten, und wo ein unterirdisches Orakel des Kerberos gezeigt wird, wohin Odysseus von der Kirke zurückfahrend gekommen sein soll. Man sieht, dafs sich Skymnos in diesen Nachrichten von Skylax nur dadurch unterscheidet, dafs er die Volsken ausläfst, und dafür aus ältern Sagen die Pelasger und Önotrier nebst allerlei mythischen Erdichtungen einflicht: man mufs aber im 246ten Verse statt Φωκεῶν τε Νεάπολις, da Νεάπολις erst am Ende des 252ten Verses richtig steht, Φωκαῶν τ᾽ Ἐλέα πόλις lesen. Von Phokäern ward nach Herodotos, aus welchem Skymnos seine Önotrier schöpfte, Velia gegründet; wogegen, wie Skymnos hinzusetzt, Neapolis von Kyme am Aornos aus seine Stiftung nach einem Orakelspruche empfing.

56. Mitten im Tyrrhenischen Meere liegen nicht fern von Sicilien sieben kleine Inseln, welche man die Inseln des Äolos nennt: von diesen wird eine Hiera genannt, weil von ihr brennende Feuerflammen aufsteigen, welche mehre Stadien weit allen sichtbar sind, und Auswürfe glühender Schlacken die Arbeiten und das Getöse der Eisenhämmer bezeugen. Eine unter ihnen, Lipara mit Namen, hat eine dorische Colonie von Knidos her.

Darauf folgt die glücklichste der Inseln Sicilien, die zuvor von fremdredenden iberischen Barbarenvölkern bewohnt, wegen der dreiseitigen Gestalt Trinakria, und mit der Zeit nach Sikelos Sicilien genannt ward. Dann erhielt sie griechische Städte, wie man sagt, in der zehnten Generation vom troischen Kriege (Skymnos verdrehet hier ein wenig des Thukydides Bestimmung der Zeit, in welcher die Sikeler nach Sicilien übergingen), da Theokles von Chalkidiern eine Flotte empfing. Dieser war aber ein Athener von Geburt, und mit ihm kamen, wie die Sage lautet, Ionen, dann Dorier, als Gründer. Da aber unter ihnen eine Spaltung entstand, erbaueten die Chalkidier Naxos, die Megarer Hybla. Was westlich von Italien liegt, besetzten die Dorier, mit welchen Archias von Korinthos das jetzt sogenannte Syrakus erbauete, und den Namen vom angränzenden See hernahm. Hierauf erhielten von Naxos aus Leontini und das gegen Rhegion über gelegene Zankle an der sicilischen Meerenge, Katane und Kallipolis eine Colonie, und von diesen wurden wieder zwei Städte, Euböa und Mylä, gegründet: dann Himera und das benachbarte Tauromenion. Alle diese sind chalkidische Städte; um aber auch die dorischen anzugeben, so stifteten die Megarer Selinus, die Geloer Akragas, und Ionen aus Samos Messene, die Syrakusier aber Kamarina, obwohl sie selbst dieses wieder von Grund aus zerstörten, nachdem es 46 Jahre bewohnt gewesen war. Dies sind die einzigen griechischen Städte; die übrigen Städte sind barbarisch. Italien, welches an Önotrien gränzt, ward früher nach dem Beherrscher Italos benannt; doch später wegen seiner Colonien das grofse Griechenland. Es hat nun griechische Städte am Meere: zuerst Terina, welche früher Krotoniaten gründeten, wie denen benachbart Lokrier Hipponion und Medma; dann Rhegion, von wo die nächste Überfahrt nach Sicilien ist. Als Rhegions Stifter gelten die Chalkidier; das nahe gelegene Lokri Epizephyrii aber, welchem Zaleukos die ersten geschriebenen Gesetze gegeben haben soll, ist eine Colonie der opuntischen Lokrier, oder, wie einige sagen, der ozolischen. Daran reihet sich zuerst Kaulonia, welches von Kroton aus eine Colonie besafs, und nach dem nahe liegenden Aulon benannt, mit der Zeit seinen Namen in Kaulonia veränderte. Hierauf folgt die vormals glücklichste und bevölkertste Stadt Kroton, welche der Achäer Myskelos gestiftet haben soll; nach Kroton aber Pandosia und Thurii, und diesen zunächst Metapontion. Alle diese Städte sollen die Achäer aus dem Peloponnesos kommend gestiftet haben; aber die gröfste Stadt in Italien, die glückliche Taras, von einem Heros Taras benannt, ist eine Colonie der Lakedämonier: denn die Parthenier gründeten sie vordem, physisch beglückt durch gute Lage und Befestigung; eingeengt auf einer Landzunge zwischen zweien Häfen hat sie einen von der Landseite geschützten Landungsplatz, zufolge der verbesserten Lesart πεζῇ σκεπηνὴν καταγωγὴν ἔχει.

57. Vormals war sehr gefeiert als grofse, wichtige, reiche, schöne Stadt die von dem Flusse Sybaris benannte glanzvolle Colonie der Achäer, welche nahe an zehn Myriaden Einwohner hatte. Da diese aber das überschwengliche Glück nicht wohl zu ertragen

verstanden, sollen sie, Üppigkeit und leichtfertiges Wesen erwählend, mit der Zeit in Übermuth und Ungenügsamkeit verfallen sein, so daſs sie auch den Kampf der olympischen Spiele aufzulösen strebten, und die Ehren des Zeus durch folgende Erfindung aufhoben. Sie feierten zu derselben Zeit mit den Eleern ein eben so groſses Wettrennen (nach der verbesserten Lesart ἅμ᾿ ἴσον δρόμον statt des unmetrischen ἀδρόμισϑον), damit ein jeder zu ihnen zu kommen eilete, und durch die höhern Kampfpreise verleitet Griechenland verlieſse. Doch die nahe gelegenen Krotoniaten vernichteten sie durch ihre Übermacht in kurzer Zeit, nachdem sie im Ganzen 210 Jahre ohne einen Unfall bestanden waren. Nach Italien folgt sogleich das ionische Meer; es reichen aber bis an seine Einmündung die Iapygen, und hinter ihnen besitzen die Önotrier Brentesion und die Schiffsrhede der Messapier, und ihnen gegenüber sind die keraunischen Berge. Den mittleren Theil bewohnen die Ombriker wieder (man ergänze entweder αὖϑις vor Ὀμβρικοὶ oder πάλιν am Ende), welche ein üppiges Leben erwählen sollen nach der Weise der Lydier. Dann folgt das sogenannte Meer von Adria, dessen Lage Theopompos beschreibt, als hätte es, mit dem pontischen Meere durch eine Landzunge verbunden, Inseln, den Kykladen gleich, und unter diesen die sogenannten Absyrtiden, Elektriden, und libyrnischen. Irrig hat man im 370ten Verse für Ποντικὴν, was der Zusammenhang, wie der allgemeine Glaube jener Zeit nach Strabo I, pag. 57., fordert, das selbst dem Metrum widersprechende Wort Ἰονικὴν aufgenommen, wodurch die Absyrtiden und Elektriden ihre Lage in der nördlichen Durchfahrt verlieren würden. Vergl. Strabo II, pag. 123 sq. Den adriatischen Busen soll nach Andern eine Fülle von Barbaren ringsum bewohnen, zu 150 Myriaden das beste, fruchtreiche Land beweidend: denn die Heerden sollen Zwillinge werfen; aber die Luft um das pontische Land, obwohl ihnen nahe, überwehet sie verändert, da sie weder Schneegestöber bringt, noch starken Frost, sondern beständig ganz feucht bleibt, scharf wehend und stürmisch zum Umschlagen des Wetters, zumal des Sommers reich an Wirbelwinden, Blitzschlägen und sogenannten Wasserhosen. Bei den Enetern, welche, aus dem Lande der Paphlagonen kommend, um den Adrias sich angesiedelt haben, liegen an 50 Städte im innersten Winkel. An die Eneter gränzen Thraken, Istrier genannt, wo zwei Inseln liegen, welche das schönste Zinn erzeugen. Über diesen sind die Hymanen und Mentoren, und der Eridanos, welcher das schönste Elektron erzeugt, das eine versteinerte Thräne sein soll und ein durchsichtiges Harz der Pappeln: denn man sagt, daſs hier einst Phaëthon vom Blitze erschlagen sei, weshalb auch die ganze Fülle der Bewohner schwarze Trauergewande trage. Hiermit schlieſst die Beschreibung von Italien, weil die nächst folgenden Pelagonen und Libyrnen schon an die illyrischen Völker gränzen.

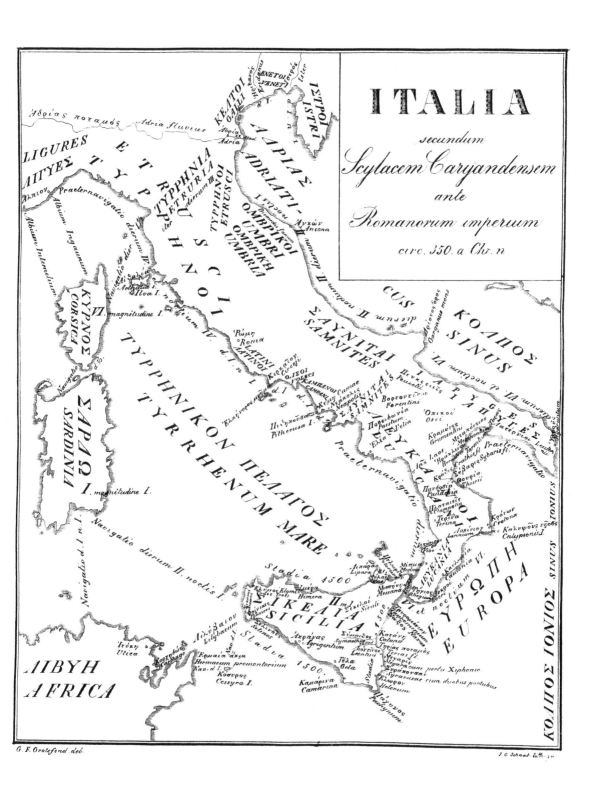

ITALIA
secundum
Scylacem Caryandensem
ante
Romanorum imperium
circ. 350. a Chr. n

Ἀδρίας ποταμός   Adria fluvius

LIGURES
ΛΙΤΥΕΣ

ΚΕΛΤΟΙ
GALLI

ΕΝΕΤΟΙ ιερ.
VENETI

ΙΣΤΡΟΙ
ISTRI

ΕΤΡ
ΤΥΡΡΗΝΙΑ
ΕΤRURIA   dierum III

ΤΥΡΡΗΝΟΙ
ETRUSCI

Βρία
Adria

ΑΔΡΙΑΣ

ΑΔΡΙΑΤΙ-
CUS

Ἀγκών
Ancona

ΣΙΝΥΣ
ΚΟΛΠΟΣ

μήτερος ὄρος
Garganus mons

ΟΜΒΡΙΚΟΙ
UMBRI
ΟΜΒΡΙΚΗ
UMBRIA

ΚΥΡΝΟΣ
CORSICA

VI. magnitudine I.

Αἰθάλη Ι.
Ilva I.

Ῥώμη
Roma
ΛΑΤΙΝΟΙ
LATINI

Κιρκαῖον
Circeii

ΣΑΥΝΙΤΑΙ
SAMNITES

ΙΑΠΥΓΕΣ

ΠΕΥΚΕΤΙΟΙ
Peucetii

ΣΑΡΔΩ
SARDINIA

I. magnitudine I.

ΤΥΡΡΗΝΟΙ

ΟΙ ΟΥΟΛΣΚΟΙ
Volsci

ΚΑΜΠΑΝΟΙ Cumae
ΚΑΜΠΑΝΙΑ
Neapolis
ΣΑΥΝΙΤΑΙ
SAMNITES

Φερεντῖνοι
Ferentini

ΛΕΥΚΑΝΟΙ

Ποσειδωνία
Paestum
Ἔλεα

Κράμονες
Grumentum

Μεταπόντιον
Metapontium
Ἡράκλεια
Θουρία
Κρᾶθις Σῦβαρις Sybaris fl.

ΤΥΡΡΗΝΙΚΟΝ ΠΕΛΑΓΟΣ

Πιθηκοῦσα
Pithecusa I.

ΤΥΡΡΗΝΟΝ ΜΑΡΕ

Πανδοσία
Pandosia
Θουρία
Thurii

Πλατεῖα
Plaminia
Τερῖνα
Terina
Λαχίνιον Λακίνιον prom.
Κρότων
Crotona
Καλυψοῦς νῆσος
Calypsonis I.

Navigatio dierum II. noctis I.

Stadia 1500

Λιπάρα
Lipara

Σκαμβος
Μεδάμη
Medama

ΛΕΥΚΑΝΙΑ
LUCANIA

Ἱππωνιον
Vibo

Πετηλία
Petelia

ΕΥΡΩΠΗ
EUROPA

ΣΙΚΕΛΙΑ
SICILIA

Ἱμέρα
Himera

Σικελοί
Siculi

Ῥήγιον
Rhegium

ΚΟΛΠΟΣ ΙΟΝΙΟΣ SINUS IONIUS

ΛΙΒΥΗ
AFRICA

Ἰτύκη
Utica

Λιλύβαιον
Lilybaeum

Stadia

Ἀκράγας
Agrigentim

Σελινοῦς
Selinus

Ἔρμαία ἄκρα
Hermaeum promontorium

Κόσσυρος
Cossyra I.

Καμάρινα
Camarina

Σταδ.

Παχύνος
Pachynum

G. F. Grotefend del.   J. C. Schnabel th.

Zur

Geographie und Geschichte

von

Alt-Italien,

von

Dr. G. F. Grotefend,

Director am Lyceum zu Hannover.

Zweites Heft.

Der Griechen älteste Sagengeschichte von Italien.

Mit einer Karte von Italien
nach Lykophron's Alexandra.

Hannover.
Im Verlage der Hahn'schen Hof-Buchhandlung.
1840.

Zweites Heft.

Der Griechen älteste Sagengeschichte von Italien.

1. Es ist nicht zu leugnen, dafs die Römer aus heimischen Quellen von Italiens ältester Geschichte Vieles besser wissen konnten, als die ferner wohnenden Griechen, und dafs besonders die Gelehrten in Alexandria nur wenig Gelegenheit hatten, sich eine genauere Kunde von Italien zu verschaffen. Da jedoch sowohl die älteren als die spätern Römer ihre wissenschaftliche Bildung vorzüglich von den Griechen empfingen, und eben deshalb auch eine hohe Meinung von den alexandrinischen Gelehrten hatten; so nahmen sie deren Nachrichten von Italien, so wenig historisch begründet auch viele derselben waren, desto williger auf, je mehr sie sich gestehen mufsten, dafs die in so grofser Zahl nach Italien und Sicilien verkehrenden und daselbst sich ansiedelnden Griechen doch von Manchem eine genauere Kunde als sie selbst besafsen. Darum ist nicht Alles, was wir in der römischen Geschichte vom ältesten Italien lesen, auch wirklich so geschehen, wie es erzählt und allgemein angenommen wurde; sondern Vieles nur aus irgend einem ungenügenden Grunde ersonnen, obwohl mit historisch Bekanntem so verknüpft, dafs es den Schein der Wahrheit gewinnt. Wenn wir also die historisch beglaubigten Nachrichten von blofsen Hirngespinnsten späterer Erzähler säubern wollen; so müssen wir eben so, wie wir die älteste Kunde von Italien aus griechischen Quellen schöpften, auch deren Sagengeschichte möglichst chronologisch verfolgen, um so deren allmähliche Ausbildung zu erforschen. Denn je gröfser der Schein ihrer Wahrheit ist, desto schwieriger ist es, blofs Ersonnenes von wirklich Geschehenem auszuscheiden, wenn wir nicht aller Nachrichten ersten Ursprung kennen, und die Art und Weise ihrer Ausbildung zu erfassen vermögen.

2. Erfunden ward zu allen Zeiten Manches, was historische Kritik ausfündig zu machen suchen mufs; hier beschäftigen wir uns aber vor Allem mit der Kritik der ältesten Sagengeschichte, in welcher überhaupt nur von Wahrscheinlichkeit die Rede sein kann, da Alles, was weder ein Augenzeuge, noch Zeitgenosse berichtete, nur eine Erfindung Späterlebender ist, die nur dann einigen Glauben verdient, wenn sie sich auf besondere Thatsachen oder belehrende Denkmale aus der Vorwelt stützte. Was entweder sofort, als es geschah,

1*

auf irgend eine Weise besungen oder aufgezeichnet ward, oder durch gewisse Einrichtungen und Gebräuche zur Kunde der Nachwelt gelangte, darf, wenn es auch erst spät an das Licht gezogen wurde, für historisch beglaubigt gelten; was aber nur durch Tradition sich fortpflanzt, pflegt unverändert nur noch in einer der nächsten Generationen in die schriftliche Geschichte überzugehen. Je später daher Etwas aufgezeichnet ward, desto weniger historischen Werth hat das Erzählte, und in je früherer Zeit dieses geschehen sein soll, desto weniger vermag auch die vollkommenste Übereinstimmung aller spätern Erzähler, oder die öffentliche Entscheidung und Sanction der Regirung für dessen Wahrheit zu bürgen. Nun geht aber die durch Zeitgenossen beglaubigte Geschichte von Italien nicht über des Homeros Zeitalter hinaus, so daſs Alles, was uns von Völker - und Städte-Stiftungen aus früherer Zeit gemeldet wird, höchstens nur auf Wahrscheinlichkeit Anspruch machen darf, sofern sich dessen Vermuthung auf bleibende Denkmäler gründete. Wie wenig man den Hirngespinnsten späterer Dichter und Geschichtschreiber Glauben schenken darf, erhellet aus der Art, wie sich dieselben allmählich bildeten: und diese müssen wir um so mehr erforschen, je mehr Glauben diejenigen Schriftsteller, welche ihn am wenigsten verdienten, bloſs darum fanden, weil sie sich einer erweiterten Kunde rühmten, und ihre bescheidenern Vorgänger der Unwissenheit und Irrthümer beschuldigten.

3. Schon Hellanikos von Lesbos ward oft mehr berücksichtigt als Herodotos oder Thukydides; noch weit mehr die später lebenden Theopompos und Ephoros, welche den Hellanikos mancher Lüge ziehen, aber weil sie zu sehr den Dichtern folgten, deren Mythen sie auf eine Geschichte der Vorwelt zurückführten, und zu groſses Vertrauen in die Wahrhaftigkeit der Orakelsprüche setzten, noch mehr als der unkritische Sagensammler Hellanikos und seines Gleichen sich selbst und Andere täuschten, und so, wie frühere Dichter und Geschichtschreiber Libyens Fruchtbarkeit aus Homeros Od. IV, 85 ff. auf das Land der Ombriker oder Adria übertrugen, das, was Herodotos I, 216. von den Massageten und IV, 104. von den Agathyrsen erzählte, nach Athenäos XII, 14. auf die Tyrrhenen, Sauniten und Messapier zu übertragen sich nicht scheueten. Nach deren Vorgange erlaubten sich die alexandrinischen Gelehrten, welche den groſsen Vorrath von Schriften in der ihnen zu Gebote stehenden Bibliothek eben so sehr zu prunkender Vielwisserei, als zu wahrer Förderung der ernstern Wissenschaften benutzten, und um die, welche von der pergamenischen Bibliothek Gebrauch machten, möglichst zu überflügeln, so sehr zu allerlei Verfälschungen sich hinneigten, daſs sie sogar den berühmtesten Männern der Vorzeit ihre eigenen Machwerke unterschoben, die alte Geschichte Italiens mit allerlei Sagen auszuschmücken, welche bei den Römern um so mehr Eingang fanden, je weniger sie selbst etwas Besseres an deren Stelle zu setzen wuſsten. Eben darum muſs es aber unser vorzüglichstes Streben sein, den Ursprung und die Veranlassung jener Sagen, so weit es noch in unsern Kräften steht, chronologisch

zu verfolgen, wenn wir nicht als wahre Geschichte nehmen wollen, was blofse Erfindung ihrer ersten Berichter ist.

4. Dem zufolge, was ich im ersten Hefte dieses Werkes über die älteste Kunde von Italien bis zur Römerherrschaft bemerkt habe, sind die *Sikeler* das einzige Volk Italiens, von welchen der Sänger der Odyssee Kunde hatte; aber diese wohnten nach den glaubwürdigsten Nachrichten der ersten kritischen Geschichtschreiber von Italien und Sicilien, Antiochos von Syrakus und Thukydides aus Athen, damals noch nicht auf der von ihnen benannten Insel, welche zwar in der später hinzugefügten 24ten Rhapsodie der Odyssee schon *Sikanien*, aber sonst nur die thrinakische oder dreizackige Insel genannt wird. Dem Sänger der Odyssee, dessen Lästrygonen und Kyklopen, welche spätere Dichter nach Sicilien versetzten, eben sowohl, als die Giganten, Phäaken und Kimmerier, in dem nähern und fernern Norden über Griechenland zu suchen sind, galt die thrinakische Insel noch als menschenleer und nur von Sonnenrindern beweidet; die Sikeler aber wohnten in der kupferreichen Gegend um *Temese*, wohin die Taphier verkehrten, obwohl, wenn Sicilien sowohl als Italien von der Landseite aus zuerst bevölkert wurde, da die zur See hinschiffenden Phöniken, Taphier und Griechen, überall schon Bewohner vorfanden, die Sikanen in Sicilien als die am weitesten Vorgedrungenen auch die ersten Einwanderer in Italien gewesen sein müssen. Woher die Sikanen kamen, scheint Thukydides nicht ohne Grund aus ihrem Namen geschlossen zu haben, wenn er sie von dem Flusse Sikanos in der Nachbarschaft der Ligyer herleitete, welche nach Herodotos oberhalb Massalia, der ältesten Pflanzstadt der ionischen Entdecker dieser Gegenden, der Phokäer, wohnten.

5. Wie der Name der *Ligyer* oder *Ligurier* den Liger oder die Loire in Gallien, dessen spätere Bewohner, die Ambronen, von den Liguriern nach Plutarchos im Leben des Marius C. 19, 2. noch in der Schlacht unter Marius als sprachverwandt erkannt wurden, als deren ältesten Wohnsitz, wenigstens um die Quelle derselben, bezeichnet; so weiset der Name der *Sikanen* auf die Sequanen am Ursprunge der Sequana oder Seine hin, welche jedoch Thukydides, dem die Gallier oder Kelten noch ein unbekanntes Volk waren, eben sowohl als die Ligyer noch zu Iberien rechnete, welches in seiner Zeit bis an den Rhodanos oder die Rhone reichte, den nach Plinius H. N. XXXVII, 11, 1. Aeschylos unter dem Namen Eridanos in Iberien verstand. Da die Kelten dieser Gegend auch später noch über die Alpen nach Italien zogen, so hat die Einwanderung der Sikanen von dieser Seite nichts Befremdendes, obwohl die ihnen zunächst wohnenden *Elymer*, gleich den *Oenotriern*, *Peuketiern* und *Iapygen*, in Unter-Italien, über das adriatische Meer aus Illyrien eingewandert zu sein scheinen. Auch verräth der Name des ersten bekannten Sikanenkönigs *Kokalos*, wenn Hesychius ihn wie den oskischen Namen *Cicirrus* bei Horatius S. 1, 5, 52, vgl. Κικκὸς und Κίκκα, richtig als εἶδος ἀλεκτρυόνος erklärt, durch seine Verwandtschaft mit dem

deutschen *Kükkelhahn* und *Küchlein*, engl. *cock* und *chickling*, einen gallischen Ursprung, wie denn auch *Gallus*, gal. *caolach*, kymr. *ceiliawg*, vom deutschen *gellen* denselben Vogel bei den Römern bezeichnete, *cucurrire* aber dessen Geschrei, während *cuculus* und *cuculare* dem griechischen κόκκυξ und κοκκύζειν entsprach. Sollten sich gar die Namen *Sicanus* und *Siculus* zu einander verhalten, wie *Romanus* und *Romulus*, so daſs sie nur einerlei Volksstamm, wenn gleich verschiedene Zweige desselben bezeichneten, wie denn Virgilius A. VII, 795. VIII, 328. XI, 317. die Siculer in Latium stäts Sicanen nennt; so läſst sich ihr gallischer Ursprung noch weniger verkennen.

6. Als die *Sikeler* dem Antiochos und andern seiner Zeitgenossen zufolge von den *Opikern* oder *Ausonen* und *Ombrikern* aus der Gegend um Rom verdrängt wurden, fanden sie in Unter-Italien nicht nur schon die *Oenotrier* vor, sondern es hatte auch schon Italos in dessen südlichster Landspitze ein eigenes Reich gestiftet, welches dessen Nachfolger Morges beherrschte, oder es hatten sich, wenn wir nach alterthümlicher Ausdrucksweise unter den Königsnamen Völkernamen verstehen, von den Oenotriern schon die Italieten losgerissen, welche sich nach der gastlichen Aufnahme des Sikelos aus Rom in Morgeten und Sikeler theilten. Da aber der Sänger der Odyssee in dieser Gegend, wie noch des Antiochos Zeitgenosse Thukydides, zwar schon Sikeler, aber weder Oenotriern noch Italieten oder Morgeten, kennt; so müssen unter den dortigen Bewohnern zu der Zeit die Sikeler, wo nicht der an Zahl, doch an Bildung überwiegende Theil des Volkes gewesen sein, mit welchen die Griechen Sklavenhandel trieben, in deren Hauptsitze Temese aber die Taphier Erz gegen blinkendes Eisen eintauschten. Wenn hiernach die Sikeler ein rühriger Volk als die rohern Oenotrier waren, so läſst sich vermuthen, daſs ein Theil derselben schon früh nach der gegenüber liegenden Insel übersetzte, welche er unter seiner ursprünglichen Benennung der *Sikanen* bevölkerte, während der andere Theil, der sich mit den Italieten oder Morgeten zu einem besondern Volke in Unter-Italien verband, seine Sprache und Sitten so veränderte, daſs er sich statt der Sikanen *Sikeler* nannte, und als auch er endlich nach der gegenüberliegenden Insel überging, und die früher eingewanderten Sikanen in die westlichen Gegenden derselben zurückdrängte, diese als ein ihm fremdes Volk betrachtete, und den ältern Namen der Insel Sikanien mit der neuern Benennung Sicilien vertauschte. Aber wenn sich die Sikanen von den Sikelern nur als der ursprüngliche Volksstamm von dem mit oenotrischen Italieten vermischten unterschieden, so müssen sie gallischen Ursprungs gewesen sein, da man selbst noch in der veränderten Sprache der Sikeler Bestandtheile gallischer Sprache findet.

7. Wenn wir die *lateinische Sprache* aus zweierlei Elementen erwachsen finden, deren grammatischer Hauptbestandtheil, welcher der altgriechischen, oder vielmehr der etwas veränderten umbrischen, volskischen und oskischen, Sprache am nächsten kam, ein Eigenthum der siegreich eindringenden *Aboriginer* war; so müssen wir den geringern Bestandtheil, welcher

fast nur lexikalisch in der Sprache sich erhielt, als das Eigenthum der nicht auswandernden unterjochten *Siculer* betrachten: und eben dadurch verrathen sich die Siculer als ein ursprünglich gallisches Volk, dessen Sprache der altgermanischen nahe verwandt war, aber die Siculer der Schifffahrt eben so kundig zeigt, wie des ländlichen Fuhrwerks, wofür schon die nichtgriechischen Benennungen des Wassers (*aqua, Ach*), des Meeres (*mare, mor*) und der Fische (*pisces*), wie der Wagen (*vejae*), Räder (*rotae*), Maulthiere (*muli*) und Esel (*asini*), ein beweisendes Zeugnifs ablegen. In gleicher Weise findet man auch die meisten *sikelischen Wörter* nicht nur in der lateinischen, sondern auch in der gallischen oder altgermanischen Sprache wieder, wie den von seiner Kälte (*gelu*) benannten Flufs *Gela* bei Steph. Byz. und die Stadt *Zankle* in der Gestalt einer Sichel (*sicula* oder *secula* nach Varro L. L. V, 31. §. 137. von *sica, Sech* oder *Sense*) bei Thukydides VI, 4., wornach die *Chersonesioe* des Varro für die Sikeler der Halbinsel oder Landspitze von Italien zu erklären sind. Wie diese nach Antiochos aus der Gegend von Rom kamen, so waren die Siculer *Latiums* selbst einst aus Gallien in dieses Sumpfland gezogen (vgl. *Arelatum* mit *Armorica* in Adelungs Mithridates II. S. 44.), welchen Weg aufser den gallischen Benennungen der *Alpen* und des *Apenninus* (vgl. *Pen* in Adel. Mithrid. II. S. 66.) die nur wenig veränderten Namen mehrer Flüsse verrathen, welche der Apenninus dem tuskischen Meere zusendet, namentlich der *Arnus* für Araris (Aar), *Liris* für Ligeris (Lech) und *Albula* (Elbe) für die pelasgische Benennung eines Bergflusses *Tiberis* von *Teba* bei Varro R. R. III, 1, 6., welche die Griechen in *Thymbris* (vergl. Hesychius) verdrehten.

8. Die *Gallier* oder *Kelten*, welche dem Herodotos noch, wie dem Hekatäos, an der Quelle des Istros im fernsten Westen von Europa wohnten, waren aber vor ihrer zweiten Einwanderung in Ober-Italien, bei welcher sie bis an das adriatische Meer vordrangen, wo sie die Karte des Skylax von Karyanda zwischen den *Tyrrhenen* am Adria oder Po und den *Eneten* am fabelhaften Eridanos zeigt, den Griechen vor Alexandros noch so unbekannt, dafs sie die Sikanen und Sikeler so wenig als die Ligyer mit ihnen verwandt glaubten, sondern die Ligyer als ein besonderes Volk betrachteten, welches dem Herodotos oberhalb Massalia, spätern Schriftstellern aber von den Iberen am Rhodanus bis zu den Tyrrhenen am Arnus wohnte, die Sikanen dagegen für Iberen erklärten, unter welchem Namen man alle Völker der Seeküste vom Rhodanus bis an die Säulen des Herakles begriff, und höchstens die *Elisyken* um Narbo davon noch ausschied. Welche sonderbaren Vorstellungen die Griechen noch bis zur Zeit der römischen Kaiser von den Kelten und Galatern oder Galliern hatten, berichtet uns Diodoros V, 32, u. 24.; es darf uns daher nicht wundern, wenn man diese nur in weiter Ferne am Rande des Oceanus suchte, während die vom Ligyrosflusse benannten Ligurier oder Ligyer den ganzen Zwischenraum zwischen den Tyrrhenen und Iberen an der Küste des Mittelmeeres füllten (Steph. Byz. vgl. Diodor. V, 39.), weshalb Maltebrun deren

Namen für eine keltische Benennung *Ly-gour* (Küstenbewohner) erklärte. Wenn auch Euripides Troad. 437. die Kirke ligystisch nannte, dehnte man doch das ligystische Land im Osten nicht über den Arnus aus, im Westen liefs man aber, ehe man von Kelten an der Küste des Mittelmeeres wufste, die Ligyer immer weiter sich ausdehnen, je mehr man die Iberer an die Pyrenäen zurückzog, so dafs sogar Eratosthenes nach Strabo II. pag. 92. die westlichste der drei europäischen Halbinseln die ligystische nannte.

9. Obwohl Herodotos I, 163. unter den ersten Entdeckungen der Phokäer in diesen Gegenden noch kein Land der Ligyer nennt, welche ihm oberhalb Massalia wohnten; so führt doch Stephanus Byz. die von den Phokäern 600 v. Chr. G. gegründete Stadt Massalia schon aus des Hekatäos Geographie als eine Stadt des ligystischen Landes an nach dem keltischen zu, während ihm Sikane eine Stadt Iberiens heifst. Daher erklärte Servius zu Virgils Aeneide VIII, 328. den Sikanusflufs in Iberien, von welchem Philistos nach Diodoros V, 6. die Sikanen in Sicilien sich anpflanzen liefs, für den Sicoris in Hispanien, was jedoch schon Ephoros und Timäos so unglaublich fanden, dafs sie lieber die Behauptung der Sikanen nach Thukydides VI, 2. annahmen, und sie für ursprüngliche Eingeborne der Insel hielten, vgl. Diod. V, 2. Nach Diod. V, 6. bewohnten diese Sikanen anfangs die ganze Insel in zerstreuten Flecken und Städtchen auf den Anhöhen um den Ätna; da aber dessen Feuerausbrüche einen grofsen Theil ihrer Ländereien verwüsteten, zogen sie sich in die westlicher gelegene Gegend. Erst viele Generationen später ging das Volk der Sikeler in Masse nach der Insel über, und besetzte das von den Sikanen verlassene Land, und drängte sie bekriegend sogar noch weiter zurück, bis sie sich unter einander verglichen. Wann dieses geschehen sei, wagte Antiochos noch nicht zu bestimmen; nur Thukydides schätzte die Zeit des letztern Übergangs auf nahe an 300 Jahre vor der ersten Griechen Ankunft in Sicilien 736 v. Chr. G. Dafs Antiochos der Sikanen Ansiedelung schon etliche Generationen vor dem troischen Kriege ansetzte, erhellet aus der Sage von Dädalos und Minos aus Kreta, von welchen der erstere zu dem ältesten Sikanenfürsten Kokalos in Kamikos bei dem spätern Akragas geflohen, und von dem letztern daselbst verfolgt sein sollte. Sowie aber diese Sage offenbar erst durch des Spartaners Dorieus Zug ihre Ausbildung erhielt, so mufs auch die Einwanderung der Sikanen selbst erst nach Homeros erfolgt sein, wenn man nicht annehmen will, dafs die Sikanen die Insel schon bewohnten, ehe die Griechen etwas davon wufsten.

10. Möglich ist dieses allerdings; wie gern aber die Griechen in frühere Zeit ansetzten, was erst später geschah, erhellet aus der Behauptung, dafs *Cumae* in Campanien schon vor dem Übergange der Sikeler nach Sicilien gestiftet sei, ungeachtet damals selbst kaum dessen Mutterstadt in Äolis gegründet war. Erst der Verfasser des letzten Gesangs der Odyssee kennt Sikanien mit einem noch fernern Orte *Alybas*, welchen kein späterer Grieche zu deuten wufste. Wenn man aber die Verdrehungen bemerkt, denen alle Namen

derjenigen Gegenden, welche die Oenotrier und deren Stammgenossen besetzten, im Munde
der Griechen ausgesetzt waren; so liegt die Vermuthung nahe, dafs Alybas die Elymer in
der Nachbarschaft der Sikanen bezeichnete. Wenigstens sind die Elymer das einzige Volk,
welches noch ferner als die Sikanen gedacht werden konnte, und welches schon so früh nach
Sicilien übergegangen war, dafs man seine Städte Eryx und Egesta von flüchtigen Troern
erbauet dichtete, obwohl schon Herakles mit dem Heros Eryx gekämpft haben sollte. Für
uns ergibt sich aus allen diesen Sagen nur, dafs man die Elymer eben sowohl von den
Sikanen und Sikelern, als von den Phöniken unterschied, die sich in ihrer Nachbarschaft
ansiedelten. Wir möchten daher nicht sehr irren, wenn wir sie für einen der illyrischen
Stämme halten, die mit den *Oenotriern* schon früh nach Unter-Italien übersetzten. Nach
Antiochos waren die Oenotrier noch, ehe die Sikeler aus Latium vertrieben mit den Morgeten
in Unter-Italien sich verbanden, dahin eingewandert, wenn auch nicht so früh, als es den
ältern Geschichtschreibern der Griechen geschehen zu sein schien. So viel ist indessen gewifs,
dafs, wenn gleich erst bei Hekatäos Oenotrien als das grofse Land erscheint, welches Sophokles
in seinem Triptolemos von der sicilischen Meerenge bis nach Tyrrhenien sich erstrecken
liefs, die Griechen doch bei ihren ersten Ansiedelungen in Unter-Italien überall schon Oenotrier, und besonders den Zweig derselben, welcher sich *Chonen* nannte, in derjenigen Ausdehnung vorfanden, welche die älteste uns bekannte griechische, bei Basta in Apulien gefundene,
Inschrift beschreibt.

11. Man hat vermuthet, dafs die Namen *Chones* und *Chonia* aus *Chaones* und
Chaonia gebildet seien, wie *Iones* und *Ionia* aus *Iaones* und *Iaonia*, mithin dadurch auf
den Ursprung der Oenotrier aus Epiros hingedeutet werde. Ganz unwahrscheinlich ist diese
Vermuthung nicht; doch wird auch der Hauptort dieses Landes nur *Chone* geschrieben, sowie
des Hekatäos *Chandane* in Iapygien unterhalb der Peukäer oder Peuketianten in der Inschrift
aus Basta durch Χωνεδονὰς ἀκτὰς bei Siris bezeichnet, und der Flufs *Cocintos* Χώνετος
genannt wird. Wenn auch die *Peukäer* oder *Peuketier* in der Gegend von Brundisium Stammverwandte der Oenotrier waren, wie man allgemein annimmt; so ist dadurch ihr Ursprung
aus Illyrien in sofern gegeben, als auch die *Pediculi* der Römer, deren Name nach der verdorbenen Aussprache der griechischen Bewohner jener Gegend aus πίτυς, wie *Peucetii* aus
πεύκη, gebildet zu sein scheint, nach Plinius H. N. III, 16. aus Illyrien gekommen sein sollen.
Zu welcher Zeit deren Einwanderung in Unter-Italien geschehen sei, läfst sich zwar nicht
bestimmen; aber die Erfindung des Dionysius aus Halikarnassus von einem pelasgischen
Oenotrus und Peucetius in der siebenzehnten Generation vor dem troischen Kriege hat schon
Pausanias VIII, 3, 2. als ungereimt erkannt, obwohl man darnach bei Thukydides VI, 2.,
wo vom oenotrischen Könige Italos die Rede ist, die Lesart guter Handschriften Σικελῶν in
Ἀρκάδων abgeändert hat. So hoch auch die Sagen der Römer ins Alterthum hinaufstiegen,

so zählten diese doch nur vier Göttergenerationen von der Herrschaft des Janus und Saturnus im goldenen Zeitalter, mit welchem sie Italiens Geschichte begannen, bis auf des Äneas Ankunft aus Troja; Verrius Flaccus setzte aber die Einwanderung der Pediculer noch weit später an, wenn man eine sehr verdorbene Stelle bei Festus oder vielmehr Paulus Diaconus s. v. *Peligni*, wo man nicht mit Cluverius an *Picentes* denken darf, weil derselbe Paulus s. v. *Picena regio* diesen, wie Ovidius F. III, 95., der selbst in der Hauptstadt der Peligner Sulmo geboren war, einen sabinischen Ursprung zuschreibt, also verbessert: »*Pedicli* ex »Illyrico orti: inde enim profecti ductu Volsinii regis, cui cognomen fuit Lucullo, partem »Italiae occuparunt. Hujus fuerunt nepotes Peucinus, a quo *Peucinates*, et Pediclus, a »quo *Pedicli*.«

12. Der Name der Oenotrier scheint zwar um so mehr griechischen Ursprungs zu sein, als die Inschrift aus Basta die Gegend um Sybaris, wo bekanntlich von jeher die feinsten und mildesten Weine Italiens gezogen wurden, als ursprünglich oenotrisch bezeichnet, und selbst der König Italos, dem römischen *Vitulus* entsprechend, einen altgriechischen Namen führte; aber sowie die Griechen fast alle Namen des oenotrischen Gebietes, die in keinem italischen Lande gleich barbarisch lauteten, nach ihrer Weise verdreheten, und *Velia* in Hyela oder Elea, oder *Vibon* in Hipponium, wie das *Vitelium* samnitischer Münzen in Italia, umschufen, so scheinen sie eben so, wie sie den Namen der Pediculer mit den Namen der Peuketier vertauschten, den Namen der Oenotrier aus der Benennung *Vithnri* geschaffen zu haben, welche man auf alten Kupfermünzen findet. Freilich hat man in dieser unerklärbar scheinenden Benennung bisher, in verkehrter Richtung Irno.. lesend, einen *Irinus nummus* vermuthet; aber jene Münzen stammen aller Wahrscheinlichkeit nach, wie schon die ungewöhnliche Form des ☉ verräth, die man auch auf griechischen Concordia-Münzen von Kroton und Pandosia findet, aus Strabo's VI, pag. 256. altem Königssitze der Oenotrier *Pandosia*, bei welchem nach Theopompos bei Plinius H. N. III, 15. und Livius VIII, 24. der epirotische König Alexander seinen Tod fand: und selbst die Nachricht, daſs es auch ein Pandosia am Acheron in Epirus gab, welches Alexander zufolge des ihm ertheilten Orakelspruches mied, führt auf einen Ursprung der Oenotrier aus Epirus hin. Daſs die oenotrischen Könige griechische Münzen in Kupfer nachbildeten, kann den nicht befremden, welcher weiſs, daſs schon zu des Homeros Zeit in Temese oder Tempsa Kupfer zu Tage gefördert ward, und daſs die Oenotrier überhaupt eine solche Bildsamkeit besaſsen, daſs sie aus Oenotriern allmählich ganz zu Griechen wurden, woher das sogenannte Groſsgriechenland eben so sehr an Bevölkerung zunahm, als das oenotrische Volk, dessen Besitzungen Hekatäos noch in so weiter Ausdehnung kannte, bis zum gänzlichen Untergange zusammenschmolz.

13. Die Oenotrier schlossen sich um so mehr an die griechischen Ansiedler im Süden an, je mehr sie von den *Opikern* oder *Ausonen* im Norden gedrängt wurden. Die

Ausonen stiftete nach Skymnos von Chios Auson, des Odysseus Sohn von der Kalypso, wie die *Ombriker* des Odysseus Sohn von der Kirke, wogegen nach des Hesiodos Theogonie *Agrios* und *Latinos* Söhne des Odysseus von der Kirke waren, welche über die hochberühmten *Tyrrhenen* herrschten. So verschieden auch diese Sagen lauten, so erhellet doch daraus, daſs man des Hesiodos Agrios und Latinos für Ausonen oder Opiker und diese für Stammverwandte der Ombriker oder Umbrer hielt. Eben diese Stammverwandtschaft spricht sich auch noch in den Inschriften aus, welche sich von der umbrischen und oskischen Sprache erhalten haben, da man in beiden, vorzüglich jedoch in der oskischen Sprache, wie in der Sprache der *Volsken*, eine nahe Verwandtschaft mit der lateinischen Sprache bemerkt. Die Volsken finden wir zuerst bei Skylax von Karyanda mit etwas veränderter Benennung *Olsen* genannt; es läſst sich aber daraus nicht bestimmen, wie weit deren kleines Gebiet von der Küste des tyrrhenischen Meeres in das Innere des Landes reichte, und ob dazu auch die Stadt Tusculum gehörte, wo nach Livius I, 49. der Schwiegersohn des römischen Königs Tarquinius Superbus, Octavius Mamilius, ein Sproſs des Ulixes und der Göttinn Circe zu sein sich rühmte, obwohl Festus nach Verrius Flaccus das Geschlecht der Mamilier von einer Tochter des Telegonus als Erbauer von Tusculum ableitete. Die *Ausonen* dehnten ihre Eroberungen so weit aus, daſs ganz Italien nach ihnen den Namen Ausonia erhielt; Sprossen derselben waren die *Aurunken* in Latium, welche unmittelbar neben den Volsken wohnten. Hieraus erkennt man, daſs die Ausonen eigentlich Avronen hieſsen, welche Benennung, wie vielleicht auch der Name des Avernus-See's, von Avrius stammt, wofür Hesiodos in seiner ionischen Mundart die ätolische Namenform Agrios wählte: denn sowie der Name *Sardus* in Sardon, Sardonius oder Sardonicus überging, so ward auch aus *Avrius* Avron oder Auson, Ausonius oder Auruncus. Ja! wenn man den Namen der Insel *Sardinia* vergleicht, so erkennt man auch die *Aurinini* im uralten Saturnia bei Plinius H. N. III, 8. leicht für Ἀβριγενεῖς oder *Aborigines*, d. h. Abkömmlinge der Avrier.

14. Ist nun Avrius die ursprüngliche Benennung des ausonischen Volksstammes, so dürfen wir diesen vielleicht von dem Volke der *Talantiner* oder *Taulantier* in Illyrien ableiten, welches nach Stephanus Byz. bei Hekatäos Ἄβροι hieſs: und wenn man den häufigen Wechsel der Consonanten S und T, L und R, kennt, wird man es um so weniger ungereimt finden, auch die *Salentiner* und *Tarentiner* in Japygien nach zwei verschiedenen Mundarten für Stammverwandte der Talantiner zu halten, da in den iguvinischen Tafeln den umbrischen Volksstämmen der Iguvinen, Tuderten und Naharten auch ein japygischer Stamm hinzugefügt wird. Wirklich erklärte Hekatäos nach Stephanus Byz. auch Japygien für einen illyrischen Staat, wobei man schwerlich mit Klausen an die Japyden des Plinius und Ptolemäos oder die Japoden des Strabo denken darf. Eher darf man den römischen Namen *Apulia* aus dem illyrischen Japygia, wie *Calabria* aus dem griechischen Calauria, entstanden glauben: denn

2*

wie auch die griechischen Ansiedler in Japygien die vorgefundenen Namen verdrehten, erkennt man aus dem Namen der Stadt Metapontion, die ursprünglich der Sitz des Metabos hiefs, aus welchem auch der Name *Messapia* entstanden sein kann. Für eine ursprüngliche Verwandtschaft der Umbrier und Apulier spricht die Sage von Diomedes, welchen nach Skylax von Karyanda das Volk der Umbrier verehrte, nach spätern Schriftstellern aber ganz Apulien als seinen Stifter pries. Ja! wer die Ableitung des Namens *Apulia* von Japygia unwahrscheinlich findet, kann ihn, da an eine Ableitung von *Apa* für *Aqua* bei dem wasserarmen Lande nicht zu denken ist, aus *Avria* entstanden glauben, obwohl aus demselben Namen in einer andern Gegend zufolge der in Mittel-Italien sehr gewöhnlichen Vertauschung der Vocale A und O auch *Ovria* ward, woraus die Griechen nach der Weise, wie Homeros die Araber *Erember* und spätere Griechen den Perser Kawus *Kambyses* nannten, eben sowohl die Namen ᾽Όμβροι und ᾽Ομβρικοί, als ᾽Οπικοί für *Obsci* oder *Osci* statt des umbrischen Adjectives *Ovrsici* schufen.

15. Wenn wir gleich die Japygen, Apulier und Umbrier aus einer und derselben Gegend von Illyrien nach Italien übergegangen glauben, so folgt daraus doch eben so wenig, dafs ihr Übergang zu einer und derselben Zeit geschah, als der Übergang der gallischen Sikanen und Sikeler nach Sicilien in einerlei Zeit fiel. Vielmehr scheinen die Apulier den Japygen eben so spät nachgezogen zu sein, als die Umbrier ihnen vorausgegangen sein sollen. Die *Umbrier* werden zwar von Plinius H. N. III, 19. für das älteste Volk Italiens erklärt, weil man in ihrer griechischen Benennung die Regengüsse der deukalionischen Flut bezeichnet wähnte; wenn er aber durch sie die früher schon eingewanderten *Siculer* und *Liburnen* vertreiben läfst, so widerspricht er sich selbst, und es leidet keinen Zweifel, dafs, ehe noch die illyrischen Völker zu Wasser nach Italien übersetzten, die Liburnen eben so von Osten her zu Lande dahin einwanderten, wie die Sikanen und Sikeler von Westen her aus Gallien kamen. Nur die *Etrusken*, deren Sprache zwar noch ein Räthsel ist, aber doch so viel europäischen Geist verräth, dafs man sie eher aus Rätien, als aus Lydien, eingewandert glauben darf, folgten offenbar den Umbriern erst nach, welche man als die Stammväter aller Ausonen betrachten mufs. Wie früh diese Umbrier nach Italien kamen, läfst sich daraus ermessen, dafs nach Cato bei Plinius H. N. III, 19 extr. ihre Stadt *Ameria* 964 Jahre vor dem Kriege mit Perseus, also 1135 v. Chr. G. gegründet sein soll. Sind uns gleich die Gründe nicht bekannt, auf welchen diese Angabe beruht; so haben wir doch um so weniger Grund, an der Richtigkeit derselben zu zweifeln, als alle griechische Sagen, die in frühere Zeit hinaufgehen, sich als blofse Erfindungen einer spätern Zeit ausweisen. Nur so viel erhellet aus dem, was uns die Römer aus heimischen Quellen melden, dafs Ameria nicht die älteste Stadt der Umbrier war.

16. Wenn Philistos von Syrakus nach Dionysios H. I, 22. den Sikelos des Italos

Sohn nannte, und als einen Anführer der Ligyer bezeichnete, welche, von Umbriern und Pelasgern vertrieben, von Italien aus die gegenüber liegende Insel unter dem Namen der Sikeler besetzten; so vermengte er zwar zwei verschiedene Nachrichten des Thukydides VI, 2. mit einander, allein man erkennt in des Philistos Umbriern leicht die Stammväter der *Aboriginer*, welche dem Reatiner Varro zufolge von Reate, dem Mittelpunkte von Italien nach Solinus Polyh. 2., aus in Verbindung mit den durch die Hellenen aus Thessalien vertriebenen *Pelasgern* die Sikeler aus Latium verdrängten, oder auch zum Theil sich unterwarfen, woraus das Volk der *Latiner* seinen Ursprung nahm, dessen Sprache dadurch ein Gemisch aus gallischen, umbrischen und pelasgischen Elementen ward, deren griechischer Bestandtheil sowohl den eben so sehr mit den Griechen verwandten Umbriern als Pelasgern zugeschrieben werden kann. Wir möchten daher nicht sehr irren, wenn wir das Volk der Latiner um dieselbe Zeit entstanden glauben, als nach des Antiochos Sage Sikelos, von Rom d. h. Latium flüchtig, bei des oenotrischen Königs Italos Nachfolger Morges eine gastliche Aufnahme fand, mithin auch die Pelasger von Dodona aus sich mit den Aboriginern verbinden lassen, als Dodona nach Homer's Iliade XVI, 234. noch im Besitze der Pelasger war. Sowie Antiochos seine Königsnamen aus den Völkernamen schuf, so erlaubte er sich auch, die Gegend, aus welcher die Sikeler vertrieben waren, durch den Namen der ihm daselbst bekannt gewordenen Stadt Rom zu bezeichnen, wovon selbst Herodotos noch nichts zu sagen wußte, dem doch der benachbarte Hauptsitz der Pelasger Agylla sehr wohl bekannt war.

17. Zufolge des dodonäischen Orakelspruches bei Dionysios H. I, 19., Stephanus Byz. s. v. Ἀβοριγῖνες und Macrobius S. I, 7. wurden die unstät umherirrenden *Pelasger* ermahnt, der *Sikeler saturnische Land* bei der schwimmenden Insel im Cutilischen See der Aboriginer aufzusuchen: und daß hierunter nicht eine Stadt des capitolinischen Hügels in Rom, von welchem nach Justin's Bemerkung XLIII, 1. Jupiter den Saturnus zum zweiten Male vertrieb, sondern die tyrrhenische Stadt *Saturnia* zu verstehen sei, wohin die Römer nach Livius XXXIX, 55. im Jahre 183 vor Chr. G. eine Colonie führten, und wovon man noch jetzt weitläuftige Ruinen nördlich von der alten Uferstadt Cosa zeigt, beweiset der alte Name ihrer Bewohner *Aurinini* bei Plinius H. N. III, 8., wodurch eben die Aboriginer bezeichnet wurden, welche dem Dionysios H. I, 20 f. zufolge mit den Pelasgern, nach der Vertreibung der Sikeler aus der Umgegend Rom's, Saturnia nebst vielen andern Städten gründeten, oder die Abkömmlinge der Agrier des Hesiodos, welche mit den Latinern ihre Herrschaft über die durch ihre gleichzeitigen Einfälle von Rätien her berühmt gewordenen *Tyrrhenen* ausdehnten. Wenn man später eine Sage schuf, welche nach Varro L. L. V, 5. §. 42. schon Ennius aussprach, der zufolge im goldenen Zeitalter, über welches die römische Dichtung nach Virgils Aeneide VIII, 319 sqq. 357. und Macrobius S. I, 7. nicht hinausging, der pelasgische Gott *Saturnus* nach seiner Vertreibung aus der olympischen Herrschaft

in Thessalien, die später auch zu einer kretischen ward, von dem ausonischen Urgotte *Janus* in sein Reich aufgenommen wurde, da er dann dem Janiculum gegenüber auf dem Hügel, welchen die Römer späterhin zu ihrem Capitole weihten, eine Stadt Saturnia erbauete; so schmeichelte man damit blofs der Eitelkeit der überall herrschend gewordenen Römer, welcher zu Liebe man auch der italischen Halbinsel die ursprüngliche Benennung Saturnia beilegte.

18. Woher Tzetzes zum Lykophron v. 1226. *pag. 183 ed. P. Stephani* die Nachricht geschöpft habe, dafs Italien zuerst *Argessa*, dann *Saturnia, Ausonia, Tyrrhenia, Italia*, genannt sei, ist unbekannt; schieben wir aber mit Servius zu Virgils Aeneide VIII, 329. statt des ungewöhnlichen Namens Tyrrhenia, wofür Virgilius lieber *Oenotria* seiner frühen grofsen Ausdehnung wegen wählte, die griechische Bezeichnung Italiens als eines Westlandes durch *Hesperia* ein, so erhalten wir vier passende Benennungen, um die Geschichte und Geographie Italiens vor Augustus nach vier verschiedenen Perioden von je drei- bis vierhundert Jahren ihrem Charakter gemäfs zu bezeichnen, wenn wir unter der mythischen Benennung *Saturnia* den Zeitraum von der ersten bekannten Bevölkerung Italiens bis zur Erbauung der ersten Stadt, von welcher wir historische Nachricht haben, Ameria in Umbrien 1136 v. Chr. G., verstehen; unter der historischen Benennung *Ausonia* aber oder *Oenotria* die vier Jahrhunderte von der Vertreibung der Sikeler aus Latium bis zur Gründung der ersten griechischen Pflanzstadt in Sicilien, Naxos 736 v. Chr. G.; unter dem griechischen Namen *Hesperia* alsdann die vier Jahrhunderte, in welchen Grofs-Griechenland erwuchs, von der Stiftung von Syrakus bis auf Alexander den Grofsen 336 v. Chr. G.; unter *Italia* endlich den Zeitraum, in welchem sich die Römer alle Völker der italischen Halbinsel zwischen dem obern und untern Meere unterwarfen, und nach der Eroberung Tarents, des Haupts vom ursprünglichen Italien nach Skymnos von Chios v. 329., dessen Namen eben so auf die ganze italische Halbinsel übertrugen, wie sie später auch die griechische Halbinsel nach der von ihnen eroberten Hauptstadt des achäischen Bundes Korinth Achaja benannten, bis zur Alleinherrschaft des Augustus 27 v. Chr. G. Hier beschäftigt uns aber nur die Sagengeschichte des ersten Zeitraums, soweit sie die Griechen schon vor der Römerherrschaft ausbildeten.

19. Von allen sich so vielseitig in Italien berührenden Völkern sind die alles verschlingenden Römer das einzige heimische, sowie die alles aufspürenden Griechen das einzige fremde Volk, welches uns in seinen hinterlassenen Schriften einige Kunde über den ältesten Zustand von Italien gibt. Aber so früh auch die Römer durch ihr immer steigendes Wachsthum die Aufmerksamkeit der umwohnenden Völker auf sich zogen, so spät erhielten sie von den besiegten Griechen diejenige geistige Ausbildung, welche sie zur Erforschung eines höhern Alterthums ermunterte: und so vielfältig auch die Griechen alle Küsten des Mittelmeeres schon vor der Erbauung Roms befuhren, so wurde doch ganz Italien erst später von den Phokäern umschifft, und des Landes Innere den Griechen

überhaupt so wenig bekannt, daſs sie die Lücken ihrer Kunde mit allerlei Dichtungen aus-
füllten, welche sie in ein so schönes Gewand zu kleiden verstanden, daſs die Römer sie für
Sagen einer durch Denkmäler beglaubigten Geschichte nahmen, und an sie alle die Nachrichten reihten, welche sie aus heimischen Quellen schöpften. Daher erfahren wir von all
den vielen kleinen Völkern Mittel-Italiens erst spät etwas, und selbst das ganze groſse Ober-
Italien bleibt auſser den *Ligyern* und *Tyrrhenen* an dessen südlicher Küste im Westen und
auſser dem Adria bei seiner Mündung in das davon benannte Meer so lange ein unbekanntes
Land, daſs von den *Enetern,* welche nach Polybius die spätern Tragödiendichter aus Paphlagonien unter eines Troers Antenor Anführung am Adria landen lieſsen, erst Herodotos
I, 196., wie von einem illyrischen Volke mit babylonischer Sitte, spricht, welches sich
nordwärts bis nahe zu den Sigynnen jenseit des Istros V, 9., einem Volke von medischer
Abkunft und Tracht, erstreckte.

20. Obwohl Hekatäos unter vielen andern illyrischen Völkern auch schon die
Istrier und *Liburnen* kannte, so schilderte er doch die Gegend um die Stadt *Adria* am
Flusse gleiches Namens noch so fabelhaft, daſs man vermuthen darf, Herodotos habe aus
ihm die Nachricht geschöpft, daſs der mitten durch Europa strömende Istros bei den *Kelten*
jenseit der Säulen des Herakles und der Stadt Pyrene entspringe, II, 33. IV, 49., und in
diesen sich vom Lande über den Ombrikern der Karpis und Alpis nordwärts ergieſse. Bei
solcher Unkunde dieser Gegend kann es nicht befremden, wenn Hekatäos auch glaubte, daſs
der Eridanos eben sowohl gleich dem Istros, von welchem nach Skylax von Karyanda, der doch
schon die *Kelten* zwischen den Tyrrhenen und Enetern im innersten Winkel des adriatischen
Busens kannte, dasselbe berichtet, in das adriatische Meer, als durch den Rhenos in den Nord-
ocean und durch den Rhodanos in das Mittelmeer einströme, worauf sich des **Rhodiers**
Apollonios Sage stützte, daſs die Argonauten durch den Istros in das adriatische Meer, und
wieder durch den Eridanos in den Rhodanos eingefahren seien. Dem Hesiodos schien sogar
die italische Halbinsel, wenn er den Agrios und Latinos im fernen Winkel heiliger Inseln
über die Tyrrhenen herrschen lieſs, noch ein Complex mehrer Inseln, wie Sicilien, Sardinien und Corsica, zu sein, welches auch den Sänger der Odyssee veranlassen mochte, eine
nördliche Durchfahrt zur See oberhalb der griechischen Halbinsel zu dichten, durch welche
Odysseus von der schwimmenden Insel des Aeolos zur äolischen Insel der Kirke in der
Nachbarschaft der mitternächtlichen Kimmerier, und von da auf einem nähern Wege zurück,
wie die Argonauten Od. XII, 59. 430., zu den Irrfelsen in der Nähe der thrinakischen Insel
gelangte. Da diese Sagen von allen, welche Italien betreffen, die ältesten sind, wenn man
sie nach der Zeit ihrer Entstehung ordne; so wollen wir auch deren Veränderungen in
Bezug auf die darin niedergelegte Kunde von Italien zuerst verfolgen.

21. Die Irrfelsen, welche die Argonauten durchfuhren, lagen eigentlich im euxini-

schen Meere unfern des thrakischen Bosporos; der Sänger der Odyssee erlaubte sich aber
dieselben in das westliche Meer zu versetzen, wo man durch den Verkehr der Taphier mit
den Sikelern die thrinakische Insel kennen gelernt hatte. Dadurch entstand die Dichtung,
nach welcher die Argonauten nicht wieder auf demselben Wege nach Lemnos zurückschifften,
auf welchem sie in den Pontus eingefahren waren, sondern unter anderm auch in der Gegend
von Italien umherirrten. So genau unterrichtet nun auch Theopompos schon über das
adriatische Meer sein konnte, weil der Tyrann Dionysios den Phariern bei der Stiftung ihrer
Colonie auf der Insel Pharos behülflich war und andere Syrakusier, um der Tyrannei des
Dionysios zu entgehen, Ancona stifteten; so glaubte er es doch, den alten Dichtern folgend,
in Verbindung mit dem pontischen Meere, und sprach von absyrtischen, wie von liburnischen und elektrischen Inseln daselbst. Sogar Skymnos von Chios 370., wo man Ποντικὴν
irrig in Ἰονικὴν verbesserte, glaubte noch, wie Skylax von Karyanda, an eine Einmündung
des Istros und Eridanos in das adriatische Meer, welches eine Fülle von Barbaren ringsum
bewohnte, deren Land zwar fruchtreich war, aber von allerlei Unwettern durch die Nähe
des Pontus litt. Der Pseudo-Orpheus ließ zwar, um seiner Dichtung mit dem Anstriche
eines höhern Alterthums zugleich mehr Wahrscheinlichkeit zu geben, die Argonauten im
äußern Meere, wo ihm die ääische Kirke wohnte, um die Säulen des Herakles gerade nach
Sardinien und die Busen der Latiner, die ausonischen Inseln und tyrrhenischen Gestade
schiffen, und dann bei der dreizackigen Insel des Enkelados die Meerenge der Charybdis
durchfahren, worauf sie den Gesang der Seirenen auf dem Wege nach Kerkyra vernahmen;
aber der Rhodier Apollonios vereinigte auf eine wundersame Weise die Vorstellung des
Timagetos, dem er nach seinem Scholiasten darin folgte, daß er die Argonauten IV, 284 ff.
aus dem pontischen Meere sogleich durch den Istros in das adriatische Meer führte, mit den
Nachrichten älterer Geographen.

22. Apollonios nahm eine Spaltung des westlichen Istros in zwei Arme an, wovon
einer dem ionischen Busen, der andere zugleich dem britannischen und tyrrhenischen Meere
zuströmte, und das adriatische Meer durch den Namen des kronischen IV, 327. bezeichnend,
weil, wie der Scholiast bemerkt, daselbst einst Kronos wohnte, versetzte er in dessen Nähe
die elektrischen und absyrtischen Inseln IV, 505. 515. 562. in den Fluß Eridanos, aber auch
in die Nähe des ausonischen Landes IV, 553. die ligystischen Inseln, auch Stoechaden
genannt, weil sie, nach dem Scholiasten von den Ligyern bewohnt, in einer Reihe lagen.
Die atlantische Kalypso wohnte ihm nahe bei Melite IV, 574., die Kirke aber im ausonischen Meere IV, 590. Nachdem aber die Argonauten die elektrische Insel in der Mündung des
Eridanos und die absyrtischen Inseln vorbei, auch schon die keraunischen Berge IV, 536.
vorübergeschifft waren, wurden sie wieder in den Eridanos zurückgeworfen, wo einst
Phaëthon aus dem Sonnenwagen heruntergestürzt war, IV, 596. Eben der Eridanos führte

die Argonauten aufwärts im Lande der Kelten IV, 611. in den Rhodanos IV, 627., welcher, nach dem Scholiasten in drei Arme getheilt, zugleich dem Oceane, dem ionischen Busen, und dem sardonischen Meere zuströmte. So gelangten die Argonauten über die stoechadischen Inseln zur Insel Äthalia IV, 650. 654. und längs dem tyrrhenischen Gestade Ausoniens zur Bucht der ääischen Kirke IV, 660. Die weitere Fahrt ist nur eine Nachahmung der Irrfahrten des Odysseus nach einer willkürlichen Dichtung, die wir hier übergehen können; wiewohl aber den Apollonios darin nur die damalige Unkunde von Italien entschuldigte, so folgte seiner Darstellung doch selbst noch der Römer Valerius Flaccus, welcher VIII, 185 sqq. ebenfalls die Argonauten durch den Istros in das westliche Meer fahren liefs, ohne sich jedoch in eine nähere Beschreibung ihres Weges einzulassen.

23. Apollodoros, welcher gröfstentheils dem Apollonios, in Einigem jedoch dem Herodoros folgte, läfst I, 9, 24. die Argonauten, als sie dem Eridanos entlang fuhren, wegen des zerstückelten Absyrtos von Zeus durch einen heftigen Sturm verschlagen, und beim Vorüberschiffen der absyrtischen Inseln das Schiff in die Klage ausbrechen, der Zorn des Zeus werde nicht enden, wenn sie nicht, nach Ausonien fahrend, des Absyrtos Mord durch die Kirke sühnten. Da schifften sie vor der Ligyer und Kelten Völker vorüber, und kamen durch das sardonische Meer, vor Tyrrhenien vorbei, zur ääischen Insel, wo Kirke auf ihr Flehen sie sühnete, I, 9, 25. Als sie hierauf die Seirenen vorüberschifften, begann Orpheus einen entgegengesetzten Gesang, wodurch er die Argonauten von ihnen abhielt: Butes schwamm dennoch über, allein Aphrodite entraffte ihn, und versetzte ihn nach dem Lilybäum in Sicilien, wo sie nach Diodoros IV, 83. den Eryx von ihm gebar. Nächst den Seirenen gelangte das Schiff zur Charybdis und Skylla und den planktischen Felsen, über welchen man viele Feuerflammen und Rauch aufsteigen sah; doch Thetis geleitete, von Hera gerufen, mit den Nereiden das Schiff glücklich hindurch, dafs es, die thrinakische Insel mit den Sonnenrindern vorbei, zum Könige Alkinoos auf der Insel der Phäaken Kerkyra gelangte. Diodoros erzählt, dem Dionysios von Miletos folgend, die Fahrt der Argonauten nicht, führt aber IV, 56. alle Einzelnheiten an, woraus man beweisen wollte, dafs sie von Gades in das Mittelmeer gefahren, und vor dem Keltenlande und Tyrrhenien vorbei zur Insel Äthalia und weiter nach Formiae und Cajeta geschifft, aber dann durch Sturm in die Syrten Libyens verschlagen seien. Durch die Kriege der Römer gegen die Istrier über die Quellen des Istros eines Bessern belehrt, zeihet er darauf diejenigen eines Irrthums, welche, durch den Namen der Istrier verleitet, an eine Fahrt der Argonauten durch den Istros in das adriatische Meer geglaubt hätten; ist aber noch nicht zu der Einsicht gelangt, dafs auch alles das, wodurch man eine Beschiffung Italiens durch die Argonauten erwies, eine blofse Erdichtung sei.

24. So wenig die Argonauten je nach Italien gekommen sein konnten, so wenig irrte auch Odysseus in jener Gegend umher: denn wenn auch der Sänger der Odyssee die

geringe Kunde jener Gegend benutzte, um alle die Wunder dahin zu verlegen, welche Odysseus befuhr, so waren diese doch gröfstentheils nur aus der Argonautenfahrt entlehnt. Gleichwohl ehrte die Nachwelt, obgleich sie fast nichts von alle dem entdeckte, was der göttliche Sänger von Odysseus besang, dessen Dichtungen so sehr, dafs man um deren willen auch Italiens Beschiffung durch die Argonauten nicht bezweifelte, und sich noch mehr abquälte, für die Argonauten einen denkbaren Weg nach Italien zu erfinden, als den mancherlei Wundern der Odyssee ein schickliches Local anzuweisen. Seitdem des Homeros Gesänge das allgemeine Schulbuch waren, auf dessen Aussagen man die geglaubten Religionswahrheiten, wie alle die übrigen Lehren, gründete, liefs man auch Zweifel gegen dessen Wahrhaftigkeit in natürlichen Dingen so wenig aufkommen, dafs noch Strabo ein ganzes Buch seines Werkes darauf verwendete, des Homeros ausgebreitete Kunde in geographischer Hinsicht zu erweisen. Sowie man die Meerscheusale Skylla und Charybdis auf die Gefahren in der Meerenge zwischen Italien und Sicilien, und des Aeolos schwimmende Insel auf die schwierige Betretung der liparischen Inseln deutete; so fand man in den Namen Circeji's und Surrentum's nicht zu verkennende Spuren von den Inseln der Kirke und Seirenen, und stiefs sich an die localen Widersprüche so wenig, dafs man vielmehr noch ärgern Widersprüchen Raum gab, wenn man die nächtlichen Kimmerier mit dem Eingange zur Unterwelt an den Avernussee verlegte, und demgemäfs die Lästrygonen, welche ältere Griechen in der Nähe der Kyklopen suchten, für die der Ätna der schicklichste Wohnsitz zu sein schien, in Formiae, wie die Giganten in den phlegräischen Gefilden des Vesuvius, wohnen liefs.

25. Nur die ältern Dichter erlaubten sich allerlei Abweichungen von Homeros, oder bereicherten auch seine Dichtungen mit andern, welche spätere Schriftsteller gleich bereitwillig aufnahmen, und sogar mit eigenen Erfindungen vermehrten, so dafs auch die unwahrscheinlichsten Behauptungen allgemeiner Volksglaube wurden. So vervollständigte Hesiodos des Homeros Dichtung von des Odysseus Besuche der Kirke durch die Sage, dafs ihm die Bewohner der heiligen Inseln im Gebiete der Tyrrhenen ihre Stammväter Agrios und Latinos verdankten: und diese Sage wurde nicht nur durch immer neue Zusätze bereichert, so dafs Skymnos von Chios eben so die Ausonen von des Odysseus Umgange mit der Kalypso, als die Ombriker von der Kirke ableitete, und die Römer ähnliche Abstammungen von des Odysseus Söhnen Telemachus und Telegonus hinzufügten, sondern auch von den italischen Völkern für so glaubwürdig erkannt, dafs Livius die historische Versicherung geben durfte, des römischen Königs Tarquinius Superbus Schwiegersohn, Octavius Mamilius von Tusculum, habe sich ein Sprofs von Ulixes und der Göttinn Kirke zu sein gerühmt, und dafs wir daher auch berechtigt sind, auf die allgemeine Verbreitung dieses Glaubens die Deutung der ältesten Typen auf umbrischen Münzen zu gründen. Die vorzüglichste Abweichung von des Homeros Dichtung veranlafste aber die Entdeckung von Tartessos in

Iberien, der zufolge die thrinakische Insel nicht mehr das äufserste Westland war, welches des Helios Rinder beweideten. Ohne jedoch der homerischen Dichtung von der dreizackigen Insel geradezu zu widersprechen, dichtete man nur ein Rotheiland Erytheia bei Gadeira, wo ein dreihauptiger Riese Geryones die Sonnenrinder bewachte, deren Entführung nach Erlegung ihres Hüters schon dem Hesiodos ein würdiges Gegenstück zu des Herakles Entführung des Kerberos oder Abendhundes, welchem man des Geryones Orthros oder Morgenhund entgegensetzte, aus der Unterwelt zu sein schien.

26. Hieraus entspann sich schon früh die Sage vom Zuge des Herakles, an dessen Beschreibung die alten Griechen ihre Kunde vom westlichen Europa knüpften. Hesiodos konnte noch nicht diesen Zug zu Lande um das Mittelmeer bis nach Sikanien führen, wie es vermuthlich schon der Himeräer Stesichoros in seiner Geryonide that, weil ihm ganz Italien nur ein Complex heiliger Inseln war. Darum war der Eridanos, welchen er schon kannte, nur ein erdichteter Strom im fernen Westen, welchen man dem östlichen Phasis entgegensetzte, wie man im nördlichen Istros einen Gegensatz des südlichen Neilos fand: und wenn man den Herakles nach der Enthauptung des Geryones dahin kommen liefs, so mufste man ihn, wie die Griechen am Pontus dem Herodotos erzählten, längs des westlichen Oceans nördlich zu den Kelten und Skythen ziehen lassen, welches dem Hekatäos von Miletos so unglaublich schien, dafs er geradezu erklärte, es wäre schon ein grofser Kampf für Herakles gewesen, wenn Geryones ein König des festen Landes von Ambrakien war und von dort die Rinder weggetrieben wurden. Wenn gleichwohl Hekatäos in seiner Beschreibung von Sicilien vorzüglich diejenigen Orte nannte, welche, wie Solus und Motye, durch des Herakles Zug Namen und Wichtigkeit erhielten; so kannte er diese, wo nicht aus der Geryonide des Stesichoros, doch aus irgend einer Heraklee. Hieraus läfst es sich dann auch erklären, wie Hekatäos, seines Unglaubens an des Herakles Zug ungeachtet, dennoch nicht nur der Sikanen Ursitz Sikane, sondern auch Alybas, und die kimmerische Stadt bei Strabo VII, pag. 299. in die Nachbarschaft von Tartessos versetzte. Um dieselbe Zeit, da Hekatäos lebte, gründete ein Eleonier auf die Sage von des Eryx Erschlagung durch Herakles ein Anspruchsrecht des Spartaners Dorieus auf Sicilien, und nur funfzig Jahre später leitete Äschylos aus des Herakles Kampfe gegen die Ligyer das Steinfeld unweit der Mündung des Rhodanos ab. Des Herakles Zug über die Alpen bis nach dem Eryx im westlichen Sicilien war also schon längst von den Griechen besungen, ehe sie von Rom etwas wufsten: was daher die Römer von des Herakles Anwesenheit daselbst erzählten, kann nur eine spätere Erfindung sein.

27. Selbst die Erzählung, welche Diodoros IV, 19. sqq. aus dem ersten Geschichtschreiber von ganz Italien Timäos schöpfte, ist nicht frei von Einmischungen aus der Kunde späterer Zeit; wir müssen daher die kürzere Nachricht, welche Apollodoros II, 5, 10. ver-

muthlich aus der Sagengeschichte des Pherekydes von Leros schöpfte, als die älteste Sage von des Herakles Zuge durch Italien betrachten. Diesem zufolge zog Herakles nach der Erlegung des Geryones von Tartessos über Abderia, worin man leicht des Hekatäos Stadt Dera bei Stephanus Byz. oder Idera bei Avienus, Audera bei Strabo und Abdera bei Arte-midoros erkennt, nach Ligyen, dessen Bewohner Diodoros der Kunde seiner eigenen Zeit gemäfs schildert. Nach Apollodoros wurden ihm hier einige Rinder von Poseidons Söhnen Alebion und Derkynos entwandt, in welchen man des Pomponius Mela II, 5, med. Albion und Bergion wieder erkennt, die Herakles in dem Steinfelde nicht fern vom Ausflusse des Rhodanos tödtete. Statt dafs er aber nach Diodoros beim Zuge durch Tyrrhenien sich in der Gegend des nachmaligen Roms am Tiberstrome lagerte, wo er die Bewohner der kleinen Stadt Pallanteum oder Palatium vom Räuber Cacus befreiete, und von da längs der Seeküste in die Gegend des nachmaligen Kyme zog, wo er im phlegräischen Gefilde am vulcanischen Vesuvius mit der Götter Hülfe die Giganten vertilgte, dann, nachdem er den Ausflufs des Avernus-See's gesperrt hatte, der wegen des Eingangs in die Unterwelt der Proserpina geweiht war, die sogenannte Herculesstrafse am Meere zwischen Misenum und Dicäarchia bahnte, in der Gegend von Posidonia einen wilden Jäger bestrafte, und aus der Gränze von Rhegium und Lokri die Cicaden durch ein frommes Gebet vertrieb, läfst ihn Apollodoros durch Tyrrhenien sogleich nach Rhegium kommen, wo ihm ein Stier, in tyrrhenischer Sprache ἰταλός genannt, ausrifs und nach Sicilien überschwamm. Diesen Stier zu suchen, welchen der Elymer König Eryx unter seine Heerden gemischt hatte, übergab nun Herakles seine Rinder dem Hephästos, mit welchen er, nachdem er den Eryx im Ringkampfe getödtet, und den geraubten Stier ihm wieder abgenommen hatte, längs des ionischen Meeres bis in dessen innerste Busen zog, wo Hera die Rinder rasend machte.

28. Auch diesen Zug malte Diodoros weiter aus, und liefs den Herakles, nachdem er mit seinen Rindern die Meerenge an der schmalsten Stelle durchschwommen war, die ganze sicilische Insel umwandern. Auf dem Wege vom Peloros bis zum Eryx erquickte sich Herakles in den warmen Bädern bei Himera und Egesta, und nach der Besiegung des Eryx durchzog er die südliche Küste der Insel bis in die Gegend von Syrakus, wo er auf die Nachricht vom Raube der Proserpina dessen jährliche Feier stiftete. Dann das innere Land durchziehend schlug er die Sikanen in einer grofsen Schlacht, und erst, nachdem er im Lande der Leontiner und Agyrinäer bleibende Denkmale seines Ruhms gestiftet hatte, setzte er wieder nach Italien über, wo er den Lakinios wegen eines Rinderdiebstahls, Kroton aber unfreiwillig tödtete. Endlich noch den Adria umwandernd, kehrte er über Epirus in den Peloponnes zurück, und hatte so denselben Weg um alle Küsten des Mittelmeers von Westen her zurückgelegt, welchen Demeter dem Triptolemos bei Sophokles in umgekehrter Richtung vorschrieb. Nur von Oenotrien, welches Sophokles als ein so grofses Land auszeichnete,

und in dessen Innerm Hekatäus eine grofse Zahl von Städten kannte, deren schwer zu erklärende Namen wir bei Stephanus Byz. lesen, ist in der Sage vom Zuge des Herakles keine Rede: zum Beweise, dafs sie zwar eher entstand, als die Phokäer in Oenotrien die Stadt Velia gründeten, ihre weitere Ausbildung aber erst später erhielt, als Oenotrien schon durch die Eroberungen der Lucanier und Bruttier wieder verschwunden war. Wenn man aber bei Diodoros IV, 23. lieset, wie er des Herakles Zug mit der Geschichte des Spartaners Dorieus in Verbindung brachte; so erkennt man leicht, wie dessen unglücklicher Versuch, eine Heraklea in Sicilien zu gründen, den ersten Anlafs zu der Sage vom Sikanenfürsten Kokalos gab, mit welcher der Syrakuser Antiochos seine Geschichte begann, oder vielmehr zu der Sage vom Aufenthalte des Dädalos bei Kokalos und des Minos Feldzug gegen diesen bei Diodoros IV, 77 sqq., welcher so viele andere Sagen nachgebildet wurden. Man braucht nur, um sich davon zu überzeugen, die Geschichte des Spartaners Dorieus bei Herodoto V, 43. und Pausanias III, 16, 4. mit der Erzählung jenes Feldzuges bei Herodotos VII, 170. zu vergleichen.

29. Dädalos sollte zu dem Sikanenkönige Kokalos geflohen sein, und von demselben freundlich aufgenommen viele Werke seiner Kunst vollendet haben, welche Diodoros IV, 78. umständlich aufzählt. Minos landete, den Dädalos verfolgend, nach Heraklides *de politiis c. 28. ed. Köhler* bei einem Orte Makara an Siciliens Südküste unweit der von Dädalos dem Kokalos erbaueten Feste Kamikos, fand aber durch eine Hinterlist des Kokalos, der ihn im Bade ersticken liefs, seinen Tod. Des Minos Begleiter sahen sich, nachdem ihre Flotte von den Sikanen verbrannt war, dem Diodoros zufolge gezwungen, auf der Insel zu bleiben, wo ein Theil derselben an derjenigen Stelle, welche Herakles dem Eryx abgewonnen haben sollte, und darum vom Spartaner Dorieus 510 v. Chr. G. in Anspruch genommen wurde, die Stadt Minoa, seit ihrer Eroberung durch des gefallenen Dorieus Begleiter Euryleon Heraklea genannt, ein anderer Theil aber im fernen Innern das nach Troja's Zerstörung durch Meriones mit neuen Kretern verstärkte Engyon erbauete. Einige Zeit nachher schifften, wie Herodotos erzählt, auf göttlichen Antrieb alle Kreter aufser den Polichniten und Präsinern mit einer grofsen Flotte aus, den Tod des Minos zu rächen, und belagerten Kamikos, welches zu des Herodotos Zeit die Akragantiner bewohnten, fünf Jahre lang, ohne es zu erobern. Vom Hunger gedrängt, zogen sie wieder ab, und gründeten, auf ihrer Rückfahrt bei Iapygien in Unter-Italien durch einen heftigen Sturm, wobei ihre Schiffe scheiterten, an den Strand geworfen, die Stadt Hyria, von wo aus sie als iapygische Messapier noch andere Städte gründeten, welche die Tarentiner späterhin nicht ohne den gröfsten Verlust von ihrer Seite wieder zerstörten.

30. Das Letztere mag wahre Geschichte sein; aber alles Andere verwirft Mannert in seiner Geographie IX, 2. S. 364., so sehr es auch Hoeck in seinem Kreta II. S. 372 ff.

historisch zu begründen sucht, mit Recht als eine Erfindung zur Erklärung des Namens der Stadt *Minoa*, welche eine spätere Anpflanzung von Selinus, und, dem Hesychius zufolge, vielleicht nach einer Rebengattung, wie 'Aμιναία oder *Aminea* bei den Römern, benannt war. Nur soviel dürfen wir als historisch beglaubigt annehmen, daſs in jener Gegend einst der Sitz eines Sikanenköniges Kokalos Kamikos lag, obgleich die Römer nach Strabo VI, pag. 273. keine Spur mehr davon fanden: in der Sage vom Zuge des Herakles wird aber noch keiner minoischen Stadt gedacht, obgleich des Minos Tod nach Herodotos drei Generationen vor dem troischen Kriege erfolgt sein soll. Nicht besser steht es um die Sage von der Gründung Hyria's, an welche Strabo VI, pag. 279. und 282. noch andere Sagen knüpft. Nach Athenaeus XII, 5. sollen die Iapygen, die sich nach Nikander bei Antoninus Liberalis 31. in Daunier, Peuketier und Messapier theilten, aus Kreta gekommen sein, um den Glaukos aufzusuchen; aber Hoeck gesteht selbst, daſs die iapygischen Messapier vielmehr illyrischen, als kretischen Ursprungs waren. Die Ableitung des Namens der Salentiner *a salo* bei Festus mochte vielleicht zur Dichtung eines Sturmes führen; aber Virgilius A. III, 400. läſst deren Ebenen von Idomeneus besetzen, der, von Kreta vertrieben, während der Seefahrt Illyrier und Lokrier an sich gezogen, und mit dieser vereinigten Schaar zwölf Örter daselbst angebauet haben soll, unter welchen nach Varro's Schol. zu Virg. Ecl. VI. Castrum Minervae der wichtigste war. Tarentum selbst, welches die von Hyria aus gestifteten Städte zerstörte, soll nach Strabo VI, pag. 278., wo er den Ursprung dieser Stadt durch die Parthenien oder Jungfernkinder aus Sparta nach Antiochos erzählt, vorher von Kretern und Barbaren bewohnt gewesen sein.

31. Wie man den Namen Taras von einem Heros dieses Namens ableitete, so den Namen Iapygiens von Iapyx, der dem Dädalos von einer Kreterinn geboren und Führer der Kreter gewesen sei. Wenn jedoch Strabo einen Theil dieser Kreter von Iapygien wieder zu Lande das adriatische Meer umwandern läſst, bis sie nach Makedonien kamen, und sich als Bottiäer daselbst niederlieſsen; so spricht sich darin der Glaube an eine Verwandtschaft zwischen den Iapygen und Bottiäern aus. Wie wenig Gewicht aber auf dergleichen Meinungen zu legen sei, beweiset der Glaube, daſs die Elymer in Sicilien Flüchtlinge des eroberten Iliums seien, welcher, ob ihn gleich schon Thukydides VI, 2. äuſsert, sich doch auf nichts Anderes zu stützen scheint, als auf eine gleich der Ansiedelung des Meriones von Kreta aus den Schicksalen des Spartaners Dorieus herausgebildete Sage. Denn Thukydides, der sonst keine Sagen kennt, als des Odysseus Fahrt durch die Meerenge zwischen Rhegion und Messene, der zufolge er zwar auch die liparischen Inseln für des Äolos Wohnsitz erklärt, aber Siciliens Bevölkerung durch Kyklopen und Lästrygonen dahingestellt sein läſst, sagt doch zugleich, daſs sich bei den Elymern auch einige Phokier ansiedelten, die auf der Rückkehr aus Troja zuerst nach Libyen verschlagen wurden, dann von da nach Sicilien übersetz-

ten. Auf eine Verwandtschaft der Elymer mit den Troern mochte man aus dem Venustempel auf dem Berge Eryx schliefsen, dessen Ursprung man auf die mannigfaltigste Weise zu erklären versuchte, ohne daran zu denken, dafs der Venusdienst bei den Elymern durch die Phöniken Eingang fand, welche anfangs alle Vorgebirge Siciliens nebst den nahe gelegenen kleinen Inseln zur Unterstützung ihres Handels mit den Sikelern besetzt hatten, aber seit den häufigen Ansiedelungen der Griechen die meisten dieser Plätze verliefsen, und sich in Motye, Soloeis und Panormos zusammenzogen, wo sie sich mit den benachbarten Elymern verbündeten.

32. Der den Griechen so merkwürdig scheinende Venusdienst auf dem Berge Eryx bei Egesta veranlafste wahrscheinlich auch die Ausbildung der Sage, dafs der aus Troja fliehende Venussohn Äneas auf seiner Irrfahrt dahin gekommen sei, und sogar mit Zurücklassung derer, welche die weitere Seefahrt scheuten, die Stadt Egesta gegründet habe. Diod. IV, 83. Dionys. H. I, 53. Dafs Thukydides schon diese Sage gekannt habe, läfst dessen gänzliches Stillschweigen davon bezweifeln; es verdienet daher um so mehr untersucht zu werden, wie es kam, dafs der römische Senat schon in der Inschrift der duilischen Säule die Segestaner Verwandte des römischen Volkes nannte, weil der Mythus von des Äneas Ankunft in Latium nach Bamberger's Bemerkungen im rheinischen Museum VI, 1. S. 82 ff. eine noch frühere Ausbildung der Sage von des Äneas Anwesenheit in Egesta voraussetzen soll. Da nach Strabo V, pag. 232. die Venustempel in Lavinium und Laurentum, bei Festus *Frutinalia* von der Frutis genannt, deren Namen man für eine italische Umbildung der griechischen Aphrodite hält, die Nationalheiligthümer der alten Latiner waren, deren Cultusgebräuche von des Äneas Ankunft abgeleitet wurden, Solinus aber II, 14. bestimmt sagt, das Bild der Venus sei von Äneas aus Segesta mitgebracht; so findet Bamberger darin den Ursprung der Sage von Segesta's Gründung nach der Verbrennung eines Theiles der Flotte des Äneas durch die Weiber. Allein dafs alles dieses erst eine spätere Erfindung der Römer war, wird sich zeigen, wenn wir die allmähliche Ausbildung der Sage von des Äneas Ankunft in Latium chronologisch verfolgen. Vorläufig werde nur darauf aufmerksam gemacht, dafs der Gergithier Kephalon nach Dionysius H. I, 72. einem Sohne des Äneas denselben Namen Euryleon beilegte, welchen der Begleiter des Spartaners Dorieus führte, damit man ahne, wie willkürlich man alles zu jener Zeit unter einander warf, als man sich, den mancherlei Nachrichten griechischer Schriftsteller zufolge, welche Festus s. v. *Roma* aufzählt, abmühte, des siegreichen Roms Erbauung auf einen Sohn des Äneas zurückzuführen.

33. Nach Dionysius H. I, 69. besang schon um die Zeit der Gründung Roms Arktinos von Miletos die Rettung der troischen Heiligthümer durch Äneas, welche dann später auch Stesichoros von Himera hervorhob. Dafs dieser aber schon den Äneas nach Italien geführt habe, wie man glaubt, wird dadurch unwahrscheinlich, weil Hellanikos von Lesbos

noch zwei sich widersprechende Nachrichten davon gab. Denn statt dafs er in seiner troischen Geschichte den Äneas nach Troja's Eroberung in die thrakische Halbinsel Pallene ziehen liefs, berichtete er in dem chronologischen Werke von den argivischen Priesterinnen die Sage, der zufolge Äneas, wie Odysseus, aus dem molossischen Lande nach Italien gekommen, und daselbst Gründer einer Stadt geworden sei, welche er nach einer Troerinn, die, der langen Irrfahrt müde, ihre Begleiterinnen alle Schiffe zu verbrennen beredete, Roma genannt habe. Hier haben wir die älteste Nachricht von des Äneas Ankunft in Italien aus einem Werke, welches Hellanikos noch vor des Thukydides Geschichte des peloponnesischen Krieges schrieb, woraus zugleich erhellet, dafs die Verbrennung der Schiffe eher nach Rom als nach Segesta verlegt war, und die Sage davon aus einer andern Quelle stammte. Nicht ohne Grund stellt Tzetzes zum Lykophron v. 921. diese Sage aus Plutarchos mit der andern aus Apollodoros u. s. w. zusammen, dafs die Schiffeverbrennerinnen Schwestern des Priamos mit den Namen Äthylla, Astyoche und Medesikaste gewesen seien, welche an dem davon benannten Flusse Nanäthos im ursprünglichen Italien, um ihrer Knechtschaft in Griechenland zu entrinnen, durch Verbrennung aller Fahrzeuge ihre Gebieter zwangen, daselbst sich anzusiedeln. Denn offenbar gab der Name des Flusses Nauäthos oder Neäthos bei Strabo VI, pag. 262. oberhalb Kroton den ersten Anlafs zur Erfindung der Sage, welche Hellanikos mit der ihm eigenen Freiheit auf das ihm eben bekannt gewordene Rom, wie die späteren Römer auf Segesta, übertrug.

34. Euripides liefs noch in seinen Troerinnen v. 228. diese fürchten, an den Krathis bei Sybaris geführt zu werden, dessen rothfärbende Eigenschaft eben sowohl eine Zusammenstellung mit dem troischen Xanthos, als mit dem rothgelben Tiberis bei Rom gestattete. Hellanikos erlaubte sich aber eine doppelte Neuerung, da er nicht nur die Schiffeverbrennung auf eine andere Gegend übertrug, sondern auch den Äneas an die Stelle der Griechen setzte. So unbegründet diese Neuerung war, so griffen sie doch des Hellanikos Schüler Damastes und andere nach ihm auf; nur erzählte Aristoteles nach Dionysios H. I, 72., einige Achäer wären auf der Rückkehr aus Troja bei der Fahrt um Malea vom Sturme verschlagen und zuletzt in die Gegend von Opika gekommen, die Latium heifse und am tyrrhenischen Busen liege. Freudig Land erblickend hätten sie die Schiffe an das Ufer gezogen, um den Winter daselbst zu verweilen, und im Frühjahre weiter zu schiffen; die gefangenen Troerinnen aber hätten, um ihrer Knechtschaft in Griechenland zu entgehen, während der Nacht die Schiffe verbrannt, und so die Achäer gezwungen, daselbst ihren Wohnsitz aufzuschlagen. Nach Bamberger's Meinung soll Aristoteles nicht Rom, sondern Lavinium gemeint haben, wo nach Dionysios H. I, 67. schon Timäos die troischen Penaten in des Tempels Heiligthum kannte, und auch Lykophron v. 1261 ff. ihre feierliche Aufstellung im Tempel der Pallas berichtet. Allein Hellanikos liefs den Äneas anstatt der Griechen nach Rom kommen, nicht weil

er die Römer im Besitze der troischen Penaten und des Palladiums glaubte, sondern blofs, weil ihm diese Sagenveränderung nöthig schien, wenn sie von der am Nauäthosflusse unterschieden werden sollte. Erst später verknüpfte man mit dieser Sage den Besitz der troischen Götterbilder, welchen man eben sowohl, wie die Schiffeverbrennung, auf mehre Örter übertrug, so dafs nach Strabo VI, pag. 264. beiderlei Nachrichten dadurch allen Glauben verloren.

35. Des troischen Palladiums Besitz schrieb man nach Strabo vier italischen Städten zu: Rom, Lavinium, Luceria und Siris. Letztere, welche nach Justinus XX, 2. schon um die 50te Olympiade durch die Krotoniaten und Metapontiner zerstört wurde, hatte unstreitig den ältesten Anspruch darauf. Als die vor der lydischen Eroberung fliehenden Ionier, aus Kolophon nach Timäos und Aristoteles bei Athenäos XII, 25., den Chonen diesen Ort abgewannen, welchen sie zuerst Poleion, dann aber nach des Flusses Namen Siris nannten, fanden sie der Sage nach daselbst schon der ilischen Athene Bild, und statt dafs Lykophron v. 1167. die früher angesiedelten Griechen durch Troer vertreiben läfst, schlofs man daraus vielmehr auf einen troischen Ursprung der Stadt. Nach Klausen's brieflicher Mittheilung über seinen Äneas und die Penaten haben aber die Ionier aus Kolophon die Sage vom troischen Palladium erst aufgebracht, wie sie auch andere Sagen des troischen Kreises, namentlich von dem bald in Klaros, bald in Siris gestorbenen Kalchas und von dem bald mit Kalchas bei Kolophon begrabenen, bald Iapygien besetzenden Idomeneus, durch die Welt trugen. Nach Bamberger führt zwar bei der Siriten Ansprüchen auf den troischen Ursprung ihres Palladiums keine ausdrückliche Nachricht auf Äneas zurück: er findet es nur wahrscheinlich, weil Äneas nach Dionysius H. I, 51. in dieser Gegend viele Spuren seiner Ankunft, namentlich eine eherne Schale im Tempel der Juno Lacinia, zurückgelassen haben soll. Nach Servius zu Virgil's A. III, 535. erhielt jedoch Äneas das Palladium hier von Diomedes, der auch nach Strabo VI, pag. 284. im Tempel der Athene zu Luceria unter andern Weihgeschenken in Apulien das Palladium aufstellte.

36. Durch die Erfindung dieser Sage suchte man es zu erklären, wie Äneas zu dem von Diomedes entwandten Palladium gelangte, welches durch ihn nach Lavinium und Rom kam, während andere den Diomedes in Ilium nur ein falsches Palladium entwenden liefsen, damit Äneas im Besitze des wahren bliebe. Allein dafs die Weihe des Palladiums zu Luceria eine erst später ausgebildete Sage war, erhellet daraus, weil Skylax von Karyanda den Diomedes noch nicht als Gründer apulischer Städte kennt, sondern als Wohlthäter der Ombriker, in einem Heiligthume der Gegend um Ankon verehrt, welches nach Strabo V, pag. 241. erst am Ende des vierten Jahrhunderts v. Chr. G. von mifsvergnügten Syrakusern, welche die Tyrannei des Dionysios flohen, erbauet wurde. Da man von Diomedes Ähnliches, wie von Odysseus, dichtete, mit welchem er so viele Heldenthaten gemeinsam verrichtet

haben sollte; so schrieb man ihm auch zuerst in demselben Lande ein Heiligthum zu, welches den Odysseus als seinen Stammvater ehrte. Sowie Odysseus im tyrrhenischen Meere umgeirrt sein sollte, so ließ man den Diomedes das adriatische Meer befahren, in welchem dessen Gefährte nach seinem Verschwinden in eine den dortigen Bewohnern sehr befreundete Gattung von Seevögeln verwandelt wurden. Nach seinem Namen wird von Plinius H. N. III, 26. eben sowohl ein Vorgebirge Dalmatiens, als III, 30. eine Inselgruppe an Apuliens Küste benannt; und wie ihn nach Skylax von Karyanda die Umbrier bei Ancona verehrten, so hatte er nach Strabo V, pag. 214 sq. an der Mündung des Timavus im Lande der Veneter einen berühmten Tempel mit eigenem Hafen und Haine. Da man ihn aber auch zum Stammvater eines eigenen Volkes schuf, so gab Arpi's Name Argyripa, als Ἄργος ἵππιον gedeutet, den nächsten Anlaß, denjenigen Theil Apuliens, der nach seinem Schwiegervater Daunus benannt sein soll, zum vorzüglichsten Schauplatze seiner Thaten zu erheben.

37. Bei Antoninus Liberalis c. 37. lesen wir Nikander's Erzählung, wie Diomedes, durch einen Sturm an die Küste von Daunien verschlagen, den König Daunus gegen die Messapier unterstützt und zum Lohne für deren Besiegung dessen Tochter mit einem Theile des Reiches erhalten habe, dessen Fruchtbarkeit durch den fleißigen Anbau seiner dorischen Begleiter so sehr der Illyrier Neid erregte, daß sie dieselben durch einen Überfall tödteten, als sie eben mit einem Todtenopfer für den abgeschiedenen Diomedes auf der benachbarten Insel beschäftigt waren. Statt der nach Plinius H. N. III, 16. in der von ihm benannten Ebene zerstörten kleinern Städte der Monaden und Darden Apina und Trica, mit deren Namen man jede geringfügige Sache bezeichnete, stiftete er zum Andenken an seine Mutterstadt das zuletzt Arpi genannte Argyripa, und die unter den Bewohnern dieser Gegend wahrgenommene Mischung der barbarischen Sprache mit griechischer verschaffte dieser Sage einen so allgemeinen Glauben, daß man nicht nur Garganum, Sipuntum, Canusium mit Brundisium und Salapia, das doch nach Vitruvius I, 4. der Rhodier Elphias anlegte, sondern selbst entferntere Städte, wie Venusia, Aequotuticum, Maleventum oder Beneventum, und sogar Venafrum nach Serv. zu Virg. A. VIII, 9. und XI, 246. von Diomedes gestiftet glaubte. Gleichwohl läßt Plinius H. N. III, 20. den Diomedes auch die Stadt Spina an der Mündung des Poflusses erbauen, wodurch des Hellanikos Sage von der Pelasger Ansiedelung am Spinesflusse in Italien eben so sehr an historischer Beglaubigung verliert, als was Pherekydes von den arkadischen Pelasgern Oenotros und Peuketios schrieb. Mögen immerhin Pelasger, aus Thessalien durch Hellenen verdrängt, über Epirus nach Umbrien gezogen sein, und unter andern Städten auch Agylla in der Nähe von Rom gegründet haben; so scheint doch die Erzählung des Hellanikos, daß die Pelasger unter des Nanas Herrschaft nach Italien zogen, und mit Zurücklassung ihrer Schiffe am Spinesflusse des ionischen Busens die Stadt Kroton im Innern des Landes eroberten, und von da aus Tyrrhenien gründeten, eine nur von Gyrton oder

Gortyna im thessalischen Perrhäbien, von wo nach Pherekydes die Phlegyer die umwohnenden Hellenen bedrängten, auf Kothornia oder Cortona in Etrurien übertragene Sage zu sein.

38. Obgleich Herodotos I, 167. die Bewohner von Agylla als Stammverwandte der Phokäer Ioniens schildert, welche mit den Tyrrhenen in Italien gemeinsam das Meer befuhren; so erklärt er doch, der Deutung Strabo's XIII, pag. 621. ganz entgegen, das pelasgische Volk für nirgends wohin ausgewandert, während das hellenische viel umhergezogen sei: und obwohl er I, 94. dagegen meldet, dafs die Tyrrhenen auf Veranlassung einer grofsen Hungersnoth unter des Atys Sohne aus Lydien ausgewandert seien und sich bei den Ombrikern in vielen bis zu seiner Zeit bewohnten Städten angebauet hätten; so wufste doch der gleichzeitige Lydier Xanthos nichts von einer solchen Auswanderung eines der beiden Lydierstämme. Wenn also Skymnos von Chios schrieb, das Land hinter den Ligyern bewohneten Pelasger aus Griechenland gemeinsam mit den Tyrrhenen, deren Stifter der einst zu den Ombrikern gekommene Sohn des Atys, der Lydier Tyrrhenos sei; so vereinigte er des Hellanikos Nachricht von den Pelasgern mit der des Herodotos von den Tyrrhenen ohne irgend einen historischen Beleg, während es viel glaublicher ist, dafs die Griechen den eigentlichen Namen der Rasenen, welchen wir nicht nur bei Dionysios H. I, 30. lesen, sondern auch in tuskischen Inschriften wiederfinden, in den ihnen bekannten Namen der Tyrsenen verdrehten, und dadurch die Tusken mit den pelasgischen Tyrsenen verwechselten, deren Seeräubereien schon der homerische Hymnos auf Dionysos v. 8. kennt. Eben jener Skymnos läfst die Eneter, welche dem Herodotos I, 196. ein illyrisches Volk mit der babylonischen Sitte waren, dafs sie jährlich die schönsten Mädchen meistbietend verkauften und den Erlös zur Mitgift der häfslichern verwandten, um ihres Namens willen aus dem Lande der Paphlagonen kommen, ohne jedoch von Antenors Ansiedlung in Patavium etwas zu wissen: und statt dafs sich dem Herodotos V, 9. die Sigynnen jenseit des Istros, bis zu welchen die Eneter vom adriatrischen Meere sich erstrecken, durch ihre Tracht als medisch verrathen, ohne dafs er anzugeben weifs, wie diese Leute dahingekommen seien, läfst Skymnos die ganze Fülle der Bewohner am Eridanos oberhalb der beiden Zinninseln an den Gränzen der Istrier schwarze Trauergewande tragen, weil daselbst einst Phaëthon vom Blitze erschlagen sei, wovon das Elektron des Eridanos zeuge, welches ein durchsichtiges Harz der Pappeln gleich einer versteinerten Thräne sei.

39. Ähnliche Nachrichten, welche Plinius H. N. XXXVII, 11, 1. zusammengestellt hat, beweisen, wie lange noch die Pogegend bei den Griechen ein völlig unbekanntes Land blieb, in welcher die italischen Tyrrhenen vielleicht schon lange hauseten, ehe sie die Griechen daselbst kennen lernten. Diesen wohnten sie zuerst an der Küste des von ihnen benannten Meeres zwischen Ligyen und Oenotrien, bis sie Skylax von Karyanda auch über den Apenninus bis an den Adria ausdehnte. Weil sich nach Livius V, 33. ein Theil der-

selben bei ihrer allmählichen Verdrängung durch einwandernde Kelten, welche Skylax schon
am innersten Busen des Adria's zwischen den Tyrrhenen und Enetern kennt, nach Rätien
zurückzog; so scheinen sie um so mehr von Rätien aus in Italien eingewandert zu sein, da
die Sikanen, Sikeler und Ligyer aus Gallien, die Eneter aber, sowie die südlichern Ombriker
mit allen ihnen verwandten Ausonen, aus Illyrien in Italien eingedrungen waren. Von dem
Sagenkreise der Alexandriner aber, welchen wir nun noch nach Lykophron's Alexandra zu
verfolgen haben, blieb ganz Ober-Italien ausgeschlossen, daher auch die diesem Hefte beigefügte Sagenkarte nach Kassandra's Weissagungen, welche man als die Basis aller römischen
Sagen zu betrachten hat, welche Virgilius in seiner Äneide von den Griechen aufnahm, nur
die eigentliche Halbinsel Italiens mit Sicilien umfaßt, bei deren Erläuterung uns die gelehrten
Scholien des Tzetzes genugsam Gelegenheit geben, alles dasjenige nachzuholen, was dieser
noch außer dem bereits angeführten Sagenkreise von Italien in frühern Schriftstellern las.
Sowie Lykophron das ganze ihm bekannte Italien nach seiner damaligen Hauptbevölkerung
das ausonische Land zu nennen pflegt, so heißt ihm auch sogleich nach dem Anfange des
Monologs v. 44. das beiderseitige Meer an dessen Südspitze das ausonische, dessen enge
Busen die wilde Hündinn in ihrer Höhle als schnappende Löwinn belauerte, welche dem
Herakles Stiere raubte, und dafür von diesem getödtet, aber von ihrem Vater durch Aus-
brennen ihres Fleisches mit Fackeln ins Leben zurückgerufen ward. Das davon nordwestlich
gelegene Meer wird das tyrsenische, v. 649. 1085., wie das südöstliche der Io Pfad v. 639.,
und das Meer unterhalb der Insel der Sikanen das sikanische Gewoge v. 1029. genannt *).

40. Zu den Italien betreffenden Heldensagen geht der Dichter erst mit dem 600ten
Verse über, anhebend mit *Diomedes*, welcher der Daunier Besitzthum beim ausonischen
Volksstamme Argyrippa erbaute, wo er das herbe Schicksal der befiederten Gefährten erlebte,
die in Fischreiher verwandelt vom Fange der Seefische leben, und schönäugigen Schwänen
gleich die nach ihrem Führer benannte Insel am theaterförmigen Hügel nistend bewohnen.
Auf ihren nächtlichen Streifzügen fliehen sie alles Barbarenvolk, aber in den Busen griechischer Gewänder die gewohnte Ruhestätte suchend, holen sie, ihrer frühern Lebensweise

*) Nach den Scholien des Tzetzes ist die Ausdehnung des Namens *Ausonien* (vgl. zu v. 615. u. 702.)
über ganz Italien nur selbstgenommene Freiheit der Dichter, da, wie zu v. 695. wiederholt
erinnert wird, unter dem von Auson, des Odysseus und der Kirke Sohne, benannten Ausonien
nach Dio Coccejanus eigentlich das Land der Aurunken an der Meeresküste zwischen den Cam-
panen und Volsken zu verstehen sei. Das Meerscheusal Skylla, ursprünglich des Phorkys schöne
Tochter, welche alles, was das sikelische Meer durchschwamm, verschlang, und so auch dem
Herakles, als er auf seinem Zuge aus Erythia (vgl. zu v. 650.) an die Meerenge zwischen Italien
und Sicilien kam, einige Stiere raubte, erklärt Tzetzes für ein Vorgebirge bei Rhegium, welche
Stadt nach Kallimachos (vgl. zu v. 730.) des Äolos Sohn Iokastos gründete, wie die Charybdis
für einen Meerstrudel bei Messene.

eingedenk, freundlich pipend ihr Futter aus den Händen. Was Lykophron diesem noch
hinzusetzt, daſs Aphrodite ihre Verwundung durch Diomedes dadurch rächte, daſs sie dessen
Gattinn Aegialeia zum Ehebruche verleitete, deren Nachstellungen Diomedes bei seiner Rückkehr aus Troja durch die Flucht entging, worauf er zum Könige Daunos in den Gefilden
der Ausonen kam, der ihn durch Hinterlist aus dem Wege räumte, hatte nach des Scholiasten
Anmerkung schon Mimnermos zu dichten begonnen, Timäos und Lykos aber weiter aus-
geführt. Die uns hier zu weit abführende Erzählung dieser Sage übergehend, bemerke ich
nur, daſs darin v. 638. von Diomedes gesagt wird, er werde von den Phäaken an der Io
Pfad als Gott verehrt werden, wegen Erlegung des aus Kolchis dorthin gekommenen Drachen,
weil diese vermuthlich vom Mimnermos entlehnte Sage den ersten Anlaſs gegeben zu haben
scheint, des Diomedes Verehrung auch auf andere Gegenden am adriatischen Meere zu
übertragen. Unter der Io Pfad ist übrigens nach des Äschylos Vorgange im gefesselten
Prometheus der ionische Busen zu verstehen, von dessen anderweitigen Benennungen der
Scholiast noch andere Erläuterungen gibt. V. 648., wo der Dichter auf die Irrfahrten
Anderer, und besonders des *Odysseus*, um die Syrte und Libyens Ebenen übergeht, wird
auch die Meerenge des tyrsenischen Sundes genannt, mit den schiffervernichtenden Warten
des Meerscheusales Skylla, welches Herakles erlegte, und den Klippen der harpyienartigen
Sirenen.

41. Was nun Lykophron bei der Weissagung der Schicksale des Odysseus von den
Kyklopen und Lästrygonen, von der Skylla und Charybdis, von der Kirke und dem Besuche
des Schattenreiches, von den Wohnsitzen der Kimmerier und den Flüssen im Haine der
Persephone erwähnt, können wir, soweit es aus Homer's Odyssee genugsam bekannt ist,
übergehen, um desto mehr Anderes hervorzuheben, was Lykophron aus andern Dichtern
schöpfte. So bezeichnet er den Odysseus v. 658. nach Stesichoros als den Entwender der
purpurfarbigen Göttinn (Pallas) mit dem Zeichen des Delphins auf seinem Schilde, die
Lästrygonen aber v. 662. als den Rest der Pfeile des Herakles, weil dieser auf seinem Zuge
aus Erythia auch die ihn bekämpfenden Lästrygonen in der Gegend von Leontini in Sicilien
erschoſs. Die Sirene heiſst ihm v. 670. eine unfruchtbare, Kentaurentödtende, ätolische
oder kuretische Nachtigall mit mannigfaltigem Gesange, weil auch die Kentauren, durch
Herakles aus Thessalien verjagt, zu den Klippen der Sirenen gekommen sein sollen, die
man für Töchter der Muse Terpsichore und des Fluſsgottes Acheloos zwischen dem ätolischen
und kuretischen Gebiete ausgab. Odysseus aber kömmt nach Lykophron v. 688. auf der
Rückkehr aus dem Schattenreiche zur feuerspeienden Giganteninsel, welche den Rücken und
Leib des Typhon drückt, wohin der Götterbeherrscher zum Hohne derer, welche gegen die
Sprossen des Kronos einen Kampf erhoben, das miſsförmige Affengeschlecht verpflanzte,
wovon die Insel Pithekusa den Namen hat. Dabei wird auch v. 694. des Grabmales gedacht,

welches des Odysseus Steuerer Baios in dem davon benannten Bajä erhielt, wie Virgilius des Vorgebirges Palinurus Namen von des Äneas Steuerer ableitet.

42. An des Baios Grabmal reihet Lykophron nicht nur der Kimmerer Wohnsitze und die acherusischen Gewässer, sondern auch Anderes, was einer besondern Erläuterung bedarf, wie den Ossa mit des Löwen gehäuften Rinderpfaden v. 697., den vielfassenden Hügel, aus welchem alle Flüsse und Grottenquellen das ausonische Land durchströmen, und Lethäons Höhe am Avernussee. So wenig man in dem vielfassenden Hügel den Apenninus verkennt, so wenig bedarf es des Metrodoros Zeugnifs, um durch den Ossa und Lethäon hohe Berge bei Cumä bezeichnet zu finden. Der Scholiast setzt aber hinzu: als Herakles in der Löwenhaut die Rinder des Geryones durch die Überschwemmungen des Orrontesflusses bis zur Quelle Meliboea gehemmt sah, warf er die Berggipfel in den Flufs hinab, um seinen Rindern einen Übergang zu bahnen. Der Sirenen, welche Odysseus durch freiwilligen Sturz von hoher Warte sich selbst zu tödten veranlafste, zählt Lykophron drei. Parthenope fand in der Burg des Phaleros, d. h. in Neapel, welches der sicilische Tyrann erbauete, am Glanisflusse eine Aufnahme, wo die Eingebornen sie alljährlich bei dem ihr errichteten Grabmale mit Gufs- und Rinderopfern ehrten. Leukosia gab der Insel am neptunischen Vorgebirge, wo der ungestüme Is und benachbarte Laris ihre Wasser ergiefsen, durch Anschwimmen ihren Namen. Ligeia schwamm nach Tereina in der Nähe des Okinarosflusses. Der Führer einer attischen Flotte, (Diotimos, der im Kriege mit Sicilien nach Neapolis kam,) stiftete daselbst in Folge eines Orakelspruchs zu Ehren der Parthenope einen Fackellauf, welchen das Volk der Neapoliten am ruhigen Hafen von Misenum späterhin noch mehr verherrlichte *).

43. Hierauf folgen des *Menelaos* Irrfahrten v. 820., welche damit schliefsen, dafs er v. 852. zu dem Heere der Iapygen kömmt, wo er der beutetreibenden Jungfrau einen tamasischen Mischkrug und rindsledernen Schild nebst den Filzschuhen seiner Gattinn weihet. Auch zum Siris kam er und den Buchten Lakinion's, wo Thetis der Göttinn Hera einen pflanzenreichen Garten stiftete, und die eingebornen Frauen stäts den Achilleus betrauerten, allen Goldschmuck und Purpurgewänder fliehend. Hierauf kam er, des Kronos Sichel (Zankle)

---

*) Die Schicksale, welche Odysseus v. 738. bei Äolos und der Charybdis, auf den Inseln der Atlantide Kalypso und der Phäaken und bei der Rückkehr in die Heimath erfuhr, sind zu sehr aus der Odyssee des Homeros bekannt, als dafs wir nicht sogleich auf dessen Tod durch seinen eigenen Sohn Telegonos v. 800. übergehen sollten. Tzetzes machte dabei auf mancherlei Widersprüche aufmerksam, wenn Odysseus in der Nähe seines Vaterlandes auf dem gegenüberliegenden festen Lande getödtet sein sollte, und gleichwohl den Gestorbenen Perge, der Tyrsenen Berg in Gortynia, aufnahm. Der Scholiast hebt zwar diese Widersprüche durch Anderer Sagen; allein dem Theopompos zufolge fuhr Odysseus, als er bei seiner Rückkehr von den Freiern der Penelope hörte, sofort wieder nach Tyrsenien ab, und siedelte sich in Gortynäa an, wo er starb.

und der Sikanen Fluren umfahrend, in welchen man die Buchten von Longuros, Koncheia's Wasser und Gonusa v. 868 sqq. zu suchen hat, in des Sohns der Aphrodite (Eryx) ungastliche Ringplätze, von wo ihn sein Schicksal wieder nach Libyen führte. Andere hatten anderes Schicksal auf ihrer traurigen Rückkehr aus Ilium, v. 909., unter welchen Lykophron zuerst den *Philoktetes* erwähnt, ohne der übrigen zu gedenken, welche nach dem Scholiasten zugleich mit ihm von Troja ausfuhren. Philoktetes gelangte zu den Strömungen des Äsaros und der kleinen Stadt Krimissa im oenotrischen Lande; der Krathis aber sah sein Grab zur Seite des Apollotempels, wo der Nauäthos mündet. Es tödteten ihn pellenische Ausonen, als er den Führern der Lindier zu Hülfe kam, welche fern von des Thermydros und Karpathos Bergen irrend der stürmische Thraskias verschlug, um ein ihnen fremdes Land zu bewohnen. Denn da Philoktetes sich zu den Lindiern aus Rhodos schlug, welche die früher nach Italien gekommenen Achäer aus Pellene zu verdrängen suchten, ward er von diesen im Kampfe erschlagen. In Makella aber erbaueten ihm die Eingebornen des Landes über dem Grabe einen grofsen Tempel, worin sie ihn als einen ewigen Gott mit Gufs- und Schlachtopfern ehrten. Der Erbauer des ilischen Rosses (*Epeios*) liefs sich v. 930—946. in Langaria's Thälern um den Kiris und Kylistarnos nieder, sein Zimmergeräth im Tempel der Pallas weihend.

44. Andere besetzten der *Sikanen* Land, v. 951., wohin einst Laomedon, den Frafs des Seescheusales zu rächen, des Phönodamas drei Töchter den Schiffern zur Speise für die wilden Thiere auszusetzen gab; es rettete sie aber, als sie in die grofse Öde im Abendlande der Lästrygonen gekommen waren, Aphrodite, welcher sie zum Danke für ihre Rettung einen grofsen Tempel erbaueten. Mit einer von ihnen verband sich der Flufsgott Krimissos in Hundesgestalt, dem sie einen edeln Welfen, den Gründer dreier Städte, gebar, der des Anchises unebenbürtigen Sprofs auf die dreizackige Insel geleitete, als er aus der dardanischen Heimath zur gröfsten Trauer für das unglückliche Ägesta heranschiffte, weil es eine Feuersbrunst verzehrte. Der Anmerkung des Scholiasten zufolge war Phoenodamas ein Troer, welcher die Hesione dem Meerscheusale auszusetzen rieth, damit seine drei Töchter verschonet blieben. Zur Rache dafür gab diese zwar Laomedon den Schiffern nach Sicilien mit, welches Lykophron immer nur Sikanien nennt, damit sie dort ein ähnliches Schicksal erführen. Aber Aphrodite rettete sie, und liefs eine derselben sich mit dem Flufsgotte Krimissus verbinden, von welchem sie den Ägestes gebar, den Gründer dreier Städte in Sicilien, Ägesta, Eryx und Entella, nach dem Namen seiner Gattinn benannt, die jedoch Stylla oder Styella geheifsen haben soll. Eben dieser Ägestes soll nach Dardanien kommend des Anchises unebenbürtigen Sohn Helymos nach Sicilien geführt haben. Von diesem geht aber Lykophron wieder auf die griechischen Helden über, von welchen viele in die Gegend des Siris und die Flur von Leutarnia kamen, v. 978., wo der unglückliche *Kalchas*, von runder Geifsel auf das Haupt

getroffen, liegt, und der schnellströmende Sinis rauscht, der das tiefe Land von Chonien bewässert.

45. Eine Stadt gleich Ilion erbauend, beleidigten sie die laphrische streitanfachende Jungfrau, da sie die früher daselbst wohnenden Xuthiden in der Göttinn Tempel vernichteten, weshalb ihr Bild, beim Anschauen der grausenvollen Wut der Achaier gegen die Iaonen, den verwandten Volksstamm, als der Priesterinn Sohn Letarchos zuerst mit seinem Blute den Altar bespritzte, auf immer seine unblutigen Augen schlofs. Der Anmerkung des Scholiasten zufolge hatten sich die Ionen aus Attika schon vor dem troischen Kriege um den Siris angebauet, mit welchen die Troer, die nach Ilion's Zerstörung dorthin geflohen waren, in Streit geriethen. Da nun die Achäer in Kroton den Troern Beistand leisteten, geriethen Griechen gegen Griechen in Streit, in welchem die von den Krotoniaten aus achäischem Stamme unterstützten Troer alle Ionen, welche in den Tempel der Athene flohen, tödteten, und darunter vor allen der Priesterinn Sohn Letarchos trotz seiner weiblichen Kleidung, worüber erzürnt der Athene Bild auf immer die Augen schlofs. Die von den Troern nun nach Art des zerstörten Ilions angelegte Stadt sei Poleion, später aber Herakleion, dann Siris nach dem Flusse genannt. Der daselbst erschlagene Kalchas sei nicht der bekannte Thestoride, sondern ein ihm gleichnamiger Seher, welchen Herakles mit geballter Faust tödtete. Welcher Unrichtigkeiten hierbei der Scholiast, selbst sich irrend, den Lykophron beschuldigt, mag man bei ihm selbst nachlesen, da sich doch die ganze Erzählung schon durch ihre Mischung früherer und späterer Begebenheiten als eine sehr ungeschickte Erfindung verräth. Es leuchtet aber aus Allem hervor, dafs das Palladium in Siris den ersten Anlafs zur Erfindung der Sage gab, die wahrscheinlich erst durch die vor den Lydiern flüchtigen Kolophonier aufkam.

46. Wieder andere kamen zu den schwerzugänglichen tyllesischen oder nach Stephanus Byz. tylessischen Bergvorsprüngen und des meerumspülten Linos hügeligen Vorgebirge, im Lande einer *Amazonendienerinn* das Joch einer Sklavinn duldend, welche die Woge irrend dahinführte, v. 993 ff. Dafs hierunter der Penthesileia Pflegerinn Klete zu verstehen sei, welche auf die Nachricht von dem Tode jener Amazone vor Ilion ausschiffte, sie aufzusuchen, aber durch die Winde verschlagen nach Italien kam, und dort eine Stadt ihres Namens Klete erbauete, lehret der Zusatz des Dichters zu der Sage, dafs der Penthesileia Tod bei Durchbohrung ihres Auges auch dem affenförmigen Ätolier (dem lästernden Thersites) den Tod gebracht habe, sofern ihn Achilleus, von der Schönheit der geschmäheten Amazone ergriffen, mit der Lanze durchbohrte. Denn er läfst die Kassandra also weissagen: Die Krotoniaten werden einst die Stadt zerstören, vernichtend die Beherrscherinn der gleichnamigen Stadt Klete, der Amazone unerschrockene Jungfrau; doch viele werden vorher in das Gras beifsen, und nicht sonder Mühen Laureta's Sprossen die Thürme zertrümmern.

Nach dem Scholiasten geschah dieses viele Generationen später, weil nach der ersten Herr-
scherinn alle folgende Klete genannt seien, wiewohl Lykophron, der vieles Spätere in ein
höheres Alterthum hinaufrückte, sich so ausdrückt, als habe er nur eine und dieselbe Ama-
zonenjungfrau gemeint. Die Krotoniaten nennt er Laureta's Sprossen, nach Kroton's Gattinn
Laura, der Tochter des Lakinios, nach welcher eine Stadt Kroton's benannt sein soll, wie
Kroton selbst nach ihrem Gemahle und das Vorgebirge Lakinion nach ihrem Vater. Doch
andere läfst der Dichter, ohne sie näher zu bestimmen, durch bittere Irrfahrt ermüdet, nach
Tereina kommen, wo der Okinaros mit seinem hellen Wasser den Boden befeuchtet.

47. *Nireus* v. 1011., welcher den zweiten Preis der Schönheit davon trug, kam
dem Lykophron zufolge, so weit er auch umher verschlagen ward, doch weder nach Italien,
noch nach Sicilien: denn die Argyrinnen v. 1017., zu welchen er, durch einen heftigen Süd-
wind aus Libyen getrieben, kam, sind nicht, wie Tzetzes meint, in des Geschichtschreibers
Diodoros Vaterstadt Argyrion in Sicilien zu suchen, sondern, wie der Zusatz von der Ke-
raunier Bergwäldern beweiset, in Epirus, wo nach Stephanus Byz. auch Timäos und Theon
Argyrinen kannten. Eben so wenig kann unter dem Krathis v. 1021. in der Nachbarschaft
der illyrischen Mylaker und des lakmonischen Flusses Aeas der italische Flufs bei Sybaris
verstanden werden, welcher, wie der Scholiast nicht nur aus Euripides, sondern auch aus
dem Geschichtschreiber Hesigonos und den Philosophen Sothion und Agathosthenes anmerkt,
die Kraft besafs, der Badenden Haare roth zu färben. Die Mylaker bezeichnet Lykophron
als Gränznachbaren der Stadt Pola in Istrien, welche auch nach einem Bruchstücke des Kallimachos bei Strabo VII, pag. 330. die Kolchier erbaueten, als sie, von Äa's und Korinth's
gemeinsamem Beherrscher Äetes ausgesandt, die entflohene Tochter Medeia aufzusuchen, lieber
an der tiefen Furt des Dizerus wohnen blieben, ehe sie sich wegen der Unmöglichkeit, die
Vermählte des Iason zurückzuführen, einer grausamen Behandlung ihres Vaters aussetzten.
Auch *Melite*, worauf der Dichter v. 1027. übergeht, haben einige für eine illyrische Insel
erklärt, weil die benachbarte Insel Othronos an der Mündung des Adria's zwischen Epirus
und Italien gelegen habe; allein Lykophron versetzt sie selbst in das Gewoge des sikanischen
Meeres nahe beim Pachynum, wo das hügelige Vorgebirge vom Sisyphier Odysseus einen
Beinamen erhielt, und der Heloros beim gepriesenen Tempel der longatischen Jungfrau sein
kaltes Wasser ergiefst. Nach dem Scholiasten erbauete Odysseus, auf seiner Irrfahrt in Sicilien durch einen Traum geschreckt, weil er im Chersonese den ersten Stein auf Hekabe zu
werfen begann, ein Ehrenmal der Hekabe und einen Tempel der Hekate nahe am Pachynum,
wovon das Vorgebirge Kaëra den Namen Odyssea erhielt.

48. Dafs auch des Kalchas Grabmal in Italien, worein sich der Scholiast nicht zu
finden wufste, nur ein Ehrenmal war, sagt der Dichter ausdrücklich v. 1048., wo er von
dem Orakel spricht, dem Virgilius sein Orakel des Faunus am Quell der Albunea in Latium

A. VII, 81. nachbildete. Nahe bei dem ausonischen Ehrenmale des Kalchas, weissagt daselbst Alexandra, wird der eine zweier Brüder (*Podaleirios*) über fremdem Gebeine seine Asche häufen, und denen, die bei seinem Male über Schaffellen schlafen, im Traume untrügliche Orakel geben, als Heiler der Krankheiten von den Dauniern gepriesen, wann sie sich mit des Althänos (des Heilwassers nach des Timäos Deutung) Fluten befeuchtend des (Askl)epios Sohn anrufen, zum Heile für Menschen und Vieh zu kommen. Da wird einst, fährt Alexandra fort, den Gesandten der Ätoler der Tag traurig und ganz verhafst erscheinen, wann sie zum Lande der Salangen und zu den Sitzen der Angäsen kommend ihres Gebieters Fluren fordern, das fette Erbtheil eines guten Bodens. Aber die Grausamen werden sie lebend in das finstere Grab verbergen, in der gehöhleten Gruft, und sonder der Bestattung Ehre werden ihnen die Dauniten ein Todtenmal errichten, mit aufgehäuften Steinen überdecktes Land darbietend, wie sie es begehrten. Als nähmlich Diomedes v. 618 sqq. das Land der Daunier verflucht hatte, niemals Früchte zu tragen, wenn es nicht von Ätolern seines Stammes bebauet würde, liefsen die Daunier in Ätolien ausrufen, dafs kommen möchte, wer wollte, um des Landes Antheil an des Diomedes Statt in Besitz zu nehmen. Wie aber die Ätoler kamen, um sich ihr Erbtheil auszubitten, ergriffen die Daunier sie und begruben sie lebendig mit den Worten, dafs sie nun ihren Antheil empfangen hätten. Der Salangen und Angäsen Land, worunter vielleicht die Sallentiner zu verstehen sind, wie unter den Angäsen der Portus Agasus bei Plinius H. N. III, 10 (16), deutet Justinus XII, 2. vgl. III, 4. als Brundisium, wovon er dieselbe Sage berichtet.

49. Alexandra weissagt v. 1067. weiter: Der Nauboliden Schiffer werden nach Temessa kommen, wo Lampetes, des hipponischen Vorgebirges rauhes Horn, sich in das Meer erstreckt, und statt der Gränzen Krissa's die entgegengesetzte krotonische Flur mit ihrer Stiere Pflug durchfurchen, sich sehnend nach der Vaterstadt Liläa und Anemoreias Flur, Amphissa und dem gepriesenen Abä. Dich aber, duldende Setäa, dich erwartet ein unglückseliger Tod an Felsen, wo du mit ehernen im Boden haftenden Fesseln jämmerlich ausgespannt hinsterben wirst, weil du der Herren Flotte verbranntest, ausgesetzt bejammernd in des Krathis Nähe deinen den blutgierigen Geiern blofsgestellten Leib: und jene in das Meer hinschauende Klippe wird deines Schicksals Namen führen. Nach dem Scholiasten fielen die Söhne des Nauboliden Iphitos, Schedios und Epistrophos, Anführer der Phokier, vor Troja: ihre Begleiter aber wurden auf der Rückkehr nach Italien verschlagen. Setäa war eine der Troerinnen, welche sie als Gefangene mit sich führten. Als sie bei Sybaris angekommen war, rieth sie den übrigen Troerinnen, die Schiffe ihrer Gebieter zu verbrennen, damit sie den Leiden entgingen, welche sie in Hellas bedrohten. Die Griechen aber schmiedeten sie zur Strafe an einen Felsen in der Nähe des Krathis, der davon noch Setäa heifst. Man erkennt in dieser Sage leicht eine willkürliche Nachahmung der bekannten vom Flusse

Nauäthos, dessen Name sie veranlafste. Wie aber Lykophron spätere und frühere Sagen mit allen Namenvertauschungen durch einander warf, bezeugt vorzüglich die folgende Weissagung v. 1083: Andere Pelasger werden sich, um des Membles Fluten und an der Kerneatis-Insel über dem tyrsenischen Sunde in lametischen Strudeln landend, in der Lucanier Fluren anbauen. Denn die *Kerneatis-Insel* ist wol, wie *Perge* v. 805. für Pyrgos geschrieben scheint, keine andere als Kyrnos oder Corsica, die auch dem Hekatäos νῆσος προσβόρρος Ἰαπυγίας hiefs; *Lametos* aber ein Flufs des ursprünglichen Italiens, wo es am schmalsten war, in welcher Gegend auch der *Memblesflufs* gedacht werden mufs, wofern nicht der Melpes beim Vorgebirge Palinurus gemeint ist. Es zeugt jedoch der Name der Lucanier, wie der Name der Pelasger statt der Griechen, für einen sehr späten Ursprung dieser Sage.

50. Mit gleicher Namenvertauschung bezeichnet Lykophron v. 1129. der *Darden* Volk bei Plinius H. N. III, 10 (16) durch die Stadt Dardanos, wie *Salapia* in Apulien durch den See von Salpe: denn er läfst die Alexandra, nachdem sie die Schicksale der Griechen, welche, wie Agamemnon, in ihrer eigenen Heimath unglücklich waren, kurz berührt hat, also fortfahren: Mir aber werden der Daunier Fürsten an Salpe's Ufern, und welche die Stadt Dardanos bewohnen, an den Gränzen des See's einen Tempel bauen; und wenn die Jungfrauen, die Vermählung fliehend, sei es wegen häfslicher Gestalt oder niederer Geburt, das Joch der Ehe mit den in hektorischem Haarschmuck Prangenden vermeiden wollen, so werden sie meine Bildsäule mit ihren Armen umschliefsen, und angethan mit einem Furiengewande und mit des Angesichtes Schminke in meinen Zauberverzierungen das kräftigste Gegenmittel gegen die Vermählung finden, u. s. w. Nach dem Scholiasten erzählte Timäos, der Daunier Frauen trügen schwarze Gewänder, und färbten ihr Angesicht mit rother Farbe, mit breiten Binden untergürtet, hohle Schuhe an den Füfsen und einen Stab in den Händen tragend. Was dann Kassandra ferner hinzufügt, spielt auf eine lokrische Sage von Ajas an, welche sich ebenfalls bei dem Siculer Timäos, wie bei Kallimachos von Kyrene, fand. Mit dem 1181ten Verse kömmt Kassandra wieder auf das Ehrenmal der Hekabe zurück, welches ihr Odysseus in Sicilien stiftete, indem sie sagt: Ein Ehrenmal wird die Inselspitze *Pachynos* besitzen, verehrungswürdig durch Träume, von des Herrn Händen aufgerichtet vor den Strömungen des Heloros; und der den ersten Stein auf Hekabe warf, wird an den Gestaden, den Zorn der dreihauptigen Göttinn fürchtend, der Unglücklichen Gufsopfer sprengen und den Hades mit schwarzen Opfern sühnen. Der Troer Schicksale singend geht Kassandra endlich auf Äneas über, was einer der Scholiasten zwar seines Inhaltes wegen nicht von demselben Lykophron gedichtet glaubte, für uns aber gerade das wichtigste Denkmal seiner Ansicht der ältesten Geschichte Latiums und der Römer ist.

51. Von diesen weissàgt Alexandra v. 1226: Des Geschlechtes meiner Ahnen Ruhm werden die Nachkommen einst hoch erhöhen, den Siegerkranz erhebend mit den Lanzen, des

Landes und des Meeres Scepter und Alleinherrschaft erringend, und nicht wirst du, unglück-liches Vaterland, ganz vergessen welkenden Ruhm in Dunkelheit vergraben: solche zwei junge Löwen, Roma's erhabenes Geschlecht, wird einer meiner Blutsverwandten hinterlassen, der Kastnia und Cheiras Sproſs (d. h. Äneas, der Aphrodite Sohn), im Rathe der beste und un-tadelhaft in den Kämpfen, der zuerst Rhaikelos am jähen Abhange des Kissos und bei den hörnertragenden Bakchen (oder das nachmalige Änos) bewohnen wird. Von Almonia (oder, wie Stephanus Byz. schreibt, Almopia) irrend wird ihn Tyrsenia aufnehmen, des Lynkeus warme Strombett und Pissa und Agylla's lämmerreiche Thäler. Mit ihm wird ein befreun-detes Heer ein Feind verbinden, durch Eidschwur siegend und durch flehentliche Bitten, Nanos (d. h. Odysseus), der alle Winkel des Meeres und des Landes auf seinen Irrfahrten durchforscht: mit ihm zugleich zwei Söhne des Beherrschers der Mysier (Telephos), Tarchon und Tyrsenos, feurige Wölfe aus herakleischem Geblüte, wo er, die speisenvolle Tafel fin-dend, welche nachher seine Begleiter verzehrten, das Andenken alter Göttersprüche erneuern wird, und ein Land stiften im Bezirke der Boreigonen oberhalb der Latiner und Daunier, dreiſsig Burgen zählend nach den Sprossen der schwarzen Sau, die er von den idäischen Hügeln und dardanischen Bezirken zu Schiffe mitbringen wird als Mutter einer gleichen An-zahl junger Ferken, deren Bild er, aus Erz geformt, sammt den saugenden Jungen in einer der Städte (Lavinium) weihen wird: und ein Heiligthum erbauend der pallenischen Myndia wird er der Götter heimathliche Bilder daselbst aufstellen, die er, nicht achtend Frau und Kinder und andern kostbaren Besitz von Kleinoden, zugleich mit dem alten Vater vorzugs-weise mit seinem Gewande umhüllend retten wird, wann die lanzenschwingenden Hunde, alles in der Vaterstadt rein ausplündernd, diesem allein die freie Wahl gestatten werden, von Hause mitzunehmen, was er begehrt, und als Geschenk davonzutragen. Drum wird er, auch bei Feinden für den frömmsten erklärt, eine in Kämpfen hochgepriesene und in später Nachwelt selige Vaterstadt erbauen, die Burg in den tiefen Bergwaldungen um Kirkäon und den groſsen Äetes, der Argo gepriesene Ankerbucht, und die Gewässer des marsichen See's Phorke und den titonischen Erguſs des unter der Erde in dunkele Abgrundstiefen flieſsenden Wassers, und des Zosterios Hügel, wo der jungfräulichen Sibylla grausenvolle Wohnung ist, überwölbt vom gehöhlten Grottendache.

52. Zufolge der vom Scholiasten angeführten Verse aus des Lesches kleiner Iliade führte des Achilleus Sohn Neoptolemos den Äneas sammt Hektors Gattinn Andromache als seiner Beute auserkorenen Antheil davon; Lykophron folgte aber der Art, wie Hellanikos die Sage von Äneas abänderte, um der siegreichen Roma einen berühmten Stammvater zu geben. Bei der Eroberung Troja's zum Preise seiner Tapferkeit die Freiheit erlangend, mit-zunehmen, was ihm gefiele, und nun den höchsten Ruhm der Frömmigkeit sich dadurch er-werbend, daſs er vor allem die Heimathsgötter und den alten Vater davon trug, schiffte er

nach Italien, wo er mit Odysseus zusammentraf, und mit ihm sich verband, wie mit den beiden Söhnen des Telephos aus herakleischem Geblüte, Tarchon und Tyrsenos. Wie Äneas durch die Rettung der Heimathsgötter und des alten Vaters den Ruhm der Frömmigkeit davontrug, dafs ihn allein die Feinde mit der Plünderung verschonten, lesen wir auch im Kynegetikon des Xenophon; aber Lykophron reihet an diese Sage zugleich alles, was ihm aus der römischen Geschichte bekannt war, wovon er freilich Manches eben so irrig vorträgt, als es schwer wird, alle von ihm namhaft gemachte Localitäten in Roms Umgebungen nachzuweisen. Für Τιτώνιον χεῦμα mufs man jedoch unstreitig Πιτώνιον lesen, weil der Quell Pitonia gemeint ist, aus welchem Plinius H. N. XXXI, 3 (24) das markische Wasser Roms ableitet. Demnach ist auch Λίμνη Φόρκη der Fukinussee; aber unter der Arge gepriesenen Ankerbucht Αἰήτης μέγας ist wol eben so wenig Telamon in Etrurien, für dessen Stifter nach Diodoros IV, 88. Timäos die Argonauten erklärte, als der *Portus Argous* auf der Insel Äthalia, sondern vielmehr *Cajeta* zu verstehen. Des Zosterios Apollo Hügel ist eine Umschreibung von Cumä, wie unter Lynkeus v. 1240., welchen man nicht mit *Lyncestis aqua* bei Plinius H. N. II, 106. verwechseln darf, die *Aquae calidae Pisanorum* gemeint scheinen. Die Aboriginer sind wol nur aus Versnoth Boreigonen v. 1253. genannt, aber die Bestimmung ihres Wohnsitzes oberhalb der Latiner und Daunier verräth eine eben so geringe Kunde von Italien, als die Deutung der dreifsig Ferken von einer schwarzen Sau zu dreifsig Burgen von der römischen Urgeschichte.

53. In der Stelle, wo Kassandra von der Auswanderung der Lydier nach Italien spricht, v. 1361., wird der zunächst von den Alpen ausgehende Apenninus salpische Hügel genannt: denn es weissagt dieselbe also: Die Habichte vom Tmolos her, von Kimpsos und dem goldströmenden Paktolos, vom Seegewässer, wo Typhons Gattinn (Echidna) im grausenvollen Höhlenwinkel schläft, fielen ins ausonische Agylla ein, mit den Ligystinern und den Nachkommen der sithonischen Giganten einen furchtbaren Kampf im Lanzenschwung beginnend: Pissa eroberten sie und unterwarfen sich alles Land in der Nachbarschaft der Ombrer und hochragender salpischer Hügel. Von der gröfsten Verwirrung der Zeiten aber zeugt der Scholiasten Deutung des Schlusses, wo Kassandra die griechische Geschichte bis auf Alexander von Makedonien berührt, und dann v. 1456. also fortfährt: Mit ihm wird nach der sechsten Generation meiner Blutsverwandten einer ringend der Lanze Kraft versuchen zu Wasser und zu Lande, und dann Versöhnung stiftend als ehrenwerthester Freund gefeiert werden, nachdem er der Waffenbeute Erstlinge mit dem Speere gewann. Wer dieser Blutsverwandte der Kassandra sei, und wie man die sechste Generation zu bestimmen habe, ist nicht leicht zu sagen, so einleuchtend auch der Scholiasten Irrthum ist, welche dieses auf Tarquinius als sechsten Nachfolger des Romulus beziehen, welcher ein Sohn des Äneas gewesen sein soll. Wir lassen dieses, da Lykophron nicht einmal andeutet, dafs hier von Rom die Rede sei, und Niebuhr

im Rheinischen Museum I, S. 113. viel ungezwungener die sechs Geschlechter zwischen Alexander und dem letzten Philippos von Makedonien nachweiset, am besten auf sich beruhen, und fügen dafür noch eine Sammlung von Sagen aus der physischen Geographie hinzu, welche wir noch in zweien Werken aus der Zeit nach Lykophron besitzen, deren eines Antigonos aus Karystos in der Mitte des dritten Jahrhunderts vor Christi Geburt verfaſste, das andere aber zwar ein ziemlich später Sammler dem Aristoteles unter dem Titel von Naturmerkwürdigkeiten unterschob, gleichwohl aus ältern Schriften gröſstentheils zusammentrug. Wenn daher auch Vieles auf aufmerksamen Beobachtungen der Naturforscher beruht, so sind doch die meisten Bemerkungen aus der Sagengeschichte geschöpft, da ja auch Lykophron seiner geringen Bekanntschaft mit Italien ungeachtet sorgfältig der Flüsse warmes Wasser, wie des Lynkeus bei Pisa in Etrurien v. 1240., vom kalten des Heloros in Sicilien v. 1033. unterscheidet. Ja! Antigonos hat seine Nachrichten groſsentheils aus einem Werke des Geschichtschreibers Lykos von Rhegion geschöpft, welchen man für Lykophron's Adoptiv-Vater hält.

54. Wie der Pseudo-Aristoteles einen groſsen Theil seiner Nachrichten aus alten Heldensagen zusammentrug, davon mögen die Bemerkungen zeugen, an deren Spitze wir, um so viel möglich, dem Sagenkreise zu folgen, am beſsten diejenigen stellen, welche er aus der Behandlung der Argonautensage schöpfte. Der Istros, schreibt er c. 112., theile sich, aus den sogenannten Herkynischen Waldungen kommend, in zwei Arme, wovon der eine in den Pontos flieſse, der andere in den Adria, wie man nicht nur in den neuern Zeiten gesehen habe, sondern schon im hohen Alterthume, ehe man noch diese Gegenden beschiffte. Denn Iason sei zwar durch die Kyanischen Felsen in den Pontos eingefahren, aber aus dem Pontos durch den Istros zurück, wovon man unter andern vielen Beweisen noch die dort von Iason aufgerichteten Altäre zeige, und auf einer der Inseln im Adria ein prachtvolles Heiligthum, von Medea der Artemis gesetzt: auſserdem habe die Argo die sogenannten Irrfelsen nicht vorüberschiffen können, wenn es nicht von dorther geschehen sei. Daſs der Istros aus den Herkynischen Bergen komme, schrieb auch wirklich Aristoteles Meteorol. I, 13., sowie in der Histor. anim. VIII, 13., daſs er sich in zwei Arme theile, deren einer in das adriatische Meer flieſse. Aber unser Verfasser führt c. 111. noch eine Merkwürdigkeit an, welche Strabo VII, pag. 317. unter die unglaublichen Behauptungen des Theopompos zählt. Zwischen dem Mentorischen und Istrianischen Gebiete sei ein Berg mit Namen Delphion von solcher Höhe, daſs, wenn die Mentoren am Adria hinaufstiegen, sie die in den Pontos einfahrenden Schiffe sähen, und in der Mitte des Abstandes beider Meere sei ein Ort, wo zur Marktzeit zugleich die Handelsleute aus dem Pontos Lesbische, Chiische und Thasische, und die aus dem Adria Kerkyräische Weine verkauften. Hiermit verbindet unser Verfasser noch c. 113. eine andere Nachricht, welche wir bei Strabo V, pag. 224. lesen.

55. Auf der Insel Äthalea im tyrrhenischen Meere zeige man unter andern Denkmalen der Helden am Meeresufer bunte Steine, welche nach den Aussagen der die Insel bewohnenden Griechen ihre Farbe von dem Abreiben derer bekommen hätten, die sich daselbst salbeten: denn seit jener Zeit, und weder früher noch später, hätte man dergleichen Steine entstehen sehen. Aber der offenbarste Beweis, dafs die Ausfahrt der Argonauten nicht durch die Symplegaden geschehen sei, liege in den Worten des Dichters Od. XII, 66 f.

Nimmer entrann auch ein Schiff der Sterblichen, welches hinanfuhr;

Sondern zugleich die Gebälke der Schiff', und die Leichen der Männer

Reifst das Gewoge des Meers und verzehrender Feuerorkan hin.

Denn bei den Kyanischen Felsen werde kein Feuer ausgespieen, wohl aber in der Meerenge, welche Sicilien vom festen Lande trenne: da fänden zu beiden Seiten Feuerausbrüche Statt, und die Insel brenne beständig, wo der Lavastrom um den Ätna oft das Land überlaufe. Von der Insel Äthalea führt übrigens unser Verfasser auch c. 95. dasselbe an, was Strabo V, pag. 223. berichtet: aus der dortigen Erzgrube habe man früher alles Kupfer ausgegraben, was bei den Tyrrhenen verarbeitet sei; dieses werde aber nicht weiter gefunden, sondern nach langer Zeit habe sich Eisen gezeigt, welches noch in Poplonion verarbeitet werde. Hieran reihet er dann c. 96. die sonderbare Nachricht, welche auch Stephanus Byz. unter Οἶνα anführt, am wahrscheinlichsten aber auf Strabo's Οὐολατέῤῥα in Etrurien V, pag. 223. bezogen wird. In Tyrrhenien sei eine Stadt, Oenarea genannt, dadurch über die Mafsen befestigt, dafs sich in ihrer Mitte ein Hügel, mit reichlichem Holze und Wasser versehen, bis zu einer Höhe von 30 Stadien (Strabo nennt nur die Hälfte) erhebe, weshalb die Einwohner, dafs kein Tyrann auftrete, alljährlich einem freigelassenen Sklaven die Verwaltung übergäben.

56. Um nun auf des Odysseus Irrfahrten zu kommen, werde zuvörderst bemerkt, was wir auch schon bei Lykophron lasen, worauf aber höchst wahrscheinlich der Name der Stadt Surrentum führte. Die Inseln der drei Seirenen Parthenope, Leukosia und Ligea, versetzt uuser Verfasser, c. 170., oberhalb der Meerenge von Italien auf ein Vorgebirge, welches die Busen um Kyme und Poseidonia von einander scheidet: da sei auch ihr Tempel erbauet, wo sie von den Umwohnern mit reichlichen Opfern fleifsig verehrt würden. Am Kirkäischen Vorgebirge, schreibt er c. 79., werde ein so tödtliches Gift erzeugt, dafs durch dessen Anspritzung die Haare des Körpers sogleich ausgingen und alle Glieder sich gänzlich auflöseten, dafs es ein kläglicher Anblick sei. Der Peuketier Paulus und Gajus hätten gegen den Spartiaten Kleonymos, dessen unglücklichen Feldzug nach Italien im J. 302. v. Chr. G. Diodoros XX, 104. und Livius X, 2. erzählen, von diesem Gifte Gebrauch machen wollen, wären aber von den Tarentinern, durch deren Ruf Kleonymos gekommen war, ertappt und mit dem Tode bestraft. Von eben diesen Tarentinern meldet unser Verfasser c. 114., dafs

sie zu gewissen Zeiten die Atriden, Tydiden, Äakiden, Laërtiaden und Agamemnoniden sühneten, und aufserdem an einem andern Tage ein Opfer brächten, wobei es Brauch sei, sich alsdann alles Umgangs mit den Frauen zu enthalten: auch des Achilleus Tempel sei bei ihnen. Dafs der Luxus der Tarentiner so weit gediehen sei, dafs sie mehr öffentliche Feste als Tage im Jahre gehabt hätten, berichtet auch Strabo VI, pag. 280.: wenn aber unser Verfasser hinzusetzt, dafs der Ort, welchen jetzt die Tarentiner bewohneten, Heraklea genannt, in den frühern Zeiten, da ihn die Ionen besafsen, Pleon, und noch früher bei den allerersten Besitzern Sigeon geheifsen habe, so sind diese Namen offenbar für Polieon und Siris verschrieben.

57. Ehe wir nun zu den übrigen Heldensagen übergehen, wird es das Zweck-gemäfseste sein, die Nachrichten mitzutheilen, welche aus der Sage von des Herakles Zuge durch Italien flossen. Von Italien, heifst es c. 86., führe bis zu den Keltoligyern und Iberen in Keltika eine sogenannte Heraklesstrafse, auf welcher jeder wandernde Grieche oder Ein-geborne von den Anwohnern sorgfältig bewacht werde, dafs ihm kein Leid widerfahre, weil diejenigen dafür büfsen müfsten, bei welchen ein Unrecht geschehen sei. Wie aber unser Verfasser die Ländernamen vertauschte, beweiset die von den Balearen auf die Ligystier, c. 92., übertragene Geschicklichkeit im Schleudern, die so grofs sei, dafs sie, wenn sie mehrer Vögel ansichtig würden, mit einander um den Vogel stritten, den sie treffen wollten: und wie er aus einem einzelnen Falle etwas Gewöhnliches schuf, lehret der Zusatz, c. 93., dafs es den Weibern dieses Volkes eigenthümlich sei, bei der Arbeit zu gebären, und nach-dem sie das Kind mit Wasser abgewaschen, sogleich wieder zu schaufeln und zu graben, und andere Wirthschaftsgeschäfte zu verrichten, wie wenn sie nicht geboren hätten. Doch hat sich auch schon Strabo III, pag. 165. nicht gescheuet, als etwas nicht Seltenes bei Kelten und Iberen anzuführen, was Posidonios und Diodoros IV, 20. nur als einen einzelnen Fall angaben. Unser Verfasser berichtet c. 94. von den Ligyern auch noch die Merkwürdigkeit, dafs der Strom eines Flusses so hoch empor gehoben werde, dafs man darüber das Jenseitige nicht sehen könne; wir lesen aber dasselbe bei Strabo V, pag. 222. von dem gewaltsamen Zusammenströmen des Arnus und Äsar bei Pisa in Etrurien. In der Gegend des iapygischen Vorgebirges, c. 100., fliefse aus einem Orte, wo Herakles mit den Giganten gekämpft habe, viel Götterblut und so belästigend durch seinen Geruch, dafs das Meer daselbst unfahrbar sei. Strabo berichtet dasselbe VI, pag. 281., wo er den Namen *Leuternia* von den Leuter-niern aus Phlegra in Campanien ableitet. Es finden sich aber nach unserm Verfasser noch an vielen Orten in Italien bleibende Spuren des Herakles auf den Wegen, welche er durchzog. So zeige man des Gottes Spuren bei Pandosia in Iapygien, die keiner zu betreten wage; man finde aber auch bei diesem Vorgebirge einen Stein, der einen Wagen zu belasten vermöge, von Herakles so dahin versetzt, dafs er mit einem Finger bewegbar sei, c. 101 sq.

58. **Auf der Insel Sardo, c. 104.**, seien unter vielen schönen Bauten nach alt-griechischer Art auch Kuppeln eines grofsartigen Stils, welche man von des Iphikles Sohne Iolaos errichtet glaube, als er mit den Thespiaden des Herakles in jene Gegenden schiffte, als gehörten sie ihm zufolge seiner Verwandtschaft mit Herakles, welchem das ganze Abend-land unterworfen sei, vgl. Diodor. IV, 30. Diese Insel habe, weil ihr Umrifs der Gestalt einer Fufssohle gleiche, früher Ichnusa geheifsen, und sei c. 105. vgl. Diodor. IV, 82. einst gesegnet und fruchtbar gewesen, als Aristäus, der erfahrenste Landwirth unter den Alten, da geherrscht habe, wo zuvor sehr grofse Vögel gehauset hätten. Jetzt sei davon nichts mehr zu finden, weil die Karthager während ihrer Herrschaft alle Fruchtbäume ausgetilgt hätten, und eine Todesstrafe darauf gesetzt, wenn irgend ein Einwohner dergleichen wieder anpflanzte. Auf einer der sogenannten Inseln des Äolos c. 144. wachse eine Fülle von Palmen, wovon sie auch Phönikodes (bei Strabo VI, pag. 276. und Stephanus Byz. s. v. Ἐρικοῦσσα Phönikussa) genannt werde. Es sei darum nicht wahr, was Kallisthenes sage, dafs dieser Baum von den Phöniken an Syriens Seeküste seinen Namen habe, sondern die Phöniken selbst seien von den Griechen so genannt, weil sie als die ersten Seefahrer alle tödteten, bei welchen sie landeten: denn in der Mundart der Perrhäben heifse φονίξαι, so viel als αἱμάξαι. Auf einer der sieben Inseln des Äolos, welche Lipara heifse, c. 106., sei ein Grabmal, wovon man unter vielem andern Wunderbaren auch das erzähle, dafs es nicht geheuer sei, Nachts dahin zu kommen, weil man den Schall von Trommeln und Cym-beln und ein Gelächter mit Geräusch und Geklapper deutlich höre. Noch Wunderbareres geschehe um die Höhle, c. 107.: denn in ihr sei vor Tages Anbruch ein Trunkener einge-schlafen, und drei Tage lang von seinen Angehörigen gesucht, aber erst am vierten wie todt gefunden, von seinen Verwandten deshalb in sein eigenes Grabmal getragen, allein, als sie alle dabei üblichen Gebräuche vollendet, plötzlich aufgestanden, das erzählend, was ihm begegnet sei, und so unglaublich es scheine, doch nicht habe übergangen werden dürfen.

59. **Auf der Insel Lipara c. 32.** sei der Boden so mit Naphtha geschwängert, dafs man, um etwas zu kochen, nur einen Topf in die Erde zu graben brauche. Eben daselbst sehe man c. 35., wie aufserhalb der Säulen des Herakles, zwar nicht bei Tage, aber doch bei Nacht flammendes Feuer; wogegen auf den Pithekusen c. 36. der Boden zwar aufser-ordentlich heifs sei, sich jedoch nicht entzünde. Die Feuerausbrüche geschähen, wie Xeno-phanes beobachtet habe c. 37., auf Lipara nach Perioden von sechzehn Jahren, wie auch die Feuerausbrüche des Ätna c. 38. nicht beständig seien, sondern nach vielen Jahren erst wiederkehren. Vorzüglich bewundernswerth sei bei dem Krater in Sicilien c. 40., dafs die Lavaströme bei einer Breite von vierzig Stadien eine Höhe von drei Stadien hätten. Bei einem alles wie mit einem Strome überschwemmenden Ausbruche des Ätna ehrte die Gott-heit c. 165. ein Geschlecht der Frommen: denn während alles umher von dem Strome

ergriffen wurde, spaltete sich der Feuerstrom, wie auch Aristoteles de mundo c. 6. erzählt,
um die Jünglinge, welche ihre greisigen Ältern auf den Schultern trugen, um sie zu retten,
und wandte die Verbrennung zu beiden Seiten ab, so dafs alle unbeschädigt blieben. Die
Meerenge zwischen Sicilien und Italien flutet und ebbet c. 56. zugleich mit dem Monde.
Von dieser Meerenge berichtet man unter Anderm auch folgendes Wunderbare, c. 142. Das
Gewoge vom Tyrrhenischen Meere schlägt mit grofsem Gebrause an beide Vorgebirge von
Sicilien und Italien bei Rhegion, und wird, in die Enge zusammengedrängt, auf eine weite
Strecke mit vielem Getöse so in die Höhe getrieben, dafs es auch in grofser Ferne gleich
einer Wassersäule gesehen wird, aber weifs und schäumend und ähnlich den reifsenden
Wellen bei starken Seestürmen: und oft schlagen die Wogen an beiden Vorgebirgen zusammen,
dafs ihr unglaubliches Zusammentreffen unerträglich dem Anblicke wird, aber wegen des
Zusammenkrachens oft auch so tief und schauerlich den Entfernten, dafs die Schauenden un-
willkürlich den Blick wegwenden, und viele ihrer selbst nicht mächtig sind, sondern vor
Furcht geblendet zusammenfahren. Wenn aber die anprallende Woge, an einem der beiden
Örter bis zu den Spitzen emporgehoben, wieder in das untenfliefsende Meer herunterstürzt,
dann wallet die See wieder mit vielem Gebrülle und mit grofsen und heftigen Strudeln
empor, und, aus den Tiefen hervorgespieen, erhebet es sich in allerlei Farben, bald dunkel
und schwarz, bald purpurfarbig. Die Gewalt seines Stroms vermag selbst das Gewürm
nicht zu hören oder zu sehen, sondern alles fliehet in die untenliegenden Berggründe;
wenn aber das Gewoge nachläfst, so erheben sich die Strudel mit so mancherlei Auf-
windungen, dafs deren Bewegungen den Wasserwirbeln oder dem Gewinde grofser Schlangen
ähnlich erscheinen.

60. In Sicilien und Italien soll c. 160. auch der Bifs der Sterneidechsen, welche
man γαλεώτας nennt, tödtlich sein, und nicht, wie bei uns, schwach und leicht; selbst
eine Gattung von Fliegen oder Spitzmäusen nach Plinius H. N. VIII, 58. (μυογαλῆ) tödte er,
wenn sie heranfliegend gebissen werden. Auf den Elektrischen Inseln, welche der Eridanos
im innersten Winkel des Adria aufgeschüttet haben soll, stehen zwei Bildsäulen des Dädalos
und Ikaros, die eine aus Zinn, die andere aus Kupfer nach altem Stile von Dädalos verfertigt, als Denkmäler seiner Flucht vor Minos aus Sicilien und Kreta in diese Gegend.
Nahe am Flusse Eridanos ist ein See von zweihundert Stadien im Umfange und gegen zehen
in der Breite mit warmem Wasser, dessen Ausdünstung so empfindlich ist, dafs kein Vieh
daraus trinkt, und kein Vogel darüber fliegt, ohne sterbend niederzufallen. In eben diesen
Flufs soll der vom Blitze erschlagene Phaëthon herabgefallen sein; daher die vielen Pappeln
an demselben, aus welchen das sogenannte Elektron tröpfele, welches eine Art Gummi sei,
das wie Stein verhärte und von den Einwohnern gesammelt zu den Griechen gebracht werde.
Was man vom warmen Gesprudel des Pyriphlegethon auf dem festen Lande unweit Kyme

c. 109. behaupte, daſs kein Vogel hinüberfliege, wird als Unwahrheit befunden, da sich bei ihm eine Fülle von Schwänen aufhalten soll. Auch der sogenannte See Aornos bei Kyme in Italien, c. 109., hat, wie es scheint, nichts Wunderbares, als seine unermeſsliche Tiefe in kreisförmiger Gestalt, da rings herum Hügel liegen sollen, welche nicht weniger als drei Stadien Höhe haben, und die Klarheit des Wassers, die alle Schauenden in Erstaunen setzt, da ungeachtet der häufig darüberstehenden und zum Theil herüberragenden Bäume kein Blatt auf dem Wasser zu sehen ist. Es soll aber in jener Gegend von Kyme c. 98. ein Fluſs mit Namen Ketos (Strabo V, extr. und Silius Ital. VIII, 582. melden eben dieses vom Silarus) sein, der alles Hineingeworfene, nachdem es aufgeschossen, mit Stein überzieht. Auch wird in Kyme c. 97., wie es scheint, ein unterirdisches Gemach der weissagenden Sibylle gezeigt, die ungeachtet ihres hohen Alters immer Jungfrau blieb, und, obgleich eine Erythräerinn, doch bei einigen Bewohnern Italiens die kumäische heiſst, bei andern aber Melachräna (Tibull's II, 5, 6r. Amalthea oder Mermessia): den Ort sollen die Leukadier oder vielmehr Lukanier besetzt haben.

61. Um nun auf Diomedes zu kommen, so meldet unser Verfasser c. 80. von der Insel Diomedea im Adria dasselbe, was wir bei Lykophron lesen. Es sei dort ein Heiligthum des Diomedes ringsum von groſsen Vögeln mit langen und harten Schnäbeln umlagert, die sich, wenn Griechen landeten, ruhig verhielten, wenn aber umwohnende Barbaren, auffliegend ihre Köpfe umflatterten, und sie mit den Schnäbeln verwundend tödteten. Diese seien des Diomedes Gefährten gewesen, welche um die Insel Schiffbruch gelitten hätten, da Diomedes von dem dortigen Könige Äneas oder Daunos hinterlistig getödtet sei. Auch soll in der Gegend des sogenannten Dauniens c. 117. Strabo VI, pag. 284. ein Tempel der Achäischen Athene sein, worin die ehernen Beile und Waffen des Diomedes und seiner Gefährten niedergelegt wären: und auch da sollen Hunde sein, c. 118., welche die kommenden Griechen nicht beleidigen, sondern als die beſsten Bekannten umwedeln. Ferner kleiden sich alle Daunier und Gränznachbaren, c. 119., sowohl Männer als Weiber, aus dieser Ursache, wie es scheint, schwarz: denn die gefangenen Troerinnen sollen, als sie in jene Gegend gekommen waren, aus Besorgniſs einer bittern Knechtschaft unter den heimischen Frauen der Achäer, deren Schiffe verbrannt haben, um zugleich der gefürchteten Knechtschaft zu entrinnen, zugleich die Männer selbst an sich zu fesseln, wenn sie mit ihnen dazubleiben gezwungen wären. Darum hat sich auch der Dichter sehr gut ausgedrückt, wenn er sie, wie dort zu sehen ist, tiefbusig und Gewand nachschleppend nennt. Bei den Peuketinern c. 120. soll ein Tempel der Artemis sein, worin das dort sehr berühmte Kranzgewinde von Erz liege mit der Aufschrift: Diomedes der Artemis. Dieses soll er einem Hirsche um den Hals gelegt haben, welchem es anwuchs, und auf diese Weise später von dem Könige der Sikelioten Agathokles gefunden im Tempel des Zeus oder der Diana geweihet sein.

62. In der Gegend Italiens, Kalabrien genannt, soll nahe bei Metapontum ein
Tempel der Hellenischen Athene sein, c. 116., wo die Geräthschaften des Epeios, die er bei
der Zimmerung des hölzernen Rosses gebrauchte, mit seinem Namen geweiht sind: denn
Athene habe, ihm im Traum erscheinend, die Geräthe zu weihen verlangt, und ihn darum
weiter zu fahren verhindert; daher der Name des Tempels der Hellenischen Athene, oder
vielmehr der Heilenischen von εἰλεῖσθαι. Bei den Sybariten c. 115. soll Philoktetes verehrt
werden, der aus Troja kommend das sogenannte Malaka oder vielmehr Makella im krotonischen Gebiete, 120 Stadien von Kroton entfernt, bewohnt und im Tempel des Aläischen Apollo
des Herakles Pfeile geweiht haben soll, welche von dort die Krotoniaten durch ihre Übermacht in ihr Apollonion entführten. Auch soll er dort gestorben und am Flusse Sybaris
begraben sein, als er den unter Tlepolemos dorthin verschlagenen Rhodiern im Kampfe mit
den dort wohnenden Barbaren zu Hülfe kam. Von dem Sybariten Alkisthenes soll c. 99. ein
so prachtvolles Gewand verfertigt sein, daß er es in der Festversammlung der Hera bei
Lakinion, zu welcher alle Italioten kommen, ausgestellt habe zur Bewunderung Aller, die
es sahen. Dieses habe der damals herrschende Dionysios der Ältere den Karthagern um
120 Talente verkauft: es war aber ein Purpurgewand, funfzehen Ellen groß, und auf beiden
Seiten mit eingewebter Stickerei durchzogen, oben Susa, unten Persepolis, in der Mitte
Zeus, Hera, Themis, Athene, Apollon, Aphrodite; an beiden Enden Alkisthenes und zu
beiden Seiten Sybaris. In Rhegion c. 74. soll es, wie im Pontos bei Heraklea, Fische geben,
welche sich zur Zeit der Dürre vergraben, aber wenn man sie ausgräbt, wie auch Theophrastus
schreibt, noch Leben zeigen.

63. Was Neuere von der *Grotta del cane* erzählen, wo die fast erstickten Thiere
wieder aufleben, wenn man sie schnell in ein nahes Wasser wirft, berichtet unser Verfasser
von einem Wasserstrudel c. 28. in Sicilien. Der Sagendichter von Sicilien Polykritos sagt
aber c. 122., daß irgendwo im Innern der Insel ein stehendes Wasser von der Größe eines
Schildes sei, das zwar durchsichtig, aber etwas trübe sei. Wenn einer dahinein trete sich
zu baden, dehne es sich aus, und werde immer breiter, bis es funfzig Männer aufzunehmen
im Stande sei. Wenn es aber bis zu dieser Zahl gekommen sei, schwelle es aus der Tiefe
an, und werfe die Leiber der Badenden heraus auf den Boden: und wenn das geschehen sei,
ziehe es sich wieder in den alten Umfang zusammen, und dieses widerfahre nicht nur den
Menschen, sondern auch dem Viehe, das in dasselbe hineingehe. An der Straße, die nach
Syrakus führt, c. 57., ist, wie Sotion aus Aristoteles selbst berichtet, ein kleiner Wiesen-
quell, der nur spärlich fließt, aber bei einem großen Zusammenflusse von Menschen reichlich Wasser gibt. Der Berg Gonion im Gebiete der Karthager bei Agrigentum c. 123. soll
alle Arten Holz tragen und mit vielen Blumen geschmückt sein, so daß sie weithin einen
angenehmen Duft verbreiten, der den Wanderern sehr willkommen sei. Dabei sei aber auch

ein Ölquell, dessen Geruch dem Cedernöl gleiche; doch nur ein Keuscher dürfe sich ihm nahen, wie Sotion aus Aristoteles anführt. Wenn dieses geschehe, sprudele das Öl so reichlich, dafs man es schöpfen könne. Auf dem Pelorischen Vorgebirge von Sicilien c. 121. wachse eine solche Menge Krokus, dafs zwar einige der dort wohnenden Griechen nicht wüfsten, was für eine Art Blume das sei, auf dem Pelorischen Vorgebirge aber, wer wolle, grofse Wagen damit belade, und zur Frühlingszeit sich Lager und Hütten aus Krokus bereite. Auf dem Berge Ätna in Sicilien c. 83. soll eine Grotte sein, um welche stäts eine Fülle von Blumen wächst, und besonders eine solche Menge von Violen, dafs sie die ganze Gegend umher mit Wohlgeruch erfüllen, und die Jagdhunde davon ihre Spürkraft verlieren. In eben dieser Grotte zeigt man den unterirdischen Gang, auf welchem Pluto die Proserpina entführte. Eben daselbst wächst eine besondere Art von Waizen, der von der Demeter stamme, und beweise, dafs die Göttinn dort geboren sei.

64. Bei den Ombrikern c. 81. sei die Fruchtbarkeit so grofs, dafs die Heerden dreimal des Jahres würfen, der Boden vielfältige Früchte trage, und die Frauen selten nur ein Kind gebären, sondern meistens Zwillinge und Drillinge. Die Sage c. 129., dafs die Eneter am Adria zur Saatzeit den in Unzahl bei ihnen befindlichen Krähen allerlei Geschenke spenden, dafs sie ihre Felder verschonen mögen, führt Antigonos von Karystos, welcher noch mehres Andere mit dem Pseudo-Aristoteles gemein hat, am Ende seines Werkes aus Theopompos an. Das Meiste hat dieser Schriftsteller jedoch, sofern seine Nachrichten Italien und Sicilien betreffen, aus Lykos geschöpft, und zwar, soweit uns sein Werk erhalten ist, nur Weniges von Thieren, wie die Sage des vorletzten Capitels von den gegen die Griechen freundlichen Reihern auf der Insel Diomedea, in welche des Diomedes Gefährten verwandelt seien. Doch beginnt er auch sein Werk mit der von Andern sehr verschieden erzählten Sage aus dem Siculischen Geschichtschreiber Timäos, dafs am Flusse Halex, welcher die epizephyrischen Lokrier von den Rheginern scheidet, die Cicaden des lokrischen Gebietes singen, die der Rheginer aber stumm seien, wovon er im folgenden Capitel als Ursache eine Verwünschung des Herakles angibt, als sie ihn auf seinem Zuge durch Italien daselbst im Schlafe störeten. Auch fügt er die Anekdote vom Wettstreite der Kitharoeden Aristo aus Rhegion und Eunomos aus Lokri in Delphi hinzu, welche Strabo VI, pag. 260. mit den eigenen Worten des Timäos erzählt. Ferner meldet er im achten Capitel die auch von Hesychios unter *Κάκτος* erwähnte Sage, dafs in Sicilien eine Art Kaktos sei, durch dessen Verwundung beim Darauftreten die Knochen des Hirsches unbrauchbar würden zum Flötengetöne, worauf ein Distichon des koischen Dichters Philetas anspiele, welches auch Athenäos II, 83 extr. anführt. Allein auf das, was für die Sagengeographie von Italien und Sicilien ein vorzügliches Interesse hat, kömmt er erst im 148ten Capitel, wo er von merkwürdigen Flüssen und Quellen spricht, nachdem er schon c. 145. aus Theophrastos die Nachricht mit-

getheilt hat, dafs das Meer um die Inseln des Äolos auf zwei Plethra weit so heifs sei, dafs man seinen Fufs nicht in dasselbe setzen könne.

65. Hier beginnt er mit einer Nachricht aus Lykos, dafs der Kamiskos oder vielmehr Kamikos noch im flutenden Meere flute, der Kapäos aber und Krimisios oder vielmehr der Anapos oder auch Kakyparis und Krimissos auf der Oberfläche kalt, in der Tiefe dagegen warm sei, und der Himera in zweien Strömen aus einer Quelle zugleich salziges und trinkbares Wasser enthalte. Das Letztere berichten auch Vitruvius VIII, 3. und Solinus c. 11.; allein man scheint zwei Flüsse desselben Namens, wovon der eine südlich, der andere nördlich ins Meer fliefst, irrig aus einer Quelle abgeleitet zu haben. Nach der c. 149. aus Timäos angeführten Sage, dafs der Krathis bei Sybaris die Haare roth färbe, welche auch der Pseudo-Aristoteles c. 183. mit dem Zusatze erwähnt, dafs der Sybaris die daraus Trinkenden scheu mache, was zwar auch Strabo VI, pag. 263. berichtet, Plinius H. N. XXXI, 2. aber nach Theophrastos dahin abändert, dafs der Krathis das badende Vieh weifs, der Sybaris dagegen schwarz färbe, kehrt Antigonos c. 154. wieder zum Rheginer Lykos zurück, aus welchem er die Sagen von Sicilien schöpfte. Ein Quell im Gebiete der Sikanen führe Essig mit sich, welchen man zu den Speisen gebrauche; ein anderer Quell Kystitratos oder vielmehr Mytistratos, der, wenn ihn auch Sotion und Vitruvius VIII, 3. mit dem Pseudo-Aristoteles c. 123. ins Karthagische Gebiet an den Berg Gonion verlegen, nach Athenäos II, 17. doch bei Agrigentum in Sicilien zu suchen ist, enthalte Öl, was in Lampen brenne und Geschwülste und Ausschlag heile. In der Nähe sei ein Felsenquell, der im Winter vom Aufgange des Arkturus bis zu den Plejaden Wasser gleich andern liefere, aber von da an während der Sommerzeit bei Tage rauche und warm dufte, bei Nacht dagegen flamme, vgl. Pseudo-Arist. c. 124. Gleich darauf c. 155. wird der bekannten Sage gedacht, welche aufser Pindaros und andern auch Timäos erzähle, dafs der Quell Arethusa in Syrakus seinen Ursprung aus dem Alpheosflusse in Elis habe, weshalb zur Zeit der Olympischen Spiele, wenn die Schlachtopfer im Flusse abgewaschen würden, also in jedem fünften Jahre nach dem Pseudo-Arist. c. 186. u. Senec. N. Q. III, 26., das Wasser in Sicilien unrein werde, auch einmal eine in den Alpheos geworfene Opferschale in der Arethusa wieder zum Vorscheine gekommen sei.

66. Auch was man bei Seneca N. Q. III, 25. lieset, wird c. 165. unter Anderm angeführt, dafs auf einem See Siciliens alles Hineingeworfene schwimme, mit Ausnahme des Goldes, Eisens und Kupfers; sowie c. 167. auch der allgemein geglaubten, aber nach Timäos c. 168. für eine Täuschung erklärten Sage gedacht wird, dafs den Avernussee kein Vogel überfliege, ohne von dessen Ausdünstung getödtet zu werden. Was unser Verfasser von der Klarheit des Wassers aus Timäos anführt, ist eben das, was wir oben schon aus dem Pseudo-Aristoteles bemerkten, wo Beckmann in seinen gelehrten Anmerkungen zu c. 109.

irrig das feste Land um Kyme für Epirus erklärt. Aus Lykos wird c. 170. die Nachricht mitgetheilt, daſs mitten in einem von Bäumen umschlossenen See bei Mylä in Sicilien theils kaltes, theils warmes Wasser sprudele, sowie aus Phanias c. 171., daſs der See der Pyraken, worunter Bentley den See Syrako bei Syrakus verstanden glaubt, sich entzünde, wann er ausgetrocknet sei. Unter dem See im Gebiete der Leontiner c. 175., der, wie Lykos erzähle, seiner kalten Quelle ungeachtet so heiſs sei wie siedendes Wasser, daſs, wenn ein Vogel nahe, er sogleich, ein Mensch aber am dritten Tage sterbe, ist nach Plinius H. N. XXXI, 11. u. a. der See der Paliken zu verstehen, von welchem der Pseudo-Aristoteles c. 58. meldet, daſs ein Quell desselben bei einer Tiefe von zehen Lagerbreiten sechs Ellen hohes Wasser spritze, so daſs es scheine, als werde er die ganze Ebene überschwemmen, wiewohl er immer in sich selbst zurückfalle, und daſs er von den Priestern zur Prüfung der Aufrichtig-keit eines Eidschwures benutzt werde, je nachdem ein mit dem Schwure beschriebenes Täfelchen beim Hineinwerfen auf der Oberfläche des Wassers schweben bleibe, oder durch seine Schwere untersinke, so daſs der Mensch verbrenne. Die letzte Nachricht, die wir nun noch mitzutheilen haben, ist die c. 183., wo der Verfasser versichert, von einem Gast-freunde aus Sicilien Salz bekommen zu haben, welches im Feuer schmolz, im Wasser aber aufknisterte, wie denn auch Solinus c. 11. und Augustinus C. D. XXI, 5. u. 7. dasselbe von dem Salze behaupten, welches man um Agrigentum aus der Erde grub.

      67. Da der Raum dieses Blattes noch eine kleine Zugabe gestattet, so füge ich aus den 41 Erzählungen von Verwandlungen, welche *Antoninus Liberalis* zur Zeit der Antonine aus ältern Dichtern und Sagenschriftstellern, besonders dem Kolophonier Nikander aus der Mitte des zweiten Jahrhunderts v. Chr. G., auszog, die beiden, welche sich auf Apulien beziehen, hinzu, damit man sich desto mehr überzeuge, wie wenig Glauben zwar alles das verdiene, was man von Apuliens Bevölkerung fabelte, wie sehr jedoch deren illyrischer Ursprung bei den Griechen Glauben fand. Zufolge der 31ten Erzählung hatte der Autochthone Lykaon drei Söhne *Iapyx, Daunios, Peuketios*, welche mit gesammeltem Kriegsheere nach Italien am Adria kamen, und sich daselbst nach Vertreibung der Ausonen ansiedelten. Der gröſste Theil ihres Heeres bestand aber aus illyrischen Messapiern, und als sie das Land, wie das Heer, in drei Theile theilten, und jeden derselben nach den Führern *Daunier, Peuketier, Messapier*, nannten, fiel der Theil von Tarent bis zur äuſsersten Spitze von Italien, wo die Stadt Brentesion liegt, den Messapiern, der von Tarent landeinwärts gelegene Theil den Peuketiern, und der an demselben Meere noch weiter zurückgezogene den Dau-niern zu. Das gesammte Volk aber nannten sie *Iapygen*, und das geschah lange vor dem Znge des Herakles, da man noch von der Viehzucht und Weide lebte. Nun ist die Sage, daſs bei den sogenannten heiligen Felsen im Lande der Messapier epimelische Nymphen tanzend erschienen, die jungen Messapier aber, welche sie die Heerden verlassend sahen,

sich berühmten besser zu tanzen. In einem dadurch veranlafsten Wettstreite von den Göttinnen leicht besiegt, wurden die jungen Messapier zur Strafe da, wo sie standen, in Bäume verwandelt, und noch hört man in dem davon benannten Nymphenheiligthume des Nachts aus dem Walde eine Stimme wie von Wehklagenden. Zufolge der 37ten Erzählung endlich hatte *Diomedes* bei der Rückkehr aus Ilium über die Untreue seiner Gattinn Ägialea zu klagen; er selbst aber kam nach Kalydon in Ätolien und übergab nach der Tödtung des Agrios und seiner Söhne das Reich dem Grofsvater Öneus. Als er nach Argos zurückschiffte, wurde er von einem Sturme in das ionische Meer verschlagen, und als der Daunier König *Daunios* seine Ankunft erfuhr, bat er ihn um Beistand in dem Kriege mit den Messapiern gegen einen Antheil des Landes und die Vermählung mit seiner Tochter. Diomedes nahm den Vorschlag an, und als er die Messapier im Kampfe besiegt und das Land empfangen hatte, vertheilete er es unter seine Dorier, und zeugete mit der Tochter des Daunios zwei Söhne, Diomedes und Amphinomos. Nachdem er aber im hohen Alter bei den Dauniern gestorben war, bestatteten ihn die Dorier auf der Insel, welche sie *Diomedea* nannten, und sie selbst bebaueten das Land, welches sie vom Könige erhalten haiten mit solcher Geschicklichkeit, dafs es ihnen reiche Frucht trug. Nach des Daunios Tode aber stellten ihnen die illyrischen Barbaren aus Neid über ihr Land nach, und als die Dorier auf der Insel das allgemeine Sühnopfer brachten, tödteten die Illyrier sie durch plötzlichen Überfall; doch verschwanden durch den Rath des Zeus nur der Griechen Körper, und die Seelen wurden in Vögel verwandelt, welche noch jetzt, so oft ein griechisches Schiff landet, zu den Griechen kommen, ein illyrisches Schiff aber vermeiden, und ganz aus der Insel verschwinden.

Verbesserungen einiger Druckfehler
im ersten Hefte.

S. 6. Z. 13. von unten lese man *Nabel* für *Nebel*.

S. 7. Z. 14. von oben „ „ *Apollodoros* für *Apollodos*.

S. 11. Z. 13. von unten „ „ νεκρὸς für νεκρός, u. Z. 2. v. unten Σικελίας für Σικιλίας.

S. 14. Z. 6. von unten „ „ *dem Kleomenes* für *ihm*.

S. 23. Z. 16. von unten „ „ *Hegesianax* für *Hegesianux*.

S. 42. Z. 9. von unten „ „ *Zaleukos* für *Zalenkos*.

S. 43. Z. 8. von oben „ „ **XV, 13.** für **XV, 3.**

S. 45. Z. 3. von unten ergänze man *aber* vor *von*.

S. 48. Z. 18. von oben lese man *noch* für *nach*.

HANNOVER.
Gedruckt in der Königl. Hofbuchdruckerei der Gebrüder Jänecke.

ITALIA MYTHICA

secundum

Lycophronis Chalcedensis

Alexandram

ΛΙΓΥΣΤΙΝΟΙ

ΣΑΛΠΙΟΙ ΠΑΓΟΙ

ΟΜΒΡΟΙ

Λυγκεύς ποτ.

Πίσσα

ΤΥΡΣΗΝΩΝ ΟΡΟΣ

ΤΥΡΣΗΝΙΑ

Πύργοι Τορτυναΐα

ΒΟΡΕΙΟΠΟΝΟΙ

ΛΑΤΙΝΟΙ

Ρώμη

ΝΗΣΟΣ ΚΕΡΝΕΑΤΙΣ

Κιρκαῖοι

Diomedea I.

Λαγγοία

Diomedis

ΣΑΛΑΓΓΟΙ

ΑΓΓΙΔΕΣ

Κερμνίαι

ΟΙΝΩΤΡΙΑ

ΠΕΥΚΕΤΙΟΙ

ΙΑΠΥΓΕΣ

Φαλανθίς Κωράλειον

ΠΟΡΟΣ ΤΥΡΣΗΝΟΣ

ΣΙΡΕΝΩΝ

Κλήτης Πρότης, Τελλήγουσα

Προμηθεύς Πετρογενής

Aeoli insula

Παχυνίς πέτρα

Κ. Ἀφροδίτης

Κοχλίας ὕδωρ

ΣΙΚΑΝΟΙ

ΛΗΩΝ

ΛΥΚΩΝΕΣ

ΜΕΣΣΗΝΙΟΝ

Πάχυνος ἄκρα

ΛΙΒΥΕΣ

Ἀτλαντίδος Καλυψοῦς νῆσος

Ὀδύσσεια ἄκρα

Ἔλωρος ποτ.

ΚΑΥΔΩΝ ΣΙΚΑΝΟΣ

Μελίτη νῆσος

ΣΥΡΤΙΣ

ΙΟΥΓΡΩΝΩΝ ΠΕΛΟΝ

E.T. Gretefend del.   J.G. Schwab lithog.

Zur
Geographie und Geschichte
von
Alt-Italien,

von

Dr. G. F. Grotefend,

Director am Lyceum zu Hannover.

Drittes Heft.

Der Römer älteste Sagengeschichte von Italien.

Mit einer Karte von Mittel-Italien
nach Virgil's Aeneide.

Hannover.
Im Verlage der Hahn'schen Hof-Buchhandlung.
1840.

Drittes Heft.

Der Römer älteste Sagengeschichte von Italien.

---

1. **E**rst, nachdem wir der Griechen älteste Kunde von Italien sammt deren Sagengeschichte vor ihrer vertrautern Bekanntschaft mit den Römern kennen gelernt haben, sind wir im Stande die Bereicherung derselben durch die Römer gehörig zu beurtheilen, da deren älteste Dichter und Geschichtschreiber, so wahrheitliebend sie auch waren, dennoch von den Griechen alles begierig aufnahmen, welchem sie nichts Besseres entgegen zu setzen wufsten. So sehr es sich auch die Römer schon früh angelegen sein liefsen, die Denkwürdigkeiten ihres Landes und Volkes der Nachwelt zu überliefern; so erhielten sie doch erst spät eine solche wissenschaftliche Ausbildung, dafs sie darin mit den Griechen wetteifern konnten, weshalb sie sich auch lange mit dem begnügten, was sie in deren Schriften vorfanden, und nur selten diejenigen Nachrichten benutzten, welche die Denkmäler und Chroniken anderer italischen Städte und Völker boten. Was Cato nach Charisius b. Putsch. p. 181. von den Galliern behauptete, dafs sie gröfstentheils nur zwei Dinge mit vielem Eifer trieben, die Kriegführung und Beredsamkeit, gilt auch von den alten Römern, obwohl ihnen noch Virgilius A. VI, 848 ff. mit den übrigen Künsten auch die Meisterschaft in der Redekunst abspricht, und ihnen nur Regirungsweisheit zugesteht. Daher bestand auch ihre Geschichte nach Cicero de orat. II, 12. nur in trockener Aufzeichnung der Begebenheiten und Thaten und deren einfacher Bestimmung nach handelnden Personen, Ort und Zeit, und wenn dennoch *Livius* die chronikenartige Dürre der alten Geschichte zu einer nicht ganz schmucklosen Erzählung verarbeiten konnte, so ist dieses lediglich eine Folge des Ersatzes durch Dichter, was den Annalisten an Anmuth abging.

2. Wenn auch bei den Römern nicht, wie bei den Griechen, die Dichtung der Prosa voranging, so trugen doch die Lieder, welche man bei der Tafel sang, gleich sehr dazu bei, den rednerischen Stoff der Leichenklagen in ein dichterisches Gewand zu kleiden, als die Menge der Weissagungen, welche der Aberglaube später für Geschichte nahm. Eigentliche Geschichtschreiber hatten die Römer bis auf die punischen Kriege nicht, und als nun *Q. Fabius Pictor* und *L. Cincius Alimentus* auftraten, die, was sie nicht in den Sagen

der priesterlichen Annalen fanden, aus griechischen Mustern schöpften, da sang auch schon der Campaner *Cn. Naevius* 235—204 v. Chr. G. den ersten punischen Krieg in saturnischen, wie *Q. Ennius* aus Rudiae in Calabrien 239—168 v. Chr. G. die Annalen des römisehen Volkes seit Troja's Untergang in heroischen, und des ältern Scipio Thaten in trochäischen Versen. Ungeachtet diese Barbaren, wie sie Plautus nach Festus s. v. *Barbari* als Nicht-römer nannte, obwohl Ennius bei Festus s. v. *Solitaurilia* ein Grieche, *graeco more usus*, heifst, durch ihre gelungene Dichtungen den Römern zeigten, wie sehr sich ihre Sprache für eine würdevolle Darstellung der Geschichte eigne, räumten doch die Römer den Griechen einen solchen Vorzug ein, dafs alle ihre Geschichtschreiber vor *Cato Censorius* und *Serv. Fabius Pictor*, welchen man nicht mit den griechischschreibenden Fabiern Q. und N. ver-wechseln darf, in griechischer Sprache schrieben, und daher auch die Jahre nach Olym-piaden, die Ortsentfernungen nach Stadien, und das Geld nach Talenten berechneten. So schrieb nicht nur *C. Acilius Glabrio*, dessen Annalen erst durch einen gewissen Claudius (Liv. XXV, 39. u. XXXV, 14.) ins Lateinische übersetzt wurden, sondern noch hundert Jahre v. Chr. G. *P. Rutilius Rufus* die römische Geschichte in griechischer Sprache, obgleich Atilius Fortunatianus b. Putsch. p. 2680. aus den alten Tafeln der Triumphatoren auch eine von Acilius Glabrio mit dem saturnischen Verse: *Fundit, fugat, prosternit, maxumas legiones* anführt, und Rutilius Rufus sein eigenes Leben in fünf Büchern lateinisch herausgab.

3. Berücksichtigt man aufser den Annalisten und Geschichtschreibern auch solche, die ihr eigenes Leben oder einzelne Denkwürdigkeiten ihrer Zeit beschrieben; so ist die Zahl solcher historischen Schriftsteller bei den Römern gewifs viel gröfser noch, als die nicht geringe Anzahl derer, welche wir namentlich anzugeben wissen. Aber alle schrieben das Geschehene, soviel sie davon wufsten, in nackter Prosa, und während unter den Griechen *Polybius* aus Megalopolis als fast vollendeter Geschichtsforscher auftrat, waren unter den Römern zuerst *L. Coelius Antipater* und *P. Sempronius Asellio* auf einigen Schmuck der Rede bedacht. Eine eigentliche Geschichtschreibung begann erst mit *Trogus Pompejus*, der die Geschichte aller zu seiner Zeit bekannten Völker durch Einleitungen und Abschweifungen nach Art des Theopompus in die macedonische Geschichte kleidete: und obgleich seit Cicero's Zeit aufser Sisenna, Nepos, Varro, Atticus, noch viele andere auftraten, welche den griechischen Schriftstellern an die Seite gestellt zu werden verdienen, so ist doch nächst dem nüchternen Cato Censorius *C. Sallustius Crispus* als der erste Geschichtschreiber zu betrachten, welcher eigenen Forschungen folgte. Zwar wird schon Cincius Alimentus bei Livius VII, 3. ein sorgfältiger Untersucher etruskischer Denkmäler genannt, und dafs man auch anderer italischer Völker Schriften nicht ganz unbenutzt gelassen habe, dafür spricht des Solinus Erwähnung pränestinischer Bücher. In Erforschung des Alterthums kam jedoch keiner dem Cato Censorius gleich, der noch in seinem hohen Alter († 149 v. Chr. G. im 85ten Lebensjahre) die

griechische Sprache lernte, und nach dem Muster des Thukydides eine Geschichte in sieben Büchern schrieb, welche er eben darum *Origines* nannte, weil er im zweiten und dritten Buche den Ursprung aller italischen Völker zu erforschen suchte. Wie wenig alle übrigen Geschichtschreiber vor Sisenna bei allen ihren Verdiensten um den römischen Staat, da sie, wie Justinus in seiner Vorrede bemerkt, meistens hohe Staatsämter bekleideten, und wie Suetonius de clar. rhet. c. 3. meldet, *L. Otacilius Pilitus* zu Sulla's Zeit der erste aller Freigelassenen war, der sich an die Geschichte wagte, in besondere Betrachtung kommen, darüber verdient Cicero's Urtheil de legg. I, 2. gelesen zu werden.

4. So glaubwürdig auch die römischen Geschichtschreiber in ihrer eigenen Zeitgeschichte sind, so treuherzig vertrauten sie nicht nur der Wahrheitsliebe ihrer griechischen Muster, so daſs wir uns gar nicht darüber zu verwundern haben, wenn Plutarch Rom. 3. versichert, Fabius Pictor sei meist dem Peparethier Diokles gefolgt, sondern glaubten auch den Sagen, welche man in den Belobungen preiswürdiger Verstorbenen (Cic. Brut. c. 16.) zum Ruhme vornehmer Geschlechter erfand, um so mehr, je häufiger sie von Geschlecht zu Geschlechte wiederholt wurden. Die Leichtigkeit, mit welcher man jeder Versicherung Glauben schenkte, begünstigte nicht nur die Bereicherung der Geschichte aus den unzuverlässigen Privatnachrichten einzelner Geschlechter, besonders derer, welchen mehre der Geschichtschreiber selbst angehörten, wie der Fabier und Claudier, sondern auch die Erdichtung schriftlicher Denkmäler, denen man nicht selten ein höheres Alterthum zuschrieb, als die Schreibekunst selbst bei den Römern eingeführt war. Die Art und Weise, wie man schon im J. 180 v. Chr. G. dem Numa Pompilius allerlei Schriften unterschob (Plin. H. N. XIII, 13 od. 27. Liv. XL, 29. Val. M. I, 1, 12. Plut. Num. c. 22. Lactant. Inst. I, 22. August. C. D. VII, 34.), gibt uns ein Recht, an der Ächtheit der Senats- und Volksbeschlüsse und anderer Urkunden, welche nach Suetonius Vesp. 8. fast bis zum Ursprunge der Stadt hinaufreichten, eben so sehr zu zweifeln, als an dem noch höhern Alterthume der sibyllinischen Bücher (Dion. H. IV, 62. Gell. N. A. I, 19.), um deren willen man sich nicht scheute, schon durch Evander die Schreibekunst in Italien einführen zu lassen. So treuherzig auch Dionysius H. II, 54. den Römern nacherzählt, Romulus habe bei der Feier seines zweiten Triumphes dem Vulcanus von der Beute ein ehernes Viergespann mit seinem eigenen Bildnisse und der Belobung seiner Thaten in griechischer Schrift geweiht, und bei seinem dritten Triumphe die Bedingungen des Friedens mit Veji in Säulen eingegraben; so darf man doch der Inschrift auf der Eiche des Vaticans, welche Plinius H. N. XVI, 44. (87) erwähnt, eben so wenig ein Roms Erbauung übersteigendes Alterthum beilegen, als die Tafel, worauf das Jahr der Erbauung Roms verzeichnet war, Dion. H. I, 74., dem Polybius ein Recht gab, sie für gleich alt zu halten. Wie alt die Bleiplatten waren, auf welchen man nach Plinius H. N. XIII, 21. einst schrieb, läſst sich freilich nicht bestimmen; aber hätte

Numa auch schon Kupfergeld gekannt, Plin. H. N. XXXIV, 1., so erhielt es doch durch Servius erst ein Gepräge mit Schriftzeichen, Plin. H. N. XXXIII, 13.

5. Die Geschichte vom Ankaufe der sibyllinischen Bücher durch Tarquinius, welcher nach Livius II, 21. sein Leben beim Tyrannen Aristodemus in Cumae beschloſs, spricht, so fabelhaft sie an sich selbst ist, wenigstens für einen solchen literarischen Verkehr der Römer mit der ältesten aller griechischen Colonien in Italien, daſs man annehmen darf, von dorther sei um jene Zeit das Alphabet nach Rom gekommen, welches nach Plin. H. N. VII, 58. u. Tacit. A. XI, 14. dem altgriechischen so ähnlich war, und nach Dion. H. IV, 26. schon von Servius Tullius gebraucht wurde, um das latinische Bündniſs auf eine Säule schreiben zu lassen. Noch früher als die römische Schrift, in welcher das P einem D glich, Dion. H. I, 68., war unstreitig die nur von der Rechten zur Linken geschriebene etruskische im Gebrauche; aber auch diese brachte vielleicht erst der Vater des ältern Tarquinius Demaratus aus Korinth mit der Plastik, Plin. H. N. XXXV, 43., nach Italien. Denn alle Inschriften, deren die ältere Sagengeschichte erwähnt, haben keinen gröſsern Anspruch auf Glaubwürdigkeit, als die, welche Aeneas nach Virgilius A. III, 288. auf einen Schild in Epirus schrieb: *Aeneas haec de Danais victoribus arma.* Auf ein mit Rindshaut überzogenes Holzschild ward nach Dion. H. IV, 58. und Fest. s. v. *Clypeum* der Frieden geschrieben, welchen der jüngere Tarquinius mit Gabii schloſs, und wenn des Horatius Worte Epist. II, 1, 25. andeuten, daſs es die Undeutlichkeit der Schrift, wie der Sprache, worüber Polybius III, 22. bei seiner Übersetzung des ersten Vertrages der Römer mit den Karthagern im Anfange der Republik klagt (vgl. Quint. Inst. or. VIII, 2, 12.), noch zweifelhaft lieſs, ob in jener Inschrift von Gabinern oder Sabinern die Rede war, wie denn eine sehr gute Handschrift des Paulus Diaconus wirklich *Sabinorum* für *Gabinorum* schreibt; so war damals die Schrift schon römisch. Wenn aber Dionysius H. III, 33. von einem in Säulen eingehauenen Bündnisse der Sabiner unter Tullus Hostilius spricht, so ist dessen Ächtheit zu bezweifeln, wenn es gleich solcher Friedensverträge aus der ersten Zeit der Republik mehre gab, wie Plinius H. N. XXXIV, 14. des Friedens mit Porsena, und Livius IV, 7. des Friedens mit Ardea gedenkt.

6. Obwohl alle die angeführten Verträge eben so, wie die von Horatius Epist. II, 1, 23. erwähnten Gesetztafeln der Decemvirn, und die Censorliste aus dem zweiten Jahre vor dem gallischen Brande bei Dionysius H. I, 74., beweisen, daſs dieser Brand nicht alle ältern Nachrichten der Römer, wie Clodius bei Plutarch Num. 1. behauptet haben soll, sondern nur, wie Livius VI, 1. ausdrücklich versichert, einen sehr groſsen Theil derselben vernichtete; und wiewohl man auch nach dem Brande, wie Livius hinzusetzt, alles wieder zusammensuchte, was sich irgend noch vorfand: so war dieses doch, zumal da man in frühern Zeiten wegen Mangel eines bequemen Schreibmaterials nur das Nothwendigste aufschrieb, zu

wenig, als dafs nicht die Dichter volle Freiheit behielten, alles, wovon man nur spärliche Nachrichten besafs, nach den Traditionen, welche besonders durch die üblichen Leichenreden bei ausgezeichneten Verstorbenen lebendig erhalten wurden, und nach den dadurch vorzüglich bereicherten Privatnachrichten berühmter Geschlechter, mit mehr oder weniger Willkür auszumalen. Was sich aus den *Commentariis regum* und den *Legibus regiis* erhalten hat, ist für die Geschichte selbst von geringerer Bedeutung; wichtiger sind die *Commentarii pontificum*, *Annales maximi*, *Libri lintei* oder *Libri magistratuum* der spätern Zeit. Liv. IV, 7. 13. 20. VI, 1. Aber durch die *annosa volumina Vatum*, welche Horatius Epist. II, 1, 26. mit den Büchern der Pontificen zu den ältesten Schriften der Römer zählt, wurde Roms ältere Geschichte mit so vielen Sagen angefüllt, dafs, was wahre Geschichte sei, nur schwer erkannt wird. Eben der Mangel an Glaubwürdigkeit aller Nachrichten aus früherer Zeit veranlafste einen *Claudius Quadrigarius* und *Cornelius Sisenna* die Geschichte Roms erst mit dessen Einäscherung durch die Gallier zu beginnen: und wenn diese auch darin zu weit gingen, so war doch aus den Denkwürdigkeiten der Oberpriester des eigentlich Historischen nicht viel zu schöpfen, während die wichtigsten Vorfälle in den Jahrbüchern enthalten waren, welche allmählich bis zu achtzig Büchern anwuchsen, und nach Cicero de orat. II, 12. alles enthielten, was sich von Erbauung der Stadt bis auf den Pontifex maximus P. Mucius im J. 130 v. Chr. G. Merkwürdiges eräugnet hatte.

7. Wenn sich jedoch die römischen Geschichtschreiber nur selten auf diese Jahrbücher beriefen, und den Büchern auf Leinwand einen Vorzug vor ihnen einräumten, die doch ihrem Inhalte nach nur Verzeichnisse obrigkeitlicher Personen waren; so liegt der Grund davon darin, weil die im Tempel der Moneta aufbewahrten linnenen Bücher glaubwürdiger waren, als die Fasti und Commentarii Pontificum Liv. IV, 3., welche nach ihrer Vernichtung durch den gallischen Brand, Plut. Num. I, 1. Liv. VI, 1., von neuem aufgefrischt wurden. Aber Cato Censorius überging auch in seinen *Originibus*, worin er nach Cornelius Nepos jedes italischen Volkes Ursprung erforschte, und so auch seine Geschichte Roms mit dessen Erbauung begann, dem Gellius II, 28. zufolge den ganzen Zeitraum von der Vertreibung der Könige bis auf die punischen Kriege darum, weil er sich bei solchen Kleinigkeiten nicht aufhalten mochte, welche der Pontifex Maximus als eine grofse Merkwürdigkeit aufzuzeichnen pflegte. Die Ehrfurcht, mit welcher Cicero und andere von Cato's Werke sprechen, verpflichtet uns zur Sammlung derjenigen Bruchstücke, welche Italiens älteste Geschichte und Geographie betreffen: denn obwohl Servius zu Virgils A. VII, 678. u. IX, 603. den Varro und Hyginus dem Cato an die Seite setzt, so räumt doch noch Solinus c. 8. ihm den Vorzug vor allen andern ein. Weil aber Cato seine Geschichte mit Roms Erbauung und dessen Vorgeschichte begann, so wird es nicht unzweckmäfsig sein, jenen Bruchstücken dasjenige voraufzuschicken, was ältere griechische und römische Schrift-

steller davon meldeten. **Hippys** aus **Rhegium** hatte wol in seiner *Κτίσις Ἰταλίας* Rom eben
so wenig berührt, als **Herodotos** von **Halicarnassus**; **Antiochos** aus **Syrakus**, **Hellanikos** von
Lesbos, **Damastes** aus **Sigeum**, **Skylax** von **Karyanda** und **Aristoteles** aus **Stagira** kannten
wenig mehr als den Namen, und was **Skymnos** von **Chios** und **Lykophron** aus **Chalkis** von
Rom berichteten, habe ich schon in den frühern Heften dargelegt.

8. Nach **Plinius** H. N. III, 5 (9) erwähnte **Theopompos** aus **Chios** zuerst der
Eroberung Roms durch die Gallier, welche **Herakleides** aus **Pontus** nach Plutarch. Camill. 22.
von den Hyperboreern kommen und eine dortwo am grofsen Meere liegende Stadt einnehmen
liefs. **Kleitarchos** sprach nur von einer Gesandtschaft der Römer an Alexander, wie auch
nach Dionysius H. I, 6. **Hieronymus** von **Kardia** noch Roms Alterthum in seiner Geschichte
von den Nachfolgern Alexanders nur kurz berührte. **Theophrastos** schrieb zuerst etwas
Genaueres über Rom; der Sikeliot **Timäos** hatte zwar die ältesten Nachrichten in seine allgemeine Geschichte aufgenommen, aber nur den Kriegen gegen den Epiroten **Pyrrhus** einen
besondern Abschnitt gewidmet. Was andere Griechen über Rom fabelten, berichtet uns
Dionysius I, 72. und aus ihm **Syncellus** ed. Dind. I, p. 361 sqq., doch ausführlicher noch
Festus s. v. *Roma*. Wie Dionysius, nennt auch Festus den Gergithier **Kephalon** zuerst;
doch scheinen ihn beide wenig gekannt zu haben: denn während ihn Dionysius einen gar
alten Geschichtschreiber nennt, erklärt Athenäus IX, 49. Kephalions *Τρωϊκὰ* für ein Mach-
werk des troischen Alexandriners **Hegesianax**, und während dem Festus Kephalon von des
Aeneas Ankunft in Italien geschrieben zu haben scheint, zählt ihn Dionysius I, 49. mit
Hegesippos zu denen, welche den Aeneas nach Thracien kommen und dort sein Leben endigen
liefsen. Nach Dionysius I, 72. gab er dem Aeneas vier Söhne, **Askanios**, **Euryleon**, **Rhomylos** und **Rhomos**, von welchen der letztere im zweiten Jahre nach dem troischen Kriege
mit des Aeneas Begleitern Rom gegründet habe, wie auch **Demagoras**, **Agathyllos** und viele
andere schrieben. Zu diesen gehörte nach Festus **Apollodoros** in der Euxenis, der jedoch
schon den **Maylles**, **Mulos** und **Rhomos**, oder wie man nach Paulus Diaconus s. v. *Aemilia
gens* lesen mufs, den **Aimylos**, **Rhomylos** und **Rhomos**, Söhne des Aeneas von der Lavinia
nannte.

9. **Alkimos** liefs dem Aeneas von einer Tyrrhenierinn einen Sohn Rhomylos gebären,
und von dessen Tochter Alba den Rhomos, welcher die Stadt Rom erbauete; **Antigonos**
aber, der Verfasser einer italischen Geschichte, nannte den Rhomos, welcher auf dem
palatischen Berge die Stadt Rom gründete, einen Sohn des Zeus. Viel weiter bildete der
Verfasser einer cumanischen Geschichte die Sage aus: Es seien einige von Athen nach Sikyon
und Thespiae gezogen, aber aus diesen Städten wegen Mangel an Wohnungen weiter zu
gehen gezwungen, und nach Italien verschlagen vom langen Umirren *Aberriginer* genannt.
Welche davon der Herrschaft des Cacus, eines Mannes von ausnehmender Stärke (*Caci*

eximiarum unicarumque virium viri), unterworfen gewesen seien, hätten den palatischen Berg, worauf sie sich in grofser Anzahl angesiedelt, nach der Stärke ihres Herrschers *Valentia* genannt, welchen Namen man nach des Evander und des Aeneas Ankunft in Italien mit einer grofsen Menge Griechischredender *Rhome* zu deuten begonnen habe. Agathokles, der Verfasser einer kyzikenischen Geschichte, sagte: Aeneas sei durch eine Weissagung des Helenos bewogen worden, mit seiner Enkelinn, des Askanios Tochter, Rhoma, nach Italien zu gehen, und als die Phrygen in Italien die Gegend um Rom erobert, habe diese zuerst von allen den Tempel der Treue auf dem Palatium geweihet, weshalb man die später daselbst erbaute Stadt nach ihrem Namen genannt habe. Andere, sagte Agathokles, liefsen den Aeneas in der berekynthischen Stadt am Flusse Nolos begraben sein, wogegen einer seines Geschlechts, mit Namen Rhomos, nach Italien gekommen sei und die Stadt Rom gegründet habe; allein Kallias, der die Thaten des Siculers Agathokles beschrieb, glaubte, einer der Flüchtlinge aus Troja habe Latinos geheifsen, und die im eroberten Italien erbaute Stadt nach dem Namen seiner Frau Rhoma genannt, oder, wie Dionysius I, 72. meldet, eine Troerinn Rhoma habe sich mit dem Könige der Aboriginer Latinos vermählt, und diesem zwei Söhne Rhomos und Rhomylos geboren, welche die Stadt erbaueten und nach ihrer Mutter benannten.

10. Der Geschichtschreiber Xenagoras liefs von drei Söhnen des Odysseus und der Kirke Rhomos, Antias, Ardeas, drei Städte gleiches Namens bauen; aber Dionysios von Chalkis stellte zwar den Rhomos als Erbauer der Stadt dar, nannte ihn jedoch nach einigen einen Sohn des Askanios, nach andern einen Sohn des Emathion, wogegen andere ihn für einen Sohn des Italos und der Elektra, einer Tochter des Latinos, ausgaben. Dionysios ward es müde noch mehr griechische Schriftsteller aufzuzählen, welche Roms Erbauung zu erklären suchten; aber weil unter diesen auch der Peparethier Diokles ist, welchem nach Plutarchus Rom. 3., wo man noch wunderbarere Sagen lieset, der erste eigentliche Geschichtschreiber der Römer Q. Fabius Pictor folgte, so müssen wir noch Einiges aus Festus hinzufügen, damit man deutlich erkenne, wie die römische Urgeschichte allmählich immer weiter ausgebildet wurde, ohne durch etwas Anderes als blofse Vermuthungen begründet zu sein. Lembos, Heraclides genannt, erzählte die alte Geschichte von den in der Tiber landenden Griechen, deren Schiffe von einer gefangenen Troerinn Rhome angezündet wurden; aber Galitas oder vielmehr Clinias schrieb, die auf dem Palatium erbauete Stadt sei darum Rhoma genannt worden, weil Rhome nach des Aeneas Tode dem Latinos, des Telemachos und der Kirke Sohne, welcher Italien beherrschte, den Rhomos und Rhomylos geboren habe. Das Folgende ist zwar meist nur Ergänzung einer verlorenen Stelle, aber doch mit solcher Wahrscheinlichkeit ergänzt, dafs wir es der Vollständigkeit wegen hier aufnehmen dürfen, weil darin der Peparethier Diokles als die Quelle der weitern römischen Geschichtserzählung erscheint. Dieser sagte, Ilia, des albanischen Königs Numitor Tochter, habe Zwillinge geboren, die

auf Befehl des Tyrannen Amulius am untern Tiberufer ausgesetzt, neben dem nach Rhomylos benannten Ruminalischen Feigenbaume, von einer Wölfinn gesäugt und vom Martischen Spechte ernähret seien; nachher von Faustulus gefunden, durch dessen Gattinn Acca Larentia erzogen wurden. Sehr viele jedoch erzählten, dafs sie mit Vorwissen des die Nahrung reichenden Numitor ernähret seien, weil Ilia sie von Mars geboren zu haben versicherte: insgeheim zu Gabii in allen Kenntnissen unterrichtet und ausgebildet, seien sie wegen ihrer ausgezeichneten Stärke Rhomylos und Rhomos genannt.

11. Andere sagten, weil sie von einer Vestalinn, die ein unheiliger Mann geschwängert, geboren seien, habe man sie am Tiberufer ausgesetzt, wo ihnen eine Wölfinn vom benachbarten Berge her die Brust gereicht habe, weshalb sie, nachdem sie von Faustulus gefunden und erzogen worden, von *Ruma* vorzüglich Rhomylos und Rhomos genannt seien. Da sie ihre Mutter erkannt, hätten sie zuerst dem Grofsvater Numitor die Herrschaft wiederverschafft, dann wegen einer zu erbauenden Stadt beschlossen, ihren Namen nach den Augurien zu bestimmen: da hätte nun zwar Rhomylos die Stadt erbauet, aber sie lieber Rhoma als Rhomyla genannt, damit die stärkere Bedeutung ihres Namens ein gröfseres Glück verhiefse. Demgemäfs erzählte denn nach Dionysius I, 79. Q. Fabius Pictor, welchem L. Cincius, Porcius Cato, Calpurnius Piso, und die meisten andern Geschichtschreiber folgten, dafs auf des Amulius Geheifs einige Diener die Kinder in einem Schaffe aussetzten; weil sie aber am Flusse 120 Stadien von der Stadt entfernt die Tiber durch anhaltenden Regen überschwemmt fanden, vom Gipfel des Palatiums nur an das nächste Wasser gingen, wo die im Schlamme abgesetzten Kinder durch ihr Gewimmer eine Wölfinn herbeilockten. Wie nun Dionysius die Geschichte weiter verfolgt, mag man bei ihm selbst nachlesen: uns genüge seine eigene Versicherung I, 73., dafs sich bei den Römern auch nicht ein alter Geschichtschreiber oder Sagenberichter finde, der nicht aufgezeichnet habe, was aus alten Sagen in heiligen Tafeln aufbewahret sei, welche eben dadurch als aus griechischen Quellen schöpfend erscheinen. Von diesen meldeten aber einige, die Stifter Roms, Romulus und Remus, seien Söhne des Aeneas gewesen; andere, Söhne einer Tochter derselben, ohne Angabe ihres Vaters: diese seien dem Könige der Aboriginer Latinus von Aeneas als Geifseln übergeben, als sie mit einander die Friedensverträge schlossen. Latinus habe sie lieb gewonnen, und da er ohne männliche Erben starb, als seine Nachfolger in einem Theile des Gebietes hinterlassen. In was für verschiedene Zeiten Roms Erbauung verlegt ward, werden wir weiter unten bemerken: hier werde nur noch angeführt, was Dionysius weiter hinzusetzt.

12. Wieder andere sagten, nach des Aeneas Tode habe Ascanius die ganze Herrschaft mit seinen Brüdern Romulus und Remus getheilt: er selbst habe Alba und einige andere Städte erbauet, Remus aber Capua, nach seinem Urahn Capys benannt, Anchisa nach

dem Grofsvater Anchises, Aenea oder das spätere Janiculum nach seinem Vater, und Roma nach sich selbst. Diese Stadt, sagte man ferner, sei eine Zeitlang öde gewesen; da aber eine zweite Colonie kam, welche die Albaner unter Anführung des Romulus und Remus sandten, hätten sie den alten Bau wieder aufgenommen, so dafs Rom zweimal erbauet sei, einmal kurz nach dem troischen Kriege, dann funfzehn Generationen später. Bei diesem Versuche, die der Zeit nach so sehr verschiedenen Sagen mit einander auszugleichen, bemerkt jedoch Dionysius, wenn einer noch weiter gehen wolle, so werde er sogar ein drittes, noch älteres, Rom erbauet finden, ehe noch Aeneas und die Troer nach Italien kamen. Dieses habe freilich kein Mensch, selbst kein Geschichtschreiber späterer Zeit, behauptet; aber Antiochos von Syrakus sage, da Morges in Italien, d. h. in dem Lande an der Meeresküste von Tarent bis Poseidonia, König war, sei zu ihm ein Flüchtling aus Rom gekommen, mit Namen Sikelos, woraus sich ein Rom noch vor dem troischen Kriege ergebe, obwohl nicht deutlich sei, ob dasselbe Rom, was später bestand, oder eine andere Stadt damit gemeint werde. Man sieht aber, wie man von jeher den Ursprung italischer Städte nur nach willkürlichen Deutungen ihrer Namen bestimmte: ehe wir daher zu Cato's besser begründeten Aussagen übergehen, wird es nicht unzweckmäfsig sein, noch einige Bruchstücke voraufzuschicken, welche sich aus den ältern Dichtern Nävius und Ennius, und einigen römischen Geschichtschreibern kurz vor oder nach Cato erhalten haben: denn die gleichzeitigen griechischen Geschichtschreiber Philinus aus Agrigent und die Begleiter Hannibals Silenus und Sosilus von Lacedämon, welchen Polybius III, 20, 5. noch den Schwätzer Chäreas zugesellt, beschrieben nur den punischen Krieg, in welchem nach Polybius I, 14. Philinus eben so sehr Partei für die Karthager nahm, wie Q. Fabius Pictor für die Römer, Silenus aber nach Cicero de div. I, 24. Hannibals Thaten so sorgfältig verzeichnete, dafs ihm vorzüglich L. Coelius Antipater folgte.

13. Nävius und Ennius gaben nach Servius ad A. I, 273. den Erbauer der Stadt *Romulus* noch für den Sohn einer Tochter des Aeneas aus, mit dessen Flucht daher Nävius nach Servius ad A. I, 170. 198. und Macrobius S. VI, 2. sein Gedicht vom ersten punischen Kriege begann, wie er von dessen Ankunft in Italien noch im zweiten und dritten Buche sprach. Von einer Verwandten des Aeneas leitete Nävius nach Servius ad A. IX, 715. den Namen der Insel *Prochyta* ab, wie von der Pflegerinn des Euximus, eines Begleiters desselben, A. Postumius in seinem Buche von der Ankunft des Aeneas (Auct. gent. Rom. c. 15.) den Namen *Bajä*. Die Bezeichnung Italiens durch *Saturnia*, welche Ennius nach Varro L. L. V, 5, 42. neben der griechischen *Hesperia* nach Macrobius S. VI, 1. wählte, finden wir auch schon bei Nävius in einem Bruchstücke bei Festus s. v. *quianam*; wie aber L. Calpurnius Piso, der nach Lactantius Inst. div. I, 6. auch mit Nävius eine cimmerische Sibylle in Italien annahm, nach Varro R. R. II, 1, 9. den Namen *Italia a vitulis* ableitete, so nannte

Nävius, nach Varro L. L. V, 8, 53. alle geschichtlichen Ableitungen verwerfend, das *Palatium* a balante pecore *Balatium*, und den Namen des Berges *Aventinus*, welchen Varro L. L. V, 5, 43. auf verschiedene Weise erklärt, leitete er nicht von einem dort begrabenen Albanischen Könige ab, sondern *ab avibus, quod eo se ab Tiberi ferrent aves*. Die Geschichte des *Recaranus* am Aventinus, welchen man als Hercules deutete, erzählt der Auct. gent. Rom. c. 6. aus L. Cassius Hemina, welcher nach Solinus c. 8. den Aeneas im zweiten Sommer nach Iliums Eroberung mit nicht mehr als 600 Begleitern im laurentischen Gebiete landen liefs, wo er ein aus Sicilien mitgebrachtes Bild der Aphrodite weihte. Die *Penaten* deutete Cassius Hemina nach Servius ad A. I, 378. als die $\vartheta\epsilon o\grave{v}\varsigma$ $\mu\epsilon\gamma\acute{a}\lambda o\nu\varsigma$, $\delta\nu\nu\alpha\tau o\grave{v}\varsigma$, $\chi\varrho\eta\sigma\tau o\grave{v}\varsigma$, aus Samothracien, wogegen Romulus und Remus nach Diomedes b. Putsch. p. 379. den *Grundilischen Laren* ein Heiligthum stifteten, als eine Sau dreifsig Ferken warf.

14. Wie Cassius Hemina nach Servius ad A. VII, 631. den Namen der Stadt *Crustumerium* von der Frau eines Siculers Clytämnestra ableitete, so liefs auch noch der sonst vorstrahlende Geschichtschreiber L. Coelius Antipater nach Servius ad A. X, 145. *Capua* von einem Vetter des Aeneas, dem Troer Capys, erbauen, und dem Aeetes gab er nach Solinus c. 8. drei der Zaubereien kundige Töchter Angitia, Medea und Circe, wovon Circe die *Circäischen Berge* besetzt, Angitia in der Nähe des Fucinussee's gewohnt, Medea aber, von Iason zu Buthrotum begraben, nur durch ihren Sohn über die *Marsen* geherrscht habe. Nach demselben Schriftsteller lernten die *Sabiner* die Seherkunst vom Phrygen Megales, welcher den Cacus als Gesandten des Königes Marsyas begleitete. Diesen *Cacus* sollte der Tyrrhener Tarchon in Bande gelegt, und nachher, als er der Gefangenschaft entronnen die Gegend um Vulturnum in Campanien einnahm und Gewaltthätigkeiten gegen die Arkadier verübte, der damals anwesende Hercules bestraft haben. Eine alte Handschrift schreibt zwar diese Nachricht bei Solinus c. 2. dem Gellius zu; doch dieser stimmte mehr mit Cato zusammen, mit welchem er nach Servius ad A. VIII, 638. der Sabiner Ursprung von einem Lacedämonier Sabus ableitete. Dagegen ist kein Grund vorhanden, unter dem Gellius, welchem Plinius H. N. VII, 56. die Behauptung zuschreibt, dafs die Schrift bei den Aegyptiern von Mercurius erfunden sei, die nach Marius Victorinus b. Putsch. p. 2468. Cadmus aus Phoenicien nach Griechenland, und Evander nach Italien brachte, wie unter den zugleich genannten Cincius und Fabius, mit Krause (*Vitae et fragmenta veterum historicorum Romanorum* pag. 207.) nicht sowohl die bekannten Geschichtschreiber, als gleichnamige Grammatiker zu verstehen. Ohne mich nun noch länger bei andern Bruchstücken des Cincius und Fabius zu verweilen, mag nur aus Solinus c. 2. bemerkt werden, dafs Fabius Pictor Roms Erbauung in die achte, Cincius Alimentus aber in die zwölfte Olympiade versetzte, statt dafs Cato nach Dionysius H. I, 74. und Syncellus ed. Dind. p. 365. 432 Jahre nach dem troischen Kriege annahm.

15. Vom Ursprunge des römischen Volkes erzählte Cato nach dem Auct. gent. Rom. c. 12 sq. Folgendes. Eine Sau habe da, wo nachher Lavinium stand, dreißig Ferken geworfen, und da Aeneas daselbst eine Stadt zu gründen beschlossen habe, aber wegen der Unfruchtbarkeit des Bodens Besorgniß hegte, seien ihm während des Schlafes die Bilder der Penatengötter erschienen, die ihn ermahneten, auf seinem Entschlusse zu beharren: denn nach eben so viel Jahren, als die Sau Junge habe, würden die Trojaner in fruchtbare Orte und ein ergiebigeres Gebiet hinüberziehen, und eine Stadt des berühmtesten Namens in Italien gründen. Auf die Nachricht, daß ein Haufen Fremder zu Schiffe herangefahren das laurentische Gebiet besetzt habe, sei der Aboriginer König Latinus unverweilt mit seiner Streitmacht gegen die unvermuthet eindringenden Feinde ausgezogen; aber da er, noch ehe er das Zeichen zum Kampfe gab, bemerkte, wie kriegerisch gerüstet die Trojaner waren, während die Seinigen nur mit Steinen und Knitteln bewaffnet und den linken Arm in das Gewand oder das zur Bedeckung dienende Fell gehüllt vorgeschritten waren, habe er den Kampf verschoben und in einer Unterredung gefragt, wer sie wären oder was sie begehrten. Zu diesem Entschlusse bewogen ihn auch die Götter, die ihn durch Opfer und Träume oft erinnerten, er werde gegen die Feinde geschützter sein, wenn er seine Streitkräfte mit den Ankömmlingen verbände: und da er erfahren hatte, daß Aeneas und Anchises, durch Krieg aus ihrer Heimath vertrieben, mit den Götterbildern umherirrend einen Wohnsitz suchten, habe er durch ein Bündniß Freundschaft geschlossen, wobei man gegenseitig schwor, einerlei Feinde oder Freunde zu haben. Also hätten die Trojaner angefangen, den Ort zu befestigen, welchen Aeneas nach dem Namen seiner Gattinn, der Tochter des Königs Latinus, welche schon vorher dem Turnus Herdonius verlobt gewesen war, Lavinium nannte. Unwillig darüber, habe des Latinus Gemahlinn Amata den Turnus, ihrer Schwester Sohn, zum Kriege gereizt, in welchem Latinus, da er zugleich mit Aeneas dem in das laurentische Gebiet einfallenden Heere der Rutuler entgegenzog, unter den Kämpfenden umringt und getödtet ward.

16. Servius berichtet dasselbe ad A. VI, 760. mit der Bemerkung zu A. I, 6., daß, wie Sallustius Catil. 6. schreibt, anfangs die sogenannten Aboriginer, welche nach Dionysius H. I, 11. viele Generationen vor dem troischen Kriege aus dem achäischen Lande ausgewandert waren, und nach Priscianus V, p. 668. VI, p. 696. die ganze Ebene des volskischen Gebietes füllten, Italien bewohnten, welche nachher, bei der Ankunft des Aeneas mit den Phrygen vereint, mit Einem Namen Latiner genannt seien. Sein erstes Lager habe Aeneas (ad A. I, 5. VII, 158.) Troja genannt, und das Gebiet, welches er von Latinus zwischen Laurentum und dem troischen Lager empfing (ad A. XI, 316.), 700 Juchert enthalten. Daß aber dem Servius ad A. I, 273. zufolge Latinus, ein Sohn des Ulixes und der Circe, die Stadt Roma nach dem Namen seiner verstorbenen Schwester genannt habe, kann Cato nicht, wie Burmann glaubte, behauptet haben; dieser ließ vielmehr nach Servius ad

A. I, 267. 570. III, 711. IV, 427. den Aeneas mit seinem Vater Anchises nach Italien kommen, wo er wegen der besetzten Ländereien zuerst gegen Latinus, dann gegen Turnus kämpfte. Das erste Treffen, in welchem Latinus auf der Burg sein Leben verlor, ad A. IX, 745. IV, 620., ward bei Laurolavinium geliefert, als des Aeneas Begleiter Beute trieben. Turnus floh darauf zu Mezentius, und erneuerte mit dessen Hülfe den Krieg, in welchem er getödtet wurde, aber auch Aeneas nicht weiter zum Vorscheine kam. Der Krieg ging nachher auf Ascanius und Mezentius über, in welchem Ascanius den Mezentius im Zwei-kampfe tödtete, vgl. Macrob. S. III, 5 extr. Nach dreifsig Jahren habe Ascanius (ad A. I, 269.) Alba erbauet, und sei, wie Julius Cäsar II. vgl. Auct. gent. Rom. c. 15. schreibe, als des Jovis tapferer Sprofs zuerst Jobus, dann entweder wegen seiner Geschicklichkeit im Pfeil-schiefsen, oder weil ihm zur Zeit des Sieges der erste Bart wuchs, Julus genannt, wovon das Julische Geschlecht entsprofste. Auch dieses hat Cato schwerlich selbst behauptet; da-gegen erzählte Cato nach Servius ad A. XI, 567. auch die Vertreibung des Metabus von den Volsken unter der Etrusken Herrschaft, sowie ein Fragment ad A. VII, 681. nach Angelo Mai meldet, den Cäculus hätten einige Wasser holende Jungfrauen auf dem Herde gefunden, und darum für einen Sohn Vulcans gehalten, und weil er kleine Augen hatte, Cäculus genannt.

17. Die Bruchstücke aus der römischen Königsgeschichte sind zu unbedeutend, als dafs sie hier angeführt zu werden verdienten: wichtiger sind einige Fragmente des zweiten Buches, mit welchen sich noch andere bequem verbinden lassen. Für Sprache und Geschichte gleich wichtig ist das Bruchstück bei Priscianus IV, p. 629. u. VII, p. 762.: *Lucum Dia-nium in nemore Aricino Egerius Laebius Tusculanus dedicavit, dictator Latinus. Hi populi communiter, Tusculanus, Aricinus, Lanuvinus, Laurens, Coranus, Tiburtis, Pometinus, Ardeatis, Rutulus.* Für die Geschichte wichtig ist die Aufzählung der Ortschaften, welche Theil an der Stiftung des Dianenhaines bei Aricia hatten, wie der Dictatortitel und Name Egerius Läbius des Stifters aus Tusculum; für die Sprache aber weniger die Namenformen, um welcher willen Priscianus das Bruchstück zweimal anführt, als der Inschriftenstil nach Art der oskischen Aufschrift in Herculanum: *L. Slabiis Laukil, Meddiss tuvtiks, herentaten Herukinai pruffed*, in welcher der oskische Name *Slabiis* dem tusculanischen *Laebius* ent-spricht. Diesem Namen wird nach oskischer Sitte noch ein anderer auf *ius* ausgehend vor-gesetzt, wie bei dem Tusculanen *Octavius Mamilius* Liv. I, 49 extr., durch welcher Sitte Verkennung Reichard aus des Livius Ausdrucke IX, 26. *Calavios Ovium Noviumque* seltsamer Weise einen Ort *Calavii* schuf, welcher andern *errore vix quidem ignoscendo* entgangen sei. Dafs aber Hekatäos den Dianenhain bei Aricia als eine Stadt Oenotriens Ἀρτεμίσιον, wie Philistos Ἀρτεμίτιον, nannte, habe ich im ersten Hefte bemerkt. In Hinsicht auf die Sprache der Ausonen verdient auch das zweite Bruchstück bei Priscianus IX, p. 871. berücksichtigt

zu werden: *Marsus hostem occidit prius quam Pelignus: propterea Marrucini vocantur, de Marso detorsum nomen*, wenn man damit den Vers des Silius Italicus VIII, 507. *Marruvium, veteris celebratum nomine Marri*, vergleicht, wo gleichwohl, anstatt den Namen der Marsen, wie der Marruciner, von der oskischen Benennung des Mars abzuleiten, die *Marsica pubes* nach griechischer Sitte mit dem Phrygier *Marsya* in Verbindung gebracht wird. Dafs Mars in der oskischen Sprache auch *Mares* genannt ward, habe ich in Rudim. Osc. ling. bei der Mamertinischen Inschrift aus Messana nachgewiesen, wo man noch mehr Namen damit in Verbindung gebracht findet.

18. Wie Silius VIII, 422. von den Sabinern schreibt:

> Ibant et laeti pars *Sancum* voce canebant
> Auctorem gentis, pars laudes ore ferebant,
> *Sabe*, tuas, qui de proprio cognomine primus
> Dixisti populos magna ditione Sabinos:

so leitete auch Cato nach Servius ad A. VIII, 638. die Sabiner in Hinsicht auf ihre strengen Sitten von einem Lacedämonier *Sabus* ab oder nach Dionysius H. II, 49. von *Sabinus*, des *Sancus* Sohne, eines heimischen Gottes, welchen die Römer *Dius Fidius* nannten. Offenbar wollte Cato damit nur ihren griechischen Ursprung, gleich dem der Aboriginer, andeuten: denn er kannte als ihren ersten Sitz nur den Flecken Testrina bei der Stadt Amiternum, von wo einst die Sabiner in das Gebiet von Reate, wo die Aboriginer wohnten, eingefallen seien, und deren angesehenste Stadt *Kotynae*, d. h. *Cotyliae*, mit den Waffen erobert hätten. Von Reate hätten sie Colonien ausgesandt und viele andere Städte gegründet, in welchen sie unbefestigt wohnten, unter andern *Cures*, und so alles Land besetzt, welches vom adriatischen Meere gegen 280, vom tyrrhenischen 240 Stadien entfernt war, und etwas weniger als tausend Stadien in der Länge hatte. *Antemna* war nach Priscianus VI, p. 716. älter als Rom, und *Ameria* ward nach Plinius H. N. III, 14 (19) extr. 964 Jahre vor des Perseus Kriege, d. h. 381 Jahre vor Rom, erbauet. Wer aber *Pisae* vor der Etrusken Ankunft besessen habe, wufste Cato nach Servius ad A. X, 179. nicht: man finde nur, dafs Tarchon, von Tyrrhenus stammend, nachdem er deren Sprache erlernt, Pisae gebauet habe, da früher dieselbe Gegend einige griechisch redende Teutonen besessen haben. *Capena* soll nach Servius ad A. VII, 697. mit Hülfe eines Königs Propertius von Vejentern erbauet sein; *Politorium* aber (ad A. V, 564.) von Polites, der von Aeneas gesondert nach Italien kam. *Falisca* nahm nach Plinius H. N. III, 5. seinen Ursprung aus Argos; *Tibur* aber nach Solinus c. 8. vom Arcadier Catillus, dem Befehlshaber der Flotte Evanders. *Präneste's* Namen leitete Cato nach Servius ad A. VII, 682. davon ab, *quia is locus montibus praestet*, den Berg *Alba* ad A. XII, 134. von *Alba longa*, *Graviscae* ad A. X, 184. *quod gravem aërem sustineat.*

19. *Capua* ward, wie Nola, nach Vellejus I, 7 extr. von den Tusken erbauet, ungefähr 260 Jahre früher, als es die Römer einnahmen. Versteht man hierunter Capua's Fall 211 v. Chr. G., so wäre Capua dem Cato zufolge erst im Jahre 471 erbauet; da aber schon Hekatäos Capua sowohl als Nola kannte, so konnte Cato entweder nur eine neue Erweiterung dieser Städte durch die Tusken verstehen, oder, was wahrscheinlicher ist, mit der Besitznahme Capua's durch die Römer das Jahr 344 v. Chr. G. meinen, da sich Capua unbedingt in die Arme Roms warf, Liv. VII, 29 sqq., und dadurch dessen Untergebene wurde. Die *Rheginer* hiefsen nach Probus in Bucol. Virg. *Taurocini* von einem vorbei-fliefsenden Flusse. Diese Stadt besafsen zuerst die Aurunken, dann die Achäer, welche von Troja nach Hause zurückkehrten, wohin auch, wie ein von Orestes auf einem Baume zurück-gelassenes Schwert bezeugte, Orestes mit Iphigenia und Pylades kam, den Mord der Mutter zu sühnen. In diesem Gebiete sind sechs Flüsse, und der siebente scheidet unter dem Namen *Paccolicus* das rheginische und thurische Gebiet. *Petelia* wurde nach Servius ad A. III, 402. von Philoktetes nur ummauert, da die Stadt längst erbauet war: unter die verschwundenen Städte Grofsgriechenlands zählte Cato nach Plinius H. N. III, 11 init. (15 extr.) auch ein lukani-sches *Theben*. Die *Alpen* schützten nach Servius ad A. X, 13. Italien gleich einer Mauer: den Alpen benachbart war (ad G. II, 159.) der See *Larius* in einer Strecke von sechzig Millien. Zu den Alpenbewohnern gehörten die *Euganeischen* Volksstämme, Plin. H. N. III, 20 (24), von welchen Cato 34 Städte aufzählte: die *Lepontier* und *Salasser* rechnete er zum *Tauriskischen* Volksstamme. Zum Stamme der *Orobier*, Plin. H. N. III, 17 (21), gehörten *Comum* und *Bergomum* und *Licinii forum* und etliche andere Völker umher, von unbekanntem Ursprunge: da lag einst der Orobier Stadt *Barra*, von wo Cato der Bergomaten Ursprung herleitete. Die *Veneter*, Plin. H. N. III, 19 (23), erklärte Cato für trojanischen Stamms; die *Cenomanen* aber hätten im Gebiete der Volcen bei Massilien gewohnt. *Novaria*, Plin. H. N, III, 17 (21) versetzte er irrig in das Gebiet der Ligurer, die er nach Servius ad A. XI, 700 u. 715. für rohe Lügner erklärte, welche ihren eigenen Ursprung nicht kenneten. Das *gallische Gebiet* diesseit Ariminum war nach Varro R. R. I, 2, 7. oberhalb des Gebietes der Picenten an Römer vertheilt: in diesem Landstriche gingen nach Plinius H. N. III, 15 extr. (20) die *Bojer* zu Grunde, deren nach Cato 112 Tribus gewesen waren.

20. Dies sind die für Italiens älteste Geschichte und Geographie wichtigsten Bruch-stücke, welche Krause in seinem Werke: *Vitae et fragmenta veterum historicorum Roma-norum* (Berolini 1833. 8.) unter denen Cato's gesammelt hat. Eben so die Fragmente anderer Geschichtschreiber auszuziehen, können wir uns darum überheben, weil sie einerseits zu wenig eigene Forschung verrathen oder doch das Alterthum zu wenig aufklären, wenn gleich *C. Licinius Macer* und *Q. Aelius Tubero* nach Liv. IV, 7. 23. auch die *libros linteos* benutzten, andererseits die wichtigsten Nachrichten derselben sich besser an einen geschichtlichen Faden

reihen lassen, welchen uns die römische Archäologie des Geschichtsforschers *Dionysius von Halicarnassus* darbietet. Dieser erklärt in seiner Vorrede Roms Geschichte für den würdigsten Gegenstand eines Geschichtsforschers, sofern dessen Bewohner nicht nur durch die Ausbreitung ihrer Herrschaft über den ganzen Erdkreis, sondern auch durch die lange Dauer ihres Reiches vor allen andern herrschend gewordenen Völkern hervorstrahlen; gleichwohl sei die alte Geschichte dieses so wichtigen Volkes fast allen früheren Griechen unbekannt geblieben und durch allerlei Unwahrheiten entstellt, die auf nichtigen Sagen und Meinungen beruhen; und während einige sich nicht scheuten, den schlechtesten Barbaren unverdientes Lob zu spenden, sei man gegen die Römer so unbillig gewesen, deren Gründer als herdlose und umherschweifende Unfreie zu schildern, deren Nachkommen nicht durch Frömmigkeit und Gerechtigkeit und andere Tugenden, sondern durch eines blinden Schicksales Fügung und allmähliches Glück zur Weltherrschaft gelangten. Um diese irrigen Meinungen zu zerstreuen, wolle er I ,5. zuvörderst zeigen, welcher Art die Gründer der Stadt gewesen seien, und bei welchen Veranlassungen und durch welche Schicksale deren Bewohner zusammengeflossen seien, woraus es sich ergeben werde, daß sie Griechen waren und nicht aus kleinen oder unbedeutenden Völkchen erwuchsen; dann aber darlegen, durch welche Thaten sogleich nach Erbauung der Stadt und durch welche Bestrebungen ihrer Nachkommen sie zu einer solchen Größe gelangt seien.

21. Dionysius selbst gesteht, daß er den von Andern vernachlässigten Gegenstand zwar nicht ohne das Bestreben, sich dem Staate, welchem er durch seinen Aufenthalt mannigfaltige Belehrung und anderes Gutes verdanke, nach seinen Kräften erkenntlich zu erweisen, ausgewählt habe; damit aber Niemand glaube, daß er das, wovon Andere nichts berichtet, aus Schmeichelei erfunden habe, so wolle er getreulich angeben, aus welchen Quellen er schöpfte. I, 7. Sogleich nach Beendigung der Bürgerkriege durch Cäsar Augustus 30 v. Ch. sei er nach Italien geschifft, und habe während eines 22jährigen Aufenthaltes in Rom die römische Sprache erlernt, und theils durch den Umgang mit den kenntnißreichsten Männern, theils durch Benutzung der heimischen Schriften sich diejenige Kenntniß verschafft, um seine bis zum Anfange des ersten punischen Krieges fortgeführte Geschichte mit den ältesten Sagen zu beginnen, welche die früheren Geschichtschreiber ihrer großen Schwierigkeit wegen meist übergangen hätten. I, 8. Nach der Darlegung seines Alles umfassenden Planes beginnt er alsdann die uns nur noch in eilf Büchern, statt der ursprünglichen zwanzig, bis zum J. 440 v. Chr. erhaltene Geschichte I, 9. auf folgende Weise. Die ältesten Bewohner der weltherrschenden Stadt Rom, von welchen man wisse, seien die *Siculer*, ein barbarisches, aber, insofern man nicht anzugeben wisse, ob schon vor ihnen Andere das Land bewohnten, eingebornes Volk; diese wurden nach einem langen Kriege durch die *Aboriginer* überwältigt, welche zuvor auf den Bergen in Flecken ohne Mauern zerstreut wohnten. In Verbindung

mit den *Pelasgern* und einigen anderen Griechen verdrängten diese das siculische Volk und unterwarfen sich das ganze Land zwischen dem Tiberis und Liris, die, aus den Niederungen der ganz Italien der Länge nach durchschneidenden Apenninen entsprungen, in einem Abstande von 800 Stadien bei zwei römischen Colonien, bei Ostia nördlich der Tiberis, bei Minturnae südlich der Liris, in das tyrrhenische Meer sich ergiefsen.

22. Wie hierin, so folgte Dionysius auch darin der gewöhnlichen Ansicht, dafs er die Aboriginer nach Befestigung vieler Städte in dem eroberten Lande unverdrängt von Andern wohnen liefs, da sie unter dem Könige *Latinus*, der zur Zeit des troischen Krieges herrschte, nur ihren Namen mit dem der Latiner vertauschten, aus welchen sechzehn Generationen später Romulus die nach ihm benannte Stadt erbauete, deren Bewohner durch freundliche Aufnahme tapferer Helden und weise Benutzung aller Umstände aus dem kleinsten Volke allmählich das gröfste wurden. Dafs aber Latinus sowohl als Romulus nur erdichtete Personen seien, um daraus die Namen des Volkes und der Stadt zu erklären, ahnete Dionysius eben so wenig, als dafs die lateinische Sprache ein Gemisch aus griechischer und gallischer ist, deren griechischer Bestandtheil, sofern er mit Ausnahme des den Römern eigenthümlichen Passivs declinirend und conjugirend die ganze Grammatik bestimmt, sammt dem Namen der Stadt, welche daher Heraclides aus Pontus geradezu eine griechische nannte, dem Sieger angehört, während der geringere lexicalische Rest aus gallischer Sprache, wie der Name des Landes *Latium* als Sumpfland der Niederungen, verräth, dafs die Latiner Siculer gallischen Ursprunges waren, welche nur zu einem Theile verdrängt den Überwindern ihre Benennung mittheilten. Dafs die Überwinder keine eigentlichen Griechen waren, bemerkte Dionysius wohl, wenn er gleich ihren Namen ἀπ' ὄρεων (von den Bergen) ableitete, aber nicht, dafs schon die Verwandtschaft der lateinischen und der damit verschwisterten volskischen und oskischen Sprachen mit der umbrischen für deren Abstammung von den Umbriern oder Agriern des Hesiodos zeugt. Anstatt daher die Aboriginer als Ἀβοριγενεῖς oder Abkömmlinge der Avrier anzuerkennen, deren Namen in den der Avronen oder Ausonen und Aurunken überging, schrieb er I, 10., die Aboriginer, von welchen die Römer stammen, hätten einige für Urgeborne (*ab origine*) Italiens erklärt, die aus sich selbst erwuchsen; andere als Aberriginer für ein schweifendes Volk ohne feste Wohnsitze gleich den Lelegern in Griechenland, das nur vom Raube und der Viehzucht lebte; noch andere für Abkömmlinge der Ligyer an den umbrischen Gränzen.

23. Mit der bescheidenen Zurückhaltung, vermöge welcher die belesensten der römischen Geschichtschreiber I, 11., wie Porcius Cato, welcher den Ursprung der Völker in Italien am sorgfältigsten erforschte, und C. Sempronius mit vielen Andern die Aboriginer für Griechen ausgaben, die viele Generationen vor dem troischen Kriege aus dem achäischen Lande auswanderten, ohne zu bestimmen, von welchem griechischen Stamme sie waren, aus

welcher Stadt sie ausgezogen und wann und unter wessen Führung und unter welchen
Verhältnissen, sich nicht begnügend, und sie beschuldigend, daſs sie nur einer griechischen Sage folgten, ohne sich auf einen griechischen Zeugen zu stützen, suchte Dionysius,
so sehr er sich auch selbst gestehen muſste, daſs Niemand bestimmt angeben konnte, woher
die Aboriginer gekommen seien, aus griechischen Sagensammlern eine Meinung zu begründen,
welche ihm die wahrscheinlichste dünkte, und erklärte die Aboriginer, weil er kein älteres
griechisches Volk fand, welches nach Italien übergegangen sein sollte, für arkadische Pelasger, welche Oenotros siebenzehen Generationen vor dem troischen Kriege nach Italien über-
geführt haben sollte, ohne zu erwägen, daſs, wie Pausanias VIII, 3, 2. treffend bemerkt, in
einer so frühen Zeit noch nicht einmal von irgend einem Barbaren eine Auswanderung bekannt ist, und ohne sich daran zu stoſsen, daſs sich dem Antiochos von Syrakus zufolge
I, 12. umgekehrt die von den Aboriginern aus Latium vertriebenen Siculer mit den Oenotriern in Unter-Italien verbanden. Anstatt in der Sage des Pherekydes I, 13., welche nach
Solinus c. 8. auch C. Licinius Macer annahm, dem, was nachher vom Griechen Messapus
Messapia und noch später *Calabria* hieſs, von des Oenotrus Bruder Peucetius *Peucetia* genannt wurde, weiter nichts ausgesprochen zu finden, was Glauben verdient, als daſs die
Oenotrier an der Südwestküste Italiens bis zur sicilischen Meerenge und die Peucetier am
ionischen Busen oder adriatischen Meere oberhalb des japygischen Vorgebirges Brüder waren,
leitete er, ohne einen andern Beweis für seine alle historische Kritik verleugnende Meinung,
als daſs das arkadische Volk die Wohnungen auf den Bergen liebte, von welchen die Aboriginer benannt sein sollten, auch diese von denselben Oenotriern ab.

24. An den Nachweis einer Verwandtschaft zwischen önotrischer und altgriechischer
Sprache dachte Dionysius so wenig, als an die Andeutung einer Sprachverwandtschaft, die
sich bei den von ihm angenommenen Sagen zwischen den Aboriginern und Pelasgern, die
sich später mit ihnen verbunden haben sollten, hätte finden müssen; sondern er erklärte die
Meinung, daſs die Aboriginer Ligyer oder Umbrier oder sonst ein barbarisches Volk gewesen seien, für wenig begründet, ohne daran zu denken, daſs sie ältere Gräken waren, deren
Wohnsitze wir nicht in dem von den Hellenen später eroberten Thessalien und Hellas, sondern in Epirus oder Illyrien zu suchen haben, wo noch Hekatäos *Abren* als ein Volk der
Talantinen oder Taulantier am Adria kannte, weshalb die Sprache der Aboriginer zwar mit
der hellenischen stammverwandt, aber doch wesentlich davon verschieden war. So eitel
jedoch des Dionysius Bemühen war, den Aboriginern irgend einen Ursprung aus Hellas nachzuweisen, so schätzenswerth ist die Aufzählung derjenigen Städte, welche einst die Aboriginer bewohnten I, 14.: denn hier folgte er den besser begründeten Angaben des gelehrten
M. Terentius Varro, der selbst aus deren Mittelpunkte *Reate* gebürtig war. Es ergibt sich
daraus, ohne daſs es Dionysius ahnete, der ausonische Ursprung des Volkes auf mehr als

3*

einerlei Weise. Nur 25 Stadien von Reate entfernt lag *Palatium*, aus welchem Varro L. L. V, 8, 53. das Palatium in Rom ableitet; in weiterer Ferne lagen *Tribola* und *Vesbola* bei den keraunischeu Bergen, deren Namen auf eine Verwandtschaft mit den campanischen Städten Trebula und Suessula, unweit des feuerspeienden Berges Vesbius oder Vesuvius führen. Von der ursprünglichen Religion der Aboriginer zeugt der uralte Tempel des Mars in d eransehnlichen Stadt *Suna* oder *Suana*, und der Tempel der Minerva auf der Burg der grofsen Stadt *Orvinium* oder *Urbinum*, wovon Varro, wie von der in der Mitte jener beiden Städte gelegenen und davon vermuthlich benannten *Mephyla* oder *Medullia*, noch die alten Mauern fand. Wenn *Corsula* am Coretusberge von der Juno Curitis benannt sein sollte, so würde auch der Name *Trebula* für die Verehrung der umbrischen Jovia Treba oder Trivia sprechen, wie das dem Hauptorte der Marsen gleich benannte *Maruvium* nahe bei der Insel Issa für die Verehrung des Marrus bei Silius VIII, 507. oder Mavors.

25. Im Namen *Issa* erkennt man leicht das Stammwort des lateinischen Deminutivs *insula*, wie in *Batia* die Verwandtschaft mit dem griechischen Βατία im Etymol. M., das, wie vielleicht auch der Berg *Vaticanus* in Rom, von den daselbst wachsenden Dorngesträuchen benannt ward. Merkwürdig ist das uralte Orakel des Mars in *Tiora Matiena* nach Art des dodonäischen, nur dafs der, allen Ausonen heilige, Specht oder Baumpicker (*Picus*) die Stelle der Taube vertrat, nicht nur darum, weil sich darin etwas, woraus man auf eine Verbindung mit den Pelasgern aus Dodona schlofs, sondern auch der umbrische Gebrauch des Namens Mars für jeden erhabenen Gott nächst Jupiter ausspricht. Ihre Hauptstadt *Lista* erklärten die Aboriginer, als die Sabiner von Amiternum her sie durch nächtlichen Überfall erobert hatten, und nicht wieder vertrieben werden konnten, für der Götter Heiligthum, welches kein Sterblicher ohne Versündigung gegen die Götter beackerte, den tiefen See bei *Cutiliae* (Cato's *Cotynae* II, 49.) mit der auf Sumpfpflanzen schwimmenden Insel, wohin Andere statt der Sabiner die Pelasger I, 19. kommen liefsen, dagegen für einen geheiligten Ort der Siegesgöttinn, welchen nur die dazu Befugten bei den jährlichen Opfern innerhalb der Umkränzung betreten durften. Aus allen diesen Örtern sollen die Aboriginer I, 16. die Umbrier verdrängt, und viele Kriege mit den Siculern und andern Gränznachbaren geführt haben, gegen welche sie nach einem bei vielen Barbaren und Griechen, vorzüglich jedoch den Ausonen, üblichen Sitte zuerst die den Göttern gelobte Jugend aussandten, dann aber in gröfseren Massen nachfolgten. Unter den von ihnen gegründeten Städten nennt Dionysius die Antemnaten, mit welchen er II, 35. auch die Caeniten verbindet, Tellener, Ficulneer an den Corniculer Bergen, und die Tiburtiner, bei welchen noch bis zu seiner Zeit ein Theil der Stadt *Sicilio* hiefs. Lange schon hatten sie diese Kriege fortgeführt, als einige der Pelasger aus Thessalien kamen I, 17. und sich mit ihnen gegen die Siculer verbanden. Aus dem, was nun Dionysius von den mannigfaltigen Wanderungen der Pelasger meldet,

mag noch ausgehoben werden, dafs sich der gröfste Theil derselben I, 18. bei den Stammverwandten in Dodona eine Zeitlang durch die Heiligkeit des Ortes schützte, dann aber aus
Mangel an Unterhalt nach Italien überschiffte, welches damals *Saturnia* hiefs.

26. Da die ganze Sage von diesen Pelasgern nur eine Erfindung der Griechen zu
sein scheint, so dürfen wir auch den Namen Saturnia nur als eine römische Übersetzung des
griechischen Namens *Kronia* betrachten, welcher aus der Argonautensage flofs, da der Rhodier
Apollonios IV, 327. die Argonauten in das Kronische Meer zu der Elektrischen Insel IV, 505.
am Flusse Eridanos gelangen liefs, woraus der Pseudo-Orpheus 1085. ein Kronisches Meer
im nördlichen Oceane schuf, wo das Schiff durch das erstorbene Gewässer am Ufer der
Hyperboreer von den Helden mit Seilen gezogen werden mufste. Zufolge der von Hellanikos
zuerst ausgesponnenen und dann immer weiter verbreiteten Sage versuchten die Pelasger in
vielen Schiffen die gegenüber liegende Küste von Italien zu erreichen; aber durch den Süd-
wind verschlagen, landeten sie an einer Mündung des Padus, *Spines* genannt. Da liefsen
sie die Schiffe unter einer Bedeckung des zum Kriege untauglichen Volkes zurück, welches
daselbst eine Stadt nach dem Namen des Flusses erbaute, die sich lange erhielt, und bereichert durch die Seeherrschaft auf dem ionischen Busen dem Gotte zu Delphi den Zehenten
ihres ansehnlichen Erwerbes sandte, späterhin jedoch durch die angränzenden Barbaren überwältigt ward, bis diese den Römern unterlagen. Dafs diese Stadt wahrscheinlich nur in
der Sage vorhanden war, erhellet daraus, dafs sich nach Dionysius jede Spur der pelasgischen Stadt am Spinesflusse verlor; die sich aber in das Innere des Landes gewendet hatten,
I, 19., kamen nach Übersteigung der Berggegend in das umbrische Land, das an die Aboriginer gränzte. Die Umbrier waren ein altes und mächtiges Volk, das einen grofsen Landstrich Italiens bewohnte: als nun die Pelasger sich in ihrem Lande, gleich den Tyrrhenen
des Herodotos, festsetzten, und einige kleine Städte wegnahmen, überfiel sie ein so grofses
Heer, dafs sie sich, der Übermacht weichend, zu den Aboriginern wandten.

27. Von den Aboriginern wurden sie zuerst als Feinde behandelt; als aber die
Pelasger bei der Stadt *Kotyle* den heiligen See mit der schwimmenden Insel gewahreten, und
von den Gefangenen des Landes Namen erfuhren, ahneten sie die Erfüllung eines ihnen
gegebenen Orakelspruches, welcher also lautete:

> Gehet zu suchen der Sikeler Land, das Saturnia heifset,
> Kotyle bei Aboriginern auch, wo schwimmet ein Eiland:
> Denen gesellt entsendet darauf auch den Zehnten dem Phoebus u. s. w.

Der vierte Vers dieses Orakelspruchs ist wegen des Spiels mit dem Worte φῶτα unübersetzbar, lautet aber auch bei Macrobius S. I, 7. und Stephanus Byz. s. v. Ἀβοριγῖνες verschieden. Den Orakelspruch wollte ein angesehener Römer L. Mallius, vielleicht derselbe,
welchen Varro L. L. V, 6, 31. anführt, verschieden von T. Manilius, welcher bei Plinius

H. N. X, 2. *diligentissimus togatorum senator*, *maximis nobilis doctrinis*, *doctore nullo*, heifst, selbst noch auf einem der Dreifüfse im Haine zu Dodona mit alter Schrift eingegraben gesehen haben; allein man erkennt dessen späte Erfindung schon aus der römischen Benennung des Saturnischen Landes, sowie auch das, was Macrobius zur Erläuterung des vierten Verses aus Varro hinzufügt, erst spät von den Römern erfunden ward. Dafs Hercules bei seinem Durchzuge von Geryones auf der hölzernen Tiberbrücke nach der Anzahl der ihm verlorenen Begleiter Menschenbilder in den Flufs geworfen habe, damit sie statt der Körper der Verstorbenen den vaterländischen Sitzen zurückgegeben würden, meldete nach Macrobius S. I, 11, extr. derselbe Freigelassene des Dictator's Sulla, L. Cornelius Epicadus, welcher nach Charisius b. Putsch. p. 85. den Namen *Sylla* von Sibylla ableitete. Was Cato von den Sabinern erzählte, trug man auf die Pelasger über, welche man in Agylla und einigen andern Orten dieser Gegend zu finden glaubte, ohne in Erwägung zu ziehen, dafs auch der Aboriginer Religion einen pelasgischen Ursprung aus Dodona verrieth.

28. Es erzählt aber Dionysius I, 20. weiter: Als die Aboriginer mit grofser Heeresmacht herauszogen, gingen ihnen die Pelasger mit flehenden Zweigen entgegen, und baten sie, ihr Schicksal erzählend, sie als Freunde bei sich aufzunehmen, wobei Dionysius selbst bemerkt, dafs der Name des Sumpflandes um den heiligen See *Velia*, welches man ihnen zum Wohnsitze anwies, eine Verwandtschaft mit dem griechischen ἕλος verrathe. Da dieser Platz für die Menge nicht ausreichte, so beredete ein nicht geringer Theil von ihnen die Aboriginer, mit ihnen gegen die Umbrier zu ziehen, da sie dann durch einen plötzlichen Angriff deren reiche und grofse Stadt *Kroton* oder vielmehr *Cortona* eroberten, nach deren Befestigung sie noch vieler andern Plätze sich bemächtigten, und die Aboriginer in ihrem Kriege gegen die Siculer mit grofsem Eifer unterstützten, bis sie dieselben aus ihren Sitzen vertrieben. Seit dieser Zeit besetzten die Pelasger viele Städte, welche zuvor die Siculer bewohnten, und gründeten selbst noch andere gemeinsam mit den Aboriginern, denen jedoch Cato zum Theil einen andern Ursprung gab. Aufser *Caere*, damals Agylla genannt, führt Dionysius auch *Pisa*, *Saturnia*, *Alsium*, und einige andere Städte an, welche ihnen späterhin die Tyrrhenen oder Tusken entrissen. *Falerium* und *Fascenium* I, 21. bewahreten noch zu des Dionysius Zeit die Spuren eines pelasgischen Volkes, ob sie gleich früher den Siculern gehört hatten. Ob der Krieger Schmuck in argolischen Schilden und Lanzen, der Fetialen Gebrauch in Ankündigung des Krieges, der Tempel Einrichtungen und Göttersitze, Opfer, Sühnungen und anderes der Art altgriechischer Sitte entsprachen, konnte der Grieche Dionysius wohl beurtheilen; gleichwohl berechtigte ihn die Ähnlichkeit des Tempels der Juno zu Falerii mit dem zu Argos noch nicht zu dem Schlusse, dafs diejenigen, welche die Siculer vertrieben, aus Argos kamen, sowie auch der von ihm bei Forum Popilii entdeckte Name *Larissa* noch nicht beweiset, dafs Bewohner der gleichnamigen Stadt des Pelopon-

neses einen Theil der Aurunken in Campaniens Ebenen aus ihren Sitzen vertrieben.

29. Da sich die Siculer I, 22. nicht mehr gegen die Pelasger und Aboriginer halten konnten, verliefsen sie das Land mit aller ihrer Habe, und zogen durch die Berggegend nach Süden gewandt in das untere Italien, und von allen Seiten her gedrängt setzten sie endlich, auf Flössen der Strömung folgend, nach der nächsten Insel über, welche die iberischen Sikanen schon früher besetzt hatten, als sie vor den Ligyern flohen. Ohne uns länger bei dieser schon vielfach besprochenen Sage zu verweilen, wollen wir nur auf einen wesentlichen Unterschied dieser Sage von der, welche die Pelasger zu den Aboriginern kommen läfst, aufmerksam machen. Statt dafs Homeros schon die Sikeler kannte, wo sie noch Thukydides zum Theile fand, und statt dafs diese in ihren frühern Sitzen mannigfaltige Spuren ihres einstigen Daseins zurückliefsen, wie sich auch ihr Name auf der Insel bis auf den heutigen Tag erhalten hat, wufste von Pelasgern in Italien vor Hellanikos Niemand etwas, selbst nicht Herodotos, der doch schon die Agylläer I, 167. kannte, und von ihrem Sitze in Spina hat sich so wenig eine Spur erhalten, als von der grofsen Macht, mit welcher sie sich in Mittel-Italien angesiedelt haben sollen, obwohl man in der neuesten Zeit noch in Agylla das pelagische Alphabet nicht nur, sondern selbst eine Inschrift in pelagischer Sprache gefunden hat, die zwar von der hellenischen verschieden ist, aber doch eine ursprüngliche Verwandtschaft derselben verräth. Dionysius erzählt vielmehr I, 23.: So mächtig und reich auch die Pelasger wurden, so genossen sie doch nicht lange die Früchte ihrer Tapferkeit; sondern als sie immer blühender zu werden schienen, traf sie theils der Götter Zorn, wie die Agylläer bei Herodotos, theils wurden sie von den angränzenden Barbaren so vernichtet, dafs nur ein kleiner Theil von ihnen durch der Aboriginer Fürsorge sich erhielt, die meisten aber sich wieder in Griechenland und andere Gegenden der Welt zerstreueten. So viel auch Dionysius hierüber sagen zu können versichert, so verräth sich doch die ganze lange Erzählung von den Pelasgern als ein aus verschiedenen Nachrichten von andern Völkern herausgebildetes Sagengeschwätz: denn eben das, was Dionysius von den Pelasgern schreibt, erzählte Myrsilos aus Lesbos von den Tyrrhenen.

30. Alles, was Dionysius I, 24. so umständlich vom *Ver sacrum* meldet, dessen Sitte er den Griechen sowohl, als allen Ausonen zuschrieb, die Pelasger aber nicht gekannt haben sollten, bis ihr Unglück sie darüber belehrte, ist ein eben so unglücklicher Versuch, die Zerstreuung des pelagischen Volkes zu erklären, als des Myrsilos Einfall I, 28. extr. lächerlich war, die Tyrrhenen, welche Hellanikos von den Pelasgern herleitete, seien wegen ihrer vielfachen Wanderungen Pelarger oder Wandervögel genannt worden. Die Art, wie Myrsilos dem Hellanikos widersprach, beweiset, dafs beider Landsmänner Meinung eben so wenig Glauben verdient, als alles, was der Karystier Antigonos c. 5. 17. 129. aus Myrsilos anführt. Dionysius setzte sich selbst aus den verschiedenen Nachrichten folgende Geschichte

zusammen I, 25.: Weil die Pelasger immer mit kriegerischen Völkern zu kämpfen hatten, so ragten sie eben so sehr im Kriegswesen, als in der Schiffskunde hervor, zu welcher sie ihr Zusammenwohnen mit den Tyrrhenen, wie die Noth, trieb. Von andern wurden sie eben sowohl Tyrrhenen als Pelasger genannt; was jedoch Dionysius aus Thukydides IV, 109. anführt, beweiset nur, daſs es auf der thrakischen oder chalkidischen Halbinsel, wie in Athen und Lemnos, Pelasger gab, die auch Tyrrhenen genannt wurden, vergl. Hom. Hymn. in Dionys. v. 8., daher auch Sophokles von tyrrhenischen Pelasgern sprach. Daſs aber deren Name auf die Tyrrhenen in Italien übertragen sei, wie man den Namen Achaja auf ganz Griechenland ausdehnte, ist eine irrige Voraussetzung des Dionysius. Wie wenig man von Pelasgern in Italien wissen konnte, erhellet daraus, daſs Dionysius I, 26. sie schon zwei Generationen vor dem troischen Kriege in miſsliche Umstände gerathen läſst, so daſs mit Ausnahme Kroton's oder Cothornia's, d. h. Cortona's, welches Dionysius noch als römische Colonie kannte, alle übrigen Städte, welche nicht von Aboriginern erbauet waren, zu Grunde gingen. In ihre Stelle rückten die *Tyrrhenen* oder *Tusken* ein, über deren Namen und Herkunft man auf gleiche Weise getheilt ist.

31. Welche die Tyrrhenen für Eingeborne hielten, leiteten ihren Namen von den Thürmen oder thurmähnlichen Gebäuden ab, in welchen sie zu wohnen pflegten; welche sie aber eingewandert glaubten, schufen wegen der Ähnlichkeit des Namens der Torrhäben in Lydien einen Lydier Tyrrhenus zum Stifter derselben, was selbst Dionysius I, 27. für eine unbegründete Sage erklärt. Nach ihm I, 29. gab es eine Zeit, in welcher Latiner, Umbrier, Ausonen und viele andere von den Griechen unter dem Namen der Tyrrhenen begriffen, und Rom selbst eine tyrrhenische Stadt genannt wurde: kein Wunder sei es daher, wenn man auch Pelasger und Tyrrhenen mit einander verwechselt habe, die doch nach Sprache und Lebensweise ganz verschieden gewesen seien. Er beweiset dies nun zwar durch eine miſsverstandene Stelle des Herodotos I, 57., hat sich aber schwerlich geirrt, wenn er I, 30. der Tyrrhenen oder Tusken Sprache, Religion, Gesetze und Lebensweise bei den Lydiern noch mehr vermiſst als bei den Pelasgern. Weil dieses Volk zwar alt, aber mit keinem andern in Sprache oder Sitten verwandt sei, neigt er sich zu der Meinung hin, dasselbe für eingeboren in Italien zu erklären, obwohl es die Griechen eben sowohl von irgend einem Herrscher als von dem Wohnen in Thürmen benannt haben könnten, während die Römer es wieder mit andern Namen nenneten, als *Etrusken* nach dem Namen des Landes Etrurien, oder *Tusken* d. h. ϑυοσκόοι wegen der Kunde im Opferritus. Der Zusatz des Dionysius, daſs sich die Tusken selbst *Rasenen* nannten, wird noch durch Inschriften bestätigt; ob aber von einem Anführer dieses Namens, müssen wir eben so dahingestellt sein lassen, als warum sie von den Griechen und Römern anders genannt wurden. Wir können nur vermuthen, daſs Tyrrhene und Tuske oder Etruske bloſs verschiedene Formen eines und desselben

Namens waren; ob aber allen diesen Formen der Name *Tyrrhus* zum Grunde liege, oder Tyrsenus eine Zusammensetzung aus *Tu-Rasenus* sei, können wir nicht bestimmen. Ohne von den Tusken etwas Weiteres zu melden, geht Dionysius I, 31. zu der in Italien heimischen Sage über, welche hier vorzüglich berücksichtigt zu werden verdient.

32. Nicht lange, nachdem sich die Pelasger mit den Aboriginern in der Gegend angesiedelt hatten, wo später Rom erbauet wurde, landete daselbst eine andere griechische Flotte, ungefähr sechzig Jahre vor dem troischen Kriege, aus der arkadischen Stadt Palantion, unter Anführung des *Evandrus*, eines Sohnes des Hermes und der arkadischen Nymphe Themis, oder, wie die Römer sagen, der Seherinn Carmenta, der in Folge einer Spaltung der Parteien auswanderte. Bei den Aboriginern herrschte damals *Faunus*, ein Sohn des Mars, thatkräftig und einsichtsvoll, und von den Römern durch Opfer und Hymnen als ein Schutzgott des Landes verehrt. So wahr nun diese letzte Behauptung ist, da wir einen solchen Hymnus noch bei Horatius C. III, 18. lesen; so leicht erkennt man, daſs nur die Ähnlichkeit des Namens *Palatium* mit Pallantion, wie des *Lupercal* mit Lykaion die Sage von einem arkadischen Evandros auf eben die Weise veranlaſste, wie man aus dem Namen der Tyrrhenen auf eine Einwanderung aus Lydien schloſs. Da Dionysius dem Evander, dessen Ankunft er I, 32. noch durch allerlei Denkmäler und Opfergebräuche, wie durch den Tempel der Siegesgöttinn auf der Spitze des Hügels, wo die den Evandrus begleitende Seherinn für die Mannschaft zweier Schiffe einen kleinen Flecken nicht weit von der Tiber anzulegen rieth, durch den heiligen Hain des Neptunus Consus, durch die weinlosen Opfer im Tempel der Ceres und viele andere heilige Gebräuche, welche die Aboriginer mit der griechischen Religion gemein hatten, bestätigt glaubte, die Einführung der Schrift und Musik, der Lyra, des Triangels und der Flöten (αὐλοί) statt der Hirtenpfeifen, überhaupt der Künste und Wissenschaften, milderen Sitten und Gesetze, und was sonst das gesellschaftliche Leben versüſst, kurz alles zuschrieb, was ihn seinen Freunden lieb und werth machte, so muſste er demgemäſs auch annehmen, daſs Faunus die kleine Schaar der Arkadier sehr freundlich aufnahm, und ihr so viel Besitzthum schenkte, als sie begehrte; woher aber die Arkadier ihre Schiffe nahmen, welche ihnen nach Homeros Il. II, 614. richtiger Bemerkung fehlten, eröffnet uns Niemand.

33. Des Polybius Erklärung des Namens *Palatium* von einem daselbst verstorbenen Heros Pallas, der ein Sohn des Hercules von des Evanders Tochter Launa oder Lavinia gewesen sei, verwirft zwar Dionysius; aber daſs *Hercules* I, 34. wenige Jahre nach der Arkadier Ankunft mit seinem Heere von Iberien durch Italien zog, leugnet er nicht, ohne zu bemerken, daſs die von ihm erwähnte Sage wieder nur durch den Namen des *saturnischen* Hügels veranlaſst wurde, weil auch in Elis am Alpheosflusse ein kronischer Hügel war, mit welchem man den saturnischen Hügel am Albula verglich. Da sich in des Hercules Heere

viele Peloponnesier befanden, Pheneaten und Epeer aus Elis, welche kein Verlangen nach ihrer Heimath trugen, weil diese durch den Krieg gegen Hercules verwüstet war, so erlaubte diesen Hercules, an der Tiber sich anzusiedeln, wo sie den nur drei Stadien vom Palatium entfernten Hügel, später der capitolinische genannt, bebaueten. Zu ihnen gesellten sich auch einige troische Gefangene aus Ilion, welches Hercules unter Laomedon erobert hatte, und mehre andere, welche des langen Umherirrens müde waren. Unter dem alten Dichter Euxenus, der mit einigen andern italischen Mythographen den Namen jenes Hügels von den Pisaten herleitete, die einen ähnlichen saturnischen Hügel hatten, ist wol Ennius gemeint; doch Dionysius selbst vermuthet, daſs der Hügel noch vor der Ankunft des Hercules von dessen Bewohnern dem Saturnus geweihet war, wie ganz Italien, das die Griechen *Hesperien* und *Ausonien* nannten, in einigen sibyllischen und andern Orakelsprüchen *Saturnia* genannt sei, I, 35. und noch viele andere Plätze, Felsen und Höhen denselben Namen führten. Dieses bezeuge die Sage I, 36., daſs Saturnus vor des Jupiters Herrschaft in diesem Lande herrschte und unter seiner Regirung das goldene Zeitalter war, welches der ausgezeichneten Fruchtbarkeit Italiens entspreche, dessen gesegnete Vorzüge in jeder Hinsicht Dionysius I, 37. schildert.

34. Wie man in Karthago und bei den Kelten und andern westlichen Völkern Menschenopfer brachte, so sollen diese auch I, 38. im alten Italien üblich gewesen sein, bis Hercules am saturnischen Hügel seinen Altar errichtete, und frömmere Opfer mit lauterem Feuer einführte. Daſs er statt wirklicher Menschen nur geähnlichte Bilder in die Tiber warf, bezeugen die dreiſsig Argeen, welche noch zu des Dionysius Zeit die Pontificen mit den Vestalinnen unter feierlichen Opfergebräuchen an den Iden des Mais von der heiligen Brücke in den Fluſs hinunterstürzten. Die andere Sage vom Räuber *Cacus* I, 39., welcher dem schlafenden Hercules einige Rinder stahl und rückwärts in seine Höhle zog, um nicht entdeckt zu werden, aber durch das Gebrüll der Rinder verrathen, von Hercules erlegt wurde, ist zu bekannt, als daſs wir uns bei der ausführlichen Erzählung derselben I, 40 ff. lange aufzuhalten brauchten. Die Art, wie Cacus dem Hercules die Rinder stahl, ist der, mit welcher Hermes nach dem homerischen Hymnus sogleich bei seiner Geburt dem Apollo Rinder entführte, und die Art, wie Hercules den Räuber bezwang und bestrafte, ist der, mit welcher Hercules bei mehren Gelegenheiten verfuhr, zu ähnlich, als daſs man darin die Erfindung eines Griechen verkennen könnte; aber der Name Cacus zur Bezeichnung eines Sohnes des Vulcans beweiset, wenn man damit den Namen des *Caeculus* in Präneste vergleicht, einen italischen Ursprung, und läſst zugleich vermuthen, daſs in der Sprache der Aboriginer *Cacus* dem griechischen καπνός entsprach. In der zweiten Generation, oder, wie die Römer erzählten, im 55. Jahre nach des Hercules Abzuge I, 44., als des Faunus Sohn aus des Hercules Geschlechte *Latinus* schon 35 Jahre König der Aboriginer war, landete *Aeneas* mit

seinen Troern I, 45. bei Laurentum an der Küste der Aboriginer, deren Namen er bei seiner Vereinigung in Latiner umänderte. Von Lavinium aus, was er erbaute, wurde dann eine größere Stadt Alba gegründet, und von da aus noch viele andere Städte, deren Bewohner man die alten Latiner nennt.

35. Aus der weitläuftigen Erzählung von des Aeneas Ankunft in Italien genügt es hier, nur das anzuführen, daß nach Dionysius I, 64. Latinus sowohl als Turnus im Kampfe mit Aeneas fiel, und dieser die ihm zugefallene Herrschaft auch nur noch drei Jahre lang behielt, weil er im vierten Jahre, als sich alle Rutuler mit dem neidischen Könige der Tyrrhenen Mezentius gegen ihn verbanden, nicht weit von Lavinium in einem Treffen fiel. Weil man nach dem Treffen, das die Nacht unterbrach, des Aeneas Leichnam nirgends fand, so glaubte man ihn im Flusse Numicius verschwunden oder unter die Götter versetzt, und erbauete ihm als heimischem Schutzgotte ein Heiligthum, mit der Aufschrift: *Patri Deo Indigeti, qui Numicii amnis undas temperat,* das jedoch nach Andern Aeneas selbst dem Vater Anchises erbauet haben sollte, welcher ein Jahr vor diesem Kriege starb. Dem im siebenten Jahre nach Troja's Eroberung I, 65. verschwundenen Aeneas folgte sein Sohn *Euryleon,* der während der Irrfahrt den Namen Ascanius angenommen hatte, in der Herrschaft der Latiner. Von den Feinden bedrängt, wünschte er Frieden zu schließen; weil aber der Tyrrhenen König Mezentius unter andern unerträglichen Bedingungen auch verlangte, daß alle Weine des Latinergebietes den Tyrrhenen jährlich abgeliefert werden sollten, so weihte man auf des Ascanius Rath alle Frucht der Reben dem Jupiter, und that in finsterer Nacht einen so muthigen Ausfall, daß die belagernden Feinde überall niedergehauen wurden, des Mezentius Sohn Lausus sogleich beim ersten Angriffe des Lagers fiel, und Mezentius sich seiner Seits gezwungen sah, um Frieden zu bitten, der unter billigen Bedingungen geschlossen nicht wieder gestört wurde; doch erst im dreißigsten Jahre nach Laviniums Erbauung I, 66. gründete Ascanius in Folge des dem Aeneas gegebenen Orakels die Stadt *Alba longa.*

36. Auch für die Götterbilder, welche Aeneas aus Troja mitgenommen und in Lavinium aufgestellt hatte, war ein Tempel in Alba gebauet, I, 67., und schon alles in das neue Heiligthum übertragen, als man trotz des festen Verschlusses desselben in der folgenden Nacht die Götterbilder auf ihre alten Sitze zurückgekehrt fand. Unter flehenden Bitten und sühnenden Opfern von neuem aus Lavinium fortgeführt, kehrten sie auf gleiche Weise zurück; man beschloß daher, sie daselbst zu lassen, und Männer aus Alba zu ihrer Pflege zu bestellen. Sechshundert an der Zahl zogen mit allem Ihrigen dahin unter Führung des Aegestus, und die Götter nannte man als Beschirmer des Innern Penaten I, 68. Die Verehrung der Penaten in Lavinium kannten schon Timäos und Lykophron; die erwähnte Priesterlegende fand sich aber nach dem Auct. gent. Rom. c. 17. im vierten Buche der

4*

Jahrbücher der Oberpriester. Die Sage war demnach sehr alt, aber doch, wie der Name Aegestus zeigt, erst erfunden, seitdem man den Aeneas auch Aegesta in Sicilien gründen liefs. Ascanius starb im 38. Jahre seiner Regirung, und ihm folgte sein Bruder *Silvius*, der nach des Aeneas Tode von des Latinus Tochter Lavinia geboren und aus Furcht vor Verfolgung von den Hirten in den Bergwäldern erzogen war, I, 70. Seine Herrschaft wurde ihm auch von des Ascanius älterm Sohne *Julus* streitig gemacht; aber das Volk entschied für der Lavinia Sohn als rechtmäfsigen Erben, und ertheilte dem Julus die Priesterwürde, welche auf das Julische Geschlecht überging. So wenig man in dieser Sage die Erfindung zur Ehre des Herrscherhauses verkennen kann, welchem auch Dionysius I, 71. schmeichelt: so verräth sich die ganze Namenreihe von den Königen nach des Silvius Tode im 29. Jahre seiner Herrschaft als eine willkürliche Dichtung zur Ausfüllung der zwischen Aeneas und Romulus verflossenen Zeit, weil man aufser den offenbar erfundenen Namen und der Regirungszeit nur wenig Anderes anzugeben wufste.

37. Nach Dionysius I, 45. war Romulus, der an der Stelle, wo die Peloponnesier und Arkadier ihre ersten Sitze Palantium und Saturnia gegründet hatten, 432 Jahre nach Troja's Eroberung I, 71. die nach ihm benannte Stadt Rom erbauete, der 17. Sprosse von Aeneas; die 16 Generationen vor ihm werden aber in der zuletzt angeführten Stelle auf folgende Weise bestimmt. 1) *Aeneas*, der sogleich im nächsten Jahre nach Troja's Eroberung nach Italien schiffte, herrschte daselbst bis zum 5. Jahre; dann 2) *Ascanius* 38, 3) *Silvius* 29, 4) dessen Sohn *Aeneas* 31, 5) *Latinus* 51, 6) *Alba* 39, 7) *Capetus* 26, 8) *Capys* 28, 9) *Calpetus* 13, 10) *Tiberinus*, durch dessen Tod in einem Treffen der Flufs Albula den Namen Tiberis empfing, 8, 11) *Agrippa* 41, 12) *Allades*, welcher, wie der Grieche Salmoneus bei Virgilius A. VI, 585 ff. den Jupiter auf Erden spielte, aber dafür seinen Untergang durch eine Überschwemmung bei schwerem Gewitter fand, 19, 13) *Aventinus*, von dem ein Hügel Roms den Namen führte, 37, 14) *Procas* 23, 15) *Amulius*, der seinen ältern Bruder Numitor widerrechtlich verdrängte, 42 Jahre, da dann 16) *Numitor* durch seine Enkel Romulus und Remus von der priesterlichen Tochter den Thron wieder einnahm, in dessen 2. Jahre die Albaner die Colonie nach Rom aussandten. Die Regirungszeit der Könige Roms bestimmt Dionysius I, 75. zu 244 Jahren also, dafs er 1) den *Romulus* 37, und nach dem Interregnum eines vollen Jahres 2) den *Numa Pompilius* 43, 2) *Tullus Hostilius* 32, 4) *Ancus Marcius* 24, 5) *L. Tarquinius Priscus* 38, 6) *Servius Tullius* 44, 7) *L. Tarquinius Superbus* 25 Jahre herrschen läfst. Zwischen der Vertreibung der Könige und der Einäscherung Roms durch die Gallier verflossen noch 120 Jahre; worauf sich aber diese Zeitrechnung gründete, wird uns nicht eröffnet. Die Zeit der gallischen Eroberung konnte man aus den noch erhaltenen Schatzungsverzeichnissen wissen; aber die Regirungszeit der Könige scheint man nur willkürlich nach der griechischen Geschichte bestimmt zu haben,

da des ersten römischen Königs Regirungsantritt mit der Einsetzung der zehenjährigen Archonten in Athen, sowie des letzten Königs Vertreibung mit der Verjagung des attischen Tyrannen Hippias in einerlei Jahr fällt.

38. Auf eine ähnliche Weise liefs nach Dionysius I, 74. der Sikeliote Timäos die Erbauung Roms mit der Gründung seiner Nebenbuhlerinn Karthago in einerlei Jahr zusammenfallen, welches ihm zufolge das 38te Jahr vor der ersten Olympiade war, wogegen der Dichter Virgilius Karthago's Erbauerinn Dido mit Aeneas in Verbindung brachte. Wie wenig man wufste, wann eigentlich der Erbauer Roms gelebt habe, erhellet aus den um 400 Jahre von einander abweichenden Bestimmungen, da man den Romulus ursprünglich für einen Sohn des Aeneas ausgab. Darum ward dann auch das Jahr der Gründung Roms sehr verschieden angegeben: denn nicht zu gedenken, dafs noch Sallustius Rom von Troern unter Aeneas erbauen liefs, wofür die frühern Griechen einen seiner Söhne nannten, wodurch Rom so alt wurde, als das umbrische Ameria, nach Cato um 1136 v. Chr. G., und noch viel älter, als die erste geschichtlich bekannte Colonie der Griechen in Italien Cumae, um 1031 oder 1050 nach Eusebius erbauet; so entstand Rom nach Ennius 875, nach Vellejus 755 oder Ol. VI, 2., nach Varro 754 oder Ol. VI, 3., nach den Fastis Capitolinis 753 oder Ol. VI. 4., nach Cato 752 oder Ol. VII, 1., nach Nepos und Lutatius, wie Eratosthenes und Apollodorus bei Solinus c. 2. 751 oder Ol. VII, 2., nach Atticus und Cicero 750 oder Ol. VII, 3., nach Fabius Pictor 748 oder Ol. VIII, 1, nach Cincius Alimentus 729 oder Ol. XII, 4. Dafs Rom wirklich schon unter den Aboriginern bestand, geht nicht nur aus der Sage von Pallantium und Saturnia, sondern auch aus den Nachrichten hervor, mit welchen sich die Griechen einander so lange widersprachen, bis die römischen Geschichtschreiber eine spätere Sage von Romulus festsetzten, um die Regirungszeit der sieben Könige mit so vielerlei Nachrichten ausfüllen zu können, dafs alles das Ansehen einer wahren Geschichte gewann. Gleichwohl spricht sich noch in deren Namen die Erfindung einer spätern Zeit aus, wodurch man sie als Repräsentanten verschiedener sich gegenseitig bekämpfenden Parteien charakterisirte, da sich Tullius wol eben so wenig den Namen *Servius* beilegte, als sich der ältere Tarquinius *Priscus*, der jüngere *Superbus* nannte.

39. Der Streit um die Herrschaft kehrt in der römischen Geschichte so oft wieder, dafs er schon dadurch als eine blofse Erfindung verdächtig wird; die Geschichte aber, welche Dionysius I, 76. von Amulius und Numitor erzählt, wird noch besonders dadurch verdächtig, dafs *Amulius* nach Apollodorus bei Festus s. v. *Roma* eigentlich des Aeneas Sohn war, wie Romulus, welchem man den Numa entgegensetzte, oder auch nach Andern bei Festus s. v. *Aemilio* Aemylos, des Ascanius Sohn und Julus Bruder, der Stammvater des Aemilischen Geschlechtes. Auch Numitors Sohn *Aegestus* hat gleichen Namen mit dem obersten Penatenpriester in Lavinium unter Ascanius I, 67. und dem Erbauer von Segesta in Sicilien bei

Festus s. v. *Segesta*: und wie Segesta's Stifter bei den Griechen ein Ilier hiefs, so ward auch Rhea Silvia, des Aegestus Schwester bei den Römern, Ilia genannt, deren Schwängerung durch Mars I, 77 f. eben so leicht als Fabel erkannt wird, als des Romulus und Remus Säugung durch eine Wölfinn I, 79., welche nach Dionysius I, 84. schon die Römer anders deuteten. Was Dionysius I, 89. über den griechischen Ursprung der Stadt Rom bemerkt, welchen nur der Conflux so vieler andern Völker verdunkelt habe, erscheint nur in Hinsicht seines Namens als gegründet; der oenotrische Ursprung der Aboriginer ist aber eine unglückliche Erfindung des Dionysius, wie der Zuflufs von Pelasgern aus Thessalien, von Arkadiern unter Evander, Peloponnesiern unter Hercules, und von Troern unter Aeneas, theils der Griechen, theils der Römer Sage. Wenn also Dionysius I, 90. in der römischen Sprache bei allem Barbarischen derselben doch das Meiste für Griechisch nach äolischer Mundart erkannte, so folgt daraus nur der Aboriginer ursprüngliche Verwandtschaft mit den Griechen. Dafs die Namen *Romulus* und *Remus* vielmehr aus dem Namen der Stadt, als umgekehrt dieser von jenem, gebildet wurde, lehrt des vergötterten *Quirinus* vom sabinischen Cures abgeleitete Name.

40. Die grofse Ähnlichkeit der Sprache der ersten Gründer Roms mit der griechischen nach äolischer oder vielmehr gräkischer Mundart verräth sich in allen Benennungen der ersten Einrichtung. Dafs *tribus* dem äolischen τριπτύς für τριττύς entspreche, bemerkt Dionysius II, 7. selbst; aber noch klarer findet sich die *curia* in der attischen κυρία ἐκκλησία wieder, sowie auch *classis* nach Dionysius IV, 18. dem dorischen κλᾶσις entsprach. Wie *patricii* und *patroni* nur verschiedenartige Ableitungen von *Patres* für εὐπατρίδαι waren, so die ihnen entgegengesetzten *plebeji* und *clientes* von *plebs* für πλῆθος und *cluens* für κλύων (Hörige). Auch die *Celeres* und das *Asylum* II, 13. 15. sind griechisch, und selbst in der Religion verkennt Dionysius II, 18. die griechischen Spuren nicht, wenn er gleich der römischen den Vorzug einräumt. Wie aber die Namen der drei Hauptbestandtheile der Bevölkerung *Ramnes*, *Tities*, *Luceres*, tuskisch zu sein scheinen, so haben die Sabiner nicht nur den Römern den Ehrennamen *Quirites* gegeben, sondern auch den Heros Romulus als *Quirinus* zu verehren gelehrt. Ja! der Name *Romulus* selbst für *Romanus* scheint, wie *Siculus* für *Sicanus*, sabinischen Ursprunges zu sein, wenn man anders aus dem Übergange des sabinischen Wortes *Ancus* in *anculus*, *ancilla* und *ancillula*, auf einen sabinischen Ursprung solcher Deminutivformen schliefsen darf, denen gemäfs auch die Namen *Pompilius*, *Hostilius*, *Tullius*, eben so aus *Pompus*, *Hostus*, *Tullus* hervorgingen, wie der Name von des Romulus Gattinn *Hersilia* aus *Hora* oder dem umbrischen *Horsa*. Ist aber *Quirinus* sowohl, wie sella *curulis*, eine sabinische Namenform, so ist es auch der Name *Tarquinius* für die oskische Form *Tarpinius* (bei Tzetzes zum Lycophron gegen das Ende) und die ursprünglich römische *Tarpejus* und die tuskische *Tarchon*. Auf diese Weise erscheinen nicht nur fast alle

Benennungen römischer Könige als sabinisch; sondern selbst der Augur *Attus Navius* unter dem ältern Tarquinius hat einen sabinischen Namen, so daſs man wol den Sabinern eben so, wie den Umbriern, den vorzüglichen Betrieb der Augurwissenschaft zuschreiben darf, an deren Statt den Tusken die Extispicia und Blitzlehre eigen waren.

41. Wenn man ferner die Namen der *Horatier* und *Curiatier*, welchen letztern man auch für eine *gens* der *famersia Pumpersia* oder *familia Pompilia* in den Iguvinischen Tafeln lieset, als sabinische Gebilde aus *Hora* und *Curia* betrachten darf; so sind es auch die Namen *Mettus Fufetius* statt des umbrischen *Voſion* oder römischen *Favonius*, wie *Servius* statt des umbrischen *Serſius* oder griechischen *Zephyrus*, und der von *Luceres* abzuleitende Name *Lucretia*. Da nun auch unter den Königen die Sabiner als die eigentlichen Wohlthäter des Staates hervorgehoben werden, wie *Valerius Publicola* in der ersten Zeit der Republik, so liegt die Vermuthung nahe, daſs irgend ein sabinisches Geschlecht, wie das stolze Geschlecht des Attus Clausus, eben so vielen Antheil an der historischen Schilderung des ältern Roms, als an der Abfassung der Gesetze unter den Decemvirn hatte. Denn welche Partei den strengen und kriegrischen *Romulus* mordete, lehrt die Wahl seines Nachfolgers *Numa* aus Cures II, 58., welcher die Rohheit des romulischen Kriegervolkes durch agrarische Cultur und priesterliche Rituale gemildert haben soll. Noch kriegrischer als Romulus wird *Tullus Hostilius*, einer Sabinerinn, der Tochter des Hersilius, Sohn III, 1., geschildert, aber auch er am Altare des Jupiter Elicius erschlagen und mit seinem ganzen Hause verbrannt III, 35., worauf der Sabiner *Ancus Marcius* die vernachlässigte Religion und den Feldbau wiederherstellte. Den Einfluſs etruskischer und hellenischer Cultur personificirte man in den *Tarquiniern* und *Servius Tullius*, welche den Thron aber eben so gewaltsam verloren, als sie sich dessen hinterlistig bemächtigten. Wenn Romulus den Staat erst gründete, Numa die Gesetze gab, Tullus Hostilius durch Alba's Zerstörung Rom zur wichtigsten Stadt in Latium erhob, und Ancus Marcius das Gebiet bis zum Seehafen Ostia erweiterte; so muſste der ältere Tarquinius, eines gebildeten Corinthers Demaratus Sohn, aber im tuskischen Tarquinii erzogen, etruskische Pracht einführen, und unter vielen andern Bauten auch den Grund zum Capitole legen, welchem der jüngere Tarquinius die Vollendung gab. Der nach römischer Geschichte im Königshause erzogene Sclavensohn Servius Tullius, nach etruskischer aber *Mastarna*, ein Gefährte des nach Rom wandernden Etruskers *Caeles Vibenna*, unter welchem Rom die Hegemonie in Latium durch Priesterlist erhielt, wird als der Stifter vieler volksthümlichen Einrichtungen gepriesen.

42. Ein Beweis aber, daſs die ganze folgende Geschichte eine Erfindung der Patricier ist, liegt in der Schilderung des jüngeren Tarquinius, unter dem Rom in jeder Hinsicht auf den höchsten Gipfel stieg, und nicht nur Oberhaupt der latinischen Bundesstädte ward, sondern auch schon verschiedene Colonien aussandte, als eines stolzen und eigenmäch-

tigen Tyrannen. Ihn gleich sehr hassend, wie den Freund des niedern Volkes Servius, stifteten die Patricier durch Ausrottung des Königthums einen aristokratischen Freistaat, unter dem, der Lobreden auf einzelne grofse Männer und Geschlechter, deren glorreiche Thaten die einzigen Lichtpunkte in dem trüben Gemälde der Volksbedrückung sind, ungeachtet, Roms Gröfse immer mehr sank, bis es, gegen alle andere Angriffe glücklich erhalten, endlich der gallischen Übermacht erlag. Das zu wiederholten Aufständen gereizte Volk beweiset, wie sehr der unter den Tarquiniern gestiegene Wohlstand unter der Patricierherrschaft sank, sowie der eigenen Söhne Empörung und Verurtheilung zeigt, dafs der gepriesene Königshasser und Befreier des Volks Brutus den Namen, welchen man ihm beilegte, mit vollem Rechte führte. Als des Adels vorzüglichste Stütze betrachtete sich aber das claudische Geschlecht, in welchem besonders der Censor App. Claudius Caecus als der Stifter so mancher Neuerungen, wie der Vertauschung des S mit einem R in den Namen der *Fusier* und *Papisier*, *Valesier* und *Auselier* nach Pomponius in Digest. I, 2, 2. §. 36. Cic. ad Fam. IX, 21. Llv. III, 4. 8. Quint. I, 4, 13. Fest. s. v. *Aurelia fam.* (vgl. Isidor. Origg. I, 37. u. Cic. Brut. 16, init.) genannt wird, so dafs wir bei der Erwägung, dafs die specielle Geschichte Roms vorzüglich aus den Privatnachrichten einzelner patricischer Geschlechter geschöpft ward, dem claudischen der gröfste Einflufs darauf zuschreiben dürfen. Darum werden nicht nur dem Attus Clausus aus Regillum, sondern allen Quiriten sogleich von der ersten Gründung des Staates an gleiche Rechte mit den ursprünglichen Römern zugestanden, da Romulus nicht nur eine Sabinerinn heurathete, sondern auch mit den Quiriten sich so brüderlich vereinigte, dafs Rom unter den Königen mehr eine sabinische als latinische Stadt war. Wie es sich die Römer zur Ehre schätzten, *Quiriten* genannt zu werden, so ward Romulus selbst als *Quirinus* in den Himmel erhoben. *)

43. Dafs jedoch die Sabiner wirklich noch vor den Etrusken unter den Tarquiniern einen grofsen Einflufs auf die Bildung des römischen Staates hatten, beweiset der nicht erst von Numa Pompilius, sondern schon von Titus Tatius eingeführte sabinische Religionscultus in Rom. Eben darum müssen wir auch noch vorzüglich bei den Sabinern uns verweilen, von welchen Dionysius II, 48. nach Varro eine ähnliche Sage meldet, wie die Römer von dem göttlichen Ursprunge ihres Stifters erzählen. In der Zeit, als die Aboriginer noch das Gebiet von Reate besafsen, kam eine eingeborne Jungfrau von edeler Herkunft, den Reigen führend, in das Heiligthum des Enyalios, von den Sabinern *Quirinus* genannt. Plötz-

*) Otfried Müller vermuthet auch bei dem Fabischen Geschlechte, welches den Krieg gegen Veji mit Gefahr seines gänzlichen Unterganges unternahm, einen sabinischen Ursprung. Dieser Vermuthung zufolge würde das starke Hervortreten der sabinischen Geschlechter in der römischen Geschichte auch den Fabiern zugeschrieben werden können, welche als die ersten eigentlichen Geschichtschreiber auftraten.

lich begeistert, lief sie, den Reigen verlassend, in des Gottes Verschlufs, und von dem Gotte geschwängert, wie man glaubte, gebar sie einen Sohn *Modius Fabidius* oder vielmehr *Medius Fidius*, der, zum männlichen Alter gelangt, nicht menschliche, sondern göttliche Gestalt zeigte, und sich vor allen durch kriegerische Thaten hervorthat. Um eine Stadt zu gründen, sammelte er eine grofse Schaar von Bewohnern jener Gegend, und erbauete die Stadt *Cures*, welche er, wie einige sagen, nach dem Namen seines göttlichen Erzeugers, wie andere schreiben, von der sabinischen Benennung einer Lanze benannte. Man kann hierin so wenig eine Nachbildung der Sage von Romulus verkennen, als sich eine Nachbildung der Sage von den Aboriginern in der Erzählung des Troezeniers Zenodotos, eines Geschichtschreibers des umbrischen Volkes II, 49., ausspricht. Wenn aber darin gesagt wird, dafs das Gebiet von Reate zuerst von Eingebornen bewohnt sei, welche, von Pelasgern vertrieben, in das nachher von ihnen bewohnte Land kamen, und, mit dem Orte zugleich den Namen wechselnd, statt Ombriker Sabiner genannt wurden; so folgt daraus ein umbrischer Ursprung der Sabiner, wogegen die heimische Sage sie von den Lacedämoniern aus derjenigen Zeit ableitete, als Lykurgos bei der Vormundschaft über seines Bruders Sohn Eunomos die Gesetze gab, mit deren Strenge nicht zufrieden, ein grofser Theil auswanderte und nach langer Irrfahrt in den pontinischen Ebenen landete, der vom Umherfahren auf der See benannten Göttinn Feronia einen Tempel bauend.

44. Dionysius deutet selbst an, dafs diese Sage nur erfunden ward, um viele lakonische Gebräuche der Sabiner, besonders aber ihren kriegerischen Sinn bei frugaler Lebensweise und ihre Ausdauer in allen Geschäften eines strengen Lebens, daraus zu erklären, obwohl gerade diejenigen, welche sich vom Tempel der Feronia aus an die Sabiner angeschlossen haben sollen, aus Sparta auszogen, weil ihnen des Lykurgos Strenge nicht gefiel. Cato liefs die Sabiner aus Testrina bei Amiternum nach Reate kommen, und leitete ihren Namen von Sabinus, einem Sohne des heimischen Gottes *Sancus* ab, welchen Silius Italicus VIII, 424. *Sabus* nennt; Sancus aber war nach Aelius bei Varro L. L. V, 10. §. 66. derselbe Gott, welchen die Römer *Dius Fidius*, die Griechen Hercules nannten. Da wir den Fidius Sancus als *Fisus Sansius* und die *Feronia* als *Vesuna* in den Iguvinischen Tafeln wiederfinden, in welchen auch die Juno *Curitis* und ein Mars *Horsus* heifst, nach welchem des Romulus Gattinn Hersilia benannt scheint; so verräth sich in der Religion der Sabiner deren umbrischer Ursprung, deren Eigenthümlichkeit Dionysius II, 63. dadurch bezeugt, dafs er die von Numa eingeführten Religionsgebräuche einzig in ihrer Art nennt, welche weder ein griechischer noch ein barbarischer Staat so gekannt habe. Die Sabiner galten für so religiös, dafs Plinius H. N. III, 12 (17) sie darum ursprünglich Seviner benannt glaubte, ἀπὸ τοῦ σέβεσθαι nach Varro bei Festus; es gab aber auch nach Livius XXXI, 2, 6. und XXXIII, 37, 1. eine *Sapinia tribus* am Flusse Sapis in Umbrien, und dafs die Römer gern ein sabi-

nisches *p* in *b* verweichlichten, lehrt das römische Adjectiv *albus* für das sabinische *alpus* oder das griechische ἀλφός bei Festus. Die Abkömmlinge der Sabiner, *Sabelli* oder *Samnites* genannt, bezeichneten auf ihren eigenen Münzen den Namen ihres Landes *Samnium* durch Σαφινιμ, und daſs deren Mundart von der oskischen nur wenig abwich, bezeugt wiederholentlich Varro, wie die Geschichte des samnitischen Krieges bei Livius.

45. Die alten Latiner, welche bei den Römern, wie der ältere Tarquinius, *Prisci* hieſsen, wurden von Ennius in den Annalen nach Varro L. L. VII, 3, 28. auch *Casci* genannt, und Varro schreibt darüber also: »*Cascum* significat vetus: ejus origo Sabina, quae radices »usque in Oscam linguam egit. 29. Item ostendit quod oppidum vocatur *Casinum*: hoc »enim ab Sabinis orti Samnites tenuerunt, et nunc nostri etiamnunc Casinum *Forum vetus* »appellant. Item significant in Atellanis aliquot, Pappum senem quod Osci *Casnar* appel-»lant.« Die Wurzel *cas* entsprach, sowie viele sabinische Wörter, welche Varro anführt, als *porcus* V, 19, §. 97., *lepestae* V, 26, §. 123., *Crepusci* VI, 2, §. 5. und *crepusculum* VII, 4, §. 77. (κνέφας), eine Verwandtschaft mit der griechischen Sprache zeigen, vermuthlich dem griechischen ἑκάς, wie das lateinische *centum* dem ἑκατόν, demzufolge auch eine alte Frau, welche den Theseus gastlich aufnahm, Ἑκάλη oder Ἑκαλήνη, phrygisch Ἑκάβη im Gegensatze der Νιόβη, genannt ward. Bei der Verwandtschaft sabinischer und oskischer Sprache begreift es sich leicht, wie Varro L. L. V, 10, §. 73. schreiben konnte: »*Mars ab eo, quod* »*maribus in bello praeest, aut quod ab Sabinis acceptus; ibi est Mamers, Quirinus a Quiriti-*bus.« Daſs Mars bei den Sabinern *Quirinus* hieſs, wie Juno nach Dionysius II, 50. *Quiritia* oder *Curis* nach Festus s. v. *Curialis mensa* genannt ward, ergibt sich aus der Vergleichung des Dionysius mit Varro L. L. V, 10, §. 74., welche Stelle hier darum vollständig angeführt zu werden verdient, weil sie den wichtigsten Aufschluſs über sabinische Sprache und Religion gibt, aber die zwölf Altäre des T. Tatius auch von Müller nicht ganz richtig angegeben sind: »*Feronia, Minerva, Novensides a Sabinis: paullo aliter ab eisdem dicimus* »*Herculem, Vestam, Salutem, Fortunam, Fortcm, Fidem.* Et arae Sabinûm linguam olent, »quae Tati regis voto sunt Romae dedicatae: nam, ut Annales dicunt, vovit 1) *Opi,* 2) *Florae,* 3) *Vediovi Saturnoque,* 4) *Soli,* 5) *Lunae,* 6) *Volcano* et *Summano;* itemque 7) *Larundae,* 8) *Termino,* 9) *Quirino,* 10) *Vortumno,* 11) *Laribus,* 12) *Dianae Lucinaeque*: e quis »nonnulla nomina in utraque lingua habent radices, ut arbores quae in confinio natae in »utroque agro serpunt: potest enim Saturnus hic de alia causa esse dictus atque in Sabinis, »et sic Diana, et de quibus supra dictum est.«

46. Dionysius meldet aber von der Vereinigung des römischen und sabinischen Volkes II, 50. Folgendes. Während Romulus dem Palatium den Caelischen Hügel hinzufügte, verband Tatius mit dem Capitolium den Quirinalischen. Die Ebene zwischen beiden Theilen wurde durch Aushauen des Waldes und Ausfüllen des Sumpfes, welchen die von den Bergen

fliefsenden Wasser bildeten, zum Forum eingerichtet, oberhalb dessen sie in einem Tempel des Vulcanus ihre Zusammenkünfte hielten und gemeinsame Geschäfte betrieben. Dann errichtete Romulus dem *Jupiter Stator* am Mugonischen Thore, welches von der heiligen Strafse zum Palatium führte, einen Tempel und Altar, weil daselbst der Gott das Gebet der Römer erhört und den andringenden Feind zum Stehen gebracht hatte; Tatius aber der *Sonne* und dem *Monde*, dem *Kronos* und der *Rhea*, ferner der *Hestia* und dem *Hephaestos*, der *Artemis* und dem *Enyalios*, und andern Göttern, deren Namen Dionysius nicht in griechischer Sprache wiederzugeben wufste. Was für Götter diese waren, lernen wir aus der vorher angeführten Stelle des Varro, wenn wir *Sol* für den Sonnengott, *Luna* für die Mondgöttinn, *Saturnus* für den Kronos, *Ops* für die Rhea, *Vulcanus* für den Hephaestos, *Diana* für die Artemis, *Quirinus* für den Enyalios erklären: nur welche Göttinn Dionysius durch Hestia erklärte, ist zweifelhaft. Da aber die Laren für Schutzgötter des Herdes gelten, so scheint er *Larunda* mit der griechischen Hestia verglichen zu haben. Eben weil aber Dionysius die übrigen Götternamen für unübersetzbar erklärt, so durfte *Vediovi* bei Varro nicht in zwei Namen *Vedio, Jovi*, aufgelöset werden. Dionysius hätte nun freilich auch *Flora* mit Ovidius F. V, 195. durch Chloris, und *Lucina* mit Horatius C. S. 13. durch Ilithyia erklären können; aber die Chloris war den Griechen als Göttinn eben so unbekannt, als die Gleichheit der Lucina und Ilithyia nach Horatius selbst nicht erwiesen war, vgl. Varro L. L. V, 10, §. 69. Wie nach Varro L. L. V, 10, §. 66. der ältere Name Jupiters *Diovis* lautete, so schrieb man ursprünglich *Vediovis* für Vejovis; *Sol* war aber nach Varro eine den Sabinern mit den Römern gemeinsame Benennung des Sonnengottes, da er V, 10, §. 68. schreibt: »*Sol*, vel quod ita Sabini, vel solus ita lucet et ex eo deo dies sit:« vgl. Fest. s. v. *Aurelia fam.*

47. Wünschen wir aber über die Religion der Sabiner noch genauer belehrt zu werden, so müssen wir vorzüglich berücksichtigen, was uns von den Priestern gemeldet wird, welche die sabinische Sprache *Flamines* nannte, Dionysius aber II, 64. mit den griechischen Στεφανφόροις vergleicht. Denn wenn nach des Varro L. L. V, 15, §. 84. VII, 3, §. 44. richtiger Bemerkung die *Flamines*, wie die *Tutulati*, von ihrer Kopfbedeckung benannt wurden: so läfst schon das neutrale Compositum *sufflamen* für ὑπείλημα nach der Analogie von ὑπόβλημα vermuthen, dafs *Flamen* nach der rauhen Aussprache der Sabiner, welche das griechische Digamma in ein römisches F verhärtete, und so auch nach Varro L. L. V, 19, §. 97. *fircus* und *fedus* für *hircus* und *haedus* sprach (vgl. Apulej. de not. aspir. ed. Osann. 13. p. 94.), dem griechischen εἴλημα oder latcinischen *velamen* entsprach, worauf auch schon das *flammeum* vestimentum bei Paulus Diaconus leitet. Dieselbe sabinische Mundart würde sich ergeben, wenn Paulus D. richtig sagte: »*Flamen Dialis* dictus, quod filo »assidue veletur, indeque appellatur flamen quasi filamen; *Dialis* autem appellatur a Dio, a

quo vita dari putabatur hominibus.« Denn auch das lateinische *filum* entspricht dem griechischen ἰλλάς oder ἐλλάς, wovon das Compositum *infula* für περιειλάς oder στέμμα nach den Glossarien gebildet wurde: »*infulas* enim sacerdotum filamenta vocabant«, wie Paulus D. s. v. *exinfulabat* schreibt. Daher sagt eben derselbe ganz richtig: »Infulae sunt fila-»menta lanea, quibus sacerdotes et hostiae templaque velabantur«; vgl. Varro **L. L.** VII, 3, §. 24. »Dictas apparet *infulatas hostias,* quod velamenta his, e lanae quae adduntur, infulae.« Diesemnach muß man auch alle Benennungen der dem Flamen eigenthümlichen Bekleidung, wie deren ganzes Priesterthum für sabinisch erkennen, wobei ich jedoch hier nicht länger verweilen will, um nur noch auf das sabinische Religionssystem aufmerksam zu machen, wie es sich in den verschiedenen Beibenennungen der römischen Flamines ausspricht.

48. Wenn erzählt wird, daß Numa zuerst drei Flamines erwählte, *Dialis, Martialis, Quirinalis,* genannt; so erhellet daraus, daß bei den Sabinern *Dius,* oder *Diovis* nach Varro **L. L.** V, 15, §. 54., *Mars* und *Quirinus,* die drei Hauptgottheiten waren, wie nach den Iguvinischen Tafeln bei den Umbriern *Jovis, Mars* und *Vofion.* Diesen waren, weil zu den Priestern, welche Patricier sein mußten und daher *majores* hießen, noch zwölf andere kamen, welche auch Plebejer sein konnten und *minores* genannt wurden, die übrigen Gottheiten untergeordnet, unter welchen nach Festus s. v. *maximae dignationis* die Obstgöttinn *Pomona* den niedrigsten Rang einnahm, wogegen nach Festus s. v. *Ordo sacerdotum* die Flamines der drei Schutzgottheiten des Alls und Latiums und Roms vor allen übrigen Priestern zwischen dem *Rex sacrorum* und *Pontifex maximus* Platz nahmen. Von den Priestern des niederen Ranges lernen wir durch Varro **L. L.** VII, 3, §. 45. (vgl. VI, 3, §. 19.) aus den Versen des Ennius: *Volturnalem, Palatualem, Furrinalem,*

Floralemque, Falacrem et *Pomonalem* fecit:

nur die sechs letzten kennen, weil ihm die meisten Götternamen, nach welchen sie benannt waren, *Volturnus,* diva *Palatua, Furrina, Flora, Falacer* pater, *Pomona,* dunkel dünkten, Die sechs übrigen Flamines müssen also bekanntere Benennungen gehabt haben, von welchen Varro in der eben erwähnten Stelle mit Macrobius S. I, 12. den *Volcanalis* anführt. Dazu kömmt der Flamen *Portunalis* bei Festus s. v. *Persillum* und der Flamen *Carmentalis* bei Cicero Brut. XIV. §. 56. Es fehlen also noch drei Namen für bekanntere Götter: aus den Inschriften hat man zwar noch den *Virbialis* hinzugefügt; aber dieser gehörte nach Aricia, wie auch Lanuvium nach Cicero pro Mil. 10. seinen eigenen Flamen hatte, weshalb auch die Flamines *Lavinaris* und *Laurentialis,* welche man vermuthet hat, zu streichen sind. Ennius konnte diese Namen schon darum nicht genannt haben, weil sie sich auch nicht in den schlechtesten hexametrischen Rhythmus fügten, wofern er nicht, wie bei Reines. 440, 90., *Flamen Laurentinus* schrieb; aber der *Flamen Lucularis Laurens Lavinas* bei Gruter 347, 1. war nach Hegenbuch bei Orelli 2276. eine Stiftung des Kaisers Claudius.

49. Die meisten der Religionsgebräuche, welche Numa eingeführt haben soll, dürfen wir wol als ursprünglich sabinisch betrachten. Zwar erlaubt die eigene Unkunde der Römer in dieser Hinsicht kein bestimmtes Urtheil auszusprechen; aber so viel ist gewiſs, daſs Numa seine Belehrungen nicht aus dem Umgange mit Griechen schöpfte. Denn das Irrige der Dichtung, daſs er ein Schüler des Pythagoras in Kroton gewesen sei, deckt Dionysius II, 59. selbst auf, weil nach seiner Berechnung Kroton erst vier Jahre später von Myskelos gestiftet wurde, als Numa die Herrschaft in Rom übernommen haben sollte, so daſs zwischen der Lebenszeit des Numa und Pythagoras vier Generationen lagen. Mit den Griechen traten erst die Tarquinier in nähere Verbindung, welchen man vielleicht darum selbst eine Abstammung von den Griechen zuschrieb. Denn für einen literarischen Verkehr mit Cumae, wohin auch der vertriebene Tyrann, als er nach der Schlacht am See Regillus aller Hoffnung zu einer Rückkehr beraubt war, seine letzte Zuflucht nahm, zeugt die Sage von dem Ankaufe der sibyllinischen Orakelbücher, wodurch in die altrömische Religion eben so viel Griechisches kam, als in die Gesetzgebung durch die Decemvirn, bei deren Gesetzcommission der Ephesier Hermodoros thätig war. Wie man damals eigene Gesandtschaften in die griechischen Städte Unter-Italiens und nach Athen sandte, um Gesetze zu sammeln; so sollten auch schon die Söhne des letzten Königs nach Delphi gereiset sein, um das Orakel zu befragen. Es würde uns aber zu weit führen, wenn wir die römische Geschichte nach Dionysius weiter verfolgen wollten; ich führe daher nur noch aus seiner Kriegsgeschichte des Romulus nach der Vereinigung mit den Sabinern II, 50 ff. an, daſs ihm zufolge auch die lange vor Rom gegründete Colonie der Albaner *Cameria* einst ein angesehener Wohnsitz der Aboriginer war, und daſs nach der Sage von Alba auch drei Brüder zugleich Colonien nach *Fidenae*, *Nomentum* und *Crustumeria* führten, deren ältester Fidenae gründete. Es bleibt uns nun noch zu erforschen übrig, welchen Ansichten der Dichter *Virgilius* in der Sagengeschichte folgte, weil diese bei den spätern Römern ein eben so groſses Ansehen, wie die Homerischen Dichtungen bei den Griechen, gewannen.

50. Wenn ich gleich diesem Hefte eine Karte von Mittel-Italien nach Virgils Aeneide hinzufüge, wie dem vorigen eine Karte von Italien nach Lykophron's Alexandra; so läſst sich doch Virgils epische Dichtung nicht, wie der Kassandra Weissagungen, in ihrem eigenen Gange verfolgen: vielmehr müssen wir die zerstreuten Nachrichten, welche Virgilius aus Italiens ältester Sagengeschichte in seine Aeneide verwebte, unter besondere Gesichtspunkte zu ordnen suchen. Nach Virgil's Dichtung VII, 45 ff., mit welcher auch der Geschichtschreiber Trogus Pompejus bei Justinus XLIII, 1. zusammenstimmt, beginnt die italische Sage mit dem goldenen Zeitalter des *Saturnus* VI, 794. VIII, 314 ff., der vom ätherischen Olympus, durch Jupiter aus seiner Herrschaft vertrieben, in die nur von heimischen Faunen und Nymphen bewohnten Haine am Tiberis kam, wo zwar schon der Vater *Janus*

VIII, 357. herrschte, aber das aus Bäumen hervorgegangene rohe Menschengeschlecht, auf den Berghöhen zerstreut, nur von wildwachsenden Früchten und der Jagd lebte. Saturnus, von Janus gastlich aufgenommen, sittigte dieses durch Gesetze, und gab dem Lande, wo er sich gegen Jupiters Waffen gesichert barg (*latebat*), den Namen *Latium*. Auf dem Felsberge VIII, 347 ff., der später, als die Römer ihr goldenes *Capitolium* auf demselben gründeten, *Tarpejus* hiefs, ursprünglich aber, mit Waldgebüsch bewachsen, die Anwohner durch öftere Blitze Jupiters schreckte, erbauete er eine Burg *Saturnia*, wie Janus seine Stadt auf dem gegenüber liegenden *Janiculum* gründete. Von dieser Burg erhielt das ganze Italien I, 569., welches den Griechen als westlich gelegen *Hesperia* I, 530 ff. III, 163 ff. hiefs, den Namen *Saturnia*, welches jedoch im Verlaufe der Zeit noch manche andere Benennungen bekam, wie *Oenotria* VII, 35., weil es zuerst von den durch Waffen, wie durch Fruchtbarkeit des Bodens mächtigen Oenotriern angebauet wurde, *Italia* nach eines Fürsten Namen III, 185. 253 f. 523 f. und *Ausonia* III, 170. 477. 496. VII, 623. von den Ausonen, welche, mit den Sicanen kämpfend, in des Saturnus friedliche Land aus Liebe zum Besitzthume den Krieg brachten.

51. Wenn hiernach gleich Virgilius die *Oenotrier* als ältestes Volk Italiens erkannte, setzte er doch den *Italern* VIII, 531. die *Ausonen* XI, 253. oder *Aurunken* VII, 206. und *Sicanen* voran, worunter er die Aboriginer und Siculer verstand, und gleich alt war ihm der *Lydier* Volk, welches bis zum alten Sitze griechischer Pelasger X, 719., *Corythus* IX, 11., vordrang, und von da aus unter dem Namen der *Pelasger* das Latinergebiet VIII, 602., wie unter dem Namen der *Tyrrhenen* die Stadt Agylla VIII, 479. am Cäresflusse VIII, 597., besetzte. Von einem riesenhaften Könige des ausonischen Volkes, welches an den *Albula* einwanderte, VIII, 328 ff. V, 83., erhielt dieser Flufs den Namen *Tiberis*, der aber auch, weil er der Lydier Gebiet begränzte, vom Dichter II, 782. *Lydius Thybris* genannt wird. Wie einst der Stammvater der Troer *Dardanus* III, 167 ff. VII, 207. 240. VIII, 134. aus Corythus oder Cortona in Etrurien nach Asien auswanderte, so kehrte nach Troja's Zerstörung dessen Sprofs *Aeneas* I, 1 ff. mit den Penaten nach Latium zurück, wo er die Stadt *Lavinium* gründete, von welcher wieder *Alba*, wie von hieraus *Roma*, ausging, vgl. V, 597 ff. VII, 601 ff. Sowie sich aber der Dichter erlaubte, die Meinung des Siculers Timäos, welcher nach Dionysius H. I, 74. Roms und Karthago's Gründung in einerlei Zeit fallen liefs, dahin abzuändern, dafs er Aeneas und Dido zu Zeitgenossen machte; so führte er auch, unbekümmert um jede genauere Zeitrechnung, die Vorgeschichte Roms I, 263 ff. auf drei sich entsprechende Zahlen, 3, 30, 300, zurück, und obgleich Aeneas nach des Homeros Dichtung der sechste Sprofs des Dardanus war, so stellte er doch den Latinus, mit welchem Aeneas sich in Latium verband, nur als vierten Sprofs des Saturnus dar. Denn dieser hatte zwei Söhne *Picus* und *Pilumnus* X, 619, wie Pilumnus zwei Töchter *Venilia* und *Amata*,

deren erste X, 76. an *Daunus*, den Vater des Turnus und der Juturna X, 616., die zweite XII, 56. an *Latinus*, den Sohn des *Faunus* und der Nymphe Marica oder Enkel des Picus, vermählt war.

52. Um jedoch das Andenken jedes Beherrschers von *Latium* durch besondere Denkmäler zu feiern, gab der Dichter dem *Picus*, welchen seine Gemahlinn Circe in einen Specht verwandelte VII, 187 ff., einen Palast auf der Burg zu Laurentum VII, 170 ff., auf hundert Säulen erhöht und mit den Bildern der Ahnen Italus, Sabinus, Saturnus und Janus und anderer Fürsten der Aboriginer (*ab origine reges*), deren einer *Dercennus* XI, 850. hiefs, geschmückt, als geweihtes Regirungsgebäude und heiligen Tempel bei Opfermahlen der Rathsversammlung. Den *Faunus* ehrte der Dichter als schicksalredenden Vater durch ein Orakel VII, 81 ff. im Haine der Nymphe Albunea nach der Art dessen, welches Lykophron dem Podaleirios am Althainos im Lande der Daunier zuschrieb, weshalb auch das ganze önotrische Land mit allen andern italischen Völkern daselbst Bescheide geholt haben soll. *Latinus* hatte *Laurentum* VII, 59 ff. erbauet, welches er nach einem Lorbeerbaume benannte, den er im Innern der Burg dem Phoebus weihte. Er besafs aber auch ein hohes Gehöfd in dem Gefilde, das später von Alba's Namen Albanerebene hiefs, IX, 387 f. Dem *Pilumnus*, welchem Servius zu Virgils A. VII, 372. des Perseus Mutter Danaë zur Gemahlinn gibt, die nach Virgilius VII, 410., von Acrisius verstofsen, nach Italien kam, und die Stadt der Rutuler *Ardea* gründete, aber dem Servius zufolge auch mit zweien Söhnen, die sie von Phineus hatte, Argus und Argeus, in die Gegend Roms kam, wo man die Thongrube *Argiletum* VIII, 345. auf eines Argus Ermordung deutete, welcher den Söhnen der Danaë die Niederlassung wehrte, widmete der Dichter in Ardea's geheiligtem Thale einen Hain IX, 4., wie dem Gotte Silvanus bei Agylla VIII, 600.; den Argus tödteten aber nach Virgil die mit Evander gekommenen Arcadier, welche auf dem nahegelegenen Berge die nach Evanders Urahn Pallas benannte Stadt *Pallanteum* gründeten, VIII, 51 ff. Von Evanders Mutter, der Nymphe *Carmentis* VIII, 335 ff., zeugte das carmentalische Thor mit dem gleichnamigen Altare in Rom.

53. Kaum hatte *Evander*, aus seiner Vaterstadt vertrieben, auf den Rath der Carmentis, welche, vom Gotte Apollo begeistert, die künftige Gröfse Roms weissagte, seinen kleinen Königssitz IX, 9. sich erbauet, wo er immerwährende Kriege mit den Latinern führte, als *Hercules* mit des Geryones Rindern durch diese Gegend zog, welchen damals Evander in seiner kleinen Burg, wie später den Aeneas, gastlich bewirthete. Bei des Hercules Altare, der sogenannten *Ara maxuma* VIII, 270., sangen die Chöre der Greise und Jünglinge zum Tanze der Salier VIII, 285 ff. des Hercules Thaten an der zu seinem Andenken gestifteten Jahresfeier, bei welcher Aeneas gerade zu Evander kam, VIII, 172.; die Erlegung des Räubers Cacus aber, die uns hier besonders angeht, erzählte Evander dem Aeneas aus-

führlich, **VIII**, 185 ff. Der Abschaffung der Menschenopfer durch Hercules wird nicht besonders gedacht; desto mehr feiert die Aeneide des *Aeneas* Verdienst um die Religion in Latium. Gleich ausgezeichnet durch Frömmigkeit, wie durch Heldenthaten des Krieges I, 545., rettete er zugleich mit seinem Vater Anchises und Sohne Ascanius oder Julus II, 707 ff. die Heiligthümer Troja's, die väterlichen Penaten III, 42. aus dem Brande, und führte sie, aus Troja fliehend, in Italiens Lavinische Gefilde, I, 1 ff. 68. 378 ff. IV, 598. V, 632. XII, 192. Worin diese Penaten bestanden, an welche der Besitzer Heil geknüpft war, hat Virgilius keineswegs im Dunkeln gelassen, wenn er gleich sich hütet, die Götterbilder III, 147. genauer zu beschreiben, da er sie II, 296 f. vgl. V, 744. *vittas Vestamque potentem, aeternumque adytis elatum penetralibus ignem* nennt: nur mag man, weil es nicht blofs *Eine* Gottheit war, und das der Vesta heilige Feuer nicht als Götterbild gedacht werden kann, der Vesta noch den Vulcanus zugesellen, in dessen Tempel die ersten Römer nach Dionysius II, 50. ihre wichtigsten Staatsgeschäfte betrieben. Des Aeneas Schicksale selbst erzählt der Dichter auf folgende Weise.

54. Im Hafen von Antandros III, 6. erbauete Aeneas aus den Fichten eines heiligen Haines der berecynthischen Mutter auf dem Ida IX, 80 ff. eine Flotte von zwanzig Schiffen I, 380. Nachdem er bei dem Seesturme im sicilischen Meere eins, worauf die Lycier unter *Orontes* fuhren, verloren hatte I, 113., gelangten sieben mit ihm zugleich an Libyens Küste I, 170. 192. 383.; die zwölf übrigen I, 393. 584. hatten sich, wie er in der neuerbaueten tyrischen Stadt erfuhr, auf andere Weise gerettet. Von den Führern dieser Schiffe aufser ihm selbst und seinem treuen Begleiter *Achates* I, 120. 174. 188. 312. VIII, 521. 586 u. s. w. lernen wir den alten *Ilioneus* I, 521., *Abas* und den hochbejahrten *Aletes* I, 121., *Antheus, Capys, Caïcus* I, 181 ff., *Amycus, Lycus, Gyas, Cloanthus* I, 221 f., *Sergestus* und *Serestus* I, 611., *Mnestheus* IV, 288. kennen: die vier noch fehlenden mögen *Thymbraeus* XII, 458., der mit der Seherkunde begabte *Nautes* V, 704., und andere vermeintliche Stammväter berühmter römischer Geschlechter sein. Was Aeneas auf der Fahrt bis Epirus an Schiffsmannschaft verlor, ersetzte ihm Helenus III, 471.; daher auch unter seinen Begleitern selbst ein Acarnane Salius und ein Arcadier Patron V, 298 f. genannt werden. Sowie der Dichter schon durch einige jener Namen den römischen Geschlechtern schmeichelte, welche den erwähnten Führern entstammt sein sollten, wie durch den vorzüglich gepriesenen Mnestheus V, 117. vgl. 493. IX, 171. 306. 779. 812. XII, 384. 443. 549. 561. den *Memmiern*, zu welchen des Lucretius Gönner gehörte; durch Gyas, wie es scheint, den *Geganiern*, durch Sergestus den *Sergiern*, durch Cloanthus V, 121 ff. den *Cluentiern*, durch Nautes den *Nautiern*; so vergafs er nicht, das Herrscherhaus vor Allem durch Ahnen zu verherrlichen. So wurde nicht nur dem Julus als dem Stammvater der *Julier* Atys V, 568 f. zur Seite gestellt, um davon des Augustus mütterliche Geschlecht der

Atier abzuleiten, sondern auch zur Ehre der *Claudier* den Sabinern ein Clausus zum Anführer gegeben.

55. Doch um der Römer Abstammung aus Troja, für welche auch das Trojaspiel V, 602. zeugen mußte, wie Aeneas schon VI, 69 ff. der Sibylle der Apollospiele im palatinischen Tempel mit den sibyllinischen Büchern gelobte, desto glaublicher zu machen, gab man auch andern Städten und Völkern Italiens Troer zu Ahnen. So ward nach Cato's Vorgange *) die Stadt *Politorium* von einem Enkel des Priamus Polites abgeleitet V, 564 f., und wenn gleich Aeneas als der Erbauer des Venustempels auf dem Berge Eryx V, 759. dargestellt wurde, so erhielt doch die von Aeneas gegründete Stadt *Egesta* mit den sicanischen Häfen V, 24. am trinacrischen Ufer I, 196. Namen und innere Einrichtung vom Troer Acestes V, 757 f., welchen seine Mutter aus troischem Geblüte I, 550. vom Flusse Crimissus in Sicilien V, 38. gebar. Wie nach den *Elymern* dessen Begleiter Helymus V, 73. 300. genannt wird, so wird der Stadt *Entella* Name durch des Entellus Faustkampf V, 387 ff. gepriesen, wobei der Dichter Gelegenheit fand, auch des Venussohnes *Eryx*, welcher mit Hercules kämpfte, V, 412 ff., wie des *Butes* aus dem bebrycischen Geschlechte des Amycus V, 372., zu erwähnen. *Antenor's* Ankunft im illyrischen Busen, wo er, das Reich der Liburnen und die Quelle des Timavus vorüberfahrend, die Stadt *Patavium* gründete, I, 242 ff., ward eben so wenig vergessen, als der Feind des troischen Namens, der Agamemnonier *Halesus*, der sich in den Sitzen der Aurunken und Osken anbauete VII, 723 ff., und die argivischen Brüder Tiburtus, Catillus und Coras, welche *Tibur's* Mauern gründeten VII, 670 ff. Weil uns aber der Dichter mit den mancherlei Städte- und Völkerstiftern Italiens, wie mit andern daran sich reihenden Sagen und Geschichten, auf zweierlei Weise bekannt macht, theils durch Beschreibung der Fahrt des Aeneas, theils durch Aufzählung seiner Feinde und Bundesgenossen in dem Kriege mit den Laurentern und Rutulern, so wollen wir beides besonders verfolgen.

56. Noch ehe Aeneas Italien erreichte, machte ihn der Troer Helenus in Epirus mit den Griechen, welche die Südküste von Italien besetzt hatten, bekannt, auf daß er sie auf seiner Fahrt vermiede, und belehrete ihn dabei, daß unter dem ihm verheißenen *Italien* III, 253 f. nicht das Land zu verstehen sei, welches den Griechen also heiße III, 381 ff., sondern er erst dann, wenn er die thrinakische Insel umfahren, und das ausonische Meer, vor den unterirdischen Seen und der Insel der ääischen Circe vorbei, durchschifft habe, das

---

*) In der Sucht, die Namen edeler Geschlechter Roms auf solche Personen zurückzuführen, welche Homer schon kannte, ging man so weit, daß die Aelii *Lamiae* aus Formiae, welches Strabo V, pag. 283. von denselben Lakonen gründen läßt, die auch dem Orte Cajeta die Benennung einer Höhle Καιάττα gaben, vom Lästrygonenkönige Lamos (Cic. ad Att. II, 13. Hor. C. III, 17. Ov. Met. XIV, 233. Plin. H. N. III, 5.) stammen sollten.

Ziel seiner Fahrten finden werde, wo eine weiſse Sau mit dreiſsig Jungen am Ufer des Flusses den Platz zur Gründung einer Stadt bestimme, und das Räthsel vom tischeverzehrenden Hunger, womit ihn die Harpyie Celäno geschreckt, auf eine leichte Weise sich lösen werde. In dem ursprünglichen Italien an der Südküste sei schon alles von feindlichen Griechen besetzt: denn nach Virgil's Dichtung verweilete Aeneas in andern Gegenden des ägäischen Meeres, wo er zuerst sich wiederholentlich ansiedelte, so lange, daſs ihm, als er nach Libyen verschlagen wurde, I, 755., schon der siebente Sommer verfloſs, und abermals ein Jahr V, 46., ehe er zum zweiten Male von Sicilien nach dem fernern Italien abfuhr. Der Lyctier *Idomeneus* hatte unterdessen, aus seinem Reiche vertrieben III, 122. XI, 264., die *sallentinischen* Ebenen besetzt III, 400., nahe bei den Fluren des *Iapyx*, in welchen der Argiver *Diomedes* als Sieger am *Garganus* und dem in den Adria strömenden *Aufidus* XI, 405. die vom Ἄϱγος ἵππιον benannte Stadt *Argyripa* oder *Arpi* gründete, XI, 246 ff., seine Gefährten aber XI, 272. in Vögel verwandelt wurden. Der meliboeische Führer *Philoctetes* stiftete die kleine Stadt *Petelia*, und die naryoischen Locrier gründeten, während andere Locrier an die libysche Küste verschlagen wurden, XI, 265., die Stadt *Locri* III, 399 ff. Das durch des Hercules Thaten schon verherrlichte *Tarentum* III, 551. mit der Minervaburg und dem Venushafen III, 530 ff., welchen Aeneas nach kurzer Überfahrt von den Ceraunien erreichte, III, 506., wird nur kurz erwähnt, wie die Göttinn *Lacinia*, *Caulon's* Burg und das schiffbrüchige *Scylaceum* III, 552 f.

57. Desto länger verweilet der Dichter bei den in den ältesten Sagen besungenen Gegenden und Wundererscheinungen *Siciliens*, wie den Klippen der *Scylla* und *Charybdis* I, 200. III, 420. 684. VII, 302., wo einst eine furchtbare Erderschütterung die Insel vom festen Lande trennte IV, 414., obwohl nach einer andern Sage die dreizackige Insel mit dem weithin sichtbaren Aetna III, 554. auf den vom Blitze Jupiters getroffenen Encelados geschleudert ward III, 578 ff., der seine Flammen durch den *Aetna* aushaucht, und durch seine Bewegung das ganze Land erschüttert. Von dieses Landes drei Vorgebirgen meidet Aeneas das *Pelorum* III, 411., um dem Strudel der Charybdis zur Linken, wie der Raubgier der Scylla zur Rechten, zu entgehen; da er aber das *Pachynum* III, 429. 699. VII, 289. und *Lilybaeum* bis zum *Drepanum* III, 706 f. umfährt, lernt er durch einen Gefährten des Ulixes, welchen er bei den Cyclopen am Aetna XI, 263. aufnahm, die Namen aller wichtigen Plätze dieser Küsten kennen, wie *Thapsus* und *Megara* und die Mündung des *Pantagias* III, 687 ff. Den *Symaethus* mit dem Sühnaltare des Palicus erwähnt der Dichter bei einer andern Gelegenheit IX, 584. vgl. Macrob. S. V, 19. Nach der Insel *Ortygia* am Vorgebirge *Plemmyrium* mit dem Quell der mit dem Alpheus in Elis unter dem Meere verbundenen Arethusa III, 694 ff. befährt Aeneas die Mündung des *Helorus* nach dem Pachynum zu, wie jenseit dieses Vorgebirges *Camarina*, *Gela*, *Acragas* und *Selinus* III, 698 ff., bei deren

Erwähnung der Dichter, ganz vergessend, daſs nicht er, sondern Aeneas rede, Acragas sogar wegen seiner einstigen Rossezucht preiset. Die so durchfahrenen Meere werden das *ausonische* und *trinacrische* III, 384 f., aber auch die *ionischen* Fluten III, 671. und *siculischen* Gewässer III, 696. genannt, von welchen südlich die *gaetulischen Syrten* V, 51., nördlich das *tyrrhenische Meer* I, 67. mit der *äolischen Insel* I, 52., wo der Herrscher Äolus die Winde in einer Berghöhle eingekerkert hält, und der Insel *Lipara* VIII, 416 ff., wo Vulcanus seine Cyclopen beschäftigt, ausgeschieden werden.

58. Den mit dem *Taburnus* in Samnium gelegentlich angeführten *Silawald* in Bruttium XII, 715. abgerechnet, ist der südlichste Punkt Italiens, welchen der Dichter am tyrrhenischen Meere nennt, *Velia's* Hafen VI, 366. unterhalb des Vorgebirges, welches von der Bestattung des dahin angeschwemmten Steuerers *Palinurus* V, 871. VI, 355—381. seinen Namen erhielt. Nicht fern davon waren die Klippen der *Sirenen* V, 864., weit nördlicher aber das Vorgebirge, welches von dem Grabmale des Trompeters *Misenus* VI, 232 ff. benannt ward. Dieses lag nicht weit vom euboischen *Cumae* entfernt, VI, 2. III, 441., wo einst Daedalus, vor Minos fliehend VI, 14., dem Apollo einen Tempel bauete, und die Sibylle im Haine der Trivia am Avernussee III, 442 ff. eine groſse Höhle bewohnte VI, 42., bei welcher der Eingang in die Unterwelt war. VI, 106. 126. 237. Noch nördlicher lag der Hafen von *Cajeta* VI, 901., der von der Beerdigung der Pflegerinn des Aeneas VII, 1 ff. seinen Namen empfing, und nicht gar weit von dem Aufenthalte der *Circe* VII, 10. entfernt war. Als von da Aeneas in den Fluſs einfuhr, der, vom Gotte *Tiberinus* VIII, 31. 62. 77. beherrscht und von mancherlei Vögeln umflattert VII, 29 ff., aus dem Haindunkel gelblich hervorfloſs, beherrschte der König Latinus *Latium* schon hochbejahrt VII, 45., dessen Gebiet sich, so mächtig er auch im Vergleiche mit dem armen Evander am tuskischen Tiberstrome VIII, 472 ff. erscheint, doch nur vom Tiberis bis zum *Numicius* VII, 150. 242. erstreckte, worin Aurunken, Rutuler und alte Sicanen VII, 795 ff. XI, 397. zusammengränzten. Obwohl die Laurenter VII, 59 ff., die von einem dem Phoebus geweihten Lorbeerbaume im Innern der Burg des Latinus benannt waren, eigentlich *Aurunken* VII, 206. oder ein Theil der Bewohner des ausonischen Küstenlandes VII, 39. 198. waren, und Aeneas erst durch deren Vereinigung mit den Teucrern XII, 834 ff. das Volk der *Latiner* mit ausonischer Sprache und Sitte, aber troischer Religion und Götterverehrung stiftete; so pflegt doch der Dichter auch schon die ältern Bewohner Latiums Latiner XII, 823. zu nennen, wie er auch schon den Picus VII, 171. und den alten König Dercennus XI, 850. Laurenter nennt, obwohl Latinus erst Laurentum erbaute.

59. Damit man aber nicht glaube, daſs diese ältern Latiner vorzugsweise *Prisci Latini* genannt seien, wofür Ennius nach Varro L. L. VII, 3. §. 28. auch *Casci* sagte, so muſs bemerkt werden, daſs Virgilius V, 598. auch die spätern Latiner in Alba longa unter

Ascanius so nannte, und daher Paulus Diaconus richtig schreibt: »*Prisci Latini* proprie »appellati sunt hi, qui, priusquam conderetur *Roma*, fuerunt.« Wenn auch der ältere Tarquinius durch den Beinamen *Priscus* von dem jüngern unterschieden wurde, so hat doch Virgilius VI, 818. von einer ähnlichen Unterscheidung keinen Gebrauch gemacht, und *prisci Latini* in keinem andern Sinne verstanden, als *prisci Quirites* VII, 710. oder *veteres Pelasgi* VIII, 600. und *veteres Sicani* VII, 795. Was für Völker zur Zeit der Ankunft des Aeneas das mittlere und obere Italien bewohnten, lehret uns der Dichter in der Aufzählung aller der Streiter, welche Turnus zur Bekämpfung des Aeneas, und dieser zur Vertheidigung des von ihm an derjenigen Stelle des Tiberufers, wo die Weissagung der Harpyie III, 255 ff. durch Verzehrung der zum Male gebrauchten Speisetafeln VII, 109 ff. in Erfüllung ging, befestigten Lagers VII, 159., zusammenbrachten. Der erste aller Mitstreiter des Turnus war der tyrrhenische Götterverächter *Mezentius*, welcher wegen seiner Tyrannei aus der von Lydiern angebauten Stadt *Agylla* VIII, 478 ff. vertrieben war, aber mit seinem schönen Sohne Lausus noch tausend Kämpfer um sich versammelte VII, 647 ff. Nächst ihm führte der schöne *Aventinus*, welchen die Priesterinn Rhea im Walde des ihm gleichnamigen Hügels an der Tiber heimlich von Hercules bei seinem dortigen Aufenthalte geboren hatte, seine mit Pilen und Piken, Schwertern und sabellischen Wurfspeeren bewaffneten Krieger, selbst in eine Löwenhaut gehüllt, herbei VII, 655 ff. Ihm folgten die beiden Brüder des *Tiburtus* aus Argos, welche *Tibur* gegründet hatten, *Catillus* und *Coras* VII, 670 ff. und der Erbauer von *Praeneste*, der auf dem Herde gefundene Sohn des Vulcanus *Caeculus* VII, 678 ff., welcher mit den Praenestinern, bei denen Evander einst den Herilus VIII, 561. erlegte, welchem seine Mutter Feronia drei Leben verliehen hatte, die ländlichen Bewohner aus den Fluren der gabinischen Juno, des kalten Anio, der Felsen der Herniker (vgl. Macrob. S. V, 18.), der reichen Anagnia und des Vaters Amasenus XI, 547. in eigenthümlicher Bewaffnung verband.

60. *Messapus*, Neptunischer Sprofs und Rossebezähmer, VII, 691 ff., den weder Eisen noch Feuer zu strecken vermochte, führte unter lautem Kriegergesange *Fescenninische Schaaren* und *Faliskische Aequer* herbei, die Bewohner Soractischer Höhen, wo die frommen Verehrer des Apollo mitten durch das Feuer über glühenden Kohlen wandelten XI, 785 ff., und Flavinischer Fluren, des Ciminischen See's und Berges und Capenischer Haine; aber *Clausus*, der selbst die Stelle eines grofsen Heeres vertrat, die *Sabiner* vom alten Geblüt VII, 706 ff., Amiterner und alte Quiriten, die Bewohner von Eretum und der olivenreichen Mutusca, von Nomentum und den Rosischen Auen des Velinersees unweit des Nar mit der weifsen Schwefelflut VII, 517. und der Ampsanctischen Thäler VII, 565. mit der grauenathmenden Lüftung des Dis, wofern diese nicht nach andern bei den Hirpinern im fernern Süden zu suchen sind; aus den starrenden Felsen von Tetrica und dem Berge Severus, aus

Casperia, Foruli und den Ufern des Himella, Thybris und Fabaris, aus dem kalten Nursia und Horta; auch die Latinischen Völker mit denen vom Allia unheilweissagendes Namens Ferner kam der Agamemnonier *Halesus* VII, 723. mit den *Aurunken* der weinreichen Massikerhügel und der Sidicinerebenen, den Bewohnern von Cales und der Furten des Volturnus, den rauhen Saticulern und *Osken*. Aus noch fernerer Gegend kam *Oebalus*, Telon's Sohn von der Nymphe Sebethis, der, nicht zufrieden mit der *Teleboer* Reiche auf Capreae's Eilande, seine Herrschaft auch über das feste Land ausdehnte, über *Sarrastische* Völker und die Ebenen des Sarnus, über Rufrae, Batulum, Celenna, und die apfelreiche Abella VII, 733 ff. Aus den Bergen bei Nersa führte *Ufens* das räuberische Jägervolk der *Aequiculer* VII, 744 ff.; aus dem Haine Anguitia's aber am Fucinussee in den Marsischen Bergen der des Zaubergesangs kundige *Umbro*, vom Könige *Archippus* gesandt, das Volk der *Marrubier*. VII, 750 ff.

61. Auch *Virbius*, des Hippolytus Sprofs von der Aricia VII, 761 ff., kam aus Egeria's Haine, wo der fette Sühnaltar der Diana ist, und der Trivia See VII, 516. Den Namen hatte dieser mit seinem Vater gemein, der so genannt ward, seitdem ihn die liebende Diana, durch der Stiefmutter Betrug vom Vater verflucht, und von den verwilderten Rossen zerrissen, aber durch päonische Kräuter wieder ins Leben gebracht, im heiligen Tempel zu Aricia barg; allein obgleich vom Haine der Diana Wagen und Rosse immer fern gehalten wurden, weil diese, durch Meerscheusale scheu gemacht, den keuschen Jüngling ins Meer gestürzt hatten, so tummelte doch dessen Sohn gleich andern die Rosse, und rannte zu Wagen in die Kämpfe. Vor allen Kämpfern ragte jedoch *Turnus* hervor VII, 783 ff., der nicht nur argivische Jugend, *Rutuler*, Aurunken und alte Sicanen, Sacranen und Labiken aus den Forsten des Tiberinus und dem Ufer des Numicius daherführte, sondern auch die Bewohner des Circäischen Hügels und der Fluren von Anxur (*Anxuris*), wo Jupiter und die des grünen Hains sich freuende Feronia herrscht, des schwarzen Sumpfes von Satura und der tiefen Thäler am kalten Ufens. Aber der Rutuler Hauptort war *Ardea* VII, 409 ff., welchen des Acrisius Tochter Danaë angebauet haben soll, und wo des Turnus Vater *Daunus* X, 616. XII, 22. das nach ihm benannte daunische Volk VIII, 146. beherrschte, wovon auch Turnus XII, 723. daunischer Held, wie dessen Schwester Juturna XII, 785. vgl. 139 ff. daunische Göttinn, heifst. In fünf grofsen Städten wurden den Mitstreitern des Turnus die Waffen geschmiedet VII, 629 ff., im volskischen *Atina*, im stolzen *Tibur*, in *Ardea, Crustumerium*, und dem hochgethürmten *Antemnae*. Aber aus *Volskischem* Stamme gesellte sich ihnen noch eine Reiterinn zu, die Jungfrau *Camilla* VII, 805 ff. XI, 432. 498.

62. Durch welche Schicksale Camilla, des *Metabus* und der Casmilla Tochter, der Diana geweiht wurde, erzählt der Dichter bei ihrem Tode in dem Reitertreffen XI, 535 ff. Als ihr durch Herrscherstolz verhafster Vater aus der alten Stadt *Privernum* vertrieben war, floh er, sie als kleines Kind in den Armen tragend, in die ein-

einsamen Wälder am Amasenus, und von volskischen Kriegern verfolgt, schwang er sie, um den Wurfspiefs befestigt und der Diana zur Dienerinn gelobt, über den Flufs, um sicherer überzuschwimmen, und erzog sie darauf in den Wäldern zur jagenden Jungfrau. Da sich ganz Mittel-Italien, welches sich auf der Westseite des Apenninus von dem Tiberisstrome bis zum Silarus unter dem Namen *Ausonia* VII, 623. erstreckte, auf des Turnus Seite schlug, schlofs sich dessen Heerschaaren auch Camilla an. So viele Völker Ausoniens aber auch Fürsten griechischer Abkunft hatten, so liefs doch der Dichter, um seiner Aeneide nicht den Umfang der homerischen Iliade zu geben, die griechischen Ansiedler in Unter-Italien keinen Theil am Kriege nehmen, und obgleich Diomedes in Arpi um seine Theilnahme ersucht wurde, VIII, 9. XI, 243 ff., schlug er doch die erbetene Hülfe ab. So ward es dem Dichter auch leichter, dem Aeneas eine, wo nicht überlegene, doch das Gleichgewicht haltende Macht aus Ober-Italien zu verschaffen, ohne die den Latinern verwandten *Umbrier*, mit welchem Namen er nur gelegentlich XII, 753. einen Jagdhund bezeichnet, herbeiziehen zu müssen. Zu diesem Zwecke dichtete Virgilius einen allgemeinen Aufstand der *Tusken* und ihrer Bundesgenossen gegen den aus Agylla VIII, 478 ff. vertriebenen Tyrannen Mezentius unter *Tarchon's* Anführung, welchem der Opferschauer nur dann Glück verhiefs, wenn er einen auswärtigen Helden zum Führer wählete.

63. Der deshalb beschickte König Evander fühlte sich selbst zu alt, und da er seinen Sohn Pallas als von einer sabellischen Mutter geboren, VIII, 510., nicht als einen Auswärtigen empfehlen konnte, schlug er dem Aeneas, der sich durch seines Stammvaters Dardanus Gattinn Electra VIII, 134 ff. aus Einem Geblüte mit ihm entsprossen rühmte, vor, in seine Stelle zu treten. Tarcho, welcher schon mit der Tyrrhenen gesammten Heeresmacht am Strome des Caeres VIII, 597 ff. in der Nähe eines Haines, welchen die alten Pelasger, als sie sich im Gebiete der Latiner ansiedelten, dem Gotte Silvanus geweiht hatten, im sichern Lager verschanzt stand, nahm den Aeneas freudig auf, X, 153, welcher so, aufser der geringen Macht des Evander VIII, 473., noch eine sehr bedeutende Hülfsmacht erhielt. Nach geschlossenem Bündnisse schiffte sich, auf der Götter Geheifs einem auswärtigen Führer vertrauend, das einst aus Lydien VIII, 479. in Etrurien eingewanderte Volk, seine Hülfsmacht mit den wenigen Phrygiern vereinend, ein, und Aeneas fuhr mit dem ihm übergebenen Schiffe X, 156 ff. voran. Diese Hülfsmacht bestand aus 30 Schiffen X, 213. mit folgenden Streitern. *Massicus* führte Bogenschützen aus *Clusium* und *Cosa*, X, 166 ff.; *Abas* Krieger aus *Populonia* und der Insel *Ilva* mit den unerschöpflichen Erzschachten, X, 170 ff., der Seher *Asylas* Lanzenträger aus *Pisa* alpheisches Ursprungs, und der Reisige *Astur* Männer aus *Caeretischer* Heimath, den Fluren des *Minio*, dem alten *Pyrgi* und ungesunden *Graviscae*, X, 180 ff. Mit diesen *Etrusken* hatten sich aber auch die *Ligurer* unter *Cinyras* und die Krieger aus des Dichters Heimath *Mantua* unter *Ocnus*, X. 198 ff. sammt *Aulestes*

X, 207 ff. aus Ober-Italien verbunden: denn wenngleich Aulestes XII, 290. ein Tyrrhene genannt wird, so muſs man sich ihn doch aus Ober-Italien kommend denken, weil er erst nach den Ligurern und Mantuanern genannt wird. Er war nach Virgil vielleicht der Gründer Bononia's oder Felsina's von Perusia aus, obwohl nach Serv. zu Virg. X, 198. Aulestes Perusia gründete, sein Sohn oder Bruder Ocnus oder Aucnus dagegen Felsina oder Bononia, das daher bei Silius VIII, 601. *Ocni prisca domus* heiſst. In dem berühmten Perusinischen Denkmale lesen wir die tuskischen Namen *Aulesi Velthinas Arxnal clensi.*

64. *Mantua,* welches sein Erbauer Ocnus, der Sohn des tuskischen Stromes X, 199. d. h. des Tiberis oder Tiberinus VIII, 473, 31. 64. und der Seherinn Manto, nach der Mutter benannte, war das Haupt von zwölf Völkerschaften dreifaches Stammes aus tuskischem Geblüte, von welchen je vier einen besondern Stamm bildeten. Diese Sage des Dichters verdient, so dunkel sie auch ausgedrückt ist, doch als das Ergebniſs eigener Forschungen über den Anbau seiner Heimath betrachtet zu werden; anders verhält es sich mit der Sage von dem Anführer der Ligurer *Cupavo* X, 186 ff., welchen der Dichter noch dem Cinyras zugab. Denn wenn er diesen einen Sohn des *Cycnus* nennt, der, um den geliebten Phaëthon unter den Pappeln der Schwestern trauernd, in einen Schwan verwandelt wurde, dessen Gefieder daher des Sohnes Scheitel zierte; so folgte der Dichter darin uur einer griechischen Sage, Ovid. Met. II, 367. Die Schwäne der *Padusa* werden vom Dichter in einem Gleichnisse XI, 457. angeführt, der heimische Fluſs *Mincius* dagegen, welcher aus dem See Benacus entspringt, vom Ocnus zum Zeichen seines Schiffes gewählt. Um aber auch noch einige Örter zu nennen, welche erst nach des Aeneas Zeit in Latium erbauet wurden, läſst der Dichter den verstorbenen Vater des Aeneas diesem bei dem Besuche in der Unterwelt VI, 760 ff. die Nachkommen zeigen, unter welchen vor allen der von der Lavinia nach des Vaters Tode geborene und im Walde erzogene *Silvius,* dann *Procas, Capys, Numitor, Aeneas Silvius,* und die Erbauer von *Nomentum, Gabii, Fidenae,* der *collatinischen Festung* und der *Burg des Inuus, Pometii, Bola* und *Cora* genannt werden; mit Romulus VI, 779 ff., dem Erbauer der, sieben Hügel mit vereinender Mauer umschlieſsenden, *Roma,* aber zugleich alle nachfolgende Könige und die wichtigsten Männer Roms.

65. Wie die Zahl der Könige Roms und die Zahl der Jahrhunderte, in welchen es die Weltherrschaft rings um das Mittelmeer errang, der Zahl seiner sieben Hügel entspricht; so führt auch der Dichter die Perioden der römischen Geschichte auf dieselbe Dreizahl zurück, nach welcher sich Roms Könige, wie alle seine Bewohner, in Hinsicht auf ihren latinischen, sabinischen oder tuskischen Ursprung abtheilten. Wie er den Caesar Augustus VIII, 714 ff. bei der Feier seines dreifachen Triumphes dreihundert Tempel in der Stadt weihen läſst, so bezeichnet er, I, 292. durch das Walten der grauenden Treue, der Vesta oder der Penaten des Aeneas, und der Brüder Remus und Quirinus, im goldenen Zeitalter, welches unter

Augustus mit der Schliefsung des Janustempels wiederkehrt, drei Hauptperioden des römischen Heiles unter *Saturnus, Aeneas* und *Romulus,* deren mittlere sich wieder in dreierlei Herrschaften nach den Erbauungen dreier Hauptstädte *Lavinium, Alba longa* und *Roma* I, 6 f., V, 588 ff., XII, 826 f. theilt. Wenn nun auch die Zahl der dreifsig Jahre, welche Ascanius bis zur Gründung Alba's in Lavinium herrschen sollte, durch die Sage von der weifsen Sau mit dreifsig Ferken gegeben war, VIII, 43 ff. 82. 389 ff.; so ist doch die Bestimmung der drei Herrschaften unter Aeneas, Ascanius und den Silviern, wenn sie gleich dem Jupiter selbst I, 263 ff. in den Mund gelegt wird, nur ein Spiel mit den heiligen Zahlen *drei, dreifsig* und *dreihundert.* Anstatt jedoch in diesem Spiele fortzufahren, und Roms Dauer auf *dreitausend* Jahre zu bestimmen, fügt der Dichter weislich hinzu, der Römer Reich werde endlos sein, und der trojanische *Julius Caesar* zu den Sternen den Ruhm, zum Oceanus dehnen die Herrschaft. Wie Vulcanus auf des Aeneas Schilde VIII, 626 ff. die wichtigsten Begebenheiten Roms von der die Zwillingsknaben der *Ilia* I, 274 säugenden Wölfinn bis auf Augustus darstellte, so verherrlichte er besonders des Letztern ruhmvolle Thaten VIII, 678 ff. Die merkwürdigsten Plätze Roms zeigte aber Evander VIII, 342 ff. dem Aeneas, soweit es dem Dichter für die damalige Zeit möglich schien.

66. Diesem erlaube man nun noch diejenigen Stellen hinzuzufügen, welche uns in des Festus Werke *de significatione verborum* aus des *M. Verrius Flaccus* Nachrichten über Italiens älteste Sagengeschichte erhalten sind, weil des Livius Zeitgenosse meist aus ältern Werken, besonders auch des Cato Censorius, schöpfte, einzelne Stellen aber auch in Müller's vortrefflicher Ausgabe noch nicht vollkommen berichtigt sind. So rieth Müller wol ohne Grund des Cato Namen da zu tilgen, wo nur *eamque* in *eam quidem* verändert zu werden brauchte, um folgenden dem Ganzen angemessenen Sinn zu erhalten: »*Oppidorum* originem »optime refert Cato. Cicero lib. I. de gloria eam quidem appellationem usurpatione appella- »tam esse existimat, quod *opem darent,* adjiciens: *ut imitetur ineptias Stoicorum.*« Denn wenn auch Verrius schrieb: »*Originum* libros quod inscripsit Cato, non satis plenum titulum »propositi sui videtur amplexus, quando praegravant ea, quae sunt rerum gestarum P. R.«; so scheint er doch vorzüglich seine Nachrichten über den Ursprung italischer Völker und Städte, wie z. B. »*Praeneste* dicta est, quia is locus, quo condita est, montibus praestet«, aus Cato's Werke geschöpft zu haben, weshalb auch Müller aus der unter *Oreae* berührten Fabel vom Rosse, das sich den Zaum gefallen liefs, wodurch Stesichoros seine Landsleute vor dem Tyrannen Phalaris gewarnt haben soll, richtig folgert, dafs Cato in dem von Verrius angeführten dritten Buche auch den Ursprung und die Geschichte Himera's, wie anderer sicilischer Städte berührt habe. Dafs jedoch Verrius auch anderer Schriftsteller Meinungen nicht unbeachtet liefs, lehrt die Erläuterung des Namens *Italia,* welche ganz einfach also gelautet zu haben scheint:

»*Italia* dicta, quod magnos *italos*, hoc est boves, habeat: vituli etenim ab Italis sunt dicti itali: ab *Italo*
»rege eadem ab Atejo putatur appellata.«

67. Am weitläuftigsten verbreitet sich Festus über den Namen *Saturnia,* wie
folget:

»*Saturnia* Italia, et mons, qui nunc est Capitolinus, *Saturnius* appellabatur, quod in tutela Saturni esse
»existimantur. *Saturnii* quoque dicebantur, qui castrum in clivo Capitolino incolebant, ubi ara dicata ei
»deo ante bellum Trojanum videtur, quia apud eam supplicant apertis capitibus: nam Italici, auctore
»Aenea, velant capita, quod is, cum rem divinam faceret in litore Laurentis agri Veneri matri, ne ab
»Ulyxe cognitus interrumperet sacrificium, caput adoperuit, atque ita conspectum hostis evitavit.«

Ich übergehe das nur unvollständig erhaltene Factum, welches Festus unter den Worten:
»*Saturno* sacrificium fit capite aperto (vgl. »*Lucem facere* dicuntur Saturno sacrificantes, id
»est capita detegere«) anführt, um dafür noch folgende Erläuterung hinzuzusetzen:

»*Saturno* dies festus celebratur mense Decembri, quod eo aedis est dedicata: et is culturae agrorum
»praesidere videtur, quo etiam falx est ei insigne. Versus quoque antiquissimi, quibus Faunus fata ceci-
»nisse hominibus videtur, *Saturnii* appellantur, quibus et a Naevio bellum Punicum scriptum est, et a
»multis aliis plura composita sunt: qui deus in Saliaribus *Sateurnus* nominatur, videlicet a sationibus.«

Statt dafs wir bei Festus zuerst lesen: »*Picum avem* quidam dictum putant a Pico rege
»Aboriginum, quod is solitus sit eo uti ad auguria«, schreibt dieser später:

»*Picum regem* a pico avi dictum Verrius ait ob auguria, quae ab eo capiebat. Is *Fatuum*, *Faunum* ab
»aliis dictum, filium procreavit, et ex hoc *Latinus* ortus, qui suos magnis beneficiis affecit, ut qui Tro-
»janorum regem, fugientem Argivos Aenean hospitio excepit atque cum eo unam civitatem junxit.«

Da aber die ersten Worte bis *Verrius ait* nur Vermuthung des Ursinus sind', so lassen sich
dafür leicht die zuerst erwähnten Worte herstellen: »*Fanum* a Fauno dictum« schreibt
Paulus D. anderwärts.

68. Welchen sonderbaren Erklärungen Verrius sich hingab, zeigt folgende Stelle:
»*Chaos* appellat Hesiodus confusam quandam ab initio unitatem, hiantem patentemque in profundum: ex
»eo et χάσκειν Graeci, et nos *hiare* dicimus, unde *Janus* detracta aspiratione nominatur ideo, quod fuerit
»omnium primus, cui primo supplicabant veluti parenti, et a quo rerum omnium factum putabant initium.«
Eben derselbe erklärt zwar: »*Janual* libi genus, quod Jano tantummodo libatur«; aber:
»*Janiculum* dictum, quod per eum Romanus populus primitus transierit in agrum Etruscum.«
Auch vom *Palatium* meldet er verschiedene Deutungen, wie Varro L. L. V, 8, 53. und bei
Servius zu Virg. A. VIII, 51.: denn er schreibt:

»*Palatium,* id est mons Romae, appellatus est, quod ibi pecus pascens *balare* consueverit, vel quod *pa-*
»*lare,* id est errare, ibi pecudes solerent; alii, quod ibi Hyperborei filia Palanto habitaverit, quae ex
»Hercule Latinum peperit; alii eundem, quod Pallas ibi sepultus sit, aestimant appellari.«

Dafs das Palatium auch von der Hirtengöttinn *Pales* benannt sein könne, an deren Feier
der *Parilien* man die Stadt von Romulus erbauet glaubte, daran dachte Verrius so wenig,
als irgend ein anderer; es gab aber auch eine Göttinn *Palatua,* von welcher Festus schreibt:
»*Palatualis* Flamen constitutus est, quod in tutela ejus deae Palatium est:« und hieraus
erklärt sich folgende Stelle:

»*Septimontio,* ut ait Antistius Labeo, hisce montibus feriae: *Palatio,* cui sacrificium quod fit, Palatuar
»dicitur; *Veliae,* cui item sacrificium; *Fagutali; Suburae; Cermalo; Oppio monti; Cispio monti.*«
Der Zusatz *Caelio* bei *Oppio* mufs um so mehr gestrichen werden, da man umgekehrt bei
Paulus D. unter *Septimontium* dafür *Celio Oppio* schrieb, und Festus eine Erklärung der
Namen *Oppius* und *Cispius* hinzufügt, vom *Caelius* aber schweigt. Auch das, was Paulus
D. schreibt: »*Caelius mons* dictus est a Caele quodam ex Etruria, qui Romulo auxilium
»adversus Sabinos praebuit, eo quod in eo domicilium habuit«, stimmt nicht mit dem, was
Festus unter *Tuscum vicum* nach Varro L. L. V, 8, 46. von den Brüdern Caeles und Vibenna
sagt.

69. Was Festus von der *Subura,* und Paulus D. vom *Fagutal* und *Cermalus* schreibt,
können wir hier, wie die Tribusnamen, übergehen; für die Sagengeschichte wichtiger sind
folgende Erklärungen des Paulus D.:

»*Argea* loca Romae appellantur, quod in his sepulti essent quidam Argivorum illustres viri«; und »*Ar-*
»*geos* vocabant scirpeas effigies, quae per virgines Vestales annis singulis jaciebantur in Tiberim.«
Was derselbe kurz meldet: »*Depontani* senes appellabantur, qui sexagenarii de ponte deji-
»ciebantur«, erzählt Festus weitläuftiger also:

»*Sexagenarios* de ponte olim dejiciebant, cujus causam Manilius hanc refert, quod Romam qui incoluerint
»primi Aborigines, aliquem hominem, sexaginta annorum qui esset, immolare Diti Patri quotannis soliti
»fuerint: quod facere eos destitisse adventu Herculis, sed religiosa veteris ritus observatione scirpeas
»hominum effigies de ponte in Tiberim antiquo modo mittere instituisse. Alii dicunt, morante in Italia
»Hercule, quod quidam ejus comitum habitaverint secundum ripam Tiberis, atque Argeos se a patria
»vocaverint Argivorum, propagatam memoriam redintegrari eo genere sacri: alii, e Graecia legatum quon-
»dam Argeum temporibus antiquis Romae moratum esse; is ut diem obierit, institutum esse a sacerdoti-
»bus, ut effigies scirpea ex omnibus, quicumque publicae vitae prorsus renuntiavisset, per flumen ac mare
»in patriam remitteretur. Sunt qui dicant, post urbem a Gallis liberatam ob inopiam cibatus coeptos
»sexaginta annorum homines jaci in Tiberim, ex quo numero unus, filii pietate occultatus, saepe profue-
»rit patriae consilio sub persona filii: id ut sit cognitum, ei juveni esse ignotum et sexagenario vitam
»concessam; latebras autem ejus, quibus arcuerit senem, id est cohibuerit, et celaverit, sanctitate dignas
»esse visas, ideoque arcaea appellata. Sed exploratissimum illud est causae, quo tempore primum per
»pontem coeperunt comitiis suffragium ferre, juniores conclamaverunt, ut de ponte dejicerentur sexagena-
»rii, qui jam nullo publico munere fungerentur, ut ipsi potius sibi quam illi deligerent imperatorem:
»cujus sententiae est etiam Sinnius Capito, vanam autem opinionem de ponte Tiberino confirmavit Afra-
»nius in Repudiato.«

70. Auch was Paulus D. kurz schreibt: »*Faviani* et *Quintiliani* appellabantur luperci a Favio et Quintilio praepositis suis«, meldet Festus weitläuftiger unter *Quinctiliani*
luperci aus den Zeiten des Romulus; dagegen schreibt Paulus D.:

»*Fovii,* qui nunc *Favii* dicuntur, dicti, quod princeps gentis ejus ex ea natus sit, cum qua Hercules in
»fovea concubuit: alii putant, eum primum ostendisse, quemadmodum ursi et lupi foveis caperentur.« vgl.
mit Festus s. v. *Roma* Serv. ad Virg. Aen. VIII, 203. »Solus Verrius Flaccus dicit, *Garanum* fuisse
»pastorem magnarum virium, qui Cacum afflixit; omnes autem magnarum virium apud veteres *Hercules* dicti.«
Was eben so kurz Paulus D. über *October equus* schreibt, lautet bei Festus also:

»*October equus* appellatur, qui in campo Martio mense Oct. immolatur quotannis Marti, bigarum victri-
»cum dexterior: de cujus capite non levis contentio solebat esse inter Suburanenses et Sacravienses, ut
»hi in regiam pariete, illi ad turrim Mamiliam (intra Suburae regionem« nach Paulus D. unter *Mamilia*
»*turris*) id figerent; ejusdemque coda tanta celeritate perfertur in regiam, ut ex ea sanguis destillet in
»focum, participandae rei divinae gratia. Quem hostiae loco quidam Marti bellico deo sacrari dicunt,
»non, ut vulgus putat, quia velut supplicium de eo sumatur, quod Romani Ilio sunt oriundi et Trojani
»ita effigie lignea equi sint capti: multis autem gentibus equum hostiarum numero haberi testimonio sunt
»Lacedaemonii, qui in monte Taygeto equum ventis immolant ibidemque adolent, ut eorum flatu cinis
»ejus per finis quam latissime differatur: et Sallentini, apud quos Menzanae Jovi dicatus vivus conjicitur
»in ignem, et Rhodii, qui quotannis quadrigas Soli consecratas in mare jaciunt, quod is tali curriculo
»fertur circumvehi mundum.«

Wie aber die Römer alles gern auf einen troischen Ursprung bezogen, beweiset auch Folgendes bei Festus:

»*Nautiorum* familia a Trojanis dicitur oriunda: fuit enim eorum princeps Nautes, qui Romam detulit si-
»mulacrum aeneum Minervae, cui postea Nautii sacrificare soliti sunt, unde ipsa quoque dea Nautia voca-
»batur.«

71. So schreibt auch Festus:

»*Segesta* quae nunc appellatur, oppidum in Sicilia est, quod videtur Aeneas condidisse praeposito ibi
»Egesto, qui eam Egestam nominavit; sed praeposita est ei S. litera, ne obsceno nomine appellaretur,
»ut factum est in Malevento, quod Beneventum dictum est, et in Epidamno, quod usurpatur Dyrrachium:«

und von der Insel Pithecusa schreibt Paulus D.:

»*Aenariam* appellavere locum, ubi Aeneas classem a Troja veniens appulit;« ferner: »*Misenum* promon-
»torium a Miseno tubicine Aeneae ibi sepulto est appellatum.«

Aus gleicher Quelle floss die Deutung:

»*Cimmerii* dicuntur homines, qui frigoribus occupatas terras incolunt, quales fuerunt inter Bajas et Cumas
»in ea regione, in qua convallis satis eminenti jugo circumducta est, quae neque matutino, neque ves-
»pertino tempore sole contingitur.«

Wiewohl P. D. schreibt: »*Cloeliae fossae* a Cloelio, duce Albanorum, dictae«, sagt er doch auch:

»*Cloelia familia* a Clolio, Aeneae comite, est appellata,« und eben so schreibt er: »*Caeculus* condidit
»Praeneste: unde putant Caecilios ortos, quorum erat nobilis familia apud Romanos: alii appellatos eos
»dicunt a Caecade Trojano, Aeneae comite.«

»*Aenesii*«, sagt er, »dicti sunt comites Aeneae«, und bald darauf:

»*Aemiliam* gentem appellatam dicunt a Mamerco, Pythagorae philosophi filio, cui propter unicam huma-
»nitatem cognomen fuerit Aemylos: alii, quod ab Ascanio descendat, qui duos habuerit filios, Julium et
»Aemylon.«

Von den Saliern schreibt Festus:

»*Salios* a saliendo et saltando dictos esse, quamvis dubitari non debeat, tamen Polemon ait, Arcada quen-
»dam fuisse, nomine *Salium*, quem Aeneas a Mantinea in Italiam deduxerit, qui juvenes Italicos ἐνόπλιον
»saltationem docuerit. At Critolaus Saonem ex Samothrace, cum Aenea deos Penates qui Lavinium trans-
»tulerit, Saliare genus saltandi instituisse: a quo appellatos Salios, quibus per omnis dies, ubicumque
»manent, quia amplae ponuntur coenae, si quae aliae magnae sunt, Saliares appellantur.«

72. Merkwürdig ist, was Festus schreibt:

»*Oscillantes*, ait Cornificius, ab eo, quod os celare sint soliti personis propter verecundiam, qui eo genere

»lusus utebantur. Causa autem ejus jactationis proditur Latinus rex, qui proelio, quod ei fuit adversus
»Mezentium, Caeritum regem, nusquam apparuerit, judicatusque sit Jupiter factus Latiaris, u. s. w. Nec
»desunt, qui exemplum Graecorum secutos putent Italos, quod illi quoque, injuria interfecto Icaro, cum
»Erigone filia ejus dolore impulsa suspendio periisset, per simulationem arboribus suspensos se agitassent.«

Wie hiernach Latinus als *Jupiter Latiaris* gefeiert ward, so Aeneas als *Indiges*:

»Hoc nomine Aeneas ab Ascanio appellatus est, quum pugnans cum Mezentio nusquam apparuisset; in
»cujus nomine etiam templum construxit.«

Weiter schreibt Festus:

»*Silvii* sunt appellati Albani reges a Laviniae filio, quem post excessum Aeneae gravida relicta, timens
»periculum et suae vitae et ejus, quem utero gerebat, in silvis latens enixa est: qui restitutus in regnum
»est post mortem Ascanii, praelatus Iulo fratris filio, cum inter eos de regno ambigeretur.«

Zu diesen Silviern gehörte Capys, welchen Paulus D. wol schwerlich meint, wenn er schreibt:

»*Capuam* in Campania quidam a capye appellatam ferunt, quem a pede introrsus curvato nominatum an-
»tiqui nostri falconem vocant; alii a planitie regionis;«

aber auch Tiberinus, von welchem gesagt wird:

»*Albula* Tiberis fluvius dictus ab albo aquae colore, *Tiberis* autem a Tiberino Silvio, rege Albanorum,
»quod is in eo exstinctus est;«

wozu Paulus D. unter *Tiberis* noch fügt: *Tibris* a Tibri rege Tuscorum.« So schreibet er:

»*Aventinus* mons intra urbem dictus est, quod ibi rex Albanorum Aventinus bello fuerit exstinctus atque
»sepultus;« aber: »*Vaticanus* collis appellatus est, quod eo potitus sit populus Romanus vatum responso
»expulsis Etruscis:« und derselbe schreibt: »*Murciae deae* sacellum erat sub monte Aventino, qui antea
»*Murcus* vocabatur.«

73. Um nicht die oben schon §. 8 ff. angeführten mancherlei Meinungen über *Roms*
Entstehung hier zu wiederholen, genüge der einzige Zusatz des Festus:

»*Romam* antea Romulam appellatam Terentius quidem Varro censet ab Romulo, deinde detortam vocabuli
»formam in Romam existimat credibile: ceterum causam in libris sacrorum se invenisse ait Verrius, cur
»verum Romae nomen taceatur.«

So soll auch die *Romana porta* zuerst *Romula* genannt sein; doch ist diese Stelle nur durch
Vermuthungen ergänzt, wie folgende:

»*Remurinus ager* dictus, quia possessus est a Remo, et habitatio Remi *Remuria* fuit. Sed etiam locus
»in Aventino ad summum culmen montis *Remoria* dicitur, quam inde vocitatam ajunt, quod Remus cum
»Romulo disceptans de urbe condenda in eo loco fuerit anspicatus.« — »*Ruminalem ficum* appellatam ait
»Varro prope Curiam sub Veteribus, quod sub ea arbore lupa a monte decurrens Remo et Romulo mam-
»mam praebuerit: mamma autem *rumis* dicebatur, unde rustici haedos lactentes *subrumos* vocant, quia ad-
»huc sub mammis habentur. Alii autem sunt, qui dictam putent, quod sub ea pecus ruminari solitum
»esset.« Weiter oben schreibt Festus: »*Romulum* quidam a ficu Ruminali, alii quod lupae ruma nutri-
»tus est, appellatum esse ineptissime dixerunt: quem credibile est a virium magnitudine, item fratrem
»ejus, appellatos.«

Daher schreibt Paulus D.: »*Romulus et Remus* a virtute, hoc est robore, appellati sunt;«
bei demselben lesen wir aber auch:

»*Altellus* Romulus dicebatur, quasi altus in tellure, vel quod tellurem suam aleret; sive quod aleretur telis,
»vel quod a Tatio Sabinorum rege postulatus sit in colloquio pacis et alternis vicibus audierit locu-
»tusque fuerit: sicut enim fit diminutive a macro *macellus*, a vafro *vafellus*, ita ab alterno *altellus*.«

74. Statt dessen, was sich bei Festus noch über *Quirinus* und *Quiritis Juno* erhalten hat, mögen die wenigen Worte des Paulus D. genügen:

»*Curis* est Sabine hasta: unde Romulus *Quirinus*, quia eam ferebat, est dictus; et Romani a Quirino *Qui-*
»*rites* dicuntur: quidam eum dictum putant a Curibus, quae fuit urbs opulentissima Sabinorum. *Curitim*
»*Junonem* appellabant, quia eandem ferre hastam putabant.« »*Quirites* autem dicti,« setzt Festus hinzu,
»post foedus a Romulo et Tatio percussum communionem et societatem populi factam indicant;«
und Paulus D. schreibt: »Dici mos erat Romanis in omnibus sacrificiis precibusque: *populo*
»*Romano Quiritibusque*, quod est Curensibus, quae civitas Sabinorum potentissima fuit.«
Nach der Erläuterung: »*Quirinalia* mense Februario dies, quo Quirini fiunt sacra« u. s. w.
schreibt Festus:

»*Quirinalis collis*, qui nunc dicitur, olim *Agonus* appellabatur« (womit man Paulus D. unter *Agonium*
vergleichen mag), »antequam in eum commigrarent fere Sabini a Curibus venientes post foedus inter Ro-
»mulum et Tatium ictum: a quo hanc appellationem sortitus est, quamvis existiment quidam, quod in eo
»factum sit templum Quirino, ita dictum.«
Nachdem er hierauf gesagt: »*Quirina tribus* a Curensibus Sabinis appellationem videtur tra-
xisse«, setzt er hinzu:

»*Quiritium fossae* dicuntur, quibus Ancus Martius circumdedit urbem, quam secundum ostium Tiberis
»posuit, ex quo etiam Ostiam, et quia populi opera eas fecerat, appellavit Quiritium.« Anderwärts aber
schreibt er: »*Ostiam* urbem ad exitum Tiberis in mare fluentis Ancus Martius rex condidisse, et feminino
»appellasse vocabulo fertur, quod sive ad urbem, sive ad coloniam, quae postea condita est, refertur.«
Ferner: »*Quadrata Roma* in Palatio ante templum Apollinis dicitur, ubi reposita sunt, quae solent boni
»ominis gratia in urbe condenda adhiberi, quia saxo munitus est initio in speciem quadratam. Ejus loci
»Ennius meminit, cum ait: *Et qui se sperat Romae regnare quadratae.*« Vergl. *Posimerium.*

75. Zur ältesten Geschichte Roms gehören noch folgende Stellen bei Paulus D.:
»*Larentalia* conjugis Faustuli, nutricis Remi et Romuli, Larentiae festa,« und »*Parilibus* Romulus Urbem
»condidit, quem diem festum praecipue habebant juniores.« Festus schreibt: »*Potitium et Pinarium* Her-
»cules, cum ad aram, quae hodieque Maxima appellatur, decimam bovum, quos a Geryone abductos abi-
»gebat Argos in patriam, profanasset, genus sacrificii edocuit: quae familia et posteri ejus non defuerunt
»decumantibus usque ad Ap. Claudium Censorem, qui quinquaginta millia aeris gravis his dedit, ut ser-
»vos publicos edocerent ritum sacrificandi: quo facto Potitii, cum essent ex familia numero duodecim,
»omnes interierunt intra diem XXX. Pinarius quod non affuit sacrificio, postea cautum est, ne quis Pi-
»nariorum ex eo sacrificio vesceretur.« Vgl. *Putitium.* Ferner: »Sex Vestae sacerdotes constitutae sunt,
»ut populus pro sua quaque parte haberet ministram sacrorum, quia civitas Romana in sex est distributa
»partis: in primos secundosque Titienses, Ramnes, Luceres.« —
»*Titiensis tribus* a praenomine Tatii regis appellata esse videtur«, schreibt P. D., hinzufügend:
»*Titia* quoque *curia* ab eodem rege est dicta.« Ferner: »*Lucerenses* et *Luceres*, quae pars tertia populi
»Romani est distributa a Tatio et Romulo, appellati sunt a Lucero, Ardeae rege, qui auxilio fuit Romulo
»adversus Tatium bellanti;« aber auch: »*Lucomedii* a duce suo Lucomo dicti, qui postea Lucerenses ap-
»pellati sunt.« Ferner: »*Celeres* antiqui dixerunt, quos nunc equites dicimus, a Celere, interfectore
»Remi, qui initio a Romulo iis praepositus fuit: qui primitus electi fuerunt ex singulis curiis deni, ideo-
»que omnino trecenti fuere.« — »*Curia* locus est, ubi publicas curas gerebant. *Calabra curia* dicebatur,
»ubi tantum ratio sacrorum gerebatur. *Curiae* etiam nominantur, in quibus uniuscujusque partis populi
»Romani quid geritur, quales sunt hae, in quas Romulus populum distribuit, numero triginta, quibus po-
»stea additae sunt quinque, ita ut in sua quisque curia sacra publica faceret feriasque observaret, iisque
»curiis singulis nomina Curiarum virginum imposita esse dicuntur, quas virgines quondam Romani de Sa-
»binis rapuerunt.«

76. »*Tatium* occisum ait (Festus) Lavinii ab amicis eorum legatorum, quos interfecerant Tatiani
»latrones, sed sepultum in Aventiniensi laureto.« — »*Tarpejae* esse effigiem ita appellari putant quidam
»in aede Jovis Metellina, ejus videlicet in memoriam virginis, quae pacta a Sabinis hostibus ea, quae in
»sinistris manibus haberent, ut sibi darent, intromiserit eos cum rege Tatio, qui postea in pace facienda
»caverit a Romulo, ut ea Sabinis semper pateret.« — »*Saxum Tarpejum* appellatam ajunt partem montis,
»qui ob sepultam Tarpejam ibi virginem, quae eum montem Sabinis prodere pacta erat, ita nominatus
»est; vel ab eo, quod, quidam nomine L. Tarpejus Romulo regi cum propter raptas virgines adversare-
»tur, in ea parte, qua saxum est, de noxio poena sumpta est: quapropter noluerunt funestum locum cum al-
»tera parte Capitolii conjungi.« — »*Sceleratus vicus* appellatur, quod cum Tarquinius Superbus interfi-
»ciendum curasset Ser. Tullium regem, socerum suum, corpus ejus jacens filia carpento supervecta est,
»properans in possessionem domus paternae.« Vgl. *Orbius clivus.* — »*Scelerata porta* eadem appellatur
»a quibusdam, quae et Carmentalis dicitur, quod ei proximum Carmentae sacellum fuit: scelerata autem,
»quod per eam sex et trecenti Favii cum clientium millibus quinque egressi adversus Etruscos, ad am-
»nem Cremeram omnes sunt interfecti: qua ex causa factum est, ut ea porta intrare egredive mali ominis
»habeatur.« Vgl. *Religioni est quibusdam porta Carmentali egredi,* und »*Tarquitias scalas,* quas rex Tar-
»quinius Superbus fecerit, abominandi ejus nominis gratia ita appellatas esse ait vulgo existimari.« —
»*Tullianum,* quod dicitur pars quaedam carceris, Ser. Tullium regem aedificasse ajunt.

Statt der weitläuftigen Erläuterung über *Sororium tigillum* unter dem Könige Tullus Hostilius genüge das Wenige von Paulus D.:

»*Sororium tigillum* appellabatur locus sacer in honorem Junonis, quem Horatius quidam statuerat causa
»sororis a se interfectae ob suam expiationem.«

77. Ohne mich länger bei den Örtlichkeiten Roms zu verweilen, gehe ich zur
Geschichte der Völker Italiens über, deren ältestes Paulus D. die Aboriginer nennt:

»*Aborigines* appellati sunt, quod errantes convenerint in agrum, qui nunc est populi Romani: fuit enim
»gens antiquissima Italiae.«

Gleichwohl vertrieben diese die Ligurer und Siculer nach Festus:

»*Sacrani* appellati sunt Reate orti, qui ex Septimontio Ligures Siculosque exegerunt: nam vere sacro
»nati erant.« —

An einer andern Stelle heifst es:

»*Ver sacrum* vovendi mos fuit Italis: magnis enim periculis adducti vovebant, quaecumque proximo vere
»nata essent apud se animalia, immolaturos; sed quum crudele videretur pueros ac puellas innocentes in-
»terficere, perductos in adultam aetatem velabant atque ita extra fines suos exigebaut.«

Ein besonderes Factum dieser Art, welches Dionysius H. auf seine Pelasger übertrug, lesen
wir von den Mamertinern:

»*Mamertini* appellati sunt hac de causa. Cum de toto Samnio gravis incidisset pestilentia, Sthennius
»Mettius, ejus gentis princeps, convocata civium suorum concione, exposuit se vidisse in quiete
»praecipientem Apollinem, ut, si vellent eo malo liberari, ver sacrum voverent, id est, quaecumque vere
»proximo nata essent immolaturos sibi, quo facto levatis post annum vicesimum deinde ejusdem generis
»incessit pestilentia. Rursum itaque consultus Apollo respondit, non esse persolutum ab iis votum, quod
»homines immolati non essent: quos si expulissent, certe fore, ut ea clade liberarentur. Itaque ii jussi
»patria decedere, cum in parte ea Siciliae consedissent, quae nunc Tauricana dicitur, forte laborantibus
»bello novo Messanensibus auxilio venerunt ultro, eosque ab eo liberarunt provinciales: quod ob meri-
»tum eorum, ut gratiam referrent, et in suum corpus communionemque agrorum invitarunt eos, et nomen
»acceperunt unum, ut dicerentur Mamertini, quod, conjectis in sortem duodecim deorum nominibus,
»Mamers forte exierat, qui lingua Oscorum Mars significatur: cujus historiae auctor est Alfius libro primo
»belli Carthaginiensis,« vgl. *Mamercus.*

78. Gleiches ist von den Hirpinern und Picentern nach Plinius H. N. III, 18. bekannt, von welchen Paulus D. schreibt:

»*Irpini* appellati nomine lupi, quem *irpum* dicunt Samnites: eum enim ducem secuti agros occupavere.« —
»*Picena* regio, in qua est Asculum, dicta, quod, Sabini quum Asculum proficiscerentur, in vexillo eorum »picus consederit.«

Dafs die Picenter vom sabinischen Stamme waren, sagte auch Sinnius Capito unter *Natio;* dagegen leitete Verrius die appulischen Völker aus Illyrien ab:

»*Daunia* Appulia appellatur a Dauno, Illyricae gentis claro viro, qui eam, propter domesticam seditionem »excedens patria, occupavit.«

Ob ebenso: »*Messapia* Appulia, a Messapo rege appellata«, zu deuten sei, wird nicht gesagt; aber auch den Salentinern gesellten sich Illyrier zu nach Festus:

»*Salentinos* a salo dictos (ait) Cretas et Illyrios, qui cum Locrensibus navigantes societatem fecerint, ejus »regionis Italiae, quam dicunt ab iis.«

Wenn er diesen Namen von einem griechischen Worte ableitet, darf uns dieses so wenig irren, als wenn Festus von den Samniten schreibt:

»*Samnitibus* nomen inditum esse tradit (Verrius) Samnitas propter genus hastae, quod σαύνια appellent »Graeci: alii ajunt e Sabinis, vere sacro voto, hoc genus hominum extra fines ejectum, Comio Castronio »duce, occupasse collem, cui nomen Samnio: inde dictos.

Wie Paulus D. den Namen *Lucetius,* welchen Servius zu Virg. A. IX, 570. für oskisch erklärt, für lateinisch hielt, wenn er schreibt: »*Lucetium* Jovem appellabant, quod eum lucis esse causam credebant«; so erklärte er auch den Namen der Lucanier:

»*Lucani* appellati dicuntur, quod eorum regio sita est ad partem stellae luciferae, vel quod loca cretosa »sunt, id est multae lucis, vel a Lucilio duce, vel quod primitus in luco consederunt.«

Dafs die oskische Sprache von der griechischen verschieden war, deutet Paulus D. an, wenn er schreibt:

»*Bilingues Bruttates* Ennius dixit, quod Bruttii et Osce et Graece loqui soliti sint: sunt autem Italiae »populi vicini Lucanis.«

Aber Verrius hatte von den Griechen in Italien so verwirrte Begriffe, dafs Festus schreibt:

»*Major Graecia* dicta est Italia, quod eam Siculi quondam obtinuerunt, vel quod multae magnaeque civi- »tates in ea fuerunt ex Graecia profectae.«

79. So viel auch Festus über das Oskische schreibt, so ist ihm doch alles, was er davon anführt, unklar geblieben.

»Oscos quos dicimus, ait Verrius, Opscos antea dictos, teste Ennio, quum dixit: *De muris rem gerit Ops-* »*cus.* Adjicit etiam, quod stuprum et inconcessae libidines *obscena* dicantur, ab ejus gentis consuetudine »inducta: quod verum esse non satis adducor, quum apud antiquos omnes fere obscena dicta sint, quae »mali ominis habebantur, ut illa Virgilii testimonio sunt, ut superiorum auctorum exempla referre non »sit necesse, quum ait: *Harpyias obscenas volucres* et *obscenamque famem.*« Ferner: »*Obscum* duas diver- »sas et contrarias significationes habet: nam Cloatius putat eo vocabulo significari sacrum, a quo etiam »leges sacratae *obscatae* dicuntur: et in omnibus fere antiquis commentariis scribitur Opicum pro Obsco »oder Obscum pro Opico, ut in Titinii fabula Quinto: *Qui Obsce et Volsce fabulantur: nam Latine nesci-* »*unt:* a quo etiam verba impudentia et elata appellantur *obscena,* quia frequentissimus fuit usus Oscis libi- »dinum spurcarum. Sed eodem etiam nomine appellatur locus in agro Vejenti, quo frui soliti produntur »augures Romani.«

Der griechischen Sage folgend, schreibt Paulus D.:

»*Ausoniam* appellavit Auson, Ulixis et Calypsus filius, eam primum partem Italiae, in qua sunt urbes »Beneventum et Cales; deinde paullatim tota quoque Italia, quae Apennino finitur, dicta est Ausonia »ab eodem duce, a quo conditam fuisse Auruncam urbem etiam ferunt.«

Wie nach ihm *Beneventum* früher die inwohnenden Griechen Μαλόεντον nannten, so wurde *Brundisium* von einigen Dichtern in *Brenda* verkürzt:

»*Barium* urbem Italiae appellarunt conditores ejus expulsi ex insula Barra, quae non longe est a Brundi- »sio.« — »*Diomedis campi* in Appulia appellantur, qui ei in divisione regni, quam cum Dauno fecit, »cesserunt. *Diomedia insula*, in qua Diomedes sepultus est, excedens Italia.«

80. Wenn man annehmen darf, dafs Paulus D. *Peucinates* für *Peucetii* schrieb; so schrieb er auch *Pedicli* für *Peligni* in der verdorbenen Stelle:

»*Pedicli* ex Illyrico orti: inde enim profecti ductu Volsimi regis, cui cognomen fuit Lucullo, partem Ita- »liae occuparunt: hujus fuerunt nepotes Peucinus, a quo Peucinates, et Pediclus, a quo Pedicli.«

Aus ähnlicher Quelle flofs auch die Erklärung des Festus:

»*Sardi venales, alius alio nequior,* ex hoc natum proverbium videtur, quod ludis Capitolinis, qui fiunt a »vicanis praetextatis, auctio Vejentium fieri solet, in qua novissimus idemque deterrimus producitur a prae- »cone senex cum toga praetexta bullaque aurea, quo cultu reges soliti sunt esse Etruscorum, qui *Sardi-* »*(ani)* appellantur, quia Etrusca gens orta est Sardibus ex Lydia: Tyrrhenus enim inde profectus cum »magna manu eorum occupavit eam partem Italiae, quae nunc vocatur Etruria. At Sinnius Capito ait, Ti. »Gracchum consulem, collegam P. Valerii Faltonis, Sardiniam Corsicamque subegisse, nec praedae quic- »quam aliud quam mancipia captum, quorum vilissima multitudo fuerit.« Anderwärts schreibt er: »*Turranos* Etruscos appellari solitos ait Verrius a Turrheno duce Lydorum, a cujus gentis praecipua cru- »delitate etiam tyrannos dictos.« Ferner: *Tuscos* quidam dictos ajunt a Tusco rege, Herculis filio: alii, »quod unici studii sint sacrificiorum, ex Graeco velut θυσκόοι. *Tusculum* vel ab eadem causa sacrificio- »rum, vel quod aditum difficilem habeat, id est δύσκολον.« — *Tages* nomine Genii filius, nepos Jovis, »puer dicitur disciplinam dedisse aruspicii duodecim populis Etruriae.« — »*Sabini* dicti, ut ait Varro, »quod ea gens patrios praecipue colat deos, id est ἀπὸ τοῦ σέβεσθαι« vgl. *Sabini, quod volunt, somniant.* — »*Hernici* dicti a saxis, quae Marsi *herna* dicunt.« — »*Senonas Gallos* Verrius ait existimari appellari, quia »novi venerint ex Transalpina regione, ac primum appellatos ξένους, postea Senonas.« Paulus D. schreibt: »*Prisci Latini* proprie appellati sunt hi, qui, priusquam conderetur Roma, fuerunt,« und Festus: »*Priscae* »*latinae coloniae* appellatae sunt, ut distinguerentur a novis, quae postea a populo dabantur.« — »*Pilum-* »*noe poploe* in carmine Saliari Romani, velut pilis uti assueti, vel quia praecipue pellant hostis;« vgl. *Sanates* und *Nequinates.*

Von Städtenamen werde nur noch Folgendes bemerkt:

»*Caenina* urbs, quae fuit vicina Romae, a Caenite conditore appellata est.« — »*Ameria* urbs in Umbria »ab Amiro sic appellata,« welche Nachricht aus Cato geschöpft zu sein scheint. — »*Formiae* oppidum »appellatur ex Graeco velut Hormiae, quod circa id crebrae stationes tutaeque erant, unde proficisceban- »tur navigaturi.« — »*Amnenses* appellantur urbes sitae prope amnem, ut a mari maritinae; unde *Inter-* »*amnae* et *Antemnae* dictae sunt, quod inter amnes sint positae vel ante se habeant amnes.« — Vorzüglich »aber: »*Mamiliorum* familia progenita fertur a Mamilia, Telegoni filia, quam Tusculi procreavit, quando »id oppidum ipse condidisset,« und eine von Mai bekannt gemachte Bemerkung zu Virg. A. X., 183. »*Urbis Agyllinae* sedes Flaccus primo Etruscarum: Agylla, inquit, ab Etruscis . . . . . . nominata est »*Cisra*, quod esset Tiberis Etruscis primus agris subjectus: omnem enim p . . . . complexa oppidum est »*Caere* vocitatum,« und zu X, 198.: Flaccus Etruscarum I. »In Apenninum, inquit, transgressus [T]Ar- »chon Mantuam condidit.«

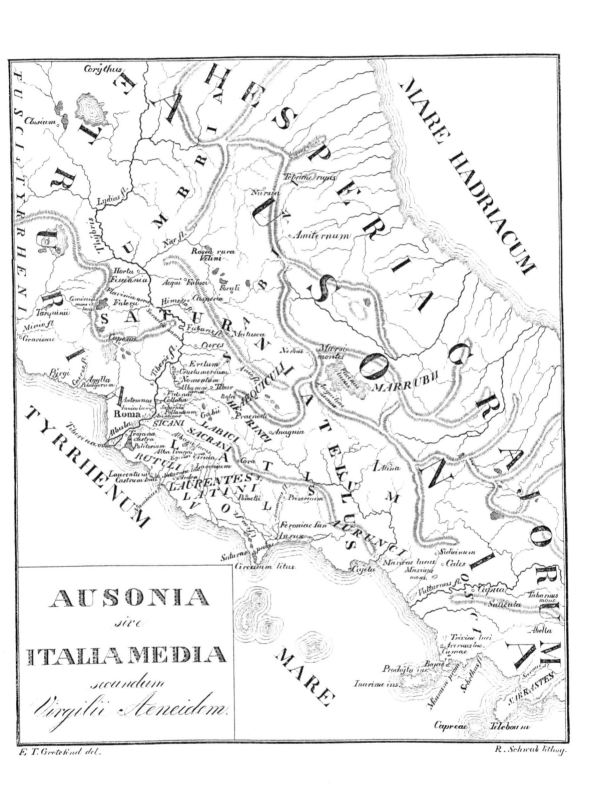

AUSONIA
sive
ITALIA MEDIA
secundum
Virgilii Aeneidem.

E.T. Grotekind del.

R. Schwab lithog.

Z u r

Geographie und Geschichte

v o n

Alt-Italien,

v o n

Dr. G. F. Grotefend,

Director am Lyceum zu Hannover.

V i e r t e s H e f t.

Italiens Bevölkerungsgeschichte bis zur Römer- herrschaft.

Mit einer Karte griechischer Pflanzstädte
in Unter-Italien und Sicilien.

Hannover.
Im Verlage der Hahn'schen Hof-Buchhandlung.

1 8 4 1.

Viertes Heft.

Italiens Bevölkerungsgeschichte bis zur Römerherrschaft.

---

1. Kein Land in Europa ist von jeher so mannigfaltigen Veränderungen in Hinsicht seiner Bewohner ausgesetzt gewesen, als das von der Natur so reichlich gesegnete Südalpenland zwischen dem sogenannten obern und untern Meere, da es, gegen die rauhen Nordwinde durch die Alpen geschützt und von allen übrigen Seiten durch die Seeluft nach den Verschiedenheiten der Jahreszeit erwärmt oder abgekühlt, durch sein mildes Klima vom 25° — 36° östlicher Länge und vom 37° — 46° nördlicher Breite die umwohnenden Völker noch weit früher zur Einwanderung zu Lande einlud, als es die kühnen Seefahrer Asiens und Griechenlands durch seinen fruchtbaren Boden, welchen die Gewässer der Alpen, die der Po aufnimmt, und die zahlreichen Küstenflüsse zu beiden Seiten des Apenninus, der das Gerippe der ganzen Halbinsel bildet, vielfältig tränken und beleben, zu einer Ansiedlung an seinen Küsten anlockte. Kein Land Europa's hat daher auch so verschiedenartige Völker und Ansiedler von so mannigfaltiger Sitte und Bildung in einem so kleinen Raume in sich aufgenommen, als die italische Halbinsel mit den benachbarten Eilanden Sicilien, Sardinien und Corsica, wo in dem unbedeutenden Erdenwinkel, welchen der gröfste italische Küstenflufs, die Tiber, durchströmt, die heterogensten Nationen sich berührten und drängten, aber auch durch die Verbindung weniger Tapfern von dreierlei Stamme und Sprache ein Volk erwuchs, welches alles um sich her allmählich verschlang, und zuletzt fast die ganze bekannte Erdenwelt des Alterthums eben so durch Waffengewalt seinem kaiserlichen Scepter unterwarf, als dessen Hauptstadt im Mittelalter die Christenheit durch Glaubensmacht mit seinem bischöflichen Hirtenstabe beherrschte.

2. Wenn uns nun auch diese Erscheinungen in Italien zur Erforschung seiner Bevölkerungsgeschichte auffordern, so zeigt doch eine unbefangene Sichtung unbegründeter Sagen von glaubhafter Geschichte, dafs bei Weitem nicht so vielerlei Völker in die Halbinsel einwanderten, als ältere und neuere Schriftsteller geglaubt haben. Eben darum erforschten wir zuvörderst die älteste Kunde von Italien, und suchten darauf der Griechen

1*

und Römer älteste Sagengeschichte zu ermitteln, so dafs wir jetzt, bevor wir die Bevölkerungsgeschichte selbst beginnen, mit einiger Sicherheit alle die Völker wieder auszuscheiden vermögen, welche man irriger Weise theils durch der Alten Erfindungsgabe, theils
durch der Neuern Mifsverständnifs in dieselbe aufgenommen hat. Darüber möchten wol
alle einverstanden sein, dafs zu Lande schon in unbestimmbarer Frühe Sikanen, Sikeler und Ligyer von Westen her die Alpen überstiegen, und die Veneter, Liburnen
und Istrier von Osten her die innersten Küsten des adriatischen Meeres besetzten. Ungeachtet
aber Plinius selbst schreibt, dafs Siculer und Liburnen schon vor den Umbriern den gröfsten
Theil ihres Landstriches besetzt hatten, hat man dennoch keinen Anstand genommen, mit
Plinius die Umbrier aus falscher Beziehung ihres Namens auf die Regengüsse, welche die
deukalionische Flut bewirkten, für das älteste Volk Italiens zu erklären: und fragt man,
welches Stammes alle die genannten Völker waren, so herrscht darüber eben so sehr, wie
über die ältesten Völker Süd-Italiens und Siciliens, die gröfste Verwirrung.

3. Allerdings ist Umbrien dasjenige Land in Italien, von welchem wir die erste
Gründung einer Stadt nach einer bestimmten Zeitangabe kennen, Ameria's 1136 v. Chr. G.
nach Plinius H. N. III, 19. extr.; aber wenn wir auch unter dem Agrios, der nach Hesiods
Theogonie 1013. zur selben Zeit mit Latinos über die Tyrrhenen herrschte, einen Umbrier
verstehen wollen; so sind doch die von Homeros genannten Sikeler aus der Gegend des
kupferreichen Temese in Unter-Italien, welche den ältesten Geschichtschreibern zufolge von
den Aboriginern oder den Abkömmlingen der Umbrier nicht gar lange vor der angegebenen
Zeit in die südlicheren Gegenden Italiens getrieben wurden, wie früher den Griechen bekannt, so auch früher in Italien eingewandert: und wenn wir auch die Sicanen, welche
den von Opikern oder Osken gedrängten Sikelern bei ihrem Uebergange nach Sicilien schon
lange vorangegangen waren, mit Virgilius und Silius Ital. VIII, 358. von den Siculern,
welche sich den Ausonen in Latium unterwarfen, nicht mehr verschieden glauben, als Romanus bei Plutarchos Rom. 2. von Romulus verschieden war; so ist doch Alybas eben
so wohl früher als Sikanien gegründet, als es nach Homer's Odyssee XXIV, 304. von Griechenland weiter entfernt war. Nichts hindert uns aber, unter Alybas die Elymer zu verstehen, die nicht, wie spätere Griechen fabelten (denn man mag die letzte Rhapsodie der
Odyssee so viel später hinzugesetzt glauben, als man wolle, so übersteigt sie doch alle
griechischen Prosaiker an Alterthume), erst in des Odysseus Zeit aus Troja wanderten, sondern in Sicilien eben so den Sikanen von Unter-Italien aus vorangingen, wie die Önotrier
den Sikelern in der Besitznahme von Unter-Italien von Osten her vorangegangen waren.

4. Wie Alybas und Sikania die ältesten uns bekannten Namen aus Sicilien sind
(denn dafs die blofs erdichteten Kyklopen und Lästrygonen des Homeros so wenig, als die
Giganten und Phäaken, jemals diese Insel bewohneten, hat Thukydides richtig geahnet);

so müssen wir, wenn gleich die Odyssee nur von Sikelern spricht, und nicht erwähnt, was für ein Volk in Temese gewohnt habe, die Önotrier dennoch für das älteste Volk in Unter-Italien halten, wenn die Angabe des Antiochos von Syrakus Grund hat, dafs die aus Latium verdrängten Sikeler eine gastliche Aufnahme bei den Italieten und Morgeten fanden, deren kleines Ländchen an der sicilischen Meerenge erst kurz zuvor durch Italos von Önotrien losgerissen war. Ungereimt war es jedoch nach des Pausanias VIII, 3, 5. treffender Bemerkung, wenn Dionysios von Halikarnassos die Einwanderung der Önotrier, um diese mit den Peuketiern, welche Pausanias X, 13, 10. nur als Barbaren kennt, für arkadische Pelasger zu erklären, noch älter dichtete, als irgend eine andere aus Profanschriftstellern uns bekannte Wanderung. Vielmehr wurde Italien, wenn gleich von Griechenland aus im Süden zuerst bekannt, doch lange zuvor von Norden her theils über die Alpen zu Lande, theils an der Seeküste des innern Adria durch die zunächst gegenüber wohnenden Völker besetzt. Zuerst von allen drangen die Sikanen vor, von den Ligyern aus Gallien nach Ober-Italien, dann von den Tyrrhenen, die aus Rätien kamen, nach Umbrien, wo schon Liburnen safsen, und Latium, hierauf von den aus Illyrien herübergezogenen Völkerschaften in die südlichern Gegenden Italiens gedrängt, wo ein Theil von ihnen sofort den Elymern in Sicilien nachzog, ein anderer Theil aber unter dem Namen der Sikeler noch länger wohnend blieb.

5. Sind die Sikeler ein Nebenzweig der Sikanen, welchen sie nur durch vieljährige Trennung und engere Verbindung mit fremdartigen Völkern entfremdet wurden; so können sie keine Griechen gewesen sein, wofür sie Otfr. Müller noch in seinem Festus s. v. Major Graecia zu erklären versuchte. Aber auch Iberen waren sie nicht, wofür man von jeher fast allgemein die Sikanen erklärt hat; noch weniger waren sie aus Spanien gekommen, wie man, durch des Servius unstatthafte Verwechselung der Flüsse Sicanus und Sicoris verleitet, bis auf die neueste Zeit geglaubt hat. Vielmehr war Gallien, aus welchem auch späterhin von Zeit zu Zeit sich grofse Völkerschwärme über Italien ergossen, der Sikanen und Sikeler, wie der Ligyer, Vaterland, und Thukydides liefs die von dem Sequana und Liger benannten Sikanen und Ligyer nur darum aus Iberien kommen, weil ihm Iberien noch bis an den Rhodanos reichte, und die Kelten nach Hekatäos und Herodotos nur in weiter Ferne am Okeanos wohnten. Iberen haben sich weder in Italien, noch in Sicilien jemals angesiedelt; nur in Sardinien sollen sie unter der Führung eines Norax die Stadt Nora (Pausan. X, 17, 5.) gegründet haben, und Seneca de consol. ad Helv. c. 8. läfst auch nach Corsica Hispanier übergehen, wiewohl Isidorus Origg. XIV, 6, 41. mit Solinus c. 8. dafür Ligurier nennt, Pausanias X, 17, 8. aber, wie bei Sardinien, X, 17, 2., Libyer an die Stelle der Ligyer setzt. Auf Libyer in Sardinien und Ligyer in Corsica läfst schon die Nähe der Insel schliefsen; auf Hispanier in Corsica schlofs aber Seneca,

der selbst aus Hispanien stammte, aus ähnlicher Tracht und Sprache, und Balaren nannten die Corsen nach Pausanias X, 17, 9. die entlaufenen Bundesgenossen der Karthager, welche in Sardinien einen Wohnsitz aufschlugen. Nach Italien folgten nur Ligyer den verdrängten Sikanen nach; dafs aber die Ligurier mit den Siculern zugleich bis Latium vorgerückt seien, schrieb Festus s. v. Sacrani nur dem alles verwirrenden Philistos nach.

6. So wenig man an dem gallischen Ursprunge der Sicanen und Siculer zu zweifeln Ursache hat, so irrig war dagegen die Meinung der Neuern, dafs die Umbrier eben so, wie die in ihrem Lande später sich ansiedelnden Bojer und Senonen, gallischer Abkunft gewesen seien. Ihre noch bekannte Sprache verräth sie als das Stammvolk der Ausonen, welches eine mit den alten Gräken oder Pelasgern in Epirus verwandte Sprache redete, und daher, wie fast alle Völker auf Italiens Ostseite, aus Illyrien herüberkam, wo noch Hekatäos in der Nachbarschaft der Taulantier und Chelidonier Abrer kannte, deren Name von dem Agrios des Hesiodos wenig abweicht. Aus Epirus wanderten auf gleiche Weise, wie aus Illyrien, durch Ueberschiffung des adriatischen Meeres allerlei Völker in Italien ein; aber so weit sie sich auch verbreiteten, und so verschiedenzeitig auch ihr Uebergang war, so sind uns doch die näheren Umstände davon, sowie die ursprünglichen Sitze dieser Völker, am wenigsten bekannt. Dahin gehören aufser den davon ganz verschiedenen Pelasgern und Gräken die Elymer, Önotrier und Japygen mit den Morgeten, Chonen, Peuketiern, Messapiern, Sallentinen und Dauniern. Wie die drei zuletzt genannten Völker mit den Japygen verwandt waren, so die drei vorher genannten mit den Oenotriern; aber die Japygen stammten so wenig aus Kreta, als die Elymer aus Troja, und was uns Dionysios aus Halikarnassos vom arkadischen Ursprunge der Önotrier und Peuketier meldet, beruhet auf eben so grundlosen Erfindungen, wie der lydische Ursprung der Tyrrhenen, welche sich selbst Rasenen nannten und vermuthlich einst von Rätien aus sich eben so zwischen die Ligurier auf der Westseite und Umbrier auf der Ostseite drängten, wie ein Theil von ihnen durch später einwandernde Gallier nach Rätien zurückgedrängt wurde. Die Hyperboreer, welche Niebuhr, um einer Sage bei Herodotos IV, 33. willen, an demselben Adria suchte, welchen nach Herodotos I, 163. die Phokäer zuerst aufdeckten, wohnten von Italien eben so fern, als die Sigynnen des Herodotos V, 9., durch welche Hasse einst um ihrer medischen Kleidung willen Zigeuner bezeichnet glaubte.

7. Die Veneter, welche mit den Liburnen und Istriern die innersten Küsten des adriatischen Meeres besetzten, waren weder asiatische Paphlagonen, wie ältere Griechen, noch Gallier aus der Bretagne, wie Strabo, noch slawische Wenden, wie Mannert, oder Anten, wie der Erzbischof von Mohilow Stanislaus Sestrencewicz de Bohusz in seinen *Recherches historiques sur l'origine des Sarmates, des Esclavons et des Slaves* (Petersb. 1812.) aus blofser Aehnlichkeit des Namens mit den Benennungen anderer Völker schlossen, sondern,

wie Herodotos I, 196. V, 9. bemerkt, gleich den andern Völkern an Italiens Ostküste illyrischer Abkunft: doch waren die illyrischen Völker des Alterthums selbst so verschiedener
Art, daſs mit dieser Benennung noch wenig bestimmt ist. Sprachkunde und Denkmäler verlassen uns hier gleich sehr: nur von den Pelasgern in Agylla, unfern von Rom, hat man
neuerlich so viel entdeckt, daſs man, wenn mein Erläuterungsversuch der pelasgischen Inschrift in der Zeitschrift für Alterthumswissenschaft (1840. S. 1271.) nicht ganz unwahrscheinlich gefunden werden sollte, wol annehmen darf, daſs die Pelasger, welche, durch Hellenen aus Thessalien vertrieben, über Dodona nach Italien eingewandert sein sollen, über
die roheren Tyrrhenen herrschend wurden, und ihnen die höhere Bildung mittheilten, welche
sich in den zahlreichen Denkmälern der römischen Etrusker oder Tusken ausspricht, obwohl
alles das, was Dionysios aus des Hellanikos und anderer Griechen Schriften von den Pelasgern berichtet, auf einer Verwechselung mit den Sabinern beruhet, die dem Cato Censorius
zufolge von Amiternum her die Aboriginer aus Reate im Mittelpunkte von Italien vertrieben, womit sich auch die Sage des Hesiodos, daſs Agrios und Latinos über die Tyrrhenen
herrschten, recht wohl vereinigen läſst, wenn man darunter die Aboriginer oder Abkömmlinge der Umbrier versteht, welche nicht nur die Siculer aus Latium, sondern auch
die Tyrrhenen aus den benachbarten Orten, vertrieben.

    8. Wenn man aber die Sabiner durch Sabus von den Lakedämoniern des Pelo-
ponnesos ableitete; so scheint dieses gleich irrig, wie wenn Dionysios H. II, 49., vgl.
Justin. XX, 1. und Schol. Juven. XIII., meldet, daſs noch zur Zeit des Gesetzgebers
Lykurgos unzufriedene Lakedämonier das Heiligthum der sabinischen Göttinn Feronia in der
Gegend der pontinischen Sümpfe gründeten. Nach allem, was wir von den Sabinern und
Aboriginern wissen, waren sie einerlei Ursprungs mit den Umbriern vom ausonischen Stamme,
daher der Geschichtschreiber des umbrischen Volkes, Zenodotos von Troezen, bei Dionysios
II, 49. sagen konnte, sie hätten ursprünglich das Gebiet um Reate bewohnt, aber, von da
durch die Pelasger vertrieben, wären sie in ihr nachmaliges Gebiet gezogen, und, mit dem
Orte zugleich den Namen wechselnd, Sabiner statt der Umbrier genannt. Berichtigen wir
diese Sage nach den glaubhaftern Nachrichten der römischen Schriftsteller Cato und Varro
bei Dionysios; so wohnten um Reate ursprünglich die Aboriginer, und, von da durch die
aus Testrina bei Amiternum einfallenden Sabiner verdrängt, warfen sie sich auf die Siculer
in Latium, die sie zum Theil unter dem Namen der Opiker oder Osken bis zu den
Önotriern in Unter-Italien hinunterdrückten, zum Theil aber ihrer Oberherrschaft unter
dem Namen der Latiner unterwarfen. Bei Festus s. v. Sacrani werden eben diese, als
durch das Ver sacrum erwachsen, Sacraner genannt; die Sitte des Ver sacrum, welche
Festus allen Italern zuschreibt, und Dionysios sogar noch auf andere Völker ausdehnt, war
aber, wenn wir die Geschichte befragen, besonders den Sabinern eigen, welche dadurch die

Stifter vieler kleinen, durch Tapferkeit gleich ausgezeichneten, Völker wurden. Zur Zeit der Theurung oder anderer Unfälle gelobte man den zürnenden Göttern zur Sühne nicht nur alle Landesfrüchte, sondern auch die innerhalb einer bestimmten Zeit geborenen Kinder, die man, wenn sie erwachsen waren, auf gut Glück aufser Landes schickte, aber ohne Zweifel auch mit allem unterstützte.

9. Statt dafs sich nach römischer Sage die Sabiner aus Cures mit der latinischen Colonie zu Rom, die zu ihrer Verstärkung auch Tusken aus der Nachbarschaft in sich aufnahm, unter dem stolzen Namen der Quiriten zu einem gemeinsamen Volke verbanden, welches sich allmählich die Weltherrschaft errang, sandten andere Sabiner zu verschiedenen Zeiten ein Ver sacrum nach Picenum und Samnium, und eben so wieder die Samniten, auch Sabeller genannt, nach Lucanien und Bruttium, wie auch die Mamertiner in Messana nach dem ausführlichen Berichte des Festus aus des Geschichtschreiber Alfius erstem Buche des punischen Krieges, vgl. Strab. VI, p. 268., durch eine gleiche Verfügung auswanderten. Auf diese Weise breitete sich der sabinische Volksstamm über ganz Mittel-Italien bis an die sicilische Meerenge in allerlei abgesonderten Völkerschaften, deren ursprüngliche Verwandtschaft sich, wie bei den verschiedenen Abtheilungen illyrischer Völker, der Elymer, Önotrier und Japygen, oder auch den ältern Sikanen und Sikelern, durch die lange Trennung und Verbindung mit andern Völkern mannigfaltig verwischte, noch viel weiter aus, als man vom oskischen Volksstamme der Ausonen rühmt. Aufser den Picenten und Samniten, zu welchen letztern die Frentaner und Hirpiner nebst den Lucaniern, Bruttiern und Mamertinern in Sicilien gehörten, waren die Peligner, Marruvier, Vestiner, Marser und Herniker, Theile des sabinischen Volksstammes, während die Aequer, Volsken und Aurunken, gleich den Rutulern, Laurenten und andern Latinern, dem ausonischen Volksstamme angehörten, der sich über Latium und Campanien bis in einzelne Punkte des südlichern Italiens ergofs. Ob diese gleich ursprünglich, wie die Sabiner, zu dem umbrischen Sprachstamme gehörten, so waren sich doch ihre Mundarten allmählich so unähnlich geworden, dafs weder die Sabiner von den latinischen Römern, noch die Picenten von den Umbriern, noch die weit herrschenden Samniten von den Osken in Campanien, ungeachtet sie bei gleicher Schrift noch manches Andere gemein hatten, als Brüder erkannt wurden.

10. Die nahe Verwandtschaft aller dieser Mundarten mit der ältesten Sprache der Griechen, welche noch die Grammatik der lateinischen Sprache mit alten Sprachresten der Umbrier und Osken, der Volsken und Aequer, verräth, veranlafste die griechischen und römischen Schriftsteller, überall eingewanderte Griechen anzuerkennen, wo sich irgend eine Spur griechischen Alterthumes zeigte. So liefs man mit falscher Benutzung altgriechischer Sagen zur Zeit des troischen Krieges, zum Theil auch früher oder später, nicht nur allerlei

griechische Heroen und Heroinen, wie den Evander und die Danaë, den Herakles und Iolaos, den Aristäos und die Argonauten, den Theseus und Hippolytos, Orestes und Haläsos, die Brüder Tiburs, Katillos und Koras, den Nestor und Philoktetes, Idomeneus und Meriones, Aias und Thoas, Epeios und des Asklepios Sohn, Odysseus und Diomedes mit ihren Söhnen oder Gefährten, sondern auch neben Thessaliern in Ravenna Paphlagonier in Venetia, und neben Phokiern und Kretern, wie Minos und Dädalos, in Süd-Italien und Sicilien Troer und asische Frauen, wie den Eryx, Elymos, Akestes und Äneas, allerlei Spuren ihrer Anwesenheit zurücklassen, obwohl so wenig Diomedes nach Apulien, als Antenor nach Patavium kam. Die Kreter kamen erst um 690 v. Chr. G., als sie mit den Lindiern aus Rhodos Lindos am Flusse Gela gründeten, nach Sicilien, und erst nachdem die Geloer im J. 582 Akragas am Flusse gleiches Namens erbaueten, dessen Burg Kamikos einst der Sikanenfürst Kokalos angelegt haben sollte, bildete sich eine der ältesten Sagen von Dädalos und Minos aus, an welche man die Sage vom kretischen Ursprunge der Sallentiner und Messapier in Japygien knüpfte. Daſs die Messapier weder Griechen noch Kreter waren, erhellet aus dem Namen von Brentesion, welchen Seleukos bei Stephanos Byz. u. Strabo VI, p. 282. für die messapische Benennung eines Hirschkopfes erklärt.

11. Von den Griechen waren die Kymäer die ersten, welche sich nach geschichtlichen Daten in Italien niederlieſsen, obwohl nicht so früh, als die Chronik des Hieronymus meldet, nach welcher sogar Messana oder Mamertina in Sicilien im Zeitalter des Phoroneus oder Apis erbauet sein soll. Nicht nur treten die Kymäer selbst erst viel später in der Geschichte auf, sondern auch andere Griechen folgen ihnen erst nach der Mitte des achten Jahrhunderts vor Christi Geburt an allen Küsten des ionischen, siculischen und tyrrhenischen Meeres nach, wodurch die Phöniken, welche sich um ganz Sicilien auf den Vorgebirgen und naheliegenden Inseln zur Unterstützung ihres Handels mit den Sikelern angesiedelt hatten, sich gezwungen sahen, in die Nachbarschaft der Elymer nach Motye, Soloeis und Panormos sich zurückzuziehen, in deren Besitz sich späterhin die Punier aus Karthago setzten. Die Geschichte der Ansiedelungen von Seiten der sogenannten Italioten und Sikelioten hat nicht bloſs deshalb ein besonderes Interesse, weil sie ein helleres Licht auf die Bevölkerung Italiens und seiner Inseln im frühern Alterthume wirft, sondern noch mehr deshalb, weil sich dadurch der Ursprung vieler ungegründeten Sagen erklärt: mancher Widerspruch zwischen der mythischen und historischen Kunde löset so sich leicht. Wenn auch der Sänger der Odyssee durch die Taphier nur vom kupferreichen Temese und von Sikelern in Italien gehört hatte, Sicilien aber ihm noch eine menschenleere dreizackige Insel im fernsten Westen der Erde schien; so lehrt doch der Name Sikaniens und des fern gelegenen Alybas in der letzten Rhapsodie, daſs von den Sikelern in Italien schon früh ein Theil unter dem Namen der Sikanen die nach ihnen benannte Insel besetzt hatte,

und vor diesen schon ein anderes Volk, welches man leicht für die Elymer erkennt, in dieselbe übergegangen war. Ob aber gleich schon Hesiodos von einem über die Tyrrhenen herrschenden Agrios und Latinos gehört hatte, so schien ihm doch ganz Italien noch ein Inbegriff heiliger Inseln zu sein, der noch bei Timaeos dem Pontos, in welchen Odysseus eben so zur ääischen Insel gelangt sein sollte, wie noch der Rhodier Apollonios die Argonauten von Äa durch den Istros in den Adria fahren liefs, so nahe lag, dafs man von einem Berge des Innern den Pontos und Adria zugleich erblickte.

12. Zwar hatte man durch die Fahrten der Phokäer, die um 600 v. Chr. G. den Grund zu Massilia im Lande der Ligyer legten, schon entdeckt, dafs Italien eine Halbinsel sei, welche einerseits der Adria, andererseits das tyrrhenische Meer bespülte; aber man hatte dadurch fast nur die Namen einiger Küstenvölker, wie der Ombriker und Tyrrhenen, erfahren, und selbst noch dann, als man durch den Bernsteinhandel am Eridanos von Alpen und herkynischen Waldungen hörte, verwechselte man den Rhodanos mit dem Pados, und träumte daher von einer Durchfahrt durch den Eridanos aus dem Adria in den Rhodanos und Rhenos, wie man an eine Durchfahrt aus dem Pontos in den Adria durch den Istros glaubte. Bis auf Alexandros, der zuerst von Kelten hörte, die zur Zeit des Skylax von Karyanda ihre Eroberungen bis an den Adria ausgedehnt hatten, war das Innere von Ober-Italien, welches Herodotos noch, wie Hekatäos, von zwei Flüssen Alpis und Karpis, die, von Ombrike aus, dem aus der Stadt Pyrene kommenden Istros zuströmten, nordwärts durchfliefsen liefs, den Griechen ein so unbekanntes Gebiet, dafs noch Lykophron keine der Sagen daselbst kannte, welche bei Skymnos auftauchen, und daher auch die Halbinsel Italiens durch die allgemeine Benennung Ausoniens bezeichnete, während andere griechische Dichter bei Dionysios I, 49. u. Virgilius A. I, 530. III, 163. den Namen eines hesperischen Landes, wie Ennius und andere römische Dichter, vgl. Dionys. I, 19., den Namen des saturnischen, dafür wählten. Unter Italien verstand man bis zur Römerherrschaft nach der Eroberung von Tarentum im J. 272 v. Chr. G. selten mehr als den südlichen Landstrich am sikulischen Meere von Tarentum bis Posidonia: alle übrigen Länder der Halbinsel wurden nach den daselbst bekannten Völkern benannt, obwohl man dergleichen Benennungen oft weiter ausdehnte, als der Völker Wohnsitz reichte, und so auch die Benennung Sikanien in Sikelien umschuf.

13. Sowie Tyrrheniens Name bei den ersten Umschiffern Italiens nach Herodotos I, 163. alles Land zwischen Iberien und Sicilien, und selbst noch in der Sage von des Herakles Zuge bei Apollodoros II, 5, 10. den ganzen Landstrich zwischen Ligyen und Rhegion füllte, und sowie des Hekatäos Önotria noch in des Sophokles Triptolemos bis gen Latium reichte, das nach Aristoteles bei Dionysios I, 72. in Opika lag; so dehnte Lykophron den Namen Ausonia auf die ganze Halbinsel aus, so weit er sie kannte, statt

dafs die Römer nach der Eroberung des sogenannten Grofsgriechenlandes dessen Benennung Italia auf die ganze ihnen unterworfene Halbinsel übertrugen. Demnach können wir auch durch die Benennungen Saturnia, Ausonia, Hesperia und Italia vier verschiedene Perioden charakterisiren, in welche Italiens Bevölkerungsgeschichte vor der Kaiserherrschaft zerfällt, wenn wir unter dem mythischen Saturnia die Zeit vor dem Erbauungsjahre der umbrischen Stadt Ameria 1136 v. Chr. G. verstehen, aus welcher uns nur Dichtersagen bekannt sind; unter Ausonia dagegen die vier ersten geschichtlich bekannten Jahrhunderte von der Erbauung Ameria's bis zur Gründung der ersten griechischen Colonie in Sicilien Naxos 736 v. Chr. G., in welchen vorzüglich der ausonische Volksstamm Mittel-Italiens sich ausbreitete; unter der griechischen Benennung Hesperia ferner die vier folgenden Jahrhunderte bis auf Alexander den Grofsen 336 v. Chr. G., dessen gleichnamiger Zeitgenosse, von Tarentum aus Epirus gegen die zu mächtig gewordenen Samniten, Lucanier und Bruttier, zu Hülfe gerufen, bei der alten Residenz önotrischer Könige Pandosia fiel; unter der römischen Benennung Italia endlich die Folgezeit, in welcher die Römer das ganze Südalpenland ihrer Herrschaft unterwarfen.

I. Saturnia oder Italiens Bevölkerung im mythischen Zeitalter vor 1136.

14. Wollten wir aus Italiens Geschichte alles entfernen, was nicht durch Nachrichten irgend eines Zeitgenossen bezeugt ist; so könnten wir nicht über das Zeitalter des Homeros hinausgehen, welcher in der Odyssee zuerst von Sikelern und Sikanen bei Temese und Alybas spricht. Wenn wir aber mit Homers Nachrichten auch diejenigen verbinden, welche wir bei Hesiodos lesen, und diese durch dasjenige erläutern, was uns die ersten glaubwürdigen Geschichtschreiber von Italien und Sicilien aus den ihnen bekannten frühern Schriftstellern melden; so können wir wenigstens vermuthungsweise noch bis in das mythische Zeitalter unter Saturnus hinaufgehen. Dürfen auch diese Vermuthungen keinen vollen Anspruch auf Gewifsheit machen, so gewinnen sie doch mehr oder weniger Wahrscheinlichkeit, je nachdem das Wenige, was wir wissen, mit dem, was wir voraussetzen dürfen, zusammenstimmt. Sofern sich aber die vier vorher angegebenen Perioden der Bevölkerungsgeschichte von Alt-Italien in Beziehung auf unsere Kunde wie die Nacht, die Dämmerung, das Tagesgrauen und der helle Morgen zu einander verhalten; so löset sich das, was wir über die erste Periode zu sagen haben, in wenige Sätze auf. Unter den drei Völkern, welche nach Macrobius S. I, 5. und Gellius I, 10. zuerst in Italien gewohnt haben sollen, sind die Sikanen das älteste in Italien einwandernde Volk, sofern es einer langen Zeit bedurfte, bis sie, vom Ursprunge der Sequana in Gallien durch die Ligyer oder Ligurier am Liger verdrängt, und die ganze Halbinsel Italiens durchziehend, auf die nach ihnen benannte Insel in die Nachbarschaft der Elymer kamen; den Aurunken und Pelasgern

2*

gingen dagegen nicht nur die Siculer von Westen, sondern auch die Liburnen von Osten her voran, welche nach Plinius schon vor den Umbriern die Westküste des adriatischen Meeres besetzten.

15. Zugleich mit den Liburnen mögen sich die Veneter und Istrier schon am adriatischen Meere angesiedelt haben, wenn wir gleich davon keine Kunde besitzen; daſs aber die Ligurier zugleich mit den Sicanen oder Siculern bis Latium vorgerückt seien, läſst sich nicht beweisen. Vielmehr müssen noch, ehe die Ligurier in die Gegend von Ober-Italien einzogen, welche von ihnen den Namen hat, die Tyrrhenen oder Tusken den Siculern in den Rücken gekommen sein, da sie sich, vermuthlich von Rätien aus, zwischen die Siculer in Latium und die Ligurier in Ober-Italien drängten. Hesiodos kannte daher zwar schon die Tyrrhenen, und deren Bekämpfung durch die Aboriginer und Latiner, aber schwerlich auch die Ligyer, deren Namen zuerst die Geryonide des Stesichoros oder irgend eine Heraklea pries. Wenn Plinius H. N. III, 19. dreihundert Örter zählen konnte, welche die Tusken den Umbriern entrissen; so muſs deren Ausbreitung in Italien vor den Tusken sehr bedeutend gewesen sein. Um so wahrscheinlicher wird es, daſs der Umbrofluſs in Etrurien von den anwohnenden Umbriern einst den Namen empfing, und daſs diese vor den Tusken auch die Gegenden am Pados in Ober-Italien besetzten; aber wenn auch jenseit des Aternusflusses am Berge Garganus in Apulien jemals Umbrier wohnten, so geschah dieses nicht in der älteren Zeit, als Umbrien ein unabhängiges Land war. Hier hatten sich nicht nur schon früh illyrische Völker önotrischen oder japygischen Stammes angesiedelt, sondern es wohnten auch zwischen diesen und den Umbriern noch allerlei Sprossen des ausonischen Volksstammes, wie die Sabiner um Amiternum, welche durch ihre Sitte der sogenannten Frühlingsweihe (Ver sacrum) die meisten Veränderungen in Italiens Bevölkerung veranlaſsten. Wann die Picenter und Hirpiner in Samnium auf diese Weise gestiftet wurden, ist nicht bekannt; aber die erste geschichtlich bekannte Völkerbewegung in Italien ging von den Sabinern noch im mythischen Zeitalter

16. Wie Cato meldete, fielen die Sabiner von Testrina bei Amiternum in das Land der Aboriginer ein, und verdrängten diese aus ihrem Hauptsitze in Reate. Vergleicht man Cato's Erzählung von diesem Sabinereinfalle bei Dionysios II, 49. mit der, welche Dionysios I, 19. von den Pelasgern meldet, die sich einst von Dodona aus im saturnischen Lande angesiedelt haben sollten; so erkennt man leicht, daſs der Erfinder des griechischen Orakelspruches, welchen sein Name L. Mallius als einen Römer bezeichnet, dodonäische Pelasger in die Stelle der Sabiner schob. Mögen immerhin einmal Pelasger aus Thessalien in jene Gegend gekommen sein, wo noch einige bei Agylla gefundene Inschriften für ihr einstiges Dasein zu sprechen scheinen; so verräth doch ihr gänzliches Verschwinden an der spinetischen Mündung des Padus sowohl, bei Dionysios I, 18., als in dem groſsen und

fruchtbaren Lande, welches sie nach Dionysios I, 23. von Kroton oder Cortona aus in Mittel-Italien erobert haben sollen, daſs deren Besetzung dieser Gegenden nur eine Erfindung griechischer und römischer Schriftsteller war, welche die Pelasger, denen es durch ihre höhere Bildung gelang, sich zu Beherrschern der aus Rätien eingewanderten Tyrrhenen und Staatenstiftern in Italien aufzuwerfen, mit den durch ihre religiöse Bildung und Völkerstiftung nicht minder ausgezeichneten Sabinern verwechselten, deren Hauptsitz nach Cato bei Dionysios II, 49. Cures wurde. Nach Julius Hyginus bei Macrobius S. V, 18. waren die Pelasger auch die Stifter der Herniker, deren Benennung doch Festus von einem marsischen, Servius aber zu Virgils A. VII, 684. mit dem Scholiasten Juvenals XIV, 180. von einem sabinischen Worte ableitet. Der Geschichtschreiber des umbrischen Volkes Zenodotos erklärte deshalb die Umbrier um Reate für einerlei Volk mit den Sabinern in Cures.

17. Während die Religionsgebräuche der Umbrier und Ausonen bei aller Verschiedenheit der Götterverehrung eine groſse Ähnlichkeit mit dem religiösen Cultus der ältern Griechen verriethen, hatte doch die Religion der Sabiner viel Eigenthümliches, wie die Sitte der Frühlingsweihe, welche zwar nicht nur allen ausonischen Völkern, sondern auch den Griechen, Kretern und Galliern zugeschrieben wird, aber aus geschichtlichen Daten bis auf die Sage von Rhegion's Stiftung durch Chalkidier bei Strabo VI, p. 257., wofür Herakleides P. de polit. §. 25. nur schreibt: Ῥήγιον ᾤκισαν Χαλκιδεῖς διὰ λιμὸν ἀναστάντες, vgl. Scalig. zu Hieronymi Chronicon p. 100., nur von den Sabinern und deren Abkömmlingen bekannt ist, von welchen sie Dionysios aus Halikarnassos auch auf die von ihm erträumten Pelasger übertrug. Sabiner und Gallier verrathen gleichen Trieb zur Auswanderung; aber statt daſs die kriegslustigen Gallier immer mit der ganzen Masse des Volkes auszogen, sandten die Sabiner und deren Abkömmlinge nur die zur Zeit eines groſsen Unglücks den Göttern gelobete Jugend aus, welche, irgend einem heilbringenden Zeichen folgend, sich einen bleibenden Sitz eroberte. Eine solche Kriegerschaar war es vermuthlich, welche die Aboriginer aus Reate verdrängte, und dadurch eine Völkerbewegung veranlaſste, welche dem ganzen Landstriche von der Tiber bis zur sicilischen Meerenge neue Bewohner gab. Die von den Sabinern verdrängten Aboriginer warfen sich zunächst auf die Siculer in Latium, deren Feinde sie als Abkömmlinge der Umbrier waren, und nachdem sie einen groſsen Theil derselben zur Auswanderung in die südlichern Gegenden gezwungen hatten, bildeten sie als Beherrscher des zurückbleibenden Theiles das Volk der Latiner. Als Herren von Latium unterwarfen sie sich auch einige Gegenden des benachbarten Tyrrheniens, was Hesiodos durch die Sage von Agrios und Latinos andeutet, und als Gründer der tyrrhenischen Stadt Saturnia, welche bei Plinius H. N. III, 8. Aurininen genannt werden, veranlaſsten sie die Sage von der Herrschaft des Saturnus.

18. Sowie durch die Sage von Saturnus, als dessen Nachfolger Virgilius den Picus,

Faunus und Latinus preiset, ungefähr bestimmt wird, wie lange vor dem troischen Kriege jene Völkerbewegung Statt gefunden haben soll; so zeigen die Namen Agrios und Aurinini, daſs auch die Aurunci demselben Volksstamme angehörten, von welchem die Aboriginer stammten. Es leidet daher kaum einen Zweifel, daſs durch den Namen Aboriginer eigentlich die Abkömmlinge der Abrier oder Avrier bezeichnet werden, welche man nach einer andern Mundart auch Obrier nannte. Sowie nun Τυῤῥηνοι oder Τυρσηνοι und Tusci oder Etrusci nur verschiedene Adjectivformen desselben Namens in griechischer oder italischer Mundart sind; so hat man auch Aurinini und Obrsici, woraus die Griechen einerseits den Namen Ὀμβρικοί, andererseits den Namen Ὀπικοί für Osci schufen, nur als dialektische Nebenformen für Avrones oder Ausones und Aurunci oder Ausonici zu betrachten: und es erhellet daraus, daſs die Aboriginer nicht bloſs Latium vom Tiberis bis Liris besetzten, wo sie zugleich als Aurininen in Etrurien sich anbaueten, und als Aurunken sich zwischen Äquern und Volsken von den pontinischen Sümpfen bis zu den Weinbergen des Falernergebietes ansiedelten, sondern daſs auch die Osken in Campanien bis zum Silarusflusse, welche eben so die Önotrier, wie die Siculer, immer weiter südlich drängten, eine Abtheilung desselben ausonischen Volksstammes waren, welchem auch die Umbrier und Sabiner angehörten. Da sich nun auch die Volsken nur als Bewohner des Sumpflandes (ἕλος, daher Veliträ) und die Äquer nur als Bewohner der Höhen (αἶπος, daher Äquicolä) des Apenninus von den Aurunken unterschieden; so verbreitete sich der ausonische Sprachstamm über einen so groſsen Theil Italiens, daſs es uns nicht wundern kann, wenn man endlich anfing, Ausoniens Namen auf die ganze Halbinsel mit Ausschluſs des Pothales zu übertragen.

II. Ausonia oder Italiens Bevölkerung im ersten geschichtlichen Zeitalter, 1136—736 v. Chr. G.

19. Mit Recht bezeichnen wir diesen Abschnitt der Geschichte durch den Namen Ausonia, da die weite Ausbreitung des ausonischen Volksstammes durch ganz Mittel-Italien die meisten der Völkerbewegungen veranlaſste, welche noch während dieses Zeitraumes Italiens Schicksal bestimmten. Nach Antiochos von Syrakus, dem wir die erste etwas zuverlässige Geschichte von Italien verdanken, fanden die aus Latium vertriebenen Siculer eine freundliche Aufnahme bei denjenigen Önotriern, welche eine Generation früher durch einen weisen Fürsten Italus aus Nomaden zu Ackerbauern umgebildet waren, und das nach ihm benannte Königreich Italien in der Südspitze zwischen dem skylletischen und lametischen Meerbusen gestiftet hatten. Hier kannte sie schon der Sänger der Odyssee, und hier fand noch Thukydides einen Rest derselben vor, da der gröſste Theil nach des Thukydides Schätzung VI, 2. schon ungefähr dreihundert Jahre vor der ersten Ansiedelung der

Griechen in Sicilien, d. h. um die Mitte des eilften Jahrhunderts v. Chr. G. die sicilische Meerenge überschiffte, und die ihnen früher schon vorangegangenen Sikanen vom Ätna weiter ins Innere zurückdrängte. Obgleich die Sikanen, welche nebst den Elymern die nach ihnen benannte Insel zuerst bevölkert hatten, da sie nicht sowohl Iberen aus dem Lande jenseits der Pyrenäen, als vielmehr damit verwechselte Kelten vom Flusse Sikanos in dem Lande zwischen den Pyrenäen und dem Rhodanos waren, mit den Siculern einerlei Ursprungs gewesen zu sein scheinen; so hatten sie sich doch von den durch die Ausonen gedrängten Siculern, die in Italien sitzen blieben, und daselbst mit den Önotriern sich verbanden, so frühzeitig getrennt, daſs, als diese durch ihren Übergang auf die gegenüber liegende Insel eine Umänderung des Namens Sikania in Sikelia herbeiführten, beide Völker einander fremdartig erschienen.

20. Wenn also die Sikanen nicht schon früher von den Siculern sich getrennt hatten, als diese ihren Wohnsitz in Latium aufschlugen; so geschah es wenigstens, wie die Sage vom ältesten Sikanenfürsten Kokalos zur Zeit des Minos und Dädalos andeutet, sogleich bei ihrer Ankunft in Unter-Italien, wo die Siculer durch ihre langwierige Verbindung und Vermischung mit den Italieten Sprache und Sitten beinahe eben so veränderten, als durch die Vereinigung der in Latium zurückbleibenden Siculer mit den sie beherrschenden Aboriginern die lateinische Sprache und Sitte sich bildete. Aber der Umstand, daſs bei der Ankunft der aus Latium flüchtigen Siculer die Italieten, welche man von den später sogenannten griechischen Italioten wohl unterscheiden muſs, schon nach einem andern Fürsten Morgeten genannt sein sollen, beweiset, daſs die beiden Übergänge nach Sicilien, welche Hellanikos von Lesbos annahm, nicht in einem so kurzen Zwischenraume geschahen, als er angab, wenn er den zweiten Übergang nur fünf Jahre später als den ersten geschehen lieſs: und wenn ihm zufolge zuerst die Elymer von Önotriern verdrängt wurden, dann die Ausonen unter dem Könige Sikelos vor den Japygen flohen; so herrscht in diesen Angaben eine eben so groſse Verwirrung der Völkernamen, wie wenn Philistos von Syrakus Ligyer, von Umbriern und Pelasgern gedrängt, im achtzigsten Jahre vor dem troischen Kriege unter der Anführung des Sikelos, eines Sohnes des Italos, nach Sicilien übersetzen lieſs. Je mehr jedoch diese Zeitbestimmung mit der Annahme der Römer zusammenstimmt, daſs Latinus der vierte Sproſs des ersten ausonischen Herrschers in Latium Saturnus war, desto ungereimter war die Erfindung des Dionysios, welche er aus des Pherekydes Sagengeschichte schöpfte, daſs die Önotrier und Peuketier schon in der siebenzehnten Generation vor dem troischen Kriege aus Arkadien nach Italien übergingen. Der Sänger der Odyssee, der doch schon die Sikeler kannte, erwähnt zwar die Önotrier so wenig, als die Italieten und Morgeten; aber wenn sie schon vor den Sikanen die Elymer nach Sicilien drängten, so müssen sie Italien schon lange bewohnt haben, ehe die Griechen etwas von ihnen erfahren. Ob auch das barbarische Volk

der Peuketier, deren Name erst durch Hekatäos bekannt wurde, mit den Önotriern zugleich nach Italien kam, läfst sich nicht behaupten.

21. In weit frühere Zeit setzen die griechischen Sagen die Iapygen und Messapier, deren Namen mit dem Namen der römischen Appuler viel näher zusammenstimmen, als der Name der mit den übrigen Bewohnern Süd-Italiens einerlei Sprache redenden Peuketier mit den Pediculern, wodurch die Römer vielleicht nur im Gegensatze der Äquiculer oder Höhenbewohner Bewohner der appulischen Ebene bezeichneten. Da aber alle diese Völker in gar verschiedenen Zeiten aus Illyrien oder Epirus herübergekommen zu sein scheinen; so ist auch die Vermuthung, dafs die Chonen in der Gegend am Siris und weiter westlich Chaonen aus Epirus gewesen seien, um so weniger zu verwerfen, weil auch der Sitz der önotrischen Könige Pandosia am Acheron mit einer epirotischen Stadt gleichen Namen führte. Wie weit jedoch das önotrische Gebiet in Italien reichte, läfst sich theils deshalb, weil es in verschiedenen Zeiten mehr oder weniger ausgedehnt war, theils darum, weil die Griechen anfangs alles Önotrien nannten, was nicht von Tyrrhenen oder Umbriern bewohnt wurde, nicht bestimmen. Höchstens schied man noch, wie schon Hesiodos andeutet, die Latiner von Önotriern aus, und später auch die Opiker oder Ausonen, welche durch ihr weiteres Vordringen das Gebiet der Önotrier um so mehr beengten, da man auch fast die ganze Südküste davon ausschied, deren unterste Spitze Italien hiefs. Welchen geringen Umfang dieses Italien anfangs hatte, erhellet daraus, dafs erst die daselbst sich ansiedelnden Griechen den Namen Italien allmählich von Rhegion bis nördlich nach Poseidonia und östlich nach Taras ausdehnten. Denn was uns Antiochos aus Syrakus von den allmählichen Fortschritten des Königs Italos selbst meldet, mufs man um so mehr für eine an den Namen eines Königs geknüpfte Geschichte des Landes oder Volkes erklären, da jener Geschichtschreiber auch die Siculer durch einen König Sikelos personificirt, und der Sänger der Odysse zwar schon Sikeler mit dem kupferreichen Temese (vgl. Pausan. VI, 6, 10.), aber so wenig Italien als Önotrien kannte. Wenn man aber sieht, wie unbekannt diesem Sänger noch Sicilien war; so mufs man alle später erfundenen Sagen von allerlei seefahrenden Völkern, die um die Zeit des troischen Krieges dahin gekommen sein sollen, um so mehr verwerfen.

22. Mit welcher Willkür man bei dergleichen Erfindungen verfuhr, bezeugen schon die vielfachen Widersprüche. So verdankt zwar die Sage des Trogus Pompejus bei Justinus XII, 2, 7., dafs Brundisium, wohin nach einer andern Stelle III, 4, 12. die vertriebenen Urbewohner von Tarentum zogen, durch Diomedes in Begleitung von Ätoliern gegründet sei, ihre Entstehung nur dem Glauben, dafs der Ursprung der meisten appulischen Städte, ungeachtet sie gröfsten Theils von Osken bewohnt wurden, auf Diomedes zurückzuführen sei; aber sie beweiset zugleich, wie wenig Glauben Strabo's Nachricht verdiene, dafs Brundisium, seines messapischen Namens Brentesion ungeachtet, gleich Hydruntum

und Vienna Allobrogum bei Stephanos Byz. s. v. Βίεννος, von Kretern aus Knossos unter Theseus gegründet sei, wozu dann noch andere kamen, welche mit des Dädalos Sohne Japyx aus Sicilien zurückkehrten. Dieses eine Beispiel mag hinreichen zur Berechtigung, alle dergleichen Sagenerfindungen bei Seite zu setzen, wofern nicht damit, wie bei der Sage von Minos und Dädalos, in welcher die Burg des Sikanenkönigs Kokalos in der Gegend des später gegründeten Akragas, Kamikos genannt, als die älteste Stadt Siciliens, aufser dem räthselhaften Alybas bei Homeros, gepriesen wird, einige geschichtliche Data verknüpft sind. Viel später müssen wir die Erbauung von Morganion ansetzen, welches Strabo VI, p. 270. von den önotrischen Morgeten ableitet, die in Verbindung mit den Siculern nach Sicilien übersetzten. Noch später legten aber die Phöniken nach Thukydides VI, 2. ihres Handels mit den Siculern wegen kleine Forts auf allen Vorgebirgen und den nahe gelegenen kleinern Inseln an, welche sie bei der Griechen Ankunft verliefsen. Durch ihr Zusammenziehen in der Nachbarschaft der Elymer kam vermuthlich erst die Verehrung der Venus nach dem Berge Eryx, welche früher die Sage von des Hercules Kampfe, und später die Sage von Egesta's Erbauung durch den troischen Venussohn Äneas veranlafst zu haben scheint.

23. Die Erbauung der Städte Eryx und Egesta von Seiten der Elymer mag immerhin viel älter sein, als der Anbau der benachbarten phönikischen Örter Motye, Soloeis und Panormos; doch reicht sie schwerlich in ein so hohes Alterthum hinauf, als das schon dem Homer bekannte Temese in Unter-Italien oder die latinischen Städte Laurentum, Lavinium und Alba longa, an welche man die Sage von Äneas knüpfte, und noch älter als diese waren die Städte der Aboriginer, welche Dionysios nach den Angaben des Varro mit dessen Heimath Reate aufzählt. So alt aber auch viele der dreihundert Städte gewesen sein mögen, welche die Tusken den Umbriern abgekriegt haben sollen; so ist doch Ameria, nach Cato 1135 v. Chr. G. erbauet, die älteste Stadt, deren Erbauungsjahr man kennt. Mit diesem Jahre eröffnen wir also das geschichtlich bekannte Zeitalter um so mehr, da alle Städtegründer der später erfundenen Sagen in eine frühere Zeit gesetzt werden. Aber erst hundert Jahre später sollen die Chalkidier unter Hippokles von Kyme in Äolis und Megasthenes von Chalkis in Euböa die erste griechische Colonie in Italien Cumä angelegt haben. Gleichwohl ist auch die Stiftung dieser Colonie, vielleicht der Sage von der cumäischen Sibylle wegen, deren Zeitalter Pausanias X, 12. noch über die Sabba der Hebräer in Palästina hinaufsetzt, in eine allzuhohe Zeit hinaufgerückt, da es bei dieser Annahme gleich unerklärlich bleibt, warum noch drei Jahrhunderte verflossen, ehe andere Griechen dem Beispiele der Chalkidier folgten, als wie sie in so weiter Ferne, von andern Stammverwandten isolirt, sich gegen den Andrang so vieler tapfern Völker zu erhalten vermochten. Denn eben um jene Zeit sollen nach Thukydides die Sikeler, von den Opikern gedrängt, nach Sicilien übergeschifft sein, und wenn man mit Otfr. Müller die tuskische Ära

auf den Beginn des tyrrhenischen Staatenbundes in Etrurien beziehen darf, so fällt auch dieser in das Jahr 1044 v. Chr. G.

24. Da Thukydides mit Pausanias Kyme in Opikien gründen läfst, ohne der Önotrier zu erwähnen; so deutet er dadurch an, dafs zur Zeit von Kyme's Gründung die Önotrier schon durch die Osken aus jener Gegend verdrängt waren, wo sich Kyme nur dadurch hielt, dafs es sich mit den Osken gegen andere gemeinsame Gegner verband, weshalb auch Vellejus I, 4. schreibt, dafs die Cumaner durch deren Nachbaren ziemlich oskisch geworden sein. So alt daher auch diese Colonie sein mag, da man nach Vellejus bei ihrer Stiftung noch, wie bei der Argonautenfahrt, einer voranfliegenden Taube folgte; so kann sie doch nicht schon so früh gestiftet sein, als Vellejus angibt: denn nach ihm hatten nicht nur die Athener erst kurz vorher Chalkis in Euböa mit Pflanzern besetzt, sondern Kyme in Äolis, dem doch Kyme in Italien seinen Namen verdankt, soll sogar noch später gestiftet sein. Gesetzt auch, dafs Hesiodos, der, von einem Seefahrer aus Kyme in Äolis stammend, in Chalkis (Op. et D. 663 ff.) einen Dichterpreis gewann, seine Kunde von den Beherrschern der hochgepriesenen Tyrrhenen Agrios und Latinos aus jener Colonie schöpfte; so lebte doch auch dieser erst in einer Zeit, wo nur Faustrecht galt (Op. et D. 174.), und machthabende Fürsten an der älteren Könige Statt gewaltsam hausten, was sich nur auf das neunte Jahrhundert v. Chr. G. beziehen läfst. Aber auch er gedenkt noch keiner der vielen Sagen, welche Ephoros von Kyme zu erzählen wufste: und wenn man erwägt, dafs die Italien zuerst umschiffenden Phokäer erst um das Jahr 600 v. Chr. G. Massilia gründeten, und Cumä selbst erst nach einem langen Zwischenraume Neapolis erbauet haben soll; so reicht Cumäs Stiftung durch die Chalkidier, welche erst im achtzehnten Jahre nach Rom's Erbauung die erste griechische Colonie in Sicilien anlegten, höchstens bis in diejenige Zeit hinauf, als nach Vellejus I, 7. Hesiodos blühte, d. h. 120 Jahre nach Homeros oder 800 v. Chr. G., als die Tusken schon Capua und Nola gründeten.

25. Eben diese Tusken oder Tyrrhenen, welche nach der Eroberung von ganz Etrurien zwischen dem Arnus und Tiberis, zugleich südlich und nördlich kriegerische Schaaren aussandten, waren die hauptsächlichsten Gegner, gegen welche die Cumaner mit den befreundeten Osken zu kämpfen hatten, obwohl Rom seine erste Verbindung mit Cumä unter dem tuskischen Könige Tarquinius anknüpfte. Die äufserst räthselhafte Geschichte des tyrrhenischen Volkes verdient hier eine besondere Beachtung, da wir nicht in Alles einzustimmen vermögen, was Otfr. Müller in seiner Preisschrift: die Etrusker, darüber festgesetzt hat. Dafs weder ein Tyrrhenus aus Lydien, welcher nach Herodotos I, 94. unter des Atys Herrschaft nach langem Umirren ins umbrische Land eine Colonie führte, noch Pelasger, wie dem Dionysios zufolge Hellanikos schrieb, Stifter der Tyrrhenen in Italien waren, erhellet aus dem gänzlichen Schweigen davon bei dem gleichzeitigen Geschichtschreiber Lydiens

Xanthos, zumal da Vellejus zu Anfange seines Werkes die Colonie des Tyrrhenus schon in die nächste Generation nach dem troischen Kriege setzt, Homeros aber noch keine Tyrrhenen oder Lydier, sondern nur Mäonen kennt. Die ganze Sage von den Tyrrhenen löset sich in eine Verwechselung derselben mit den Torybern in Lydien auf, welche sich von den übrigen Lydiern durch eine besondere Mundart unterschieden, wie die Sage von den Pelasgern bei Kotyliä im Velinussee auf einer Verwechselung derselben mit den Sabinern beruht, welche nach Cato von Testrina bei Amiternum her die Aboriginer in Reate überfielen. Weit eher läfst sich jedoch eine in Agylla gefundene Inschrift, sofern sie vom Altgriechischen nur dialektisch abweicht, als pelasgisch deuten, als nach des Dionysios Bemerkung die tuskische Sprache etwas mit der lydischen gemein hatte, oder irgend eine der vielen tuskischen Inschriften mit den phrygischen in der Sprache zusammenstimmt.

26. Mit vollem Rechte erklärte Dionysios die Tyrrhenen in Italien für ein von allen andern verschiedenes Volk, nur darin irrend, dafs er sie in denjenigen Gegenden heimisch glaubte, wo sie zuerst bekannt wurden. Soweit wir der Tyrrhenen Sprache kennen, trägt sie europäischen Charakter, ohne mit irgend einer andern bekannten Sprache näher verwandt zu sein. Da sie nun selbst sich Rasenen nannten, und späterhin einTheil derselben in Ober-Italien, durch einwandernde Gallier verdrängt, unter einem Anführer Rätus über die Alpen ging, wo sie nach Livius V, 33. Plin. H. N. III, 20. (24.), Justin. XX, 5. als Rätier verwilderten; so wird es um so wahrscheinlicher, dafs sie auf demselben Wege, wie sie sich zurückzogen, einst nach Ober-Italien gekommen waren, da dieser Umstand allein ihr Zwischendrängen zwischen die aus Gallien einwandernden Ligyer und die aus Illyrien eingedrungenen Umbrier erklärt. Sofern jedoch die Rasenen nicht nur erobernd in Italien eindrangen, sondern auch in Etrurien zu einer hohen Cultur gelangten, ohne sich in den Werken der Kunst als ein durch eigenen Genius schaffendes Volk zu verrathen, ob sie gleich in den Wissenschaften der Divination viel Eigenthümliches hatten; in sofern wird es höchst wahrscheinlich, dafs die Rasenen nur das erobernde Volk waren, welches, von Obern eines klügern Volksstammes geleitet, wie die Römer sich von den Sabinern und Tarquiniern eine neue Verfassung geben liefsen, diejenige Sittigung erhielt, welche ihrem Charakter ein ganz besonderes Gepräge gab, worin sich jedoch ein solcher Geist der Nachahmung alter Griechen und Asiaten oder Ägyptier ausspricht, dafs man sich kaum der Vermuthung erwehren kann, die Tyrrhenen, welche sich durch ihre Überlegenheit des Geistes bei den aus Ober-Italien vordringenden Rasenen den höchsten Einflufs zu verschaffen wufsten, seien wirklich die Pelasger gewesen, von deren Einwanderung aus Dodona Hellanikos gehört, aber ganz verworrene Nachrichten mitgetheilt hatte.

27. Wirklich zeigt sich in der Gegend von Cortona, wo sich die Pelasger zuerst festgesetzt haben sollen, und von wo auch nach Virgils Dichtung der samothrakische Götter-

dienst unter Dardanus und Iasus ausging, die meiste Verwandtschaft alttuskischer Bildung mit altgriechischen und asiatischen oder ägyptischen Ideen: und wenn Hesychios unter den von ihm angeführten tyrrhenischen Wörtern tuskisch-pelasgische verstand; so verrathen diese eine Mischung rätischer Sprache mit pelasgischer, sowie sich auch in dem bei Agylla oder Cäre aufgefundenen pelasgischen Alphabete zwar die höchste Ähnlichkeit mit alttuskischer Schrift, aber durch die Aufnahme der nur bei den Altgriechen üblichen Buchstaben ein pelasgisch-griechischer Ursprung desselben ausspricht. Dazu kömmt, daſs die Häupter der Tusken gern sich Larthe nannten, sowie der Pelasger ältester Hauptsitz am Peneus Larissa hieſs, und daſs die Lehre von den Laren und Penaten, welche die Tusken mit ihrer Lehre von den Manen in Verbindung brachten, an eben jene Namen erinnert, welche den Pelasgern besonders heilig waren. Auch führte zur ersten Verbindung der Pelasger mit den Rasenen leicht die gemeinsame Feindschaft gegen die Umbrier, welche sie nicht nur zu beiden Seiten des Umbroflusses ganz verdrängten, sondern auch in derselben Gegend des Padus, wo sich die Pelasger zuerst niedergelassen haben sollen, fortwährend bekämpften, bis sie daselbst eben so, wie in Etrurien, zwölf verbündete Städte gegründet hatten. Nach Livius V, 33. sandten die Tusken, womit auch Virgilius in der Sage von seiner Heimath Mantua zusammenstimmt, Colonien zwölf verbündeter Staaten jenseit des Apenninus nördlich, wo sie, mit Ausnahme des Winkels um den innersten Busen des adriatischen Meeres, wo die Veneter saſsen, fast alle Örter bis an die Alpen besetzten: und dafür, daſs die Tyrrhenen durch die Aufnahme der nach Cortona eingewanderten Pelasger das mächtige Volk wurden, welches nach Unter- und Ober-Italien zugleich Colonien sandte, spricht der Umstand, daſs ihr mächtiges Auftreten mit dem Verschwinden der Pelasger als eines besondern Volkes in Italien in einerlei Zeit fällt.

28. Da sich die verdrängten Umbrier aller Wahrscheinlichkeit nach eben so, wie späterhin bei dem Vordringen der Gallier, nach Süden wandten; so besetzten sie unter dem Namen der Ausonen oder Opiker nicht nur ganz Campanien, sondern verbreiteten auch den ausonischen Namen bis Maleventum, später Beneventum genannt, und selbst in die südlichern Gegenden Önotriens, wo Strabo die älteste aller Städte Temsa von Ausonen stiften läſst, und Lykophron, den ausonischen Namen auf das ganze von ihm besungene Italien übertragend, auch das siculische Meer sowohl als das tyrrhenische zu beiden Seiten der sicilischen Meerenge das ausonische nannte. Aber auch hier folgten die Tyrrhenen den Ausonen nach, da sie in eben dem Maſse die Herrschaft zur See erlangten, als die Ausonen im Innern des Landes herrschend wurden, und die spätern Griechen daher das untere Meer Italiens tyrrhenisch, wie das Land ausonisch nannten: und eben die Herrschaft, welche die Tyrrhenen damals zur See gewannen, zwang die Cumaner, sich enger an die Osken anzuschlieſsen. In der nächsten Umgebung von Cumä gründeten die Tusken nach Vellejus I, 7.

schon um 800 v. Chr. G. Capua und Nola, welches letztere nach Andern später erst, nachdem die Cumaner Neapolis gestiftet hatten, cumanisch wurde, und in Capua wurden sie so mächtig, daſs es Strabo V, pag. 242. als den Hauptort von zwölf verbündeten Städten nennt, wie es Felsina oder Bononia im Pothale war. Doch kann hier nur insofern von zwölf Städten die Rede sein, als daselbst, wie in Mantua bei Virgilius A. X, 202., ein Bund von zwölf tuskischen Staaten gemeinsam herrschte: denn wenn man auch alles zusammenzählt, was von irgend einem Schriftsteller tyrrhenisch genannt wird, gelangt man doch kaum zu einer Zwölfzahl. Daſs aber die Griechen manche Stadt nur darum tyrrhenisch nannten, weil sie in dem von ihnen sogenannten Tyrrhenien lag, erhellet daraus, daſs einzelne Geschichtschreiber selbst Rom als eine tyrrhenische Stadt bezeichneten.

29. So rechnet Pausanias IV, 35, 6. VIII, 7, 3. auch Dikäarchia, wie Stephanos von Byzant Puteoli, zu Tyrrhenien, ungeachtet daselbst nur Cumaner und Samier wohnten, und daher Stephanos s. v. Δίκαια diesen Ort richtiger eine ionische Colonie am tyrrhenischen Meere nennt. Eben so versetzte Sophokles in Bekker's Anecd. I, p. 413 sq. und Eustathios zu Odyss. X, p. 410. den Avernussee mitten im cumanischen Gebiete nach Tyrrhenien. Wenn also Theophrastos H. Pl. IX, 16, 6. Tyrrhenen auch in Heraklea wohnen läſst, so mag darunter allerdings Herculaneum gemeint sein, welches nach Dionysios I, 44. eine sehr alte Stadt war, und nach Strabo V, p. 247., wie Pompeji, noch vor der Ankunft der Samniten erst von Osken, dann von Tyrrhenen und Pelasgern bewohnt sein soll. Allein es folgt daraus eben so wenig etwas für die Herrschaft der Tyrrhenen, als wenn Philistos Nukeria am Sarnus eine Stadt Tyrrheniens nannte: vielmehr sind Herculaneum und Pompeji eben sowohl oskische oder griechische Namen, wie Nukeria umbrische oder ausonische Benennung ist. Weit eher kann Surrentum, welches Stephanos Byz. eine Stadt Tyrrhéniens nennt, für tuskisch gelten, weil Statius Silv. II, 2, 2. bei der Erwähnung des nach Strabo V, p. 247. von Odysseus gegründeten Tempels der Minerva auf dem Vorgebirge der Sirenen jener Göttinn die Benennung einer tyrrhenischen gibt, sowie Otfr. Müller (Etrusker Einl. 4, 2.) das angeblich argivische Heiligthum der Here am Silarus, welches nach Strabo VI, init. und Plinius H. N. III, 9 extr. Jason stiftete, für einen Tempel der tuskischen Kupra hielt. Wenn Konon bei Servius zu Virg. A. VII, 738. die Sarrasten am Sarnusflusse und um Nukeria Pelasger nannte, so werden auch hiedurch wol Tyrrhenen bezeichnet; aber noch bestimmter wird Markina oder Mamerkina nach Stephanos, das doch nach einer noch erhaltenen Inschrift später oskische Obrigkeit hatte, von Strabo V, p. 251. eine Stiftung der Tyrrhenen zwischen dem Vorgebirge der Sirenen und Poseidonia genannt, wie denn auch Plinius H. N. III, 9 extr. das ganze picentinische Gebiet von Markina bis an den Silarus mit dem Hauptorte Salernum eine vormalige Besitzung der Tyrrhenen nennt.

30. Wenn Stephanos Byz. nicht nur B r e t t u s im Bruttischen, sondern auch S u e s s a im nördlichen Campanien, und sogar O c r i c u l i und T u d e r in Umbrien tyrrhenische Städte nennt, so wird der tyrrhenische Name viel zu weit ausgedehnt, mit welchem man solchen Mifsbrauch trieb, dafs Apollodoros II, 5, 10. Italiens Benennung V i t e l l i u m auf samnitischen Münzen von der tyrrhenischen Bezeichnung eines Stieres durch I t a l u s herleitete, Timäos aber bei Varro R. R. II, 5, 3, vgl. II, 1, 9. u. L. L. V, 19. §. 96. Gell. XI, 1. pelasgischen Griechen zuschrieb, ungeachtet sich das lateinische Wort v i t u l u s eben sowohl im umbrischen *vitlur*, als im gallischen *bitolus* nachweisen läfst. Sowie es sich aus dergleichen Verirrungen zur Genüge ergibt, wie wenig man dem Tzetzes glauben darf, wenn er zum Lykophron 1244 bemerkt, der bei Andern in ganz anderm Sinne auf Odysseus übertragene Name N a n o s bedeute in der tyrrhenischen Sprache einen Irrfahrer; so zeugt der Umstand, dafs sich in allen den angeführten Gegenden keine tuskischen Inschriften oder Münzen finden, für keinen langen Bestand der tyrrhenischen Herrschaft auf einem Boden, dessen Fruchtbarkeit fremde Herrscher leicht zu üppig machte. Ungeachtet sich aufser Cumä keine Stadt Italiens mit Bestimmtheit nachweisen läfst, welche noch vor der ersten griechischen Stadt in Sicilien, N a x o s 736 v. Chr. G., von Griechen erbauet wäre, und ungeachtet so die Cumaner, welche nach Livius VIII, 22. zuvor auf den Inseln Ä n a r i a und P i t h e k u s a landeten, ehe sie es wagten, auf dem festen Lande Fufs zu fassen, von allen übrigen Griechen abgeschnitten waren, gelangten sie doch durch die Verbindung mit den Osken im fruchtbarsten Theile des campanischen Bodens (Dionys. H. VII, 3.) zu solcher Macht und Blüthe, dafs sie selbst in die tuskischen Niederlassungen, wie N o l a, eindrangen. Sowie man jedoch Cumä's Macht zu grofs geschildert hat, wenn Justinus XX, 1, 13. nicht nur die Nolaner und Abellaner, sondern Servius zu Virg. A. VII, 693. die Falisker im eigentlichen Etrurien zu seinen Ansiedelungen zählt; so darf man auch seine Blüthezeit nicht nach der Zeit seiner angeblich zu frühen Erbauung ermessen.

III. H e s p e r i a oder Italiens und Siciliens Anbau durch die Griechen, 736—336 v. Chr. G.

31. Wenn man Cumä's Aufblühen in diejenige Zeit verlegt, als sich Seeräuber aus Cumä in Z a n k l e auf Sicilien festsetzten, und mit Hülfe der Chalkidier in Naxos eine Colonie daselbst gründeten; so gehören auch die Colonien, welche die Cumaner in ihrer Umgegend stifteten, einer spätern Zeit als der Gründung von Naxos 736 v. Chr. G. an, und wir können die Periode von 736—336 v. Chr. G. durch die von Ennius und Virgilius auf Italien übertragene Benennung, worunter die Griechen eigentlich alle Länder des westlichen Europa mit Einschlufs der iberischen Halbinsel verstanden, um so mehr auszeichnen, da sich die Griechen, das einzige Cumä abgerechnet, erst während dieser Zeit auf allen Küsten

von Unter-Italien und den naheliegenden Inseln ansiedelten. Zwar sollte man meinen, daſs die Südküste von Unter-Italien noch früher als das fernere Sicilien durch Griechen bevölkert wurde, und wirklich läſst Synkellos ed. Dind. p. 400. und das Chronikon des Eusebios II, p. 115. Metapontion in Unter-Italien mit Pandosia noch zehn Jahre früher als Rom erbauen. Allein sowie Pandosia nach Strabo ursprünglich ein Königssitz der Önotrier war, so scheint Metapontion, welches ursprünglich des Metabos Sitz hiefs, erst dann griechische Stadt geworden zu sein, als die Achäer aus Sybaris eine Colonie dahin sandten. Freilich wird auch Metapontions Gründer Metabos von Servius zu Virg. A. XI, 540. Führer einer griechischen Schaar genannt, wie Servius auch den Messapus, von welchem der Calabrier Ennius seinen Ursprung abgeleitet haben soll, zu Virg. A. VII, 691. für denselben Griechen gehalten zu haben scheint, welcher dem Solinus II, 13. und Strabo IX, p. 405 zufolge aus der Gegend von Anthedon in Böotien nach Japygien kam; aber sowie Pausanias X, 10, 6. die Messapier Barbaren nennt, ohne der Abkunft vom messapischen Berge am Euripus IX, 22, 5., welche Stephanos s. v. *Μεσάπιον* meldet, zu gedenken, so erklärt auch Stephanos s. v. *Μεταπόντιον* und Eustathios zu Dionys. 367. Metabos für einen barbarischen Namen, welchen die Griechen in Metapontos als Bezeichnung eines Sohnes des Äoliden Sisyphos umschufen.

32. So wenig die Metapontiner selbst durch ein in der Stadt gefeiertes Todtenfest der Neleiden ihre ursprüngliche Stiftung durch den aus Troja zurückkehrenden Pylier Nestor zu erweisen vermochten, so wenig erwiesen die Werkzeuge, welche der Phokier Epeios, dem Strabo VI, p. 263 extr. auch die Gründung von Lagaria zuschreibt, nach Justinus XX, 2. und Aristoteles de mirab. c. 115. daselbst niedergelegt haben sollte, diesen als Stifter. Dergleichen Dichtungen dürfen eben so wenig Anspruch auf Glaubwürdigkeit machen, wie Strabo's Versicherung V, p. 222., ein Theil der nach Metapontion schiffenden Pylier sei nach Etrurien verschlagen, wo man Pisa von den Pisaten in Elis ableiten zu müssen glaubte. Auch bei Siris am gleichnamigen Flusse, welchen Ort Stephanos und Eustathios irrig für einerlei mit Metapontion erklärten, ungeachtet zwischen beiden Städten der chonische Landstrich lag, wo Hekatäos eine Stadt Chandane kannte, schrieb man die Erbauung eines älteren Städtchens Poleion flüchtigen Troern zu, obwohl Siris selbst, dessen anmuthige Lage der Dichter Archilochos bei Athenäos XII, 25. schon um 720 v. Chr. G. zur Zeit des lydischen Königes Gyges (Herodot. I, 12. 14.) pries, erst durch die Kolophonier aus Ionien, welche nach Strabo VI, p. 264. der Lydier Herrschaft flohen, eine griechische Stadt wurde. Noch später scheint Petilia, welche kleine Stadt Philoktetes nach Apollodoros bei Strabo VI, p. 254. bei dem Hauptorte der Chonen mit der Burg Krimissa gegründet haben sollte, griechisch geworden zu sein, sowie die Sage, daſs ein Theil der Begleiter des Philoktetes am Eryx in Sicilien die Stadt Ägesta mit dem Troer Ägestos

erbauet habe, wahrscheinlich blofs durch die Namensähnlichkeit zwischen dem Flusse Krimissos in Sicilien und der Burg Krimissa bei Chone veranlafst wurde. Es wurde aber bei den griechischen Colonien in Sicilien und Unter-Italien eine so allgemeine Sitte, zur Berühmung eines hohen Alterthumes ihren Ursprung bis in die Zeit des troischen Krieges zurückzuführen, dafs auch die Lokrier am zephyrischen Vorgebirge sich für Opuntier ausgaben, damit der Narykier Ajax (Virg. A. III, 399.) ihr Stifter würde.

33. Polybios de virt. et vit. XII. führt eine doppelte Sage von Lokri's Stiftung an, da nach Aristoteles die Sklaven, welche in der Abwesenheit ihrer Herren vor Ilion mit deren Frauen zu vertraut geworden waren, und nach deren Rückkehr Rache fürchtend nach Italien auswanderten, nach Timäos dagegen freie Lokrier aus Griechenland abgezogen sein sollten. Ob er aber gleich sich mehr für Aristoteles als für Timäos erklärt, so gesteht er doch auch, dafs keine von beiden Sagen gehörig beglaubigt sei, obwohl die edelsten hundert Geschlechter der Lokrier sich rühmten, von jenen Jungfrauen zu stammen, welche man jährlich als Sühnopfer für des Ajas Raub der Kassandra nach Ilion habe schicken müssen. Offenbar wollte man durch diese Sage nur die von den Sikelern, mit welchen sich die Lokrier bei ihrer Landung in Italien verbanden, angenommene Sitte begründen, nach welcher alle erblichen Vorzüge einzig von weiblicher Seite abgeleitet wurden. Ungeachtet der Beibehaltung dieser Sitte, und vieler andern sikelischen Gebräuche, welche Polybios anführt, auch nachdem ihnen Zaleukos um 664 v. Chr. G. die ersten geschriebenen Gesetze gab, läugneten sie doch alle Vermischung mit den Sikelern durch die Behauptung ab, dafs sie bei ihrem ersten Anlanden, um sich eine günstige Aufnahme zu verschaffen, sich eidlich verpflichteten, mit den Sikelern so lange in Gemeinschaft zu leben, als sie deren Land betretend Köpfe auf ihren Schultern trügen, aber dabei so verrätherisch handelten, dafs sie Erde in ihre Schuhe und Zwiebelköpfe auf ihre Schultern legten, und so, ihres Eides entbunden, bei allmählicher Vermehrung ihrer Anzahl eine Gelegenheit suchten, die Barbaren zu vertreiben oder vielmehr ihrer Oberherrschaft zu unterwerfen. So sehr auch diese Behauptung der griechischen Treulosigkeit würdig ist, so erscheint sie doch nur als ein lateinisches Wortspiel zwischen *caepitium* und *capitium*, vgl. Ovid. F. III, 339 ff., und eben dadurch als eine sehr späte Erfindung.

34. Auch die Erzählung des Konon (Narrat. 3.) von des Alkinoos Bruder Lokros, der zu Latinus in Italien reisete, weshalb die Phäaken in Kerkyra die Lokrier in Italien als ihre Verwandte betrachteten, gehört in das Reich der Erdichtungen, weil daraus, dafs die ersten Ansiedler in diesem Lande noch Sikeler als Bewohner fanden, keinesweges folgt, dafs die Stiftung bis in diejenige Zeit hinaufreichte, als die Sikeler noch nicht nach Sicilien übergegangen waren, da noch Thukydides Sikeler daselbst wohnend fand. Wir bleiben also am besten bei des Strabo VI, p. 259. Behauptung stehen, dafs Evanthes aus dem

Lande der Ozoler am krissäischen Meerbusen Lokri nicht lange nach der Gründung von Syrakus und Kroton erbauete. Wenn Pindaros die Lokrier eben sowohl die Zephyrischen (Ol. X, 18.) als die Epizephyrischen (Ol. XI, 14 f.) nennt, so werden sie dadurch nur als Bewohner eines Westlandes bezeichnet, dessen Gränze das sogenannte Zephyrische Vorgebirge war, und ihre Einwanderung erscheint mehr als ein verrätherisches Einschleichen in ein fremdes Gebiet, als dafs man sie eine Coloniestiftung nennen könnte. Auch die Gründung der ältesten Colonie in Sicilien Naxos 736 v. Chr. G. wurde durch einen Zufall veranlafst, da der Athener Theokles oder Thukles, durch Sturm auf die Ostküste Siciliens verschlagen, zuerst bemerkte, wie fruchtbar der dortige Boden sei, und wie wenig man die barbarischen Einwohner daselbst zu fürchten habe. Da jedoch sein Vorschlag zu einer Ansiedelung in seiner Vaterstadt kein Gehör fand, so wandte er sich an die Chalkidier in Euböa, mit welchen sich nach Strabo VI, p. 267. und Skymnos 270 ff. noch andere Ionier verbanden, welche dem Hellanikos bei Stephanos s. v. Χαλκίς zufolge aus der Insel Naxos kamen. Auch Dorier aus Megara zogen mit; weil aber, wie schon der Name der Stadt verräth, die Naxier sich die meiste Gewalt anmafsten, so wanderten die damit unzufriedenen Megarer zum Theile wieder aus.

35. Auf den Entschlufs, die erste Colonie so nahe bei der sicilischen Meerenge anzulegen, mochte der Wunsch einwirken, die Durchfahrt durch die gefahrvolle Meerenge, an welcher das italische Vorgebirge Leucopetra nach Odyss. XXIV, 11. den Eingang in die Unterwelt bezeichnete, für die Verbindung mit Cumä zu erleichtern, weshalb die Naxier nach Strabo VI, p. 272 extr. vgl. Skymn. 282 ff. noch näher zur Meerenge Kallipolis, wie die Leontiner späterhin Euböa, erbaueten, ja Seeräuber aus Cumä an der Meerenge selbst in Zankle sich festsetzten. Doch nicht lange blieben die Chalkidier die einzigen Besitzer eines sicilischen Platzes: denn schon im nächsten oder doch in einem der nächsten Jahre nach der Gründung von Naxos kam der Dorier Archias aus Korinthos beim Vorgebirge Zephyrion an, wo er nach Strabo VI, p. 270. die aus Naxos zurückkehrenden Megarer vorfand. Die Begleitung des Archias hatte gröfsten Theils aus Bewohnern des korinthischen Fleckens Tenea (Strabo VIII, p. 380.) bestanden; mit diesen siedelte sich aber der Heraklide Chersikrates nach Vertreibung der Liburnen in Kerkyra an. Um nun diesen Verlust zu ersetzen, beredete Archias die aus Naxos zurückkehrenden Dorier, sich ihm anzuschliefsen, und nahm mit ihnen Besitz von der Insel Ortygia, von wo aus er den Grund zu Syrakusä legte, das seinen Namen vom See Syrako empfing. Zugleich mit den Doriern wetteiferten die Achäer in der Stiftung von Colonien; während aber die Dorier, nach Reichthum strebend, ihre Besitzungen vorzüglich im südlichen Sicilien erweiterten, bepflanzten die Achäer, eine gesunde Lage suchend, die Südküste Italiens mit allerlei Städten. Dafs jedoch die Sage vom Zusammentreffen des dorischen Stifters von Syrakusä mit dem achäischen Erbauer von

Kroton Myskellos aus Rhype (Strabo VIII, p. 387.) bei dem Orakel zu Delphi eine spätere Dichtung sei, erhellet aus dem bedeutenden Zwischenraume, welcher zwischen der Gründung von Syrakusä und Kroton verflofs: denn während Syrakusä nach Thukydides VI, 3. und dem Chronikon des Hieronymus nur um ein oder einige Jahre später als Naxos gegründet wurde, entstand Kroton nach eben diesem Chronikon und Dionys. H. II, 59. erst 710 v. Chr. G.

36. Noch gröfser wäre der Zwischenraum, wenn man der parischen Marmorchronik Glauben schenken wollte, welche zwar den Archias einen Sohn des Evagetos und Abkömmling des Herakliden Temenos in der zehnten Generation nennt, sowie Myskellos bei Ovidius Met. XV, 19. als Alemon's Sohn ein Abkömmling des Hercules heifst, aber Syrakus schon im J. 758 v. Chr. G. durch ihn gründen läfst. Allein da auch Skymnos v. 271. nur zehn Generationen von den troischen Zeiten bis auf Theokles rechnet, so darf man auf die Angabe jener Chronik um so weniger bauen, weil sie kurz vorher auch den Homeros um eine volle Generation jünger macht, als den Hesiodos. Da Syrakus nur allmählich zu der grofsen Stadt sich erweiterte, welche schon der erste Geograph Hekatäos pries; so kann es freilich nicht befremden, wenn dessen Stiftungszeit etwas verschieden angegeben wird. Allein ob sich gleich nach Strabo VI, p. 262. auch Myskellos erst lange besann, der sich, ehe er Kroton wählte, gern in Sybaris angesiedelt hätte; so mufs man doch die Gleichzeitigkeit von Syrakusä's und Kroton's Gründung um so mehr bezweifeln, weil Myskellos nach Strabo, als ihm das Orakel zu Delphi Kroton's Gründung auftrug, Sybaris schon am gleichnamigen Flusse erbauet fand, Sybaris aber nach Skymnos v. 359. nur 210 Jahre bestanden hatte, als es 510 v. Chr. G. durch die Krotoniaten zerstört ward. Wäre freilich die Sage bei Pausanias III, 3. gegründet, nach welcher die Lakedämonier unter des Polydoros Regirung zwei Colonien nach Italien sandten, wovon die eine nach Kroton, die andere nach Lokri ging; so müfste, weil Polydoros schon um 724 v. Chr. G. gestorben sein soll, Kroton schon früher gestiftet sein; allein Lokri wurde nach Strabo VI, p. 259. erst nach der Stiftung von Syrakus und Kroton durch Evanthes vom krissäischen Meerbusen aus, und zwar nach dem Chronikon des Hieronymus erst 683 v. Chr. G. gegründet. Wie man den Erbauer Kroton's in der Sage feierte, davon gibt der Anfang des funfzehnten Buches der Verwandlungen Ovid's einen Beweis; wie wenig man jedoch auf deren Glaubwürdigkeit bauen darf, bezeuget aufser den verschiedenen Orakelsprüchen bei Pausanias V, 7, 3. und bei Suidas s. v. Ἀρχίας und Μίσκελλος die Sage vom Regen der Äthra, welche Pausanias X, 10. vom Stifter Tarent's Phalanthos, Suidas dagegen mit dem Scholiasten des Aristophanes Nub. 370. von Myskellos erzählt.

37. Erwägt man alle Umstände genauer, so hat man ein eben so grofses Recht, die Gleichzeitigkeit der Gründung Kroton's mit Syrakus in Zweifel zu ziehen, als Pausanias II, 1. die Ächtheit der korinthischen Geschichte bezweifelt, welche man mit mehren

anderen Dichtungen dem Korinthier Eumelos aus dem Geschlechte der Bakchiaden zuschrieb, dessen Lebenszeit nach Clemens Alex. Strom. p. 333. sowohl als nach dem Chronikon des Hieronymus mit Archias zusammentraf. Aber um dieselbe Zeit, als die Chalkidier aus Naxos, welche schon im fünften Jahre nach der Stiftung von Syrakus die Sikeler aus dessen Nachbarschaft vertrieben, und unter des Thukles Führung Leontini gründeten, von hier aus unter Anführung des Evarchos Katana stifteten, wodurch die Meinung des Stephanos von Byzant, dafs Katana nicht sowohl von seiner Lage unterhalb des Berges Ätna, als nach dorischer Mundart Κατὰ νᾶν genannt sei, weil Thukles mit seinem Schiffe zum Flusse Ame-nanus hinabfuhr, ihre Widerlegung findet, kam dem Thukydides VI, 4. zufolge Lamis aus Megara nach Sicilien, und siedelte sich über dem Flusse Pantakias in Trotilos, oder, wie andere schreiben, Trogilos, an. Nachdem er sich darauf eine Weile bei den Chalkidiern in Leontini niedergelassen hatte, aber von da vertrieben wurde, stiftete er Thapsos, wo er starb. Die übrigen brachen unter der Anführung eines sikelischen Fürsten Hyblon, wel-cher ihnen sein eigenes Land verrieth, auf, und stifteten das hybläische Megara, 245 Jahre vor ihrer Vernichtung durch den syrakusischen Tyrannen Gelon. Setzen wir die Zerstörung dieser Stadt in diejenige Zeit, da Gelon's Macht auf den höchsten Gipfel stieg, kurz vor der Schlacht bei Salamis 481 v. Chr. G., so wurde das hybläische Megara um 726 v. Chr. G. gegründet, mithin noch neun bis zehen Jahre früher, als das Chronikon des Eusebios die Stiftung einer von Thukydides nicht besonders erwähnten Colonie Cherso-nesos ansetzt. Dafs jedoch unter dieser Colonie Mylä auf einer weit gegen Norden em-porstrebenden Landzunge gleiches Namens an der Nordküste verstanden werde, lernen wir aus den Scholien zum vierten Buche des Apollonios von Rhodos.

38. Eben diese Landzunge, auf welcher nach den eben erwähnten Scholien einst die Sonnenrinder geweidet haben sollten, meinte Varro, wenn er L. L. V, 31. §. 137. von den in Campanien seculä genannten Sicheln schrieb: »has zanclas Chersonesioe dicunt.« Denn nach Skymnos v. 287. wurde Mylä von Zankle angelegt, welches nach Thukyd. VI, 4., Strabo VI, p. 268. und Stephanos Byz. von seiner sichelförmigen Gestalt den Namen erhielt, weshalb auch Strabo VI, p. 272. extr. die Bewohner von Mylä Zankläer nennt. Der Grün-dung dieses Ortes erwähnt Thukydides darum nicht besonders, weil er, wie schon der Man-gel aller Münzen bezeugt, keine selbständige Colonie bildete, sondern zum Gebiete von Zankle gehörte, und daher auch in späterer Kriegszeit (Thuc. III, 90.) von Messene aus mit einer Besatzung versehen wurde. Eben hieraus ergibt es sich aber, dafs Zankle selbst noch früher, als Sybaris in Önotrien, von griechischen Pflanzern besetzt sein mufs. Zankle behielt seine sikelische Benennung, obgleich an seiner Besetzung nach Strabo VI, p. 268. die Naxier einen grofsen Antheil nahmen; Sybaris wurde dagegen von dem Flusse benannt, an welchem es erbauet wurde, und beide Flüsse, zwischen welchen sich die Stadt nach

Aufnahme der Umwohner in gleiches Bürgerrecht ausbreitete (Diod. XII, 9.), der Krathis sowohl als der Sybaris, erhielten ihre Namen von Flüssen Achaja's (Herodot. I, 145. Strabo VIII, p. 386 extr.), ungeachtet sich nach Aristoteles Polit. V, 2. auch eine Schaar Troezenier dem achäischen Stifter Iselikeus augeschlossen hatte, durch deren spätere Vertreibung Sybaris seinen Untergang herbeiführte. Die Ursache, weshalb Zankle seine sikelische Benennung behielt, war die, weil sich nach Pausanias IV, 23, 7. nur erst einzelne Seeräuber aus Kyme an der vortheilhaften Stelle, wohin auch die Sikeler selbst von der gegenüber liegenden Küste Italiens auf Flöfsen übergeschifft waren, einen Wohnsitz aufgeschlagen hatten, die, um sich im Besitze des günstig gelegenen Ortes zu sichern, ihre Mutterstadt Chalkis in Euböa vermochten, dem Perieres aus Kyme den Kratämenes aus Chalkis zur Gründung einer förmlichen Colonie zuzugesellen.

39. Von Kroton's Erbauung haben wir oben schon so viel gesprochen, dafs es überflüssig ist, dasselbe hier zu wiederholen; aber nur drei Jahre später als Kroton, 707 v. Chr. G., wurde das nach einem Heros benannte Taras durch die spartanischen Jungfernkinder unter Phalanthos besetzt. Strabo VI, p. 278 ff. liefert darüber eine doppelte Erzählung von Antiochos und Ephoros; ob aber Antiochos auch behauptet habe, dafs den Phalanthos in Taras aufser den barbarischen Japygen auch die Kreter aufnahmen, die einst mit Minos gegen Kamikos in Sicilien schifften, aber auf der Rückkehr sich bei den Japygen niederliefsen, hat Strabo im Dunkeln gelassen. Dafs jedoch die Japygen, die Ephoros nach Strabo VI, p. 262. sogar auch Kroton bei seiner Stiftung bewohnen liefs, weshalb Strabo die drei Landspitzen des krotonischen Gebietes am skylletischen Busen japygische Vorgebirge nennt, von des Dädalos Sohne Japyx stammten, ist offenbar die Sage anderer Schriftsteller. Der von Strabo angeführte Orakelspruch besagt nur, dafs Japygen das dem Phalanthos bestimmte Taras und Satyrion oder Saturejum nach Servius zu Virg. G. II, 197. u. IV, 335. vgl. Hor. S. I, 6, 59. bewohnten. Japygien selbst reichte nach Strabo VI, p. 265. u. 277. nur bis Metapontion, welches schon zu Önotrien gehörte, dessen Königssitz Pandosia ungefähr in der Mitte zwischen Sybaris und Chone lag. Zu diesem Önotrien gehörten auch die Chonen, in deren Gebiete nach Strabo VI, p. 264. eben sowohl Siris als Krimisa und Petelia lagen, wo Philoktetes nach Strabo VI, p. 254 f. Chonen vorfand. Wie Sybaris dadurch sich vergröfserte, dafs es die benachbarten Önotrier zu gleichen Rechten in seine Mitte aufnahm; so suchte sich Lokri durch Vereinigung mit den benachbarten Sikelern zu heben, schwächte sich jedoch wieder durch deren hinterlistige Verdrängung, bis es durch die weisen Gesetze des Zaleukos zu einiger Blüthe gelangte, wiewohl es den übrigen Colonien der Griechen an Italiens Südküste an Macht nicht gleich kam. Wenn Plinius II, 98. versichert, dafs Lokri eben so, wie Kroton, durch seine glückliche Lage von der Pest stets frei blieb, so mag dieses wol gegründet sein; auch die Behauptung, dafs es

von Erdbeben befreit blieb, wird nicht durch das Chronikon des Hieronymus bestritten, demzufolge 426 v. Chr. G., bald nach dem Ausbruche des Ätna, das opuntische Lokri durch ein Erdbeben litt, wodurch die Insel Atalante entstand, vgl. Thuk. III, 89.

40. Um 690 v. Chr. G. oder sieben Jahre vor Lokri's Gründung siedelten sich die Rhodier auf Siciliens Südküste in Gela an, und ehe noch Zaleukos seine Gesetze schrieb, hatte sich seit 668 v. Chr. G. in Lokri's Nachbarschaft an der sicilischen Meerenge Rhegion erhoben, welches nach Strabo VI, p. 257. u. Skymnos v. 310. die Chalkidier stifteten. Gela, das seinen Namen dem gleichnamigen Flusse, wie dieser seinen kühlen Dünsten, verdankte, dessen Bewohner sich jedoch zuerst nach ihrem Vaterlande Lindier nannten, welchen nach Thukydides VI, 4. Antiphemos aus Rhodos in Verbindung mit Entimos aus Kreta, 45 J. nach der Gründung von Syrakus, eine dorische Verfassung gab, war die erste dorische Colonie auf Sicilien's Südküste: denn Syrakus, welches 665 v. Chr. G. Akrä und dem Stephanos Byz. zufolge auch Enna mitten in Sicilien stiftete, siedelte sich erst 645 in Kasmenä, und um 600 unter Daskon und Menekolos in Kamarina an. Die Gründung Rhegions, dessen Name wol eher aus sikelischer Sprache, als aus dem griechischen $\dot{\rho}\dot{\eta}\gamma\nu\nu\mu\iota$ oder dem lateinischen *regium*, zu deuten sein möchte, veranlafsten die gegenüberwohnenden Zankläer, welche nach Strabo VI, p. 257., um sich eben so sehr gegen die Sikeler in Italien, als gegen die Sikeler in Sicilien, zu schützen, die Chalkidier in Euböa zu einer Ansiedelung daselbst aufforderten. Nach einer unwahrscheinlichen Sage hatten die Chalkidier damals wegen Mifswachses dem delphischen Apollo den zehnten Theil ihrer Jugend gelobt, die dann auf dessen Geheifs nach Italien auswanderte. Mit mehr Wahrscheinlichkeit schrieb Antiochos, die Chalkidier hätten auf die Anforderung der Zankläer den Antimnestos zum Stifter der neuen Colonie bestellt. An diesen schlossen sich die von ihren Mitbürgern vertriebenen Messenier des Peloponneses an, welche an dem ersten Kriege gegen Sparta keinen Antheil hatten nehmen wollen, da das wegen ihres künftigen Heiles befragte Orakel ihnen rieth, lieber mit den nach Rhegion wandernden Chalkidiern sich zu verbinden, als mit ihrem Vaterlande sich vernichten zu lassen.

41. Eben diese Messenier bildeten den Hauptbestandtheil der neuen Colonie, weshalb bis auf Anaxilas 494 v. Chr. G. immer ein Messenier an der Spitze der Regirung stand. Wie hier also Dorier und Chalkidier sich mischten, so geschah dasselbe bald darauf in Himera, welches nach dem einstimmigen Zeugnisse des Thukydides VI, 5. und Skymnos v. 288 f. die Chalkidier um 649 v. Chr. G. anlegten: denn an diese schlossen sich einige vertriebene Syrakuser an, welche sich die Myletiden nannten, weshalb daselbst, zumal da später noch andere Dorier hinzukamen, die Sprache zwar aus chalkidischer und dorischer gemischt war, die Verfassung aber, weil die Chalkidier den gröfsten Theil der Bevölkerung bildeten, chalkidisch blieb. Nach Diodoros XIII, 62. waren diese Chalkidier aus Zankle

gekommen; wenn aber Strabo VI, p. 272 extr. Himera von Zankläern aus dem unbedeutenden Mylae, welches Thukydides gar nicht berücksichtigte, sofern er Himera die einzige griechische Stadt an Siciliens Nordküste nannte, gründen läfst, so verleitete ihn wahrscheinlich der Name der Myletiden dazu. Der Gründer waren drei, Euklides, Simos und Sakon, deren einen vermuthlich Zankle, den andern Kyme, und den dritten, griechischer Sitte gemäfs, der Mutterstaat Chalkis stellte. In eben dieselbe Zeit setzt Otfr. Müller in seinen Etruskern Th. I. S. 203. die Gründung von Poseidonia am tyrrhenischen Meere, welches Solinus für eine alte dorische Colonie erklärt. Dieser möchte sich jedoch wol eben so sehr irren, als Heyne, welcher in seinen Opusc. acad. Vol. II, p. 9. Poseidonia erst kurz vor 510 von den Sybariten stiften läfst. Gegen die Annahme eines dorischen Ursprunges spricht der Name Poseidonia eben so sehr, als andere Benennungen, welche diese Stadt auf ihren Münzen führt; wahrscheinlicher bleibt daher des Skymnos (v. 245.) Angabe, dafs Sybariten die Stifter seien, welche nach Strabo V, p. 251. eine Burg am Meere erbaueten, um ihre Macht auch auf dieser Seite von Italien auszudehnen, wie sie nach Pausanias VI, 19, 9. auf der andern Seite Lupiä zwischen Brentesion und Hydrus besetzten, dessen alter Name Sybaris war, weswegen Heyne für τὴν ἐπὶ Τευθραντος Σίβαριν bei Strabo VI, p. 264. ἐπὶ Ὑδροῦντος oder ἐπὶ τοῦ Ὑδρᾶντος zu lesen vorschlug.

42. Da Sybaris nach Strabo VI, p. 263. so mächtig wurde, dafs es bei seiner Vernichtung über vier benachbarte Völker herrschte und 25 Städte unter seiner Botmäfsigkeit hatte; so mufste es sein Gebiet über ganz Önotrien bis an beide Meere ausgedehnt haben. Wenn daher Hydrus bei Skylax als griechischer Hafenort aufgeführt wird, so darf dessen Anlage um so mehr den Sybariten zugeschrieben werden, da man auch bei Σιβαρηνή, πόλις Οἰνώτρων, wie Stephanos von Byzant schreibt, nicht sowohl an das Städtchen der heiligen Severina, wovon Constantinus Porphyrogenet. de themat. II, 10. in der Gegend von Kroton spricht, als an Sybaris am Adria denken mufs. Wie früh die Sybariten daselbst sich ansiedelten, läfst sich nicht wohl ermitteln; aber dafs Poseidonia schon bestand, als die Phokäer aus Ionien, welche nach Herodotos I, 163. zuerst unter den Griechen ganz Italien umschifften, und schon 600 v. Chr. G. Massilia im Lande der Ligyer gründeten, und 40 Jahre später Alalia auf der Insel Kyrnos erbaueten, um 536 v. Chr. G. von Rhegion aus Velia stifteten, erhellet daraus, weil sie dieses nach Herodotos I, 167. auf den Rath eines Mannes aus Poseidonia thaten. Da nun die Sybariten daselbst erst einige Zeit am Meere wohnten, bis sie durch die ungesunden Ausdünstungen der nahen Sümpfe gezwungen wurden, etwas mehr landeinwärts zu ziehen; so konnte der erste Grund zu Poseidonia wol schon gelegt sein, als die Geloer 108 Jahre nach ihrer eigenen Stiftung, also 582 v. Chr. G., unter Aristonus und Pystilos die Stadt Akragas am gleichnamigen Flusse Siciliens stifteten, wo sich bald darauf der berüchtigte Tyrann Phalaris der Obergewalt bemächtigte. Doch

schon 44 Jahre früher, 626 v. Chr. G., hatten nach Thukydides VI, 4. die hybläischen Megarer **Selinus** unter Anführung des Pammilos gegründet, und wenn wir dem Diodoros XIII, 59. glauben wollten, sogar schon 242 Jahre vor dessen Zerstörung durch die Karthager 409 v. Chr. G., mithin noch zwei Jahre früher als Himera, weshalb auch Diodoros XIII, 62. den Bestand des mit Selinus zugleich zerstörten Himera zu 240 Jahren angibt.

43. Den Angaben des Diodoros zufolge wäre aber Selinus nicht hundert, sondern nur 75 Jahre nach der Gründung seiner Mutterstadt erbauet, und es scheint daher Diodoros die Dauer der Stadt Selinus, welche 160 Jahre später (Diod. XXIV, 1.) noch einmal gänzlich vernichtet wurde, mit der Dauer ihrer Mutterstadt, welche die Dauer von Himera nur um fünf Jahre übertraf, verwechselt zu haben. Das Chronikon des Eusebios versetzt zwar auch die Stiftung von Selinus in das Jahr 665 v. Chr. G.; allein dieses läfst auch den Tyrannen Phalaris in demselben Jahre in Akragas auftreten, welches nach Thuk. VI, 4. erst 582 v. Chr. G. gegründet wurde. Wie spätere Schriftsteller immer geneigt sind, einzelne Begebenheiten in eine frühere Zeit zu verlegen, so läfst auch Pausanias VIII, 46. schon den Stifter Gela's Antiphemos mit den Sikanen in Berührung kommen, da er nach Zerstörung ihrer Stadt Omphake ein von Dädalos verfertigtes Bild nach Gela entführte. Allein die Sage von des Minos Feldzuge gegen den Sikanenfürsten in Kamikos entwickelte sich wahrscheinlich erst, seitdem die Akragantiner diese Burg zu ihrem Gebiete zogen (Herod. VII, 170), und die Selinuntier zu gleicher Zeit die Stadt **Minoa** (Herod. V, 46.) anlegten, welche seit den Ansprüchen des Spartaners Dorieus auf alles durch Herakles dem Eryx abgewonnene Land den Namen **Heraklea** empfing (vgl. Schol. Pind. Pyth. VI, 4.). Lieset man bei Diodoros IV, 78., was Dädalos während seines Aufenthaltes bei Kokalos in Sicilien vollbrachte, und findet dabei auch das für Kokalos bereitete Dampfbad, welches die Selinuntier zuerst im Besitze hatten, bis sich die Karthager dieser warmen Bäder eben so, wie der bei Himera an der Nordseite der Insel, bemächtigten, nebst der Befestigung des Felsens Eryx um den Tempel der Venus erwähnt; so sieht man klar, dafs diese Sage sich erst nach der Gründung von Selinus und Akragas bildete, als die Phöniken bei dem immer weitern Vordringen der Griechen sich nirgends anders zu halten vermochten, als in der Nachbarschaft der befreundeten Elymer, in **Motye**, **Soloeis** und **Panormos**.

44. Wie **Heraklea**'s Name von Herakles, so sollte **Minoa**'s Benennung (Diod. XVI, 9.) von Minos gebildet sein; allein da nach Hesychios auch eine Rebengattung **Minoa** hiefs, so scheinen die Selinuntier ihre Colonie nach dieser benannt zu haben, wie sie ihre eigene Stadt und deren kleinen Flufs als eppichreich bezeichneten, wogegen Akragas mit seinem gleichnamigen Flüfschen von den Anhöhen des Landes seinen Namen empfing. Um dieselbe Zeit, als Akragas gestiftet wurde, in der funfzigsten Olympiade, ehe noch Phalaris das nach ihm benannte Castell **Phalarion** anlegte, wanderten nach Diodoros V, 9, 40.

Pausan. X, 11. vgl. Thuk. III, 88. Skymn. 261. Rhodier und Knidier aus Karien unter Anführung des Herakliden Pentathlos, dem die Herrschaft der Fürsten seines Landes zuwider
war, in andere Wohnsitze, und gründeten nach Pausanias zuerst auf dem sicilischen Vorgebirge Pachynum eine Stadt, aus welcher sie durch die Phöniken und Elymer wieder vertrieben wurden; nach Diodoros nahmen sie aber auf Siciliens Westküste Theil an den Kriegen
zwischen Selinus und Egesta, und von den Elymern und Phöniken geschlagen, siedelten sie
sich, nachdem auch ihr Anführer gefallen war, auf der Insel L i p a r a an.   Wie sehr es die
Phöniken verdroſs, überall durch die Griechen in ihrem Völkerverkehr beengt zu werden,
zeigten sie auch gegen die Phokäer, als diese, um sich nicht den Persen unterwerfen zu
müssen, nach Kyrnos oder Corsica auswanderten.   Da sie hier durch ihre Seeräubereien den
Tyrrhenen eben so gefährlich zu werden schienen, als den Karthagern, die schon einige Zeit
vorher nach dem Besitze Sardiniens strebten; so verbanden sich beide Völker zu einer Seeschlacht, in welcher die Phokäer zwar siegten, aber ihre meisten Schiffe verloren.   Auf
diese Weise sahen sie sich, wie Herodotos I, 166. schreibt, nachdem sie kaum fünf Jahre
mit den zwanzig Jahre zuvor dort angesiedelten Phokäern aus Massilien in Alalia zusammen-
gewohnt hatten, wieder zum Abzuge gezwungen.   Nach Seneca d e c o n s. c. 8. wandten sich
zwar einige nach Massilien, aber nach Herodotos entwich alles, was nicht in der Feinde
Hände gefallen war, mit seiner sämmtlichen Habe nach Rhegion, von wo aus um 536 v.
Chr. G. die Phokäer sich in V e l i a oder, wie Herodotos schreibt, H y e l e anbaueten, deren
Hafen P a r t h e n i o s nach Plinius III, 5 (10) jedoch weit südlicher nach Clampetia hin lag.

45.   Schon damals, als die Phokäer Massalia im Lande der Ligyer gründeten, und
die Tusken ganz Ober-Italien von den rätischen Alpen bis an den Ausfluſs der Tiber besetzt
hatten, und nicht nur im ganzen Pothale, sondern zum Theil auch in Campanien vom Vulturnus bis zum Silarus herrschten, begannen die bis dahin unbekannten Kelten eben so süd-
wärts in das Land der Ligyer, wie ostwärts über den Rhein, zu wandern.   Die keltischen
Segobriger verbündeten sich mit den Massalioten gegen die Ligyer; aber seit der Mitte des
sechsten Jahrhunderts v. Chr. G. überstiegen die keltischen Bituriger, mit ligyschen Völkerschaften vereint, die taurinischen Alpen, und gründeten nach Verdrängung der Tusken M e -
d i o l a n u m, während aller Wahrscheinlichkeit nach die Sabiner sich in S a m n i u m festsetzten.   Als in Rom noch die Tarquinier herrschten, eroberten die Gallier allmählich fast
alles, was auf der Nordseite des Padus in Italien lag, und die von dort vertriebenen Tusken
zogen nach Dionysios H. VII, 3. um 525 v. Chr. G. mit Umbriern, Dauniern und vielen
andern Barbaren vereint, gegen C u m ä, welches damals den fruchtbarsten Theil von Campanien und die besten Seehäfen um Misenum besaſs.   Cumä schlug diesen Angriff glücklich
zurück; aber Aristodemus Malakos, der sich in verschiedenen Kämpfen gegen die Tusken
vorzüglich auszeichnete, benutzte die Gunst des Volkes zum Sturze der oligarchischen Partei,

und warf sich unter dem Scheine der Demokratie zum Tyrannen von Cumä auf, bei dem auch der aus Rom vertriebene Tarquinius nach Liv. II, 21. zuletzt eine freundliche Aufnahme fand. Tarquinius starb in Cumä eines natürlichen, Aristodemos dagegen eines gewaltsamen Todes, ohne dafs Cumä wieder zu seiner frühern Macht gelangte. Wie früh die Cumaner Dikäarchia, auch blofs Dikäa oder Dikäopolis genannt, dem die Römer späterhin, als sie eine Colonie dahin sandten, den Namen Puteoli gaben, zu ihrem Seehafen machten, hat uns Strabo V, p. 245. nicht gemeldet; aber nach Stephanos s. v. Ποτίολοι und nach dem Chronikon des Hieronymus wurde es erst 521 v. Chr. G. von Samiern erbauet. Älter war vielleicht der Flecken Chalkis in Sicilien, welchen der Scholiast des Thukydides I, 108. und Eustathios zu Dionys. 764. anführt, wohin nach Stephanos Chalkidier aus Euböa zogen.

46. In demselben Jahre, als Tarquinius Rom verlassen mufste, 510 v. Chr. G., wurde das durch seine Macht übermüthig gewordene Sybaris durch die Krotoniaten zerstört, welches eine gänzliche Veränderung der griechischen Verhältnisse in Italien herbeiführte. Sybaris hatte eine demokratische Verfassung, aber Telys hatte nach Herodotos V, 44. Mittel gefunden, sich zum Tyrannen oder Könige des Staates aufzuwerfen. Seine Gegner wandten sich nach Kroton, welches sich derselben annahm, und nach einer grofsen Niederlage der Sybariten deren Stadt eroberte und zerstörte. Diod. XI, 90. XII, 9. Die Sybariten zerstreueten sich in der umliegenden Gegend, wo damals die Lucanier aufzutreten begannen, und ein grofser Theil siedelte sich auf der Westküste von Italien in Laos und Skidros an, Herod. VI, 21. An der Zerstörung von Sybaris sollte auch Dorieus aus Sparta Theil genommen haben, dessen unglücklichen Feldzug nach Sicilien Herodotos V, 46. erzählt, und auch Pausanias III, 16., sowie Diodoros IV, 23., dessen umständliche Beschreibung desselben verloren ist, kurz berührt. Dafs Dorieus Heraklea nicht erst stiftete, sondern nur den Namen einer ältern Pflanzstadt der Selinuntier Minoa in Folge seiner unbegründeten Ansprüche veränderte, ist oben schon bemerkt: auch bestand diese Stadt nach Diodoros IV, 79. nur noch kurze Zeit, weil das nicht fern liegende Karthago, das Wachsthum der Colonie fürchtend, sie gewaltsam zerstörte. Wie Sybaris sank auch Siris nach Athenäos XII, 25. durch seine Üppigkeit, während Kroton durch die weisen Anordnungen des Pythagoras und seiner Schule immer mächtiger wurde. Über den Begebenheiten dieser Zeit in Italien schwebt jedoch das höchste Dunkel, weil wir des Antiochos Nachrichten nur aus einzelnen unzusammenhängenden Stellen Strabo's kennen, wobei andere ganz unverständliche Behauptungen vorkommen, wie bei Strab. VI, p. 264., wo von Siris die Rede ist: τινὲς δὲ καὶ Ῥοδίων κτίσμα φασὶ καὶ Σειρῖτιν καὶ τὴν ἐπὶ Τεύθραντος Σύβαριν. Da ich oben schon bemerkt habe, dafs ich, weil an τὴν ἐπὶ τοῦ Τράεντος Σύβαριν nach Diodoros XII, 22. noch weniger zu denken ist, τὴν ἐπὶ τοῦ Ὑδροῦντος Σύβαριν für Lupiä geschrieben glaube; so scheint auch ἡ Ῥωδαίων πόλις, aus welcher nach Strabo VI, p. 282. der Dichter Ennius gebürtig war,

den Glauben veranlafst zu haben, dafs Rhodier die Stifter derjenigen Orte gewesen seien, welche einst den Sybariten gehörten, nach deren Vernichtung aber so herunter sanken, dafs Silius XII, 398. mit Mela II, 4. und Plinius III, 11. Rudiä nur noch durch seinen spätern Zögling merkwürdig fand. Wann und von wem Kallipolis, nach Plin. III, 11. später Anxa genannt, auf der Westseite der japygischen Halbinsel gegründet wurde, ist nicht bekannt; der noch erhaltene Name Gallipoli spricht aber für einen griechischen Ursprung dieses Hafens, welchen Mela II, 4. bezeugt.

47. Je weniger wir über die Namen der 25 Städte unterrichtet sind, welche dem Strabo zufolge einst den Sybariten unterworfen waren; desto wichtiger scheint eine bei Basta in Apulien gefundene alte Inschrift zu sein, welche ich in meinen *Rud. linguae Oscae* pag. 54. zu erläutern versucht habe. Gegen diese Erläuterung hat zwar Hr. Prof. Mafsmann in den Münchener gelehrten Anzeigen 1840. Nr. 199 ff. seine Stimme erhoben, und deren Richtigkeit durch Vergleichung einer ähnlichen Inschrift aus Neapel bezweifelt. Da er aber nicht bemerkt hat, dafs diese Inschrift nur eine ungeschickte Nachbildung und sinnlose Verdrehung von der aus Basta sein kann, deren Inhalt und Form gleich sehr der Zeit von Pythagoras entspricht; so mag er es mir nicht verübeln, wenn ich auf seine Bemerkungen, die ein schlichtes Verzeichnifs meiner noch dazu nicht vollständig aufgeführten Schriften für eine Recension ausgeben, nicht mehr Werth lege, als auf die bekrittelnde Anzeige der beiden ersten Hefte dieses Werkes in der literarischen Zeitung zu Berlin von einem J. Valerius Kutscheit, dessen Äufserungen sattsam verrathen, welches Geistes Kind er sei. Das Einzige, was ich Hrn. Mafsmann einräume, ist das, dafs man auf die Inschrift aus Basta, die, wenn auch auf eine fast unbegreiflich gelehrte Weise, doch nur zur Ehre des unbedeutenden Ortes Basta erdichtet sein könnte, so lange nichts bauen dürfe, als man über deren Ursprung und Sinn nicht ganz im Klaren ist. Damit man aber aufhöre, für messapisch oder pelasgisch zu erklären, was altgriechisch ist, werde ich im folgenden Hefte eine bisher wenig beachtete Inschrift aus der Gegend von Tarent liefern, deren Alphabet dem Charakter der Inschrift aus Basta ziemlich entspricht. Hier mufs ich mich in Ermangelung eines andern Mittels mit der Aufzählung derjenigen Orte begnügen, welche schon der älteste Geograph Hekatäos in Italien und Sicilien gekannt haben soll. So wenig jedoch das Verzeichnifs derselben vollständig genannt werden kann, so wenig werde ich alles wiederholen, was ich früher darüber bemerkt habe: es genügt, nur wenige Namen bekannter Örter aufzuführen, dafs man daraus ihr Dasein vor dem Ende des sechsten Jahrhunderts v. Chr. G. erkenne.

48. Kapua war dem Hekatäos bekannt, wie Nola; dafs er aber Kapua eine Stadt Italiens genannt habe, wie ihm nach des Suidas und Stephanos einstimmigem Zeugnisse Nola eine Stadt der Ausonen hiefs, ist sehr zu bezweifeln, da sein Italien nicht weiter reichte, als bis zu den Lametinen am Flusse Lametos, die er zum Gebiete von Kroton rechnete,

auf der einen, und bis zum Vorgebirge Skylläon auf der andern Seite, wenn er gleich zur Unterscheidung zweier Japygien das eine nach Illyrien, das andere nach Italien versetzte. In diesem Japygien nannte er das südlichste Volk Eleutier, und eine Stadt Chandane lag ihm an der Gränze der Peukäer oder Peuketianten: alle übrigen Städte des unteren Italiens bis nahe an den Tiberstrom bezeichnete er als Städte der Önotrier. Adria und die Istrier waren ihm nur aus der Sage bekannt, und verdienen hier eben so wenig Beachtung als andere Völker am ionischen Busen. Bemerkenswerth dagegen ist es, daſs er unter den Städten Italiens auſser den epizephyrischen Lokriern schon Medme mit dem gleichnamigen Bache kannte, welches nach Strabo VI, p. 256. Plin. III, 5, 10. mit der benachbarten Schiffsrhede Emporion ein Besitzthum der Lokrier war; ferner Aulonia in der Mitte des sogenannten Aulon, welches nach Strabo VI, p. 261. später Kaulonia genannt wurde, und nach Pausanias VI, 3, 12. von Achäern unter Typhon aus Ägium oder, wie Stephanos unter *Αὐλών* mit Skymnos v. 318. meldet, von Krotoniaten gestiftet war; endlich Krotala, eine sonst unbekannte Stadt, obwohl Plinius III, 10, 15. einen Fluſs Crotalus in der Nähe von Scylacium anführt. In Sicilien kannte Hekatäos die phönikischen Städte Motye und Solus, und von den griechischen Städten als die gröſste Syrakus, auſserdem Katane unter dem Berge Ätna, Zankle, Mylä und Himera, woraus es sich ergibt, daſs ihm Zankle's neuerer Name Messene noch nicht bekannt war, da hiervon Stephanos nicht so hätte schweigen können, wie er von vielen andern, dem Hekatäos unstreitig bekannten, Örtern schweigt.

49. Am Ende des sechsten Jahrhunderts v. Chr. G. waren alle Küsten von Unter-Italien und Sicilien mit den liparischen Inseln durch Griechen bevölkert, und wenn gleich die Phokäer die Insel Kyrnos den Tyrrhenen hatten überlassen müssen, so versicherte doch nach Herodotos V, 106. der Milesier Histiäos den persischen König Dareios, nicht eher sein Gewand ablegen zu wollen, bis er ihm die gröſste der Inseln Sardo zinsbar gemacht habe, und Bias von Priene gab nach Herodotos I, 170. allen Ioniern den Rath, dorthin zu ziehen und daselbst eine groſse Stadt zu bauen, wobei es Herodotos sehr bedauert, daſs dieser Rath nicht allgemeinen Beifall fand, wogegen nach Herodotos V, 124 f. Hekatäos dem Aristagoras es widerrieth, als er an eine Ansiedelung in Sardo dachte. Den tuskischen Seeräubern suchte nach Strabo VI, p. 257. Anaxilas, der von 494 bis 476 v. Chr. G. (Diod. XI, 48.) Tyrann in Rhegion war, die sicilische Meerenge durch Befestigung des Skylläons zu versperren, und als die Zankläer nach Herodotos VI, 22. um die Zeit, in welcher die Persen Miletos in Vorderasien zerstörten, auf dem schönen Vorlande in Sicilien am tyrrhenischen Meere eine Stadt zu gründen wünschten, und daher diejenigen Ionier, welche sich den Persen nicht unterwerfen wollten, zur Auswanderung nach Sicilien einluden, rieth Anaxilas den Samiern, welche mit einer Schaar entronnener Milesier die Einladung annahmen, bei ihrer

5*

Ankunft im epizephyrischen Lokri, lieber das ihm verhafste Zankle selbst zu besetzen, welches eben damals, weil die Zankläer mit ihrem Könige Skythes eine sikelische Stadt belagerten, von Mannschaft entblöfst war. Die Samier thaten, wie ihnen gerathen war, und als Skythes, zur Befreiung seiner Stadt herbeieilend, seinen Bundesgenossen Hippokrates von Gela zu Hülfe rief, schlofs dieser mit den Samiern einen Vergleich, demzufolge er das Besitzthum der Zankläer mit ihnen theilte, und den gröfsten Theil der Zankläer sammt Skythes und dessen Bruder zu seinen Sklaven machte.

50. Die Samier blieben nicht lange im Besitze der so verrätherisch eingenommenen Stadt: denn nach Thukydides VI, 5. vertrieb sie eben jener Anaxilas, welcher die Stadt mit Messeniern aus Rhegion bevölkerte, und daher ihren Namen nach Herodotos VII, 164. mit Messene oder Messana vertauschte. Wenn Pausanias IV, 23. eben diesen Namen durch die Messenier entstehen läfst, welche am Ende des zweiten messenischen Krieges vom Peloponnesos auswanderten; so setzte er dessen Entstehung um mehr als 170 Jahre zu früh an. Seitdem Anaxilas in Messene herrschte, übergab er Rhegion seinem Vertrauten Mikythos (Herod. VII, 170.), welchen Strabo VI, p. 252. irrig einen Herrscher von Messene nennt. Dieser siedelte um 470 v. Chr. G. (Diod. XI, 59.) eine Colonie in Pyxoeis oder Pyxus nicht weit vom Vorgebirge Palinurus an, deren Bewohner jedoch, weil nicht nur die tyrrhenischen Seeräuber, sondern auch die Samniten und Lucanier den Besitz dieser Gegend zu unsicher machten, mit Ausnahme Weniger wieder abzogen. Dagegen wurden nach Diodoros XI, 76. Zankle und Rhegion nach des Anaxilas Tode durch Vertreibung seiner Söhne wieder frei. In Gela war kurz vorher der Tyrann Kleandros aufgetreten, dessen Nachfolger Hippokrates seine Herrschaft über den gröfsten Theil der Insel verbreitete. Nach Herodotos VII, 154. bekriegte Hippokrates nicht nur Kallipolis, das, wie Strabo VI, p. 272 extr. andeutet, weil Thukydides davon ganz schweigt, schon früh zu Grunde gegangen sein mufs, sondern auch dessen Mutterstadt Naxos nebst Zankle und Leontion, und dann Syrakus mit einer Menge barbarischer Städte. In allen diesen Kriegen bewies sein Lanzenträger Gelon als Befehlshaber der Reiterei eine so glänzende Tapferkeit, dafs sich alle die genannten Städte der Herrschaft des Hippokrates unterwerfen mufsten. Syrakus behielt zwar durch Vermittelung der Korinthier und Kerkyräer seine Freiheit, mufste dafür aber Kamarina dem Hippokrates abtreten, und als sich nach dem Tode dieses Fürsten, der im Kriege wider die Sikeler vor Hybla fiel, Gelon des Thrones bemächtigt hatte, unterwarf es sich diesem, durch innere Spaltungen zerrüttet, freiwillig. Nun übergab Gelon Gela seinem Bruder Hieron, er selbst aber erhob Syrakus zum Sitze seiner Herrschaft, welchen er so sehr vergröfserte, dafs ihm keine andere Stadt Siciliens an Macht gleich kam.

51. Gelon versetzte nicht nur alle Bewohner Kamarina's, welche nach Thukydides VI, 5. schon durch die Syrakusier, noch ehe Hippokrates eine Colonie dahin führte, aus

ihrem Sitze vertrieben waren, nebst der Hälfte der Geloer nach Syrakus, sondern nach Herodotos VII, 156. auch die hybläischen Megarer nebst den Euböern in Sicilien. Kamarina wurde zerstört, von den Megarern und Euböern wurden aber nur die Reichen nach Syrakus verpflanzt, und die Armen ins Ausland zu Sklaven verkauft, damit sie die Ruhe nicht störten. Dadurch wurde Syrakus ein so blühender Staat, dafs sich die Griechen bei dem Einfalle des Xerxes um dessen Beistand bewarben, den jedoch Gelon ausschlug, weil man ihm seine Bedingungen nicht gewähren wollte. Gelon wurde aber noch durch andere Umstände gezwungen, seine Macht in Sicilien beisammen zu behalten. Die Karthager hatten damals ihre Herrschaft auf Sardinien durch Mago's Söhne begründet, und suchten nun auch auf Sicilien festen Fufs zu fassen. Ihre frühern Unternehmungen gegen Sicilien, von welchen Justinus XVIII, 7., XIX, 1. spricht, bestanden wahrscheinlich nur in der Theilnahme an den Streitigkeiten, in welche Selinus mit den benachbarten Völkerschaften gerieth, wie sie denn auch nach Diodoros IV, 79. um die 70ste Olympiade Heraklea Minoa angegriffen und zerstört haben sollen. Von gröfserer Wichtigkeit war ihr Versuch zur Ausbreitung ihrer Herrschaft auf Sicilien, welchen Gelon nach Herodotos VII, 166. an demselben Tage vereitelte, an welchem Xerxes die Schlacht bei Salamis 480 v. Chr. G. verlor. Während Gelon auf der Ostküste von Sicilien seine Herrschaft bis zum äufsersten Süden und Norden ausgedehnt hatte, ward Akragas auf der Südküste vom Tyrannen Theron beherrscht, welcher sich auch Himera an der Nordküste durch Vertreibung des Tyrannen Terillos unterwarf. Terillos floh nach Karthago, das ihn gern aufnahm, und unter dem Vorwande, ihn wieder in seine Herrschaft einzusetzen, ein Heer von 300,000 Mann, welches der Suffet Hamilkar aus Phöniken und Libyern, Iberen, Elisyken und Ligyern, Kyrniern und Sardoniern zusammenbrachte, gegen Himera führte.

52. Da gegen ein so grofses Heer Theron's Macht allein nicht hinreichte, unterstützte ihn Gelon mit aller seiner Land- und Seemacht, und während diese unter Hieron gegen die vereinten Flotten Karthago's und Etruriens siegreich kämpfte, vernichteten die verbündeten Landheere die gelandeten Karthager mit so entscheidendem Erfolge, dafs sie bis zum Feldzuge der Athener gegen Syrakus keine neuen Unternehmungen gegen Sicilien wagten. Von dem Siege zur See schweigt zwar bei manchen andern Übertreibungen Herodotos sowohl als Diodoros; aber ihn erwähnt nicht nur Pausanias VI, 19, 7., sondern auch Pindaros spielt darauf in seinem ersten pythischen Hymnus an. Wenige Jahre nachher 476 v. Chr. G. erfocht Hieron, der um dieselbe Zeit die Einwohner von Naxos und Katana nach Leontion versetzte, um eine neue Stadt unter dem Namen Ätna zu gründen, deren Bewohner aber schon nach funfzehn Jahren wieder vor den rückkehrenden Katanäern nach Eunesia oder Inessa (Diod. XI, 49. 76. 91.) weichen mufsten, einen abermaligen Sieg über die Tusken bei Cumä (Diod. XI, 51.), gegen welche die Syrakusier nach Diodoros XI, 88. auch später

noch kriegten, als Duketios alle Sikelerstädte aufser Hybla in einen Bund zusammenzog, und für eine kurze Dauer (Diod. XI, 90.) neue Städte, wie Palike, Menänon (Diod. XI, 78.) und Kale Akte oder Kalakta (Diod. XII, 8. 29.) gründete. Das Gebiet von Sybaris war nach dessen Zerstörung, seiner ungemeinen Fruchtbarkeit ungeachtet, fast sechzig Jahre lang unangebaut geblieben, bis ein gewisser Thessalos nach Diodoros XI, 90. oder einige Thessalier nach Diod. XII, 10. die zerstreuten Sybariten sammelten, und 453 v. Chr. G. eine neue Niederlassung versuchten. Diese neue Colonie hatte kaum fünf Jahre bestanden, als die eifersüchtigen Krotoniaten die Einwohner abermals verjagten. Die vertriebenen Sybariten wandten sich nun nach Sparta und Athen um Unterstützung, und wozu Sparta sich nicht geneigt fühlte, dazu fand sich Athen bereit, wie schon Themistokles nach Herodotos VIII, 62. vor der Schlacht bei Salamis dem Eurybiades drohte, in Siris sich anzusiedeln, was den Athenern nach einem Götterspruche seit alter Zeit gebühre.

53. Man lud Freiwillige aus ganz Griechenland zur Theilnahme an einer Colonie ein, und da auch der delphische Gott durch einen Orakelspruch dazu aufmunterte, so wurden Lampon und Xenokrates mit einer Flotte von zehen Kriegsschiffen an die Spitze der Expedition gestellt, welcher sich auch der Geschichtschreiber Herodotos, der Philosoph Protagoras, des Demokritos Schüler, und der Redner Lysias, der jedoch bald wieder nach Athen zurückkehrte, anschlossen. Die Colonie wurde zuerst auf der alten Stelle gegründet; weil man aber dem erhaltenen Orakelspruche eine andere Deutung gab, wählte man einen Platz in der Nähe an der Quelle Thurias, und nannte davon den Ort Thurion oder Thuria, im zwölften Jahre vor dem Anfange des peloponnesischen Krieges oder 444 v. Chr. G. nach Plinius XII, 4. Die Verfassung der neuen Stadt wurde nach Diogenes von Laërte durch Protagoras entworfen, der wahrscheinlich das System des Charondas von Katana, welchem Diodoros die Ehre beilegt, die thurische Staatsverfassung begründet zu haben, zum Muster nahm. Allein es entstanden sehr bald Streitigkeiten zwischen den fremden Ansiedlern und den mit ihnen vereinten Sybariten, welche sich als die einzigen rechtmäfsigen Besitzer betrachteten, aber dafür theils getödtet, theils vertrieben wurden. Die, welche noch von denselben übrig blieben, errichteten einen Wohnplatz am Flusse Traeis, wo sie nach mehren Jahren von den um 356 v. Chr. G. auftretenden Bruttiern (Diod. XII, 22. XVI, 15.) verjagt und erwürgt wurden. Lagaria, dessen Gründung man späterhin dem Epeios zuschrieb (Strab. VI, p. 263, extr.), gehörte zum Gebiete der Thurier, welche sich durch die Fruchtbarkeit ihres Bodens, durch Freundschaft mit den Krotoniaten und Herbeiholung mehrerer Colonisten aus Griechenland bald eine solche Seemacht erwarben, dafs sie mit Tarent auf kurze Zeit um den Besitz von Siris Krieg zu führen vermochten, aber es nicht verhindern konnten, dafs Tarent (Diod. XII, 36.) in der Nähe des veröderten Siris eine neue Stadt Heraklea kurz vor dem Anfange des peloponnesischen Krieges 433 v. Chr. G. anlegte, worauf Siris nur noch

als Hafen der neuen Anlage bestand, und die Einwohner an den gesundern Ort verpflanzt wurden.

54. Früher schon, um 442 v. Chr. G., hatten nach Antiochos bei Strabo VI, p. 264.
vgl. Skymn. v. 327. die Achäer in Sybaris, als Metapontion, durch die Samniten zerstört,
von seinen Bewohnern verlassen war, einige Achäer des Peloponneses berufen, diesen Ort zu
besetzen, damit nicht die näherwohnenden Tarentiner durch dessen Besitznahme das seiritische
Gebiet bedroheten. Andere erzählten zwar, daſs von den Achäern zur Besetzung Metapontions Leukippos ausgesandt sei, der sich des Ortes dadurch bemächtigt habe, daſs er sich
ihn von den Tarentinern auf Tag und Nacht erbat, und, wenn die Tarentiner die Rückgabe
bei Tage forderten, zur Antwort gab, er habe sich auch die Nacht erbeten, bei Nacht, auch
den Tag. Doch schrieb Antiochos, daſs in späterer Zeit, als die Tarentiner gegen die Thurier und den spartanischen Feldherrn Kleandridas wegen des seiritischen Gebietes kriegten,
der Frieden also abgeschlossen wurde, daſs das seiritische Gebiet von beiden Theilen zugleich
bewohnt werden, die Colonie Heraklea aber den Tarentinern gehören sollte. Um diese
Zeit waren die Samniten in Campanien eingedrungen, wo sie nach Livius IV, 37. um 437
v. Chr. G. zuerst den Mitbesitz von Capua erlangten, dessen Macht Florus I, 16. mit Rom
und Karthago vergleicht, und endlich die Tusken ganz aus Capua verdrängten, da sie um
421 v. Chr. G. nach einer harten Belagerung auch Cumä eroberten, dessen Bürger, so viele
derselben ihr Leben retteten, nach Neapel flohen, während die Weiber eine Beute der
Campanier wurden. Zu welcher Zeit Neapolis gegründet war, ist nicht bekannt; Skymnos
von Chios v. 252. sagt nur, daſs es nach einem Orakelspruche von Cumanern angelegt, und
als ein Theil derselben betrachtet wurde. Wenn es von den Dichtern auch Parthenope
genannt wird, so wird damit eigentlich das Denkmal der Seirene daselbst bezeichnet; der Ort
selbst, in welchen nach Strabo V, p. 246. auſser den Cumanern auch Chalkidier, Pithekusier
und Athener späterhin einwanderten, hieſs Neapolis. Paläpolis, welches nach Livius
VIII, 22. die Römer 327 v. Chr. G. als eine besondere Anlage daselbst fanden, die später
mit Neapolis zu Einer Stadt verbunden ward, entstand vermuthlich erst durch die Ankunft
der Cumaner, welche nach der Eroberung der ältern Stadt durch die Campanier dahin ihre
Zuflucht nahmen.

55. Die aus Campanien vertriebenen Tusken waren während des bekannten Feldzuges der Athener gegen Syrakus noch mächtig genug, um dieselben zu unterstützen; aber
seit dem unglücklichen Ausgange dieses Feldzuges wurden die Tusken nicht bloſs von den
benachbarten Römern, sondern noch mehr von neuen Schwärmen aus Gallien hart bedrängt,
da kurz vor dem Beginne des vierten Jahrhunderts v. Chr. G. Bojer und Lingonen über den
Padus vordrangen und die Gegenden um Felsina oder Bononia eroberten. Bald darauf drangen auch die Senonen immer weiter vor, bis sie um 389 v. Chr. G. selbst Rom in Asche

legten. Dagegen war Karthago seit der durch Gelon erlittenen Niederlage wieder zu solcher Blüthe gelangt, dafs es die Streitigkeiten zwischen Selinus und Egesta, welche die Athener zu der grofsen Unternehmung gegen Syrakus verleiteten, zur Gründung eigener Herrschaft benutzte. Denn da Egesta nach dem mifslungenen Feldzuge der Athener keinen andern Ausweg zu seiner Rettung fand, erbat es sich die Unterstützung Karthago's, welches sofort mit einem mächtigen Heere landete und Selinus durch Sturm eroberte und gröfstentheils zerstörte, Diod. XIII, 43. Seit dieser Zeit, 409 v. Chr. G., waren die Karthager Herren von den westlichsten Gegenden in Sicilien, welche das Besitzthum der Selinuntier gewesen waren, sowie sie schon beim ersten Vordringen von Lilybäon her des Forts Mazara (Diod. XIII, 54.) sich bemächtigten. Der Syrakusier Hermokrates führte zwar (Diod. XIII, 63.) die Selinuntier in ihre Stadt zurück, wie auch Dionysios noch kurz vor seinem Tode den Karthagern Selinus mit den umliegenden Städten wieder entrifs; aber beides geschah nur auf eine kurze Zeit, und alle Kämpfe endigten nach Diodoros XV, 17. damit, dafs die Karthager nicht nur das Gebiet der Selinuntier behielten, sondern auch noch einen Theil des akragantischen Gebietes bis an den Halykosflufs dazu bekamen. Nördlich davon wurde der Lauf des Flusses Himera bis zur Mündung bei der Stadt gleiches Namens, die zugleich mit Selinus zerstört war, in allen Friedensschlüssen als Ostgränze der karthagischen Besitzungen angenommen.

56. Nun strebten die Karthager nach dem Besitze der ganzen Insel (Diod. XIII, 80.), und das reiche und grofse, aber durch keine Seemacht unterstützte Akragas sollte die Basis aller weitern Unternehmungen werden. Die Angriffe darauf wurden zwar zurückgeschlagen; da jedoch Hungersnoth eintrat und der von Syrakus versuchte Entsatz mifslang, sahen sich die Einwohner zu heimlicher Auswanderung bei Nacht gezwungen, worauf die Karthager die Stadt ausplünderten, und im folgenden Jahre, 405 v. Chr. G., da sie dem vereinigten Widerstande der griechischen Städte unter des Dionysios Anführung nichts Anderes entgegen zu setzen wufsten, wenigstens die Mauern niederrissen und verbrannten, was verbrennbar war, Diod. XIII, 108. Dagegen legten sie nach Diodor. XIII, 79. 406 v. Chr. G. bei Himera die Stadt Therma an, wohin sie, wie schon der griechische Name bezeugt, mehr griechische Bürger aus Himera, als Punier aus Afrika versetzten. Nachdem sich der ältere Dionysios seine Herrschaft in Syrakus gesichert hatte, beschlofs er auch die benachbarten chalkidischen Städte, Naxos, Katana und Leontini seiner Botmäfsigkeit zu unterwerfen (Diod. XIV, 14 f.). Gegen Leontini schlugen seine Unternehmungen fehl, aber Naxos bekam er durch Verrath in seine Gewalt. Er liefs 403 v. Chr. G. die Häuser und Mauern der Stadt niederreifsen, und schenkte das Land den benachbarten Sikelern. Gleiches Schicksal hatte Katana, wo er schon früher das kleine, aber feste Ätna mit Gewalt genommen hatte. Die gefangenen Katanäer liefs er in Syrakus als Sklaven verkaufen, die Stadt gab er den Campanern zu

bewohnen, welche er nach dem Beispiele der Karthager unter seine Miethstruppen in Sold genommen hatte. Die Leontiner erklärten sich hierauf selbst bereit, ihre Stadt zu verlassen, und nach Syrakus zu ziehen. Doch eben damals faſste nach Diodoros XIV, 16. der Befehlshaber der siculischen Stadt Erbita Archonides, nachdem er mit Dionysios einen Frieden geschlossen hatte, den Entschluſs, eine neue Stadt zu gründen.

57. Auf einer Anhöhe an der Küste des tyrrhenischen Meeres erbaueten die Miethstruppen des letzten Oberhauptes der Erbitäer mit diesen Aläsa, welcher ihr Stifter den Namen Archonidion beilegte, obwohl Andere diese Stadt schon etwas früher durch Karthager stiften lieſsen, und die Aläsiner späterhin, als sie durch Seehandel wohlhabend geworden waren, ihre Abstammung von den mindermächtigen Erbitäern läugneten, mit welchen sie gleichwohl immer in Verbindung standen, und auch die Opfer beim Apollotempel nach gleicher Sitte feierten. Die Anhöhe Epipolä, welche die ganze Gegend von Syrakus beherrschte, umschloſs Dionysios 402 v. Chr. G. mit einer festen Mauer, und nachdem er die Stadt mit allen Kriegsvorräthen und damals erfundenen Kriegsmaschinen versehen, die Flotte auf mehr als dreihundert Kriegsschiffe gebracht, und sein Heer nicht nur durch Miethstruppen aus Griechenland, sondern auch durch Herbeiziehung aller sicilischen Griechen, welchen das Joch der Karthager drückend war, wie der Geloer, Akragantiner, Himeräer und Selinuntier, Diod. XIV, 18. 41 ff. verstärkt hatte, erklärte er den Karthagern den Krieg und rückte vor Motya, welches sie zum Stützpunkte ihrer Unternehmungen auf Sicilien gemacht hatten. Durch seine Streitmacht geschreckt, schlossen sich auch die Sikanen an die Syrakusier an, so daſs den Karthagern nur noch fünf Städte Ankyra, Solus, Egesta, Panormos und Entella, treu blieben, und Himilko die Eroberung Motya's 397 v. Chr. G. (Diod. XIV, 53. Polyän. strateg. V, 2.) nicht zu verhindern vermochte. Im nächstfolgenden Jahre 396 v. Chr. G. fielen alle Sikeler, mit Ausnahme der Assoriner, aus Haſs gegen Dionysios zu den Karthagern ab. Um sich nun mehr gegen deren Angriffe zu sichern, beredete Dionysios die erst vor Kurzem in Katana angesiedelten Campanier, das ungleich festere Ätna zu besetzen (Diod. XIV, 58.): ein mit den Karthagern befreundeter Theil der Campanier bewohnte Entella (Diod. XIV, 61. XVI, 67.). Während alle zerstreuten Bürger griechischer Städte endlich ihre alten Wohnsitze wieder gewannen (Diod. XIV, 78.), zwang Dionysios die Kamarinäer, deren Stadt nach ihrer Zerstörung durch Gelon die Geloer (denn bei Thukyd. VI, 5. extr. muſs man ὑπὸ Γελώων statt ὑπὸ Γέλωνος lesen) nach Timäos in der 82sten, nach Diodoros XI, 76. aber am Ende der 79sten Olympiade wieder aufgebauet hatten, nach Syrakus zu wandern, Diod. XIII, 111. In dieser Zeit mögen auch mehre Städte im Innern von Sicilien angelegt sein, welche Stephanos Byz. als syrakusische Besitzungen anführt, wie Merusium, nur 70 Stadien von Syrakus entfernt, Adryx und Talaria.

58. Himilko eroberte damals Messana, und weil er einen so entfernten Platz gegen

Dionysios nicht behaupten zu können glaubte, zerstörte er die ganze Stadt, welche jedoch Dionysios sogleich wieder aufzubauen begann, Diod. XIV, 78. Zu den sich sammelnden Resten der ehemaligen Bürger gesellte er tausend Lokrer, viertausend Methymnäer aus Lesbos und sechshundert Messenier aus dem Peloponnese, Zakynthos und Naupaktos; weil er aber hierdurch die Spartaner zu beleidigen fürchtete, so verpflanzte er die fremden Bewohner an Siciliens Nordküste, wo sie die Stadt Tyndaris erbaueten, und durch Herbeiziehung mehrerer vertriebenen Griechen zu einer Zahl von fünftausend Waffenfähigen erwuchsen. Sie eroberten darauf nicht nur einige sikelische Städte, sondern unterwarfen sich selbst die kleinern westlichern Küstenstädte, unter andern Himera's kleine Feste Kephalödion. Himilko beredete dagegen die Sikeler, welchen Dionysios Naxos zu bewohnen gegeben hatte, die von ihnen besetzte Anhöhe Tauros mit einer Mauer zu umgeben; allein Dionysios verjagte 392 v. Chr. G. den gröfsten Theil der Sikeler, und ersetzte sie durch eine Auswahl seiner Miethsoldaten, Diod. XIV, 96. Das Schicksal der chalkidischen Städte in Sicilien erbitterte die ihnen verwandten Rheginer um so mehr, da sie sich bei dem ersten entsponnenen Kriege, weil die Messenier ihre Partei verliefsen, gezwungen sahen, den Frieden zu erbitten, Diod. XIV, 40. Obgleich Rhegion unter Mikythos durch seine Theilnahme an der Schlacht, in welcher die Tarentiner nach Herodotos VII, 170. eine der gröfsten Niederlagen erlitten, zweitausend Bürger eingebüfst hatte; so war es doch nach Vertreibung seiner erblichen Oberherren bald wieder so herangewachsen, dafs es nach Diodoros XIV, 8. eben so, wie Messene, eine Flotte von 80 Dreiruderern zu bemannen vermochte. Weil nun Dionysios diese Seemacht gegen die Karthager für sich zu gewinnen wünschte, schenkte er den Messeniern einen grofsen Strich des angränzenden Gebietes, und erbat sich von den Rheginern eine ihrer Jungfrauen zur Gemahlinn, Diod. XIV, 44. Die Rheginer schlugen diese Ehre nicht nur aus, sondern waren nach Strabo VI, p. 258 extr. auch leichtsinnig genug, ihm des Scharfrichters Tochter anzubieten.

59. Der hierdurch unversöhnlich beleidigte Tyrann bekriegte die Rheginer mit aller seiner Macht, und veranlafste den Städtebund, der sich für die kurze Zeit seines Bestandes den stolzen Namen von Grofsgriechenland um so mehr beilegte, je weniger damals die sicilischen Griechen ihr altes Ansehen zu behaupten vermochten, und je mehr selbst ihr Mutterland von seiner frühern Gröfse heruntersank, um zuerst der makedonischen, dann der römischen Herrschaft zu erliegen. Skylax von Karyanda zählt zwar schon dieselben Städte Süd-Italiens auf, welche wir bei Skymnos von Chios verzeichnet finden; er kennt aber die Benennung Grofsgriechenland, die wir zuerst bei Skymnos v. 302 f. lesen, noch nicht, sondern er ordnet die griechischen Städte nach den Landschaften Lucanien, Italien und Japygien. Da aber Tarentum, welches Skymnos v. 329. die gröfste Stadt Italiens nennt, nach Strabo VI, p. 280. schon zur Zeit des epirotischen Königes Alexander an der Spitze eines

Städtebundes stand, dessen Versammlungen in Heraklea Statt zu finden pflegten; so dürfen wir jener Benennung Ursprung in diejenige Zeit setzen, da Dionysios, wie Diodoros XIV, 91. vgl. Justin. XX, 1. Polyb. II, 39. in der Geschichte des Jahres 393 v. Chr. G. meldet, durch seine Kriege den Städtebund ins Dasein rief. Daſs nicht der Pythagoräer groſses Ansehen die Benennung Groſs-Griechenlands veranlaſste, wie nicht nur Jamblichos im Leben des Pythagoras C. 6. v. 29., sondern auch Cicero T. Q. V, 4 andeutet, erhellet schon daraus, weil wir sie zuerst bei Skymnos lesen. Spätere Schriftsteller haben den Namen Groſsgriechenlands allmählich auf alle griechischen Besitzungen in Italien nicht nur, sondern selbst auf Sicilien ausgedehnt; Skymnos verstand darunter aber nur, wenn man das unerwähnt gebliebene Heraklea mit einschlieſst, nur sechs gröſsere und sechs kleinere Colonien von Terina an der Westküste bis Tarentum an der Gränze des alten Italiens. Die sechs gröſsern Städte sind Rhegion, Lokri, Kroton, Thurii, Metapontion, Taras; die sechs kleinern Terina, Pandosia und Kaulonia als den Krotoniaten, Hipponion und Medma als den Lokriern, und Heraklea als den Tarentinern gehörig. Alle diese Städte waren, ohne einen natürlichen oder gesicherten Hafen zu besitzen, durch den Handel dennoch zu einer bedeutenden Seemacht und durch Unterwerfung der zunächst liegenden Landstriche zu einer ziemlichen Bevölkerung gelangt; aber einen groſsen Theil derselben vernichtete schon Dionysios.

60. Nachdem Dionysios nach Diodor. XIV, 106. Polyb. I, 6. die vereinigte Macht der Colonien Groſsgriechenlands geschlagen hatte, bewilligte er den Rheginern nur gegen Auslieferung ihrer ganzen Flotte, von welcher er schon vorher zehen Schiffe aufgefangen hatte, einen Frieden, welchen er bald wieder zu brechen Gelegenheit fand, worauf er die ihrer Flotte beraubte Stadt angriff und nach eilfmonathlicher Belagerung 387 v. Chr. G. (Diod. XIV, 111.) eroberte. Die Stadt wurde zwar gröſsten Theils erhalten, und unter der Herrschaft des jüngern Dionysios, welcher den Namen der Stadt in Phöbia umänderte (Diod. XV, 45.), völlig frei; aber mit der Seemacht war Handel und Wohlstand auf immer verschwunden. Nicht besser erging es dem benachbarten Lokri, so sehr es auch durch die Freundschaft des ältern Dionysios aufblühte, da er ihm zur Belohnung dafür, daſs es ihm eine reiche Bürgerstochter vermählte, das Gebiet von Kaulonia, welche Stadt Stephanos irrig von dem ältern Aulonia unterscheidet, und Hipponion auf der Westküste (Diod. XIV, 106 f.) schenkte. Denn da er sich hierdurch allmählich in Lokri festsetzte, sein Sohn aber mit deren Bürgerstöchtern (Strab. VI, p. 259. Justin. XXI, 2 f.) den äuſsersten Muthwillen trieb, verjagten die Lokrier, darüber erbittert, dessen Besatzung und übten an seiner Frau und zweien erwachsenen Töchtern eine grausame Vergeltung. Da eroberte der jüngere Dionysios die Stadt und verwüstete sie. Stellten gleich die Lokrier mit ihrer eigenen Stadt auch das durch Dionysios 389 v. Chr. G. zerstörte Kaulonia wieder her, weshalb sie Servius zu Virg. A. III, 553. nach Hyginus die Stifter dieses Ortes nennt; so wurde Kaulonia

doch zur Zeit des Königes Pyrrhos durch die umwohnenden Barbaren abermals zerstört: und wie schon Dionysios die Kauloniaten nach Syrakus versetzt hatte, so wanderten dem Strabo VI, p. 261. zufolge die Bewohner der neuen Stadt, die von der Zeit an wüste blieb, ebenfalls nach Sicilien, und erbaueten dort ein neues Kaulonia. Mit **Hipponion** verfuhr Dionysios eben so, wie mit Kaulonia, und wenn Strabo VI, p. 256. und Skymnos v. 307. diese Stadt sowohl, als das benachbarte **Medma** oder **Medama**, eine Stiftung der Lokrier nennen, so verstehen sie darunter deren neue Anlage, welche die Römer späterhin nach der Eroberung von den Bruttiern **Vibo Valentia** nannten. Denn nach Diodoros XIV, 107. zerstörte Dionysios die frühere Stadt, deren Bewohner nach Syrakus wandern mußten.

61. Von Medma haben sich, wie von der Colonie der Krotoniaten **Terina**, Plin. H. N. III, 5. noch Münzen erhalten; die Schicksale beider Städte sind uns aber gleich unbekannt. Terina wurde von Hannibal zerstört, als er sich nicht länger daselbst halten konnte, und sich in das südlichste Bruttium (Strab. VI, p. 256.) zurückziehen mußte. Wie Medma's, so hatten sich die Lokrier auch **Temsa's**, der ältesten Stadt Italiens, bemächtigt, welche sie zur griechischen Stadt machten, Strabo VI, p. 255. Auch **Skylletion**, welches zwar die Athener unter Mnestheus gegründet haben sollten, späterhin aber die Krotoniaten besaßen, hatte Dionysios nach Strab. VI, p. 261. den Lokriern geschenkt. **Pandosia**, welches nach Strabo VI, p. 256. ein alter Sitz önotrischer Könige, und nach Theopompos bei Plinius III, 5. eine Stadt der Lucanier war, wird von Skylax sowohl als Skymnos v. 325. unter die griechischen Städte gezählt: wirklich bezeugen noch vorhandene Münzen eine Verbindung dieser Stadt mit Kroton. Wenn Plutarchos auch in der Gegend von Heraklea, wo Pyrrhos den Römern das erste Treffen lieferte, ein Pandosia ansetzt, so verwechselte er vermuthlich damit das Schicksal des Epiroten Alexandros, welcher vor Pandosia in der Nachbarschaft von Thurii den Tod fand. Da Kroton's Gebiet nach Strabo VI, p. 261. bis an den skylletischen Busen reichte, so umfaßte es auch die kleine Stadt **Petelia**, wo sich zur Zeit des Dionysios die Lucanier festsetzten, Strab. VI, p. 254. **Kroton** blieb nach Plin. II, 96. beständig von der Pest befreiet, aber nicht von der Herrschsucht, welche in der durch die Zerstörung von Sybaris übermächtig gewordenen Stadt erwachte. Sie wollte allein Gebieterinn in Italien sein, und griff zuerst, mit den von ihnen abhängigen Sybariten und den Metapontinern vereint, Siris an, darauf die Lokrier, welche Siris unterstützt hatten. Die Lokrier siegten aber nach Strabo VI, p. 261. Justin. XX, 3. und mehre unglückliche Umstände brachten Kroton so herunter, daß es, von Dionysios 389 v. Chr. G. geschlagen (Diod. XIV, 103f. Polyb. I, 6. Polyän. V, 3.), kaum noch die Stadt zu retten vermochte, deren sich Dionysios schon nach Livius XXIV, 3. durch einen Überfall der Burg bemächtigt hatte.

62. Wie Dionysios die verbündeten Griechen in Italien zur See bedrängte, so die Lucanier nach Diodoros XIV, 101 f. von der Landseite. Daher wurden die **Thurier**

390 v. Chr. G. von ihnen so entscheidend geschlagen, daſs sie sich im J. 384. gezwungen sahen, ihre Rettung bei den Römern zu suchen, welche damals der Krieg mit den Samniten in diese Gegenden führte. Dion. H. exc. de leg. p. 744. Liv. epit. XI. Römische Schiffe, die nach ältern Verträgen nicht weiter als bis zum lakinischen Vorgebirge fahren durften, schifften nun bis Thurium. Da nahmen die Tarentiner, welchen dieses nicht gleichgültig war, 382 v. Chr. G. (Appian. Samnit. VII, 1.) Thurium unvermuthet ein, und schickten die römische Besatzung nach Hause. Dadurch war den Römern die erste Veranlassung zum Kriege gegen Tarentum gegeben, zu dessen wirklichen Ausbruche ein unschickliches Benehmen einzelner Tarentiner gegen den römischen Gesandten den Vorwand lieh. Metapontum und Heraklea, wo der Städtebund seine gewöhnlichen Zusammenkünfte hielt, theilten mit Tarentum gleiches Schicksal, welches nach dem Sinken von Rhegium, Lokri, Kroton und Thurium die einzige wichtige Stadt im griechischen Italien blieb. In Sicilien fielen in dieser Zeit keine besondern Veränderungen vor, als daſs der Karthager Himilko, da er nach der Wiedereroberung der Stadt Motya (Diod. XIV, 55.) die Unzulänglichkeit derselben für groſse Unternehmungen einsah, um 356 v. Chr. G. (Diod. XXII, 14.) Lilybäum anlegte, wohin er die Einwohner von Motya versetzte, und daſs zwei Jahre früher Andromachos, der Vater des Geschichtschreibers Timäos, auf den Gedanken fiel, die zerstreuten Reste der Naxier in Tauromenion (Diod. XVI, 7.) anzusiedeln, daher Plinius III, 8. die Namen Tauromenion und Naxos als gleichbedeutend gebraucht. Daraus, daſs Skylax diesen Namen schon kennt, folgt nicht, daſs er früher schon für Naxos bestanden habe: denn Skylax kennt auch in Illyrien schon die griechischen Inseln Pharos und Issa mit den gleichnamigen Städten, obwohl nach Diodoros XV, 13 f. der ältere Dionysios erst kurz vor 384, da er mit 60 Dreiruderern einen verheerenden Zug gegen Agylla's Hafenstadt Pyrgi unternahm, Lissos anlegte, um sich dadurch die Fahrt ins adriatische Meer zu erleichtern, und darauf die Parier, welche nach Stephanos und Skymnos v. 426. auch Ephoros als Stifter der zuerst Paros genannten Stadt (Strab. VII, p. 315.) angab, bei deren Gründung unterstützte, weshalb auch Skymnos v. 413. Issa eine Colonie der Syrakusier nennt.

63. Skylax kennt auch schon die Stadt Ankon an der nordöstlichsten Küste von Picenum, welche nach Strabo V, p. 241. die Syrakusier stifteten, welche vor der Tyrannei des Dionysios flohen. Dieses ist die einzige griechische Stadt in Mittel-Italien, daher es zur Verzeichnung aller griechischen Anlagen in Italien, weil auch in Kyrnos die Phokäer nur 25 Jahre hindurch festen Fuſs gefaſst hatten, genügte, diesem Hefte blofs eine Karte von Unter-Italien und Sicilien beizugeben. Auf dieser Karte, mit welcher man Niebuhr's Karte aus dem J. 417 nach Rom's Erbauung für alles Übrige vergleichen mag, sind alle griechischen Anlagen, welche um das Jahr 350 v. Chr. G., in welche Zeit ich auch des Skylax Karte im ersten Hefte ansetzen zu müssen geglaubt habe, theils längst schon bestanden hatten, theils

noch bestanden, mit griechischer Schrift verzeichnet. Andere Örter sind weggelassen, damit man desto leichter überschauen möge, wie weit sich das griechische Besitzthum an Italiens und Siciliens Küsten allmählich verbreitete: nur solche Örter, in welchen sich auch Griechen zum Theile niederliefsen, sind noch mit lateinischer Schrift angegeben. Alle weitere Veränderungen, welche in der griechischen Bevölkerung Italiens und Siciliens vorfielen, hängen mit der Geschichte der römischen Eroberungen zusammen, welchen der folgende Abschnitt gewidmet ist. Denn der jüngere Dionysios spielte nur den Wollüstling und Gelehrten, und wurde endlich durch den Korinthier Timoleon 343 v. Chr. G. in den Privatstand zurückversetzt. Eben dieser Timoleon zwang die Karthager 339 v. Chr. G. zu einem Frieden, durch welchen alle griechischen Städte Siciliens nach Diodoros XVI, 82 f. ihre Freiheit erhielten, und Syrakus, in dessen Stadt und Gebiet Timoleon 40,000 neue Ansiedler zog, wenigstens bis zum J. 297., da nach Diodoros XIX, 5 ff. Agathokles Tyrann wurde, wenn auch nicht die vorige Macht, doch neue Blüthe gewann. Über die ganze Insel verbreitete der uneigennützige Retter durch seine kräftigen und menschenfreundlichen Anstalten Segen, und bevölkerte nicht nur die gröfsern Städte, wie Leontini und Kamerina, Diod. XVI, 82., sondern auch kleinere, wie Agyrion, eine der ältesten Städte der Sikeler. Die Campanier in Ätna vernichtete er nach der Eroberung ihres Ortes, und zur Gränze zwischen der griechischen und karthagischen Herrschaft bestimmte er den Flufs Lykos.

IV. Italia oder Italiens und Siciliens Eroberung durch die Römer, 336—36 v. Chr. G.

64. Unter Italia verstanden die Griechen immer nur die Südküste von Laos bis Taras, welcher man nach der Stiftung des Städtebundes gegen den syrakusischen Tyrannen Dionysios und gegen die Lucanier im Innern des Landes auch den stolzen Namen Grofsgriechenland gab. Wenn Strabo V, p. 210. diesen Namen bis Poseidonia ausdehnet, so erweitert er ihn nach den Begriffen der spätern Zeit, die auch den Namen von Grofsgriechenland nach dessen Falle erweiterten. Als Hauptstadt dieses Gebietes galt bis zum J. 272 v. Chr. G. Tarentum, nach dessen Besitze daher die Karthager und Römer auf gleiche Weise strebten. Um den unvermeidlichen Krieg mit den Römern soweit als möglich zu entfernen, hatte sich Tarentum (Liv. IX, 14.) als Vermittler zwischen den Römern und Samniten aufgestellt; statt aller Antwort lieferten ihnen aber jene ein Treffen, welches sie zu Gebietern des umliegenden Landes machte. Die Tarentiner bohrten dagegen zwar einige Fahrzeuge der kleinen römischen Flotte, die, aus den von den Römern abhängig gewordenen griechischen Colonien aufgebracht, unvermuthet vor Tarentum erschien, in den Grund; aber die Römer ersetzten leicht durch ihre anderweitigen Eroberungen jeden Verlust, während der von den

Tarentinern zu Hülfe gerufene Pyrrhos durch jeden Sieg empfindlich verlor. Seine Eroberungen waren daher eben so vorübergehend, wie die seines Vorgängers Alexandros: seine in
der Burg von Tarentum zurückgelassene Besatzung wurde zugleich von den Karthagern zur
See, und von den Römern zu Lande angegriffen. Der Befehlshaber der Burg Milon ergab
sich den Römern und verschaffte dadurch den Tarentinern (Liv. epit. XV.) die Erhaltung
ihrer Unabhängigkeit, benahm aber den Karthagern die Hoffnung, schon jetzt einen Stützpunkt an Italiens Küste für weitere Unternehmungen zu erhaschen. Da Rom um eben diese
Zeit alle Völker des mittlern, wie des untern, Italiens seiner Herrschaft unterwarf, so übertrug es nach der Feier seines ersten glänzenden Triumphes (Flor. I, 18.) von Italiens eroberter
Hauptstadt diesen Namen auf alles von ihm eroberte Land, welches es in vier quästorische
Provinzen theilte.

65. Obgleich die Römer allmählich ihre Eroberungen auch in Ober-Italien aus-
breiteten, dehnte doch erst Augustus staatsrechtlich auf das ganze Südalpenland den Namen
von Italien aus, durch welchen wir diesen Abschnitt der Geschichte um so treffender bezeichnen, da noch gegen dessen Ende der Bundesgenossenkrieg ausbrach, in welchem man
eigentlich darum stritt, wo Italiens Sitz mit allen seinen Vorrechten sein sollte. Da wir
aber unsere Aufmerksamkeit mehr auf die Bevölkerungs- als Kriegsgeschichte Italiens richten,
so haben wir auch mehr zu beachten, wie Rom allmählich ganz Italien mit seinen Colonien
besetzte, als wie es durch seine Kriege nach und nach alle Länder des Südalpenlandes eroberte. Da jedoch die römischen Colonien nicht sowohl, wie die griechischen, des Handels
und der Schifffahrt wegen an der Küste, als zur Sicherung des eroberten Gebietes gegen
feindliche Einfälle an festen Orten des Innern angelegt zu werden pflegten, so dürfen wir
auch nicht unberücksichtigt lassen, wie Rom seine Sprache und Gesetze durch die Waffen
seiner Krieger immer weiter in Italien verbreitete. Dabei bis in die ungewisse Geschichte
der frühern Zeit zurückzugehen, in welcher Rom's Herrschaft noch innerhalb der Gränzen
Latium's blieb, ist schon deshalb unnöthig, weil die Besetzung eines sprachverwandten Gebietes nicht als Bevölkerung eines fremden Landes gelten kann. Überdies löset sich alles,
was wir aus der frühern Zeit der Königsherrschaft wissen, in die wenigen Sätze auf, daſs
das aus vereinten Albanern, Quiriten und Tusken erwachsene Rom sich durch Vernichtung
seiner eigenen Mutterstadt Alba longa, deren Bewohner 666 v. Chr. G. nach Rom verpflanzt wurden, zur wichtigsten Stadt Latium's erhob, und nach Unterwerfung einiger latinischen Städte zuletzt durch Priesterlist die Hegemonie in Latium erhielt, zu welchen Dionysios (H. IV, 49.) 47 Völker rechnete.

66. Sowie die Stadt durch Einschluſs des Janiculum's bis ans rechte Tiberufer
erweitert wurde, so das Gebiet durch die Hafenstadt Ostia bis an die Meeresküste: und
sowie die Römer nach Eroberung der reichen Stadt Suessa Pometia um 534 v. Chr. G.

nicht nur gegen die Äquer in Signia, sondern auch gegen die Volsken in Circeji Colonien stifteten, so schlossen sie schon nach Polybios III, 22. am Ende der Königsherrschaft einen Handelstractat mit Karthago. Die ersten Consuln wirkten mehr zerstörend als fördernd, so dafs schon C. Marcius durch Vernichtung des volskischen Waffenplatzes Corioli (Liv. II, 35.) sich den Beinamen Coriolanus erwarb. Selbst das reiche Antium, welches die Römer 468 v. Chr. G. nach dessen Eroberung mit Colonisten bevölkerten, wurde im J. 459 nach dessen Abfall wieder erobert und ausgeplündert. Rom selbst kam mehrmals in Gefahr, seine Freiheit zu verlieren, und ward um dieselbe Zeit, als Camillus aufser Falerii auch das tuskische Veji, welches Dionysios H. II, 54. an Gröfse mit der Stadt Athen vergleicht, erobernd zu Grunde richtete, 389 v. Chr. G. durch die Gallier in Asche gelegt. Erst seit dieser Zeit war Rom, welches auch den Cäriten dafür, weil sie seine Heiligthümer in Schutz genommen hatten, das Bürgerrecht ertheilte, wieder auf Stiftung von Colonien bedacht, deren historisches Verzeichnifs Vellejus I, 14. mit Sutrium an der Südostseite des ciminischen Bergwaldes anhebt. Wie dieser Wald lange Zeit das nördlichere Etrurien gegen römische Angriffe schützte, so wurde 382 v. Chr. G. Sutrium zur Vormauer gegen Etrurien mit lauter römischen Bürgern besetzt (Diod. XIV, 98.). Setia in der Mitte zwischen Signia und Circeji soll schon im J. 381. gestiftet sein, wogegen Nepet in Sutrium's Nachbarschaft erst neun Jahre später römische Colonie wurde. Nach Circeji soll dem Diodor. XIV, 102. zufolge 384 v. Chr. G. eine Colonie gesandt sein, und Livius V, 24. 29. spricht auch von einer sonst nirgends genannten Colonie Vitellia in dieser Gegend. Aricia, welches sich 340 v. Chr. G. nach kurzem Kriege an die Römer ergab, wurde anfangs als Colonie, später aber als Municipalstadt (Liv. VIII, 14.) ins Bürgerrecht aufgenommen. Diese Stadt blieb immer blühend, während alle übrigen latinischen Städte seit der Unterwerfung Latium's 338 v. Chr. G. immer mehr verarmten.

67. In Antium setzten die Römer nach abermaliger Besiegung der Einwohner im J. 338. diesen neue Colonisten zur Seite, untersagten aber zugleich alle Seefahrt und richteten die Schnäbel der abgenommenen Schiffe an der Rednerbühne zu Rom auf (Liv. VIII, 14. Plin. XXXIII, 5.). Damals wurden auch die Sidiciner unterjocht, gegen welche schon im J. 343. die unkriegrischen Campanier in Rom Schutz gesucht hatten. Cales wurde nach dessen gewaltsamer Einnahme 334 v. Chr. G. wegen seiner wichtigen Lage durch Absendung von dritthalb tausend Bürgern (Liv. VIII, 16.) in eine Colonie verwandelt, und in demselben Jahre wurde nach Vellejus den Campanern und einem Theile der Samniten das römische Bürgerrecht ohne das Stimmrecht verliehen. Nach Livius VIII, 14. erhielt Suessula mit Capua dieses Vorrecht schon drei Jahre früher, wogegen Vellejus die Ertheilung des Bürgerrechts an Fundi und Formiä noch drei Jahre später in dasselbe Jahr ansetzt, als Alexandria in Ägypten erbauet wurde. Auch Acerrä in Campanien erhielt 331 v. Chr. G. das römische

Bürgerrecht, und nach **Tarracina** wurde 328 eine Colonie geführt, als die Römer nach Livius VIII, 22. auch **Fregellä**, eine bedeutende Stadt der Volsken am rechten Ufer des Lirisflusses, als wichtigen Stützpunkt gegen die Samniten, in eine Colonie verwandelten. Die Anlegung dieser Colonie brachte die Römer zuerst mit den italischen Griechen in feindliche Berührung: denn, während die Samniten, mit der Befestigung der Römer in Fregellä höchst unzufrieden, von neuem zu den Waffen griffen, benutzte **Paläpolis** diese Gelegenheit zu Feindseligkeiten gegen die römischen Colonisten in Campanien, die Rom sehr bald rächte. Im J. 324 dehnte Rom seine Eroberungen schon bis nach **Luceria** in Apulien aus, wohin es ebenso, wie 321 nach **Suessa Aurunca**, und 319 nach **Saticula** in Campanien und **Interamna** in Picenum, eine Colonie sandte. Zehen Jahre später wurden **Sora**, wo die Einwohner die frühern Colonisten getödtet hatten (Liv. X, 1.), und **Alba Fucentia** angelegt, um von da aus nicht nur die besiegten Äquer, sondern zugleich die benachbarten Marsen zu beobachten. Dazu kam zwei Jahre später noch **Carseoli** im Lande der fast gänzlich vertilgten Äquer.

68. Im Jahre 301 sandten die Römer eine Colonie nach **Nequinum** am Flusse Nar, welche, **Narnia** genannt, wegen des beschwerlichen Zugangs als Hauptfeste gegen die Umbrier diente (Liv. X, 9 f.); im J. 295 führten sie aber Colonien nach **Sinuessa** und **Minturnä** (Liv. X, 21.), und 291, als Curius Dentatus Samniums Unterwerfung vollendete, nach **Venusia** an der Gränze von Apulien (Hor. S. II, 1, 35 ff.), und nach **Hadria** (Liv. epit. XI.) in Picenum. Im J. 283 (Polyb. II, 19.) wurde die erste gallische Stadt **Senogallia** nach Vertreibung der Senonen in eine Colonie von römischen Bürgern umgeschaffen, und um dieselbe Zeit erhielten die **Sabiner** das Bürgerrecht ohne das Stimmrecht. Im Jahre 273 wurden zugleich nach **Cosa** in Etrurien und nach **Poseidonia** in Lucanien, welches die Römer **Pästum** nannten (Liv. epit. XIV.), Colonisten gesandt. Diese Namenverdrehung rührt mehr von den Lucaniern, als von den Römern her: denn durch sie, welche allmählich alle griechischen Colonien am tyrrhenischen Meere verschlangen, hatte die ursprüngliche Colonie von Sybaris griechische Sitte und Sprache so verloren, dafs die noch vorhandenen griechischen Bürger nach Athenäos XIV, 31. jährlich einen Tag in der Stille feierten, an welchem sie sich mit Thränen die alte Sitte und Verfassung in ihrer Muttersprache in das Gedächtnifs riefen. Hieraus erklärt es sich, warum auf mehren Münzen von Poseidonia zugleich der Name **Viis** steht, ob aber auch **Fistlus** auf andern Münzen denselben Ort bezeichne, möchte schwer zu erweisen sein. Im J. 268, als die Sabiner auch das Stimmrecht erhielten, wurden zugleich nach **Ariminum** im äufsersten Umbrien und nach **Maleventum** im Mittelpunkte von Samnium, dessen Namen die Römer der ominösen Bedeutung wegen in **Beneventum** umschufen, Colonien gesandt. Im samnitischen Kriege legten die Römer in der ganzen umliegenden Gegend Colonien an, aus welchen in späterer

Zeit Municipien wurden. Diesem Umstande hatte auch wol Casinum sein Dasein zu verdanken; wenn aber Äsium in Umbrien in einer Inschrift bei Gruter 446, 1. eine Colonie
genannt wird, wie Ancona bei Plinius, so wurden diese Plätze den Römern erst dann
wichtig, als sie die Eroberung des gegenüberliegenden Dalmatiens und Istriens vollendeten.

69. Während die Römer nach der Unterwerfung aller Völker des mittlern und
untern Italiens das ganze neu eroberte Land in vier quästorische Provinzen, die Ostiensische,
Calenische, Gallische und Calabrische, theilten, aber vom Namen Italia noch die nördlichern
Striche jenseit des Apenninus, wie die Inseln Sicilien, Sardinien und Corsica, das um 280 v.
Chr. G. an die Karthager fiel, ausschlossen; zerstörten diese nach Diodoros XXII, 14. das
zur Zeit des Pyrrhos durch Sturm eroberte Eryx, und verpflanzten die Einwohner, wie
nach der Wiederherstellung im ersten punischen Kriege abermals geschah (Diod. XXIII, 9.
XXIV, 2.), nach Drepanon oder Drepana. Mit Schmerz waren die Karthager abgezogen,
als der von Pyrrhos in Tarent zurückgelassene Befehlshaber der Burg Milon die Stadt den
Römern übergab, und für ihre Plane auf die Herrschaft in Sicilien besorgt, blickten sie mit
Eifersucht auf die Fortschritte der Römer. Durch die campanischen Mamertiner, welche
unter Agathokles als Miethstruppen gedient hatten, und nach dessen Tode wieder entlassen
wurden, kam es zum förmlichen Kriegsausbruch: denn als sie sich 271 v. Chr. G. Messana's
bei ihrem Durchzuge verrätherischer Weise bemächtigt hatten, das nun auch der Mamertiner
Stadt genannt ward, zwangen sie durch ihre räuberischen Streifzüge den syrakusischen König
Hieron 265 v. Chr. G. zu einer Belagerung, bei welcher sich die Mamertiner in zwei Parteien theilten, deren eine die Karthager in die Burg aufnahm, die andere sich an die Römer
wandte. Diese wurden dadurch zu ihrem ersten Kriege aufserhalb Italien veranlafst, und da
App. Claudius Caudex, kaum gelandet, einen Sieg über Hieron, wie bald auch über die Karthager erfocht, schlofs sich Hieron aus Verdrufs über die unthätigen Karthager an die Römer
an. Dasselbe thaten 263. die Bewohner von Egesta, das, seit dem unglücklichen Feldzuge der
Athener gegen Syrakus von den Selinuntiern noch mehr gedrängt, sich den Karthagern in
die Arme geworfen hatte, und, als es 307 v. Chr. G. zur Wiederherstellung seiner Freiheit
auf die Seite des Agathokles getreten war, von diesem Tyrannen, der zum Ersatze der am
Skamandros erwürgten Bürger sein zusammengelaufenes Volk als neue Bewohner einsetzte
und den Namen der Stadt in Dikäopolis umwandelte, gänzlich ausgeplündert worden war.

70. Die Römer nahmen die Bewohner von Egesta, als sie sich freiwillig nach Ermordung ihrer punischen Besatzung ihnen anschlossen, gern als Stammverwandte von Seiten
des Äneas auf, wofür eine durch die Flüsse Skamandros und Simois bestätigte Sage sie erklärte, änderten jedoch den für sie ominösen Namen in Segesta um, wie sie den Namen
Akragas, dessen Tyrann Phintias bald nach des Agathokles Tode, um seines Namens Gedächtnifs zu stiften, die kleine Stadt Phintias angelegt, und mit den Bewohnern des ver-

nichteten Gela (Diod. XXII, 2.) bevölkert hatte, als sie dieses Hauptpunkts der Karthager sich bemächtigten, in Agrigentum umänderten. Als die Karthager dagegen die italische Küste beunruhigten, rüsteten die Römer 261 v. Chr. G. nach dem Muster eines gestrandeten feindlichen Schiffes eiligst eine Flotte aus, mit welcher C. Duilius Nepos durch Anwendung des Enterns den ersten Sieg zur See bei Mylä gewann. Nachher waren zwar die Römer zur See so unglücklich, daſs der Senat wiederholt beschloſs, vom Seekriege abzustehen; aber die Bürger erbaueten 243. auf eigene Kosten eine Flotte von 200 Fünfruderern, mit welcher der Consul C. Lutatius Catulus die Häfen bei Drepanum und Lilybäum einnahm, und bald darauf von der feindlichen Flotte, zu deren Ausrüstung die Karthager ihre letzten Kräfte aufgeboten hatten, funfzig Schiffe bei den ägatischen Inseln versenkte, und siebenzig eroberte. Dadurch sahen sich die Karthager zum Abschlusse eines Friedens gezwungen, demgemäſs sie ganz Sicilien und alle Inseln zwischen Italien und Sicilien räumen muſsten, und Sicilien mit Ausnahme der Besitzungen Hieron's die erste römische Provinz auſser Italien wurde. Den Karthagern blieben nur noch die Inseln Sardinien und Corsica, worauf die Römer schon im J. 259 verschiedene Städte erobert, aber wieder verloren hatten. Allein 240 erregten die Miethstruppen daselbst nach dem Beispiele der Miethstruppen in Afrika einen Aufstand, und unterwarfen sich der römischen Herrschaft. So führte ein neuer Krieg für Karthago auch den Verlust dieser Inseln herbei, welche im J. 234 zu römischen Provinzen gemacht wurden.

71. So sehr auch der erste punische Krieg der Römer Aufmerksamkeit auf die überseeischen Länder gezogen hatte, so vergaſsen sie doch die Sicherung Italiens nicht, wo sie sogleich im Anfange des Krieges die Colonie Firmum in Picenum, und Castrum novum im Gebiete der Prätutianer, ein Jahr später auch Äsernia in Samnium (Liv. epit. XVI.) anlegten. Für Äsulum, wohin die Römer nach Vellejus I, 14. 249 v. Chr. G. eine Colonie geführt haben sollen, vermuthet Mannert Asculum, Picenum's Hauptstadt, dessen feste Lage auf einem steilen Hügel Strabo V, p. 241. lobt. In demselben Jahre sandten die Römer eine Colonie nach Alsium in Etrurien, sowie zwei Jahre später nach Fregenä. Liv. XXXVI, 3. führt auch Pyrgi und Castrum novum in dessen Nachbarschaft als römische Colonien an, die zur Erweiterung der Seemacht bestimmt waren; die wichtigste Colonie war jedoch Brundisium, dessen sich die Römer 246 unter dem Vorwande, des Pyrrhos Unternehmungen begünstigt zu haben, bemächtigten (Liv. epit. XIX.). Im J. 243 wurde nach Spoletium in Umbrien, und 241 nach Vibo Valentia in Lucanien eine Colonie geführt. Wann das schon im J. 302 eroberte Rusellä in Etrurien eine Colonie erhielt, und Perusia ein römisches Municipium wurde, das zugleich die vollen Rechte einer alten römischen Colonie hatte, hat kein Schriftsteller bemerkt. Es erhielt aber schon im J. 310 mit den eben so beträchtlichen Städten Arretium und Cortona (Liv. IX, 37.) einen Waffenstillstand auf 30 Jahre, welchen die Römer benutzten, um ihre Herrschaft im

7*

ganzen Lande zu befestigen. Besonders wurde die nordöstlichste unter Etruriens Städten, Arretium, nahe an den Apenninen so gelegen, dafs man in gleicher Nähe die Gegenden am adriatischen Meere und die nördlichen Übergänge der Apenninen erreichen konnte, schon früh durch Colonisten verstärkt. Nach Zonaras wurden dergleichen auch in das neueroberte Falerii gesandt, wodurch es zur römischen Colonie mit vollem Bürgerrechte wurde. Man nannte diese von der Verehrung der Juno Junonia, aber Otfr. Müller's Meinung, dafs der Ort darum, weil die Colonie nicht auf der steilen Anhöhe, sondern in der Ebene angelegt ward, Äquum Faliscum genannt sei, ist ohne allen Grund.

72. Auch wann Präneste, welches, wie Tibur und Neapolis, zur Freistätte für straffällige, vor dem Richterauspruche auswandernde, Römer diente (Polyb. VI, 14.), eine römische Colonie erhielt, ist nicht bekannt; Tibur unterwarf sich aber den Römern nach langem Sträuben 254 v. Chr. G. Wichtiger jedoch für die Bevölkerungsgeschichte Italiens ist der Römer Vordringen in Ober-Italien. Um 238 v. Chr. G. erneuerten sie die Kriege mit den aus Italien verdrängten Galliern, und führten auch zum ersten Male Krieg mit den Liguriern, die seit 377, da die Gallier auf dem Gipfel ihrer Macht standen, immer mehr vom Rhodanus verdrängt, gegen Italien weiter vorgedrungen waren, und den Tusken die Gegenden vom Macra bis zum Arnus entrissen hatten. Fürchtend, dafs die Römer die erste Gelegenheit ergreifen würden, um auch oberhalb Italien ihre Eroberungen auszudehnen, riefen die Gallier die wilden Gäsaten vom Rhodanus herbei, und brachen mit diesen ver- eint 226 v. Chr. G. gegen die Römer auf, welche sie aber in einer mörderischen Schlacht gänzlich aufrieben, und zum ersten Male den Padus überschreitend auch die Insubrier und Bojer schlugen. Ganz Insubrien und Ligurien unterwarfen sich nach der Eroberung Medio- lanum 222 v. Chr. G. den Römern, die nun beide Länder für eine römische Provinz unter dem Namen Gallia Cisalpina erklärten, und 218 v. Chr. G. die Colonien Cremona und Placentia (Liv. XXI, 6. Tac. H. III, 34.) am Ufer des Padus anlegten. Da um dieselbe Zeit auch Istrien zu einer Provinz gemacht wurde, weil dessen seeräuberische Volk einige römische Schiffe geplündert hatte; so herrschten nun schon die Römer über das ganze Süd- alpenland, daher Hannibal bei seinem Zuge über die Alpen im J. 218 (Liv. XXI, 35.) seinen Kriegern die Ebenen des Pothales als Italien zeigen, und Polybios II, 14. die Alpen als Nord- gränze Italiens angeben konnte, obwohl dieser Name noch bis zu Cäsars Bürgerkriege staats- rechtlich nur bis an den Apenninus reichte, und in der Nähe des adriatischen Meeres der Lauf des Flüfschens Rubico die Gränze von Italien machte. Was nördlich davon lag, ward nur als eroberte Provinz betrachtet, und selbst mit Einschlufs der östlichen Hälfte, die auch wol Venetia hiefs, Gallia Cisalpina genannt, welches durch den Padus in Gallia Trans- padana und Cispadana zerfiel.

73. Seitdem Hannibal den Römern selbst den Untergang drohte, konnten diese lange

Zeit an keine Coloniestiftung denken, weil sie ihre Streitkräfte mehr sammeln mufsten, als zerstreuen durften; doch legten sie noch während des zweiten punischen Krieges das in der Folge zur Colonie erhobene Castell Vulturnus in Campanien an, um die von der See herbeigeführten Vorräthe zu sichern. Die unteritalischen Völkerschaften und Städte waren von den Römern abgefallen; seitdem jedoch Marcellus den Hannibal wieder zu besiegen begann, und im J. 212 auch Syrakus eroberte, welches Archimedes nach dem Abfalle des Königs Hieronymus fast drei Jahre lang durch künstliche Maschinen vertheidigt hatte, mufste Hannibal endlich im J. 202 Italien verlassen. Weil Thurii zwar seinen Truppen die Thore geöffnet hatte, aber bald darauf wieder, wenn auch nur auf kurze Zeit, zu den Römern übertrat, so traute er den Griechen daselbst nicht, und verstärkte den Ort durch dahin verpflanzte Einwohner der campanischen Stadt Atella, und kurz vor seinem Abzuge aus Italien liefs er 3500 Einwohner nach Kroton abführen, und Stadt und Gegend plündern (Appian. Hann. c. 34. 49. 57.). Erst später suchten die Römer (Liv. XXXIV, 53.) das unglückliche Thurii durch Absendung einer lateinischen Colonie, sowie sie auch nach Pyxus oder Buxentum, welches zur geraden Überfahrt nach der Nordküste Siciliens sehr bequem lag, und nach Kroton und Temsa, das durch Hannibals Kriege sehr gelitten hatte, im J. 196 (Liv. XXXIV, 45.) eine Colonie sandten, wieder zu Kräften zu bringen, bei welcher Gelegenheit nach Strabo VI, p. 263 extr. der Name der Stadt wegen der Überflufs bringenden Gegend in Copiä umgewandelt ward, ohne dafs sich jedoch die ältere Benennung verlor. Im J. 189 legten die Römer die erste Colonie im Lande der Bojer zu Felsina an, welches von nun an Bononia hiefs, wie vier Jahre später zu Pisaurum in Umbrien und zu Potentia in Picenum. Im J. 184 schickten die Römer zweitausend Bürger nach Parma (Liv. XXXIX, 55.), und zur selben Zeit wurde Mutina die erste Anlage der Römer in dieser den Bojern abgenommenen Gegend, welches Polybios III, 40. schon zur Zeit Hannibals im J. 218 als befestigten Ort mit römischer Besatzung nennt.

74. Im J. 182 wurde auch Gravisca in Etrurien in eine Colonie verwandelt, sowie Luca an der nordwestlichsten Gränze, um den häufigen Streifereien der Ligurier zu wehren (Liv. XLI, 13.), und um dieselbe Zeit schickten die Römer eine Colonie nach Saturnia, die zwar von Frontinus nicht unter den Colonien aufgezählt wird, aber bei Ptolemäos Saturniana colonia heifst. Auch Pisä bat um Verstärkung durch lateinische Bewohner mit dem Versprechen von Ländereien, um sich der häufigen Streifereien der Bergvölker auf ligurischer Seite zu erwehren (Liv. XL, 43.). Luna, das ursprünglich im Besitze der Tusken gewesen, aber lange Zeit ihnen durch die Ligurier entrissen war, fügten die Römer wieder zu Etrurien, weil der Flufs Macra die Ostgränze Liguriens bestimmte, und legten dreitausend römische Bürger als Colonisten hinein (Liv. XL, 13.), weil diese Stadt als Stützpunkt gegen die Ligurier diente. Dagegen verpflanzten die Consuln des J. 181 Cornelius Cethegus und Bäbius Tamphilus 40,000 unruhige Ligurier in die Gefilde der Hirpiner bei Äculanum und Taurasium, welche Ligures Corneliani und Bäbiani genannt wurden. Nach der Besiegung der nordöstlichsten Völkerschaften Italiens wurde Aquileja angelegt (Liv. XXXIX, 55. XL, 34.), um die Bewegungen der angränzenden rohen Völker zu beobachten, und um dieselbe Zeit wurden nach Puteoli, Salernum (Liv. XXXII, 29. XXXIV, 45.) und Buxentum neue Colonisten gesandt, sowie im J. 158. nach Auximum in Picenum. Im J. 124 führte man eine Colonie nach dem volskischen Orte Fabrateria, und im folgenden Jahre nach Scylacium, Minervium oder Minervae Castrum, Tarentum und Neptunia, worunter Posidonium bei der thurmähnlichen Säule der Rheginer (Strabo VI, p. 257.) an der sicilischen Meerenge verstanden zu sein scheint. Mit der ersten aufseritalischen Colonie Carthago in Afrika im J. 122, deren Gründung Vellejus II, 15. als einen der verderblichsten Vorschläge des C. Gracchus anführt, und mit Narbo Marcius in Gallien, wohin ums J. 118 eine Colonie geführt wurde, schliefst Vellejus sein Colonienverzeichnifs, indem er nur noch Dertona in Ligurien, dessen Stiftungsjahr nicht bekannt ist, und Eporedia anführt, wohin man im J. 100 auf Anrathen

der sibyllinischen Bücher nach Plinius III, 17. eine Colonie sandte, um die Salassier im Zaume zu halten.

75. Daſs hiermit die Colonienstiftung in Italien keinesweges aufhörte, lehret das Colonienverzeichniſs in der kleinen Schrift des *S. Julius Frontinus de coloniis*; anstatt uns jedoch länger bei diesen Colonien zu verweilen, die mehr Belohnungen der Veteranen als Stiftungen neuer Städte waren, wollen wir der wichtigern Begebenheiten dieser Zeit gedenken, bei welchen der Name I t a l i a verschiedenartige Bedeutungen erhielt. Von den römischen Bundesgenossen in Italien, welchen schon T. Gracchus im J. 133 nach Vellejus II, 2. das römische Bürgerrecht versprach, hatten sich viele zu Rom unter die Zahl der Bürger eingeschlichen, weshalb die Consuln des J. 95 v. Chr. G. L. Licinius Crassus und Q. Mucius Scävola den Vorschlag thaten, alle Fremdlinge zu entfernen. Dagegen schlug der Tribun M. Livius Drusus im J. 92, um sich zur Durchführung mehrer andern Vorschläge einen gröſsern Anhang zu verschaffen, nach Vellejus II, 14. ein Gesetz vor, daſs die italischen Bundesgenossen unter die römischen Bürger aufgenommen werden sollten. Diese eilten nun wieder aus allen Gegenden nach Rom; wie sie aber ihre Plane vereitelt sahen, schlossen sie unter einander heimlich ein Bündniſs, um dieselben mit Gewalt durchzusetzen. Daher empörten sich im J. 91., als ihr Verfechter Drusus erstochen war, alle Völker Unter-Italiens vom Liris bis zum adriatischen Meere, und errichteten nach dem Muster des römischen Staates eine eigene Republik mit 500 Senatoren, 12 Prätoren und zweien Consuln Q. Popidius Silo, einem Marsen, und C. Papius Mutilus, einem Samniten. Eine groſse und feste Stadt im Lande der Peligner C o r f i n i u m wurde zur Hauptstadt des neuen Staates erhoben, und daher nach Strabo V, p. 241. vgl. Flor. III, 18. Appian. B. C. I, 38. I t a l i c a genannt, sowie der neue Staat den Namen I t a l i a oder in oskischer Sprache V i t e l i u m erhielt. So war Italien in zwei groſse und mächtige Freistaaten getheilt; doch währte dieser Zustand nur wenige Jahre, da die Römer kräftige Maſsregeln ergriffen, welche dem sogenannten Bundesgenossenkriege zu derselben Zeit ein Ziel setzten, als Rom die Nachricht erhielt, der pontische König Mithridates habe sich der asiatischen Besitzungen der Römer und ihrer Bundesgenossen bemächtigt.

76. Der Bundesgenossen anfängliche Siege bewirkten indessen, daſs der Consul des Jahrs 90 L. Julius Cäsar ein Gesetz vorschlug, denjenigen Bundesgenossen das Bürgerrecht einzuräumen, welche sich den römischen Gesetzen fügen würden. Dadurch erhielten zuerst die Latiner und einige treu gebliebene tuskische Städte das Bürgerrecht. Die übrigen Tusken fielen zwar mit den Umbriern ebenfalls ab, so daſs sich der römische Senat gezwungen sah, um die Legionen vollzählig machen zu können, Freigelassene, sowie es zuerst im Kriege gegen Jugurtha in Mauritanien geschehen war, in das Heer aufzunehmen. Dem Abfalle mehrerer Völker wurde aber durch eine Verordnung der Tribunen M. Plautius Silvanus und C. Papirius Carbo vorgebeugt, daſs alle diejenigen römische Bürger sein sollten, die in den verbündeten Städten Bürger geworden wären, wenn sie sich innerhalb sechzig Tagen als in Italien ansässig bei dem Prätor meldeten. Dadurch wurde unter den Feinden selbst eine Uneinigkeit gestiftet, und nach der Einnahme Asculums, wo der Krieg zuerst ausgebrochen war, eine Völkerschaft nach der andern besiegt, so daſs nur noch die Samniten unter den Waffen blieben, die jedoch nach der Bewilligung des Bürgerrechtes für alle Bundesgenossen auch bald besiegt wurden. Hierauf folgten die Sullanischen Unruhen, welche mit der Dictatur des Sulla endigten. Dieser wies seinen Veteranen, bevor er im J. 79 die Dictatur niederlegte, 23 Militair-Colonien an, und lieſs auch nach A l e s i a in Corsica, wohin kurz vorher durch Marius die sogenannte M a r i a n a c o l o n i a abgeführt war, eine Colonie römischer Bürger abgehen, welche Colonien alle Geographen als die zwei einzigen bedeutenden Städte der Insel anerkennen, Plin. III, 6. Mel. II, 7. Die Empörung der Gladiatoren und Sklaven in Campanien unter dem Thracier Spartacus war nur von kurzer Dauer, 73—71 v. Chr. G. und die Catilinarische Verschwörung, 66—63, wurde noch vor ihrem vollen Ausbruche unterdrückt. Aber nun trat C. Julius Cäsar mit seinen herrschsüchtigen Planen auf, durch welche zuletzt ganz Italien eine neue Gestalt erhielt.

77. Nach langer Vorbereitung seines grofsen Unternehmens als Proconsul von Gallien eröffnete er im J. 49 durch Überschreitung des Rubico den Bürgerkrieg, und unterwarf sich in Zeit von sechzig Tagen ganz Italien. Nach seiner Rückkehr aus Hispanien liefs er sich zum Dictator ernennen; aber im J. 44 wurde er, ehe er noch zum Könige ausgerufen wurde, in der Curie ermordet. Im folgenden Jahre schlossen Octavianus, Lepidus und Antonius ihr Triumvirat *reipublicae constituendae*, welches damit endigte, dafs sich im J. 36. Octavianus und Antonius in die Beherrschung des Occidentes und Orientes theilten, Lepidus aber, der sich vergebens in Sicilien zu behaupten suchte, aus dem Triumvirate verstofsen wurde, und als Privatmann das Pontificat erhielt. Ich könnte hiermit dieses Heft, das die Bevölkerungsgeschichte Italiens nur bis zur Kaiserherrschaft geben soll, beschliefsen; weil aber Octavianus, seitdem er durch den Sieg bei Actium im J. 31 alleiniger Herr des römischen Reichs geworden war, und nach der Aneignung des Consulats unter vielen Vorrechten und des Imperatortitels im J. 27 auch die Tribunengewalt und Censormacht mit dem Titel eines Augustus sich ertheilen liefs, bei der Eintheilung der römischen Provinzen in kaiserliche und senatorische auch dem Lande Italien eine ganz neue Einrichtung gab, so mag auch dieses noch kurz hinzugefügt werden. Schon früher hatte sich der Begriff von Italien in sofern geändert, als man die Apenninen in ihrer ganzen Strecke von ihrem Austritte aus den Seealpen bis zur Nähe des adriatischen Meeres zur Scheide zwischen Italia und Gallia Cisalpina bestimmte, weshalb nach Strabo IV, p. 203. die Gegend um Genua und der ganze Küstenstrich Liguriens bis zum Varusflusse noch zu Italien, alles übrige Ligurien aber zur Provinz Gallia Cisalpina gerechnet wurde.

78. In dieser Provinz hatten die Bewohner schon früh römische Sitte und Sprache angenommen, daher man sie von der Provinz Gallia Transalpina oder Bracchata (Cic. ad. Fam. IX, 15.) durch die Beibenennung Togata unterschied, während das freie Gallien auch Comata hiefs; aber das römische Bürgerrecht erhielten sie aufser den Colonien erst dann, als Cäsar den Umsturz der ganzen römischen Verfassung vorbereitete. Gleich den Cispadanern erhielten durch Cäsar auch die Transpadaner römisches Stimmrecht, wie nicht nur Hirtius de bello Gall. VIII, 52., sondern auch Cicero ad Att. I, 1. ad Q. Fr. II, 3, 4. Phil. II, 31. bezeugt; jedoch erst Augustus trug den Namen Italia auf das ganze Südalpenland, welches er nach Plinius III, 6. in eilf Regionen theilte, staatsrechtlich über. Weil man die Gränzen von Italien bis an die Punkte des höchsten Übergangs der Alpen erweiterte, so wurden damals noch viele kleinere barbarische Völkerschaften am nördlichen Abhange der Alpen zu Italien gezogen; aber auch viele der Colonien, welche Plinius in Ober-Italien anführt, entstanden erst unter Augustus, wie z. B. Augusta Prätoria, der Hauptplatz im Lande der Salassier, welcher die Pässe über die Alpen an der nordwestlichsten Ecke von Italien beherrschte, und deshalb nach gänzlicher Besiegung der Salassier in eine Festung verwandelt wurde, in welche Augustus dreitausend Prätorianer vertheilte. An der andern Seite von Ober-Italien wurde Tergeste zwar schon Colonie, ehe noch das übrige Istrien zu Italien gezogen war, aber doch erst nach Besiegung der Japoden. Der Stadt Pola, welche bei Plinius III, 23. Pietas Julia heifst, gibt Mela zuerst den Titel einer Colonie, und Ägida und Parentium hatten römische Einwohner, ohne Colonien zu sein. Dafs auch Verona durch Augustus die Vorrechte einer römischen Colonie, wie sie Tacitus H. III, 8. nennt, erhielt, weil hier der Haupteingang in die rätischen Alpen war, bezeugt ihre Benennung Colonia Augusta bei Gruter 166.

79. So nahm Parma einer Inschrift bei Gruter 492, 5. zufolge den Titel Colonia Julia Augusta an, weil es, nachdem es durch die Bürgerkriege gelitten hatte, wahrscheinlich durch Augustus wieder bevölkert wurde. Es würde uns aber zu weit führen, wenn wir alle die Örter aufzählen wollten, welche durch Augustus neue Bewohner oder Vorrechte erhielten, zumal da Plinius manche derselben unter die Colonien zählt, ohne dafs irgend ein anderer Schriftsteller etwas davon weifs, wie Ateste, die einzige Colonie in Venetia, das Municipium Brixia und die kleine, aber feste Stadt Brixellum nordöstlich von Parma.

Mehr verdient hier noch bemerkt zu werden, dafs Cäsar unter die fünftausend Colonisten, welche er nach des Plinius Geburtsort Comum sandte, der durch häufige Anfälle der benachbarten Räten sehr gelitten hatte, und daher nach seiner Wiederherstellung durch Pompejus Strabo, des Magnus Vater, schon durch C. Scipio dreitausend Colonisten erhielt, nach Strabo V, p. 213. fünfhundert der edelsten Griechen aufnahm, welchen er das römische Bürgerrecht verlieh. Zwar siedelten sich dem Strabo zufolge die Griechen nicht daselbst an, bewirkten aber doch, dafs die neue Anlage die griechische Benennung Neokomon erhielt. In dieser Nachricht möchte sich jedoch Strabo wol eben so sehr geirrt haben, als andere, welche die Benennung der ursprünglichen Bergbewohner dieser Gegend, der Orobier, für griechischen Ursprungs erklärten. So viele Vorliebe auch der jüngere Plinius Epist. I, 3. IV, 13. für seinen Geburtsort verräth, so weifs er doch nichts von griechischen Einrichtungen daselbst; vielmehr mufsten solche, die sich mehr auszubilden wünschten, nach Mediolanum gehen, weil es in Comum an Unterweisungsanstalten fehlte. Auch nennt Suetonius Cäs. 28. die Colonie mit ächtrömischem Namen Novum comum, und spricht zwar von einem widerrechtlich ertheilten Bürgerrechte, was der Consul Marcellus der Stadt nehmen liefs, daher Appianus B. C. II, 26. schreibt, Cäsar habe ihr nur das latinische Recht ertheilt, demzufolge nur diejenigen, welche in der Colonie ein obrigkeitliches Amt bekleidet hatten, für römische Bürger galten; aber von angesiedelten Griechen ist nirgends die Rede.

80. Seitdem Italien das ganze Südalpenland von den Seealpen bis Pola in Istrien (Strab. V, 1.) zwischen dem adriatischen oder obern und dem tuskischen oder untern Meere umfafste, konnte es Plinius mit einem in die Länge gestreckten Eichenblatte vergleichen, welches in einen Amazonenschild oder Halbmond ausgehe, statt dafs es Polybios II, 14. noch mit einem langgeschenkelten Dreiecke verglich, über welchem ein anderes querüber liege. Der Mittelpunkt dieses Italiens war Varro's Geburtsort Reate, den ursprünglich die Aboriginer, später die Sabiner bewohnten. Beide Völker verwandten Stammes hatten sich in Rom zu einem Volke vereinigt, welches durch die Aufnahme benachbarter Tusken und anderer Tapfern nicht nur die mächtigste Stadt Italiens wurde, sondern sich auch allmählich fast alle Länder unterwarf, die das ganze Mittelmeer in näherer oder weiterer Ferne umgaben. Doch erst in der grofsen Ausdehnung, nach welcher Italien auch die drei grofsen Inseln Sicilien, Sardinien und Corsica nebst vielen kleinern in deren Nachbarschaft in sich begriff, durfte Agathemer II, 7. Italien, welches bei den Griechen vor der Römerherrschaft nur die südlichste Seeküste der Halbinsel bezeichnete, unter die gröfsten Länder Europa's zählen. Demnach mufs man, wenn von Italien bei alten Schriftstellern die Rede ist, sorgfältig die Zeiten unterscheiden, in welchen sie schrieben, damit man unter der Geschichte Italiens, welche Antiochos von Syrakus zuerst verfafste, kein anderes Land verstehe, als das, als dessen Hauptort Skymnos von Chios Taras kannte. Der Geschichtschreiber Timäos verbreitete sich zwar schon über andere Völker der Halbinsel; aber auch er verstand unter Italien noch, wie alle Griechen vor ihm, das eigentlich sogenannte Grofsgriechenland, weil erst die Römer diesen Namen auf alle ihre Eroberungen ausdehnten, welche Lykophron noch unter der allgemeinen Benennung von Ausonien zusammenfaste. Es kann daher nicht befremden, wenn griechische Dichter eben so, wie die römischen für das von den Ausonen zuerst bevölkerte Italien die mythische Bezeichnung Saturnia aufbrachten, alle ihnen westlich gelegenen Länder, in welchen sie nur einzelne Völker nach ihren besondern Benennungen kannten, mit dem Namen Hesperia bezeichneten. Mit derselben Willkür, mit welcher griechische und römische Schriftsteller allgemeine Benennungen von Italien schufen, durften aber auch wir die vier verschiedenen Abschnitte der Bevölkerungsgeschichte vor der Kaiserherrschaft nach vier besondern Benennungen unterscheiden.

ITALIA GRAECA

sive Graecorum
in Italia et Sicilia
coloniae
circ. 350 a. Chr. n.

A. et E. Grotefend delt.

R. Schreck lithog.

Zur

Geographie und Geschichte

von

Alt-Italien,

von

Dr. G. F. Grotefend,

Director am Lyceum zu Hannover.

Fünftes Heft.

Nomenclatur der Völker Alt-Italiens.

Mit einer Steintafel italischer Schriftproben.

Hannover.

Im Verlage der Hahn'schen Hof-Buchhandlung.

1842.

Fünftes Heft.

Nomenclatur der Völker Alt-Italiens.

---

1. $\mathcal{S}$o wünschenswerth mir auch seit der Erscheinung des trefflichen Werkes der Jesuiten *Marchi* und *Tessieri*, *l'aes grave del Museo Kircheriano* (Rom. 1839), eine neue Bearbeitung der in den *Hannoverschen Blättern für Münzkunde vom Jahre 1835. und 1836.* nur für ein kleines Publicum sehr vereinzelt gelieferten Aufsätze über das Münzwesen des alten Italiens schien; so stand ich doch gern davon ab, als ich denselben Gegenstand vom Prof. Lepsius im zweiten Theile seiner Commentationen zu dem Werke *Inscriptiones Umbricae et Oscae* (Leipz. 1841) und später auch hinter der Abhandlung *über die Tyrrhenischen Pelasger in Etrurien* mehrseitig erörtert fand. Um jedoch den bereits gelieferten Heften zur Geographie und Geschichte von Alt-Italien noch Einiges beizufügen, was eine richtige Beurtheilung derselben zu fördern vermag, beschliefse ich meine Beiträge mit der Grundlage einer genauern Kunde der *italischen Nomenclatur*, welche zwar in *Göttling's Geschichte der römischen Staatsverfassung* nicht unbeachtet geblieben, aber überhaupt noch in Ermangelung der dazu erforderlichen Sprachenkenntnifs zu wenig bearbeitet ist, und selbst in der bekanntern römischen Nomenclatur noch manche Nachlese übrig läfst. Darf ich gleich mich auch nicht rühmen, mit den verschiedenen Sprachen des alten Italiens gehörig bekannt zu sein; so will ich doch an einige belehrende Schriftproben der beigegebenen Steintafel solche Bemerkungen zu reihen versuchen, welche die verschiedenen Arten italischer Nomenclatur in ein helleres Licht zu stellen vermögen. Um mich aber nicht in ein zu weites Feld zu verlieren, werde ich, unbekümmert um griechische, punische und gallische Ansiedler, und ohne zu untersuchen, ob ein Sarde richtiger bei *Livius XXIII, 40 f. Hiostus, des Hampsicora Sohn*, oder bei *Silius XII, 345 ff. Hostus, des Hampsagoras Sohn*, heifse, auf diejenigen Völker mich beschränken, deren geschichtlich bekannter Ursprung und Hauptsitz in Italiens Festlande war, und nur gelegentlich einige Eigenthümlichkeiten der Gallier im Norden und der Griechen im Süden von Italien berühren.

2. Selbst von den ursprünglich italischen Völkern ist nicht so viel bekannt, daſs wir deren Nomenclatur vollständig zu erörtern vermöchten: wir müssen uns vielmehr mit dem Wenigen begnügen, was uns theils noch vorhandene Denkmäler, theils einzelne Nachrichten römischer Schriftsteller an die Hand geben. Von nicht wenigen Völkern, wie den Liguriern, Venetern und Istriern im Norden, den Önotriern, Peuketiern und Iapygen im Süden von Italien, den Elymern, Sikanen und Sikelern in Sicilien, können wir in Ermangelung belehrender Denkmäler und Nachrichten zugleich gar nichts Besonderes sagen, so daſs uns nur solche Völkerstämme übrig bleiben, welche, mit den Römern in nähere Berührung kommend, doch manches Eigenthümliche bewahrten, wie die Tusken, Umbrier, Sabiner, Volsken und Osken nebst andern Völkerschaften Latiums und Unter-Italiens, welche mit diesen gleiche Nomenclatur gemein hatten. Da wir von allen genannten Völkern mit Ausnahme der Sabiner, deren kleine verstümmelte Inschrift am Ende des ersten Heftes meiner *Rudimenta linguae Umbricae* № *V.* keine besondere Aufklärung gibt, noch solche schriftliche Denkmäler besitzen, welche für einzelne Eigenthümlichkeiten ihrer Nomenclatur zeugen; so habe ich einige Proben derselben auf der Steintafel mit zwei noch erhaltenen Alphabeten und drei altgriechischen Inschriften aus Sicilien und Unter-Italien also zusammengestellt, daſs man zugleich eine kurze Übersicht der verschiedenen Schriftsysteme Italiens gewinnt. Daſs in Italien zweierlei Schriftsysteme herrschend wurden, erkennt man schon aus deren verschiedener Richtung, da die Griechen und die Römer, deren ältere Schrift aus der volskischen Schriftprobe erkannt wird, schon früh von der Linken zur Rechten zu schreiben begannen, die Tusken, Umbrier und Osken dagegen immer nur von der Rechten zur Linken schrieben. Gleichwohl zeugen die beiden obenan gestellten Alphabete für gleichen Ursprung der beiderlei Schriftsysteme, deren Erläuterung ich voranschicken muſs, bevor ich die verschiedenen Nomenclaturen italischer Völker erörtere.

3. Mit den beiden Alphabeten hat uns der Prof. *Lepsius* zuerst bekannt gemacht: mit dem tuskischen in dem oben angeführten Werke *Inscr. Umbr. et Osc.* tab. **XXVI.** № 33.; mit dem pelasgischen aus Agylla in den *Annali dell' instituto di corrispondenza archeologica* Vol. **VIII.** pag. 186 ff., woraus es der Prof. *Franz* in seinen *Elem. epigraphices Graecae* pag. 22. wiederholt hat. So viele Zeichen auch besonders das letztere Alphabet enthält, so wenige sind davon in das Syllabarium aufgenommen, welches auf dem Bauche der schwarzthonigen Flasche, an deren unterm Rande das pelasgische Alphabet sich findet, also lautet: *CI, CA, CY, CE; FI, FA, FY, FE; ZI, ZA, ZY, ZE; HI, HA, HY, HE; ΘI, ΘA, ΘY, ΘE; MI, MA, MY, ME; NI, NA, NY, NE; ΠI, ΠA, ΠY, ΠE; PI, PA, PY, PE; ΣI, ΣA, ΣY, ΣE; XI, XA, XY, XE; ΦI, ΦA, ΦY, ΦE; TI, TA, TY, TE.* Es fehlen in diesem Syllabarium nicht nur dieselben Buchstaben, welche der Tuske, dem Charakter seiner Sprache gemäſs, in seinem Alphabete ausstieſs, wie das *O* mit den weichen

Consonanten B, Γ, Δ, da das C, wie bei den Römern, für K in Gebrauch kam; sondern auch das Δ, mit welchem kein Wort der umbrischen Sprache begann, weshalb es auch in der Lücke des pelasgischen Alphabetes nur nach ungewissen Spuren der Zeichnung des Prof. Lepsius ergänzt werden konnte, und außer Ξ und Ψ auch das sonderbar gestaltete *Koppa*, dessen Stelle im tuskischen Alphabete der nolanischen Vase zwei Zeichen vertreten, die dem *Zade* und *Kuph* des phönikischen Uralphabetes zu entsprechen scheinen. H ist im Syllabarium ein Hauchbuchstabe, wie Θ, Φ, X; als X erscheint aber im Syllabarium nicht das ungewisse drittletzte, sondern das letzte Zeichen des pelasgischen Alphabetes. Das Φ ist in diesem Alphabete, in welchem auch das B, gleich dem P im Syllabarium, in verkehrter Richtung geschrieben ward, eben so ungeschickt gezeichnet, wie das F im Syllabarium, welches im Tuskischen, Umbrischen und Oskischen wie ein römisches V gesprochen wurde, wo dieses als Consonant galt, während das Y in der Aussprache, wie in der Gestalt, dem römischen V als Vocale entsprach.

4. Von den zweisprachigen Inschriften sind die ersten drei dem *Bullettino dell' instituto di corrispondenza archeologica* 1833. pag. 51 ff. entnommen, die vierte aber *Dempster's* Werke *de Etruria regali* T. I. pag. 251 extr., womit auch die *Marmora Pisaurensia* № XXVII. übereinstimmen. Wie diese Inschriften zu deuten seien, werde ich bei der Nomenclatur bemerken: hier genüge die Bemerkung, daß in der vierten Doppelinschrift außer andern Abweichungen vom tuskischen Schreibgebrauche das fünfte Zeichen vom Ende, welches einem umgekehrten griechischen ℈ gleicht, und als o gegolten zu haben scheint, eben so sehr durch seine Geltung als durch seine Gestalt auffällt. Übrigens gleicht die Schrift mehr der tuskischen als der umbrischen in der Schriftprobe, welche ich zur Ersparung des Raumes aus der verkleinerten Zeichnung in Dempster's Werke entlehnt habe, wie auch die oskischen und volskischen Namen nach den Zeichnungen des Prof. *Lepsius* (*Inscr. Umbr. et Osc.*) verkleinert sind. Die erste der drei griechischen Schriftproben ist die bekannte Inschrift des Helmes vom syrakusischen Könige Hieron aus dem J. 476 v. Chr. G.: Ἰάρων ὁ Δεινομένεος καὶ τοὶ Συρακόσιοι τῷ Δὶ Τυῤῥάν᾽ ἀπὸ Κύμας, worüber man alles Wissenswürdige in den *Elem. epigr. Gr.* von *Franz* pag. 69. zusammengetragen findet. Die zweite, welche einer bronzenen Gastfreundschaftsmarke aus der Gegend von Petelia im Bruttischen eingekritzelt ist, wird von *Franz* pag. 62. also gelesen: Θεὸς Τύχα. Σαῶτις δίδωτι Σικαινίᾳ τὰν Φοικίαν καὶ τἆλλα πάντα. Δαμιωργὸς Παραγόρας. Πρόξενοι Μίνκων, Ἀρμοξίδαμος, Ἀγάθαρχος, Ὀνατᾶς, Ἐπίχωρος. Die dritte, von *Vermiglioli Iscr. Perug.* ed. II. Vol. I. pag. 184. not. 3. erwähnte, Βλᾶτο ἰνί, καλάτορας βάλε τοίνυ (?), wurde mir einst von Dr. Fiorillo in Göttingen aus einem, *Borgiana* betitelten, Convolute von Kupferstichen als Inschrift eines gereiften Stäbchens, welches sich mit einem Stimmhammer vergleichen lasse, und im J. 1795 auf tarentischem Boden gefunden sei, zugleich mit der

volskischen Inschrift aus Velitrae, mitgetheilt.

5. Die tarentische Inschrift müfste, wenn darin das *I* zugleich als *Y* gegolten haben sollte, einer sehr alten Zeit angehören: dennoch weicht sie von der syrakusischen Inschrift Hieron's besonders nur in der Gestalt der Buchstaben *A, N, O, Σ*, etwas ab, wogegen die bruttische Inschrift ihren Buchstaben so besondere Gestalten gibt, dafs das *Γ* einem *I*, das *I* einem *Σ*, das *Σ* einem *M*, sowie das *Ξ* einem *X*, das *X* einem *Ψ*, und das *Θ* einem *O* der tarentischen Inschrift ähnelt, obwohl das mit einem *Ξ, Y, X*, bereicherte Alphabet bei fehlendem Hauchzeichen im Namen des *Harmoxidamos*, wie *Heeren* in der *Bibl. d. alt. Litt. u. K. V. S.* 3. wol richtig las, in kein gar hohes Alterthum hinaufreicht. Wenn auch der in der bruttischen Inschrift erwähnte 'Ονατᾶς, oder Ονάτας, wie Andere schreiben, weder der pythagoreische Schriftsteller aus Kroton ist, von welchem *Stobäus* in seinen *Ecl. Phys.* I, 3, 27. u. 38. einige Bruchstücke über den Begriff der Gottheit anführt, noch der kunstvolle Äginete, Mikon's Sohn, dessen Zeitalter *Pausanias* V, 25. 27. VI, 12. VIII, 42, X, 13. dem Hieron gleichstellt; so scheint doch diese Inschrift von Hieron's Helminschrift der Zeit nach nicht sehr verschieden zu sein. Wie verschieden ist gleichwohl beiderlei Schrift bei einerlei Mundart: denn alle drei griechische Inschriften gehören der dorischen Mundart an. Um so verdächtiger wird, auch abgesehen von dem schwer zu erklärenden Inhalte, die Ächtheit der tarentischen Inschrift, welche bei geringer Verschiedenheit von der syrakusischen Schrift eine auffallende Ähnlichkeit mit der angeblich messapischen Inschrift aus Basta in Apulien zeigt, vgl. *Leps. Inscr. Umbr. et Osc.* tab. XXVIII, 5 f. Das *O* der tarentischen Inschrift zeigen übrigens auch die ältesten Münzen aus Kroton; aber deren *R* hat noch nicht die Gestalt, welche ihm die Dorier in Unter-Italien und Sicilien gaben, um es leichter vom D zu unterscheiden, wogegen die Osken umgekehrt ihr *R* wie ein lateinisches *D*, ihr *D* aber wie ein lateinisches *R* gestalteten.

6. Da die Gestalt des lateinischen *R* mit mehrem Andern für einen dorischen Ursprung des römischen Alphabetes zeugt; so könnte man dadurch die Sage begründet glauben, dafs es durch Damaratos aus Korinth nach Tarquinii, und von da durch die Tarquinier nach Rom gebracht sei. Da jedoch die griechischen Schriftsysteme nicht an einerlei Mundart gebunden waren, und die Gestalt des römischen *S* weit mehr der in Unter-Italien als der im Peloponnese gebräuchlichen Schrift entspricht; so konnte das lateinische Alphabet auch durch den Verkehr mit Cumä, woher wenigstens die sibyllinischen Bücher stammten, nach Rom gekommen sein. Dafs die Osken ihr *R* von den Tusken empfingen, und daraus das ihnen eigenthümliche *D* bildeten, beweiset das Alphabet der nolanischen Vase. Es schrieben aber die Tusken, wie die Doppelinschriften der Steintafel zeigen, das *R* auch, wie im pelasgischen Alphabete, dem spätern lateinischen *P* gleich, wogegen die Umbrier mit beiden Gestalten des tuskischen *R* eine verschiedene Aussprache verbanden, welche ich

zufolge meiner Gewohnheit, die Buchstaben des tuskischen, umbrischen und oskischen Schrift-
systemes durch griechische Buchstaben anzudeuten, durch $\dot{\varrho}$ und ϱ unterscheiden werde,
obgleich die Umbrier mit dem R nicht sowohl einen Hauchlaut als einen Sauselaut verbanden. Von diesem Zeichen, welches einem lateinischen P glich, unterschieden die Umbrier
noch einen andern Sauselaut in der Gestalt eines lateinischen b, dessen Uncialform B sie
zugleich mit dessen weichem Laute in ihr tuskisches Alphabet aufnahmen. Da sich nun in
diesem Alphabete noch ein Sauselaut befindet, dessen Zeichen einem doppelt durchstrichenen
T gleicht; so enthält das tuskisch-umbrische Alphabet drei Sauselaute, welche der Römer
nur durch S zu bezeichnen pflegte, ich aber durch Σ, Z und Ξ unterscheiden werde, wenn
gleich die Umbrier vielleicht, wie die Tusken, statt des griechischen Z ein deutsches Z,
und statt des griechischen Ξ ein französisches J hören ließen. Da bei der Ungewißheit
der wahren Aussprache mein Streben nur darauf gerichtet sein kann, jedes Schriftzeichen
genau zu unterscheiden, so werde ich auch das tuskische u nur durch v bezeichnen.

7. Das tuskische V wurde auch in umbrischer und oskischer Schrift nur als Vocal
gebraucht, da der verwandte Consonant sein besonderes Zeichen hatte, welches im tuskischen
Alphabete dem äolischen F glich, im umbrischen und oskischen aber vom E sich nur durch
den Mangel des kleinen Querstriches in der Mitte unterschied. Der Consonant J wurde
jedoch in keinem italischen Alphabete vom Vocale I unterschieden: denn obgleich die Osken
dem I oft einen kleinen Querstrich gaben, so geschah es doch nicht da, wo das zweite I,
wie in dem Worte $\Pi o\mu\pi\alpha\iota\alpha\nu\varsigma$, als Consonant galt; vielmehr deutete der kleine Querstrich
am I eine so unmerkliche Verschiedenheit der Aussprache desselben an, daß sie nicht selten
vernachlässigt wurde. Weit regelmäßiger wurde von den Osken eine zwiefache Aussprache
des V unterschieden, da sie, wie im Worte $\Pi o\mu\pi\alpha\iota\alpha\nu\varsigma$, den Laut des O durch einen Punkt
im V andeuteten. Das einem O ähnliche Zeichen in tuskischer Schrift hatte die Aussprache
eines griechischen Θ, mochte es einen Punkt in seiner Mitte haben oder nicht. Die Wörter
findet man in den Inschriften der italischen Völker zum Theile durch einen einzelnen Punkt,
wie im Oskischen; zum Theile durch zwei Punkte, wie im Umbrischen; zum Theile auch
gar nicht gesondert, wie in der Inschrift Hieron's. Durch die beiden kleinen Perpendicular-
striche habe ich in den griechischen Inschriften nur das Ende einer Zeile im Originale angedeutet: bei der umbrischen Schriftprobe war dieses nicht nothwendig, weil darin die Zeilen
der Urschrift beibehalten werden konnten. Daß in dieser der Worttheiler zuweilen eben
so willkürlich gesetzt als ausgelassen wurde, lehrt sogleich des ersten Wortes $\Sigma\varepsilon\mu\varepsilon\nu\iota\varepsilon\varsigma$
unrichtige Spaltung in $\Sigma\varepsilon\mu\varepsilon:\nu\iota\varepsilon\varsigma$, wogegen von den wiederholten Namen das Wort $\varepsilon\tau\varrho\varepsilon$
nur in den beiden ersten Fällen getrennt wurde. Daß auch die erste tuskische Doppel-
inschrift $F\varepsilon\lambda$ $F\varepsilon\nu\xi\iota\lambda\varepsilon$ $A\lambda\varphi\nu\alpha\lambda\iota\zeta\lambda\varepsilon$ unrichtig abgetheilt ist, erkennt man aus der Vergleichung
der zweiten $F\lambda.$ $A\lambda\varphi\nu\iota$ $N\nu F\iota$ $K\alpha\ddot{\iota}\nu\alpha\lambda$, worin, wie sich weiter unten zeigen wird, $A\lambda\varphi\nu\iota$

dem *Αλϱναλιζλε* entspricht. Wie hier *Fl.* eine Abkürzung des Vornamens *Fελ* ist, so ist auch in der dritten Doppelinschrift *ΑƟ. Υνατα Φαϱναλ* der Vorname *Αϱνƨ* in *ΑƟ.*, in der vierten aber der Vorname *Λαϱƨ* in *Λϱ.* abgekürzt: nur macht die unerklärliche Wiederholung dieser Abkürzung eben so sehr, als das der tuskischen Schrift fremde ꝑ die ganze Inschrift verdächtig.

8. Obgleich die nebengestellten lateinischen Inschriften keine Übersetzungen der tuskischen sind, sondern zum Theile wenigstens andere Personen betreffen; so verräth sich in ihnen doch eine wesentliche Verschiedenheit der römischen und tuskischen Nomenclatur, welche hier noch im Voraus besprochen werden mag. So sehr auch die erste dieser Inschriften *C. Vensius C. f. Caius* den römischen Inschriften darin gleicht, daſs auf den persönlichen Vor- und Geschlechtsnamen des Vaters Vorname folgt; so ist diesem doch statt des Zunamens der Geschlechtsname der Mutter beigegeben, da *Caïus* für *Caïnnia natus* geschrieben ist, wie man anderwärts *C. Vensius C. f. Caesia natus* lieset. Während man bei einem stolzen Römer nur die Frage, *quo patre natus?* (*Hor. S.* I, 6, 29.) aufwarf, und die Frage: *est tibi mater?* (*Hor. S.* I, 9, 26 f.) eben so spöttisch war, wie Cölius bei *Cicero ad Fam.* VIII, 15 extr. des *Julius Caesar Venere prognatus* im Vergleiche mit dem freigelassenen *Verna Demetrii, Bellienus Psecade natus,* spottet; gab der Tuske gern auch sein mütterliches Geschlecht an, sowie *Horatius* (*S.* 1, 6, init.) von Mäcenas, welchen er sonst *atavis edite regibus* oder *Tyrrhena regum progenies* (*C.* I, 1, 1. III, 29, 1. vgl. *Propert.* III, 9, 1. *Vellej.* II, 88) anredet, schreibt, es habe einst sein mütterlicher Ahn sowohl, als sein väterlicher, groſse Heere befehligt. Wie viel man bei den Tusken auf einen weitverzweigten Stammbaum hielt, bezeugt *Persius* III, 28., und wie sehr man dabei auch auf den Adel von mütterlicher Seite achtete, lehrt Cicero, wenn er von dem Freier der Attica Juentius Thalna (*ad Att.* XIII, 21, extr. vgl. 29, init.) schreibt: *Εὐγενέστεϱος est etiam (a matre) quam pater.* Aber die Römer, bei welchen Augustus zuerst seine Gemahlinn als Erbinn seines Vermögens zugleich in sein Geschlecht aufnahm, lieſsen in ihrer Nomenclatur so wenig einen Mutternamen zu, daſs *Priscian's* (II, 5, 24) Behauptung, die Römer hätten ihre Vornamen, deren geringe Anzahl, eben so sehr, als deren nur für Namen neugeborener Kinder sich eignende Form und Bedeutung, jener Behauptung widerspricht, unter Romulus dadurch eingeführt, daſs sie, um die Schwiegerväter zu versöhnen, die Geschlechtsnamen der geraubten Sabinerinnen ihren eigenen Namen vorsetzten, gar keine Beachtung verdient.

9. Wenn auch bei den Römern, einer Bemerkung des Servius zu *Virg. A.* IV, 328. zufolge, ein unehliches Kind nach dem Namen seiner Mutter benannt wurde, wie in der Inschrift bei *Mur.* 1227, 4. *P. Vario sp. f. Pastori* (*v. a. V. d. XXI.*) *Varia mater et Hyginus pater fecer(unt);* so erhielt es doch auch wol durch Freilassung den väterlichen Namen, wie in der Inschrift bei *Mur.* 546, 2. *D. M. Q. Lollii Felicis — Lollia Ionis filia*

naturalis itemque liberta, patri optimo. Ein Oske legte aber auch einem unehlichen Sohne seinen Zunamen wenigstens bei, wie in der Inschrift *(Lupuli iter Venus. p. 59.) C. Mamercio sp. f. Januario* — *P. Paccius Januarius, filio naturali, et Mamercia Grapte, mater infelicis, filio.* Auch legte sich wol ein Oske, gleich andern italischen Völkern, den Geschlechtsnamen seiner Mutter bei; jedoch mit derselben Willkür, mit welcher sich zwar eines Äduers *Caecilius Argicius Arborius* und einer Aquitanerinn *Aemilia Corinthia Maura* Sohn *Aemilius Magnus Arborius*, aber der Sohn seiner Schwester *Aemilia Aeonia* von *Julius Ausonius* in Burdigala *D. Magnus Ausonius* nannte. Gleiche Achtung gegen die Mütter bezeigten die Gallier in Ober-Italien, ohne deshalb den Frauen bürgerliche Rechte einzuräumen; in Unter-Italien leitete man aber sogar erbliche Rechte von weiblicher Seite ab. Die Lokrier am zephyrischen Vorgebirge, welche nach *Polybios* XII, 3. u. 5. von den Sikelern, mit welchen sie sich verbanden, viele Gebräuche annahmen, betrachteten die Weiber, welche bei der Rückkehr der Besieger Troja's mit ihren Sclaven aus Lokris auswanderten, als ihre Ahnen, und die edelsten hundert Geschlechter rühmten sich von jenen hundert Jungfrauen abzustammen, welche man als Sühnopfer für den von Ajax verübten Frevel jährlich nach Ilion schickte. Sowie daher Lykophron in seiner *Kassandra* die Krotoniaten von des Lakinios Tochter und Kroton's Gattinn Laura *Laureta's Sprossen* nennt, und durch diese eine Stadt zerstören läfst, welche die Amazonendienerinn *Klete* erbauete und nach ihrem Namen benannte; so leitet *Justinus* XXIII, 1. den Namen der *Bruttier*, der nach *Strabo* VI, p. 255. Abtrünnige, nach *Diodor* XVI, 15. entlaufene Sclaven der Lucanier bezeichnete, von einem Weibe her. Auf solche Weise konnte auch die Nomenclatur der verschiedenen Völker nicht dieselbe sein.

I. Die tuskische Nomenclatur.

10. Wie gern der Tuske seinem Namen ein Metronymikon hinzufügte, während ihm die Bezeichnung des Vaternamens gleichgültig war, lehret die einfache Doppelinschrift: Ζεντι Φιπιναλ — *Sentia Sex. f.,* wo Φιπιναλ die Tochter einer *Vibia* bezeichnet, wie Αρυτναλ den Sohn einer *Arria* in der Doppelinschrift bei *Maggi (Saggio di monumenti etruschi e romani trovati a Chianciano 1829):* Κυιντε Ζεντι Αρυτναλ — *Q. Sentius L. f. Arria natus.* Wenn auch der Vatername angegeben wurde, folgte ihm doch der Muttername an des Zunamens Stelle, wie in der zweisprachigen Inschrift: *C. Licini C. f. Nigri* — F. Λεχνε F. Φαπιρναλ *(Papiria natus)* oder im Grabmale der Volumnier zu Perusia *(Bull. dell' inst. d. corrisp. archeol. 1840. p. 122.):* P. Volumnius A. f. Violens Cafatia natus — Πυπ. Φελιμνα Αυ. Καφατιαλ. In der zweiten Doppelinschrift unserer Steintafel finden wir umgekehrt einen Zunamen ΝυΦι statt des Vaternamens vor dem Mutternamen Καιναλ für *Caïnnia natus,* wie in der dritten *M'. Otacilius Rufus Varia natus* ohne den Vornamen des Vaters

geschrieben ist. Wie hier dem lateinischen Ausdrucke *Varia natus* das tuskische Wort *Faϱναλ* entspricht, so dürfen wir auch annehmen, dafs in der ersten Doppelinschrift *Aλφναλιζλε* soviel als *Alfia natus* bedeute, und eine Verkleinerungsform für *Aλφναλ*, wie *Fενξιλε* für *Vensiolus*, sei. Denn dafs im Tuskischen die männlichen Namen auf ε ausgingen, welches jedoch zuweilen auch mit einem andern Vocale wechselte, beweiset *Κυιντε Ζεντι* für *Q. Sentius* und *Λεκνε* für *Licinius* neben *Fελιμνα* für *Volumnius*. Darum ist auch in der Inschrift: *Viil Tilii Larisalii Cainai natus* bei *Lanzi* (*Correz. del T. II. p. 467.*) das doppelte *i* wie *e* zu lesen, sowie in der zweisprachigen Inschrift *Λ. Καε Καυλιας* — *Lart. Caii Caulias*, wo der Genitiv *Καυλιας* des Mutternamens Stelle vertritt. Nur in der vierten Doppelinschrift unserer Steintafel lesen wir *Καφατες* für (*Ca*)*fatius* (vergl. *Orelli* 2301. u. *Marm. Pisaur.* p. 56.), welches man für umbrisch erklären könnte, da die Inschrift aus Pisaurum stammt, und der Name *Cafatius* auch in andern umbrischen Inschriften, wie bei *Grut.* 993, 10., vorkömmt, wenn nicht das *i* in *haruspex fulguriator* eben so verdächtig wäre, als *τϱυτνFτ φϱονται*, falls dieses aus *τϱυτανευτῆς βϱοντιακος* verkürzt sein sollte.

11. Wäre auch der Muttername *ΝετμFις* statt der Tribusbezeichnung *Stellatina* tuskischer Sitte gemäfs, so doch nicht die Bezeichnung des Vaternamens durch *Aϱ. Aϱ.* Denn wenn man auch sonst *Siithrii Ciizartii Lr. l.* geschrieben findet, so wird *Sethre Cezartie* als Freigelassener eines Lars in lateinischer Sprache bezeichnet, wie im Herzogl. Museum zu Braunschweig eine Freigelassene *Aponia T. l. Salvia* heifst. Als Bezeichnung eines Sohnes ist im Tuskischen nur die Endung *αλ* bekannt, welche eben sowohl männlich als weiblich war, und eben sowohl bei Vaternamen, als bei Mutternamen Statt fand, obwohl der Vatername aus dem Vornamen, der Muttername aus dem Geschlechtsnamen gebildet wurde. Auch als indeclinabel erscheint diese Endung: denn obgleich in der grofsen Inschrift aus Perusia bei *Vermiglioli* (*Iscr. Perug.* I. p. 85.) die abgeleitete Form *Λαϱϑαλς* vorkömmt, so lieset man doch in derselben Inschrift *Αυλεσι Fελϑινας Αϱξναλ κλενσι*, wie in der Inschrift des *Arringatore* bei *Dempster* tab. XXXX. *Αυλεσι Μετελις Fε. Fεζιαλ κλενσι*. In lateinischen Inschriften verband man dagegen mit dem Vornamen des Vaters beständig das Wort *filius* oder *filia*, mit dem Geschlechtsnamen der Mutter aber das Wort (*g*)*natus* oder (*g*)*nata*, welches man beliebig als Substantiv mit einem Genitive oder als Particip mit einem Ablative construirte, wie *C. Proini*(*us*) *Titai natus*; *Sex. Papirii Sex. f. Marci*(*a*) *nati*; *C. Volcacius C. f. Varus Antigonae gnatus*; *Landius Velc. Vessia gnat.*; *C. Grania C. f. Ludniae gnata*; *Aruntia Mesia L. f. Fetia gnata*. Bei römischen Bürgern trennte man den Mutternamen, weil er nur zur Bezeichnung der Geschlechtsverwandtschaft hinzugefügt wurde, als willkürlichen Zusatz vom Vaternamen durch die Tribusbezeichnung, wie *C. Publilius C. f. Arn. Vibinnia natus*: ein Zuname ward dagegen dem Mutternamen beliebig vor- oder nachgesetzt, wie *L. Gavius Spedo Septumia nat.* und *L. Petronius Seppia* *nat. Rebilus.* Wäre also die Inschrift im Herzogl. Museum zu Braunschweig *Thannia Anainia Comeniai Fia* ächt, so könnte *Fia* nur, wie *Filius* in der Inschrift *C. Gavius L. f. Filius,* ein Zuname sein.

12. Um nun auf Αλφναλιζλε zurückzukommen, so verhält sich diese Verkleinerungsform zu Αλφναλ, wie im Lateinischen *canaliculus* oder *canalicula* zu *canalis,* und dafs sowohl die Adjectivendung *alis,* als die Verkleinerungsformen der lateinischen Sprache tuskischen Ursprungs sind, leuchtet aus Vielem hervor. Denn wenn gleich die Römer in ihren Verkleinerungsformen nicht nur nach *i,* wie in *filiolus* und *filiola,* sondern auch in Wörtern griechisches Ursprungs, wie *corolla* von *corona,* ein *o* zuliefsen; so bildeten sie doch keine Adjective auf *olis,* wie auf *alis, elis, ilis, ulis,* und kürzten diese Endungen nicht nur in *al, el, il, ul,* ab, sondern behandelten auch das abgeschliffene *nihil* für *nihilum* als indeclinabel, und vertauschten, dem tuskischen τυλαϱ ϱασναλ für *ollarium tuscum* bei *Dempster (Append. p. 94.)* analog, die Endung *al* mit *ar,* so oft schon ein *l* in demselben Worte vorherging, und schoben dabei auch wol, dem tuskischen Αϱντναλ für Αϱνϑαλ gleich, ein *n* vor, wie in *Bacchanal* und *lupanar.* Zwar schalteten die Römer in ihren Verkleinerungsformen das *n* nicht auf gleiche Weise ein, wie es im tuskischen *Mamerknl* der Fall ist, weil *avunculus* und *ranunculus* nicht sowohl von *avus* und *rana,* als von einer andern Form gebildet wurden, wie *homunculus* für *homulus* oder *homullus* von *homo;* aber doch scheint der Übergang des *n* in *l,* wie *catillus* für *catinulus,* und *catella* für *catenula,* dem tuskischen κλελ oder ζλελ für κλεν, κλαν oder ζλαν analog. Indessen mögen die Römer ihre Verkleinerungsformen, wo nicht durch Vermittelung der Umbrier, in deren iguvinischen Tafeln wir neben νϱνασιεϱ für *urnulae* auch κατελ für *catulus,* στϱвⱵζλα für *struecula,* ισεζελε für *insiciola,* Ϝεσκλα für *vascula,* wie *verfale* für *verbale* u. dgl. lesen, doch durch die Sabiner, in deren Namen die meisten Verkleinerungsformen, wie *Ancus, anculus* und *ancula, ancilla, ancillula; Catus, Catulus* und *Catullus, Catullulus,* gefunden werden, von den Tusken erhalten haben. Von den Sabinern empfingen die Römer auch die Namenformen auf *ilius* und *ilia,* wie *Pompilius* von *Pompus,* wofür die Osken *Popidius* oder *Pompedius,* die Römer *Pompejus* oder *Poppaeus,* die Umbrier *Pompersius,* die Tusken aber Πυμπυ oder *Pomponius* sagten.

13. Sabinisches Ursprungs scheint auch die Sage zu sein, dafs sich des L. Tarquinius Gemahlinn Tanaquil in Rom *Gaja Caecilia* genannt habe: denn auch der Vorname *Titus* kam durch *Titus Tatius* zu den Römern, statt dafs bei den Tusken Τιτε sowohl, als Καε, nur ein Geschlechtsname war, und daher noch ein anderer Vorname davor trat, wie *L. Titus T. f. Etruscus* bei *Dempster* pag. 3. und *L. T. Flavius Fortunatus* bei *Marini (Atti degli Arvali* pag. 235.). So führten die Τιτε Ϝεζι, wie die Καϊ Ϝετι, bei *Vermiglioli (Iscr. Perug.* Vol. I. Cl. V. № 234 ff.), noch einen besondern Vornamen, und wie man № 47 ff.

Fλ. Τιτε Fεζι Ζε. Κυζιθιαλ lieset, so bei *Dempster* I. tab. XXV. *Fελ. Τιτες Fεζις Αρνθιαλ*, tab. LII, 2. vgl. XXXVII, 2. *Ζε. Τι(τε) Fεζι Fιπιναλ Ζεfτμναλ*, tab. XXXVI f. *Av. Τιτε Fεζι Fελ Κακειναλ*, und LXIIX, 1. *Av. Τιτε Fεζι ΜαFζιζζ κλαν.* Die Zahl der Vornamen war bei den Tusken äufserst gering: denn wenn man die oben angeführten römischen Vornamen *Κυιντε* und *Πυπ.* mit dem samnitischen Namen der dritten Doppelinschrift unserer Steintafel *M'. Otacilius* ausnimmt, so gibt es aufser den ebenerwähnten Vornamen *Avλε* (weiblich auch *Αελε*, abgekürzt *Av.* oder *ΑF.*), *Fελ* (weiblich *Fελια*, *Fειλια*, *Fιλια*, abgekürzt *Fλ.*, *Fε.*, *F.*, irrig *Ελ.*), und *Σεθρε* oder *Ζεθρε* (weiblich *Σεθρα* oder *Σετρια*, abgekürzt *Σε.* oder *Ζε.* und *Σ.*), nur noch zwei bis drei männliche Vornamen, welchen eben so viele weibliche entsprechen, während es noch drei weibliche Vornamen gibt, welchen kein männlicher entspricht. Diese weiblichen Vornamen sind *Θανα* oder *Θασνα* (abgekürzt *Θνα.*, *Θαν.*, *Θν.*, *Θα.*, *Θ.*, lateinisch *T(h)ania* oder *T(h)annia* und *Dana*), *ΘανχFιλ* oder *ΘανχυFιλ* (*Tanaquil*) und *Φαζτια*. Die männlichen Vornamen, die am häufigsten vorkommen, sind *Αρνθ* oder *Αρντ* (lateinisch *Aruns*, griechisch *Ἄρρων*, weiblich *Αρντα*, abgekürzt *Αρ.* oder *Αθ.*, *Α.*) und *Λαρθ* oder *Λαρτ* (lateinisch *Lars* oder *Lar*, griechisch *Λάρτας* oder *Λάρος* bei *Dionys.* H. V, 21. XI, 51., ja auch *Λαρῖνος* bei *Diod.* XII, 27. und sogar *Κλάρας* bei *Plut. Public.* c. 16. schon nach *Tzetz. Chil.* VI, 39. v. 202., weiblich *Λαρθια* oder *Λαρθα*, abgekürzt *Λθ.*, und wegen der Abkürzungen *Λαρ.*, *Λρ.*, *Λα.*, *Λ.* auch einerlei mit *Λαρριζ*, *Λαριζ*, *Λαρις*, abgekürzt *Λζ.*).

14. Wie man statt des weiblichen Vornamens *Αελε* auch *Αελχε* lieset, so gibt es auch eine Abkürzung *Λχ.* für *Λαρθ*, in welcher man den Vornamen *Λαυχμε* oder *Lucumo* vermuthet hat, welchen nicht nur der Tuske, der dem Romulus gegen Tatius zu Hülfe kam, sondern auch der Tanaquil Gemahl statt des von ihm angenommenen Namens *Lucius* geführt haben soll (*Dionys.* H. II, 37. III, 48. *Liv.* I, 34.). Allein weder ist *Λαυχμε* bei *Dempster* tab. LXXXIII. ein tuskischer Vorname, noch können die römischen Sagen für einen Vornamen *Lucumo* zeugen. An des *Lucmo* oder *Lucumonius* Stelle, von welchem *Propertius* IV, 1, 29. u. 2, 51., vgl. *Fest. s. v. Lucomedi*, die *Luceres* ableitete, setzte *Verrius* (*Fest. s. v. Luceres*) einen Ardeaten *Lucerus* und *Pseudo-Ascon.* in *Act. II. Verr.* p. 159. ed. *Orelli* sogar *Lucretinus*. Wenn bei *Ausonius* im Technop. *de historiis Edyll.* XII. *Aremoricus Lars* für *Lars Tolumnius* vorkömmt, wie *Epist.* IV, 70. *Samius Lucumo* für *Pythagoras;* so folgt daraus eben so wenig, dafs *Lars* und *Lucumo* gleichbedeutende Vornamen gewesen seien, als aus der Inschrift des Annius von Viterbo (*Reines.* VI, 104.) *Pipinus Etruscorum Lartes* gefolgert werden darf, dafs *Lars* eben so, wie *Lucumo* nach einem Bruchstücke des *Varro ed. Bip.* p. 351., einen Fürsten bedeutet habe. Noch weniger darf der tuskische Vorname *Lars*, welchen der *Auctor de praenomine* von den Laren ableitet, mit dem englischen Titel *Lord* verglichen werden, welchem im Angelsächsischen

Hlaford, wie *Hlaefdig* der *Lady*, entspricht. Wenn Otfr. Müller *(Etrusk.* I. S. 405.) *Lars* in der Bedeutung **Herr** für eine Ehrenbenennung des Erstgebornen als des Fürsten der Familie, sowie *Lucumo* für die Bezeichnung seines Standes und Ranges hielt, und meinte, dafs *Aruns* ein Vorname jüngerer Söhne, als Bezeichnung niederer, zurückgesetzter und gedrückter Personen im Gegensatze von *Lars*, gewesen sei; so widerspricht dieser Meinung Dionysios, welcher den ältern Bruder des Tarquinius Ἄῤῥων nennt, sowie er auch den *Sextus*, welchen *Livius* I, 53., *Ovid. F.* II, 691. u. *Polyaen.* VIII, *strateg.* 6. den jüngsten dreier Brüder nennen, für den ältesten erklärt.

15. Wie schon die Tusken aus den Vornamen mancherlei Geschlechtsnamen bildeten, so wurden diese noch mannigfaltiger in die lateinische Sprache übertragen, wie Λαρκε oder Λαρκνα *(Largius* oder *Largennius)* aus Λαρθ; Αρι, Αρινει oder Αρντνει *(Arrius* oder *Arruntius)* aus Αρντ; Αυλνε oder Αυλνα *(Olenus* oder *Aulinna)* aus Αυλε; Fελι oder Fελ(α)νι *(Velius)*, Fελχε oder Fελχ(ε)ινε *(Velcius)*, Fελιμνα *(Velimnius* oder *Volumnius)* und Fελθινα *(Velthymnus* oder *Voltumnus)* aus Fελ. Auf ähnliche Weise formte man andere Geschlechtsnamen mannigfaltig um, wie Καλε *(Caelius)* und Καιξνα oder Κανξνα *(Caesius* oder *Caesennius)* aus Καε oder Καϊνε *(Caius* oder *Gavius* und *Cainnius)*, verschieden von Κεικνα oder Κεκεινα *(Caecina)*. Die Gleichheit der beiden letzten Namen erklärt sich aus der tuskischen Sitte, den Ton auf die erste Silbe des Wortes zu werfen, weshalb man auch Αχλε, Αχελε, Αχιλε für *Achilles*, Πλτυκε für Πολυδεύκης oder *Pollux*, ΜενρFα für *Minerva* und Κλυτμστα für *Clytaemnestra* schrieb. Die einzelnen Zweige des sehr ausgebreiteten Geschlechtes der *Caecinae* in Volaterrae, welche an dem gleichnamigen Flusse grofse Besitzungen hatten, und fast ein ganzes Jahrtausend bis zur Zeit der Völkerwanderung sich verfolgen lassen, unterschieden sich, wie die obenerwähnten Καϊ Fετι und Τιτε Fεζι, durch besondere Zunamen Σελκια, Τλαπννι, Κασπν u. s. w., die, wie die Vergleichung der Inschriften *A. Caecina Selcia annos XII.* mit Κεικνα Αχ. Σελκια, und *L. Caecina L. f. Tlaboni* mit der römischen Inschrift *Servilia A. f. Treboni* lehrt, aus Mutternamen hervorgingen. Auf gleiche Weise mögen die Doppelnamen Αρντλε Fεζχν, ΥFταFε Fελχεινι, Ανκαρι ΥFιλανε, Πετρν Πλανκυρε entstanden sein, wie auch Αλφνι NυFι in der zweiten Doppelinschrift unserer Steintafel, obwohl die Πυμπυ Πλαντε in Perusia bei *Kermiglióli* I, 5 f. V, 61 — 73., als Ansiedler aus Sarsina in Umbrien, ihren umbrischen Zunamen, wie *Festus s. v. Ploti* vom sarsinatischen Dichter Accius meldet, aus demselben Grunde erhielten, wie die *Planci* der Römer: daher die Trennung der beiden Namen in den lateinischen Inschriften *L. Pomponius L. f. Plotus* und *Pomponius L. f. Arsiniae gnatus Plautus*.

16. Ob man gleich in den tuskischen Inschriften die Namen Πυμπυ Πλαντε unmittelbar mit einander zu verbinden pflegte, wie Λα. Πυμπυ Πλαντε *(Λα. Σκατρνα)* und Λαρθ Πυμπυ Πλαντε Λα(ρ)τ Fερινιαλ; so fehlt doch zuweilen einer der beiden Namen, wie

in *Aζ.* Πλαυτε (*Σ*)*κατρνα* und *Λαριζ Πυμπυς Αρνϑαλ κλαν ζεχασε,* dessen Mutter *Φαζτια Αρντι Πυμπυ(ς)* genannt ist, während andere Frauen *Θανια Φελ. Πλαντες* und *Φαζτι Ανκαρι Πλαντες Καφατι(α)λ* heifsen. Wie man aus diesen Inschriften deutlich die Gleichheit der Vornamen *Λα(ρϑ)* und *Λ(αρι)ζ* erkennt, wofür man, mit Ausnahme des Consuls vom J. 305. *Lar Herminius T. f. Aquilinus,* in Rom gewöhnlich *Lucius* schrieb; so lehren sie, dafs durch die Inschriften *Λα. Ζεμιναιε Λα. Πυμπυν* bei *Dempster* tab. LXIX. eben sowohl als durch *Λαρϑι Αφζι Πλαντεζ* die Frau eines *L. Pomponius Plautus* bezeichnet wird, weshalb auch der Sohn der Apicia *Λα. Πυμπυ Πλαντε Λζ. Αφζιαλ* heifst. Dagegen ist *Θανα Πυμπυνι Πλαντε Φελτζνας* eine an Velcius, wie *Ζυρτνι Πλαντε Αρ. Πυμπ. Κανξνας* eine an Cäsennius verheurathete Pomponia Plauta. So unerklärlich aber der erste Name der letztern ist, so schwer ist es zu bestimmen, ob *Πλαντεζ* nur spätere Schreibart für den Genitiv *Πλαντες* sei, oder eine besondere Wortform zur Bezeichnung einer Gattinn. Vergleicht man jedoch die Inschriften *Vl. Visanie Velos* und *Satellia C. f. Velizza* mit *Λα. Καϊ ΥϑαΦε Φελυς Ζυρνιαλ* und *Φλ. Τντια Φλυζ Λυζκεζα;* so unterscheiden sich *Φελυς* und *Φλυζ,* wie der Genitiv *Velos* und das gleichbedeutende Adjectiv *Velizza.* Denn sowie man bei *Virgil. A.* III, 319. vgl. 487 f. *Hectoris Andromache* lieset, so konnten auch die Tusken den Gatten durch den Genitiv bezeichnen; sowie aber auch der Römer eines Flamens Gattinn *Flaminica* nannte, so unterschieden die Tusken auch das ehliche Verhältnifs vom kindlichen durch eine besondere Endung *ζα,* so dafs bei *Lanzi* II, 73 f. *Λαρϑια Λερνει Φετιναλ* als Tochter einer *Vettia,* aber *Λαρϑι Ανελια Φετεζα* als Frau eines Vettius zu deuten ist. Man findet jedoch statt der Endung *ζα* auch blofs *ζ* oder *ϑ,* wie *Φελ. Αρνξλεϑ Φεζκυζα* als Frau eines *Αρνϑ. Αρνξλε Φεζκυ Αλφναλ κλαν.*

17. In der Inschrift bei *Lanzi* 194. oder *Dempster App.* p. 96. *Μι Λαρυς Αριανας Ανασσες κλαν* erhält die Bezeichnung der Gattinn eines *Ανα* oder *Annius* durch die Vertauschung des *ζ* mit *σσ* eine solche Ähnlichkeit mit dem griechischen Ausdrucke ῎*Ανασσα,* dafs sich *Otfr. Müller* (*Etrusk.* I. S. 452.) dadurch verleiten liefs zu glauben, die Tusken hätten sich denselben durch Verkehr mit den Griechen angeeignet. Doch nicht einmal ähnliche Nachbildungen, wie man im Mittelalter der griechischen *Βασίλισσα* nicht nur *Principissa* und *Abbatissa* (*Prinzessinn* und *Äbtissinn*), sondern auch *Priorissa, Diaconissa* u. s. w. nachbildete, findet man bei den Tusken, dafs man darnach die beiden Inschriften eines Familiengrabes zu Clusium (*Bull. dell' inst. d. corr. arch.* 1840. p. 3.) *Λϑ. Φερινι Τλεζναλ* und *Λϑ. Φερινι Λϑ. Τλεζναλιζα* als nur durch das männliche und weibliche Geschlecht der Verstorbenen unterschieden deuten könnte. Denn wenn sich auch die Doppelinschrift bei *Dempster* tab. LXXXIII, 6. oder *Mur.* 1677, 4. *Αελχε Φυλνι Αελχεζ Κιαρϑαλιζα — Q. Folnius A. f. Pom. Fuscus* auf diese Weise deuten liefse; so können doch *Θανια Ζειαντι Περιζαλ* und *Θανα Αρντνει* oder *Αρινει Περιζαλιζα* in einem Grabmale bei Clusium nicht auf diese Weise

unterschieden werden. Prof. *Hermann* meint daher in der *Zeitschrift für die Alterthumswissenschaft* 1841. S. 529., dafs durch die vereinigte Bezeichnung des kindlichen und ehli-
chen Verhältnisses das Kind einer noch verehlichten Mutter bezeichnet werde, und ordnet
die Inschriften des obenerwähnten Familiengrabes also. *ΑΘ. Ϝεϱινι Υμϱαναλ (Lars Herennius, einer Umbra Sohn)* № 6. heurathete zuerst eine geborene *Ραθυμζϝει* und früher verehlichte *Τυτνεζα*, deren Sohn erster Ehe *Αϱ. Τυτνα Κλαντυ Ραθμζναλ* № 3., die Tochter
aber *Θανια Τυτνει Κλαντυνια Φαθυνιζ* (richtiger *Ραθυμζ[ναλ]*) № 7. genannt wurde, und
erzeugte mit ihr einen Sohn *ΡΘ.* (*ΑΘ?*) *Ϝεϱινι ΑΘ. Ραθυμζναλ κλαν* № 4.; dann aber mit
einer zweiten Frau *Θα. Τλεζνει Ϝϱινιζα Πυλυφναλ* № 2. zwei Söhne, deren erster, im
Hintergrunde des Familiengrabes beigesetzt, und durch den beigefügten Vaternamen als noch
unselbständig bezeichnet, *ΑΘ. Ϝεϱινι ΑΘ. Τλεζναλιζα* № 5., der zweite aber als die Mutter
überlebend *ΑΘ. Ϝεϱινι Τλεζναλ* № 1. genannt wurde.

18. Allein so richtig hier die doppelte Verheurathung geordnet ist, so unwahrscheinlich ist die Deutung der Endung *αλιζα*, die als aus *αλ* und *ιζα* zusammengesetzt eher
eines Sohnes Frau oder eine Schwiegertochter bezeichnen würde. Die einfachste Erklärung
ist die, dafs man in der Verkleinerungsform *αλιζλα*, deren männlichen Gebrauch die Doppelinschrift *Λαϱθ Κανξνα Φαϱναλιζλα* — *C. Caesius C. f. Varia nat.* beweiset, ein *λ* ausstiefs,
wie man auch in dem Familienbegräbnisse der Cilnier westlich von Arezzo nur *ΚϜελϝε* für
ΚϜελϝε als Verkleinerungsform von *ΚϜελϝε* geschrieben findet. Denn auch das erste *λ*
findet man in der Inschrift *Τλαπυ Λαυτνι Κανξνας Ταϱχιζλα* ausgestofsen, wofern man
nicht *Ταϱχιζλα* für eine Verkleinerungsform von *Ταϱχιζα* oder der Frau eines *Ταϱχε* erklären will. Jedenfalls ist *Λαϱθ Ϝετε Λαϱθαλζα Καϊαλιθα*, wie *Αϱντ Ϝετε Αϱνθαλιζα
Καϊας*, als Sohn einer *Καϊα* vom Vater gleiches Namens zu deuten; ob aber in *Λαϱθ Ϝετε
Αϱνθαλ Ϝιπιναλκ* das *κ* am Ende für *ζα* oder den Beisatz *κλαν* geschrieben sei, ist schwer
zu bestimmen. Gewisser wird die Meinung Hermann's in dem obenerwähnten Stammbaume,
dafs durch den Beisatz *κλαν* vielleicht nichts weiter als ein stiefkindliches Verhältnifs angedeutet werde, schon dadurch widerlegt, dafs dieser Beisatz gerade dem eigenen Sohne des
ΑΘ Ϝεϱινι von der ersten Frau gegeben ist. Sein Gegensatz mit *ετεϱα*, wodurch Neben-
zweige, wie *ετεϱα Λατιτες* und *Λαυτνετεϱι* oder *ΛαϜνιτϱες*, bezeichnet werden, ertheilt dem
Worte *κλαν* das Recht der Erstgeburt. So kömmt unter den zwölf Grabschriften der *Ϝενετε*
zu Perusia bei *Vermiglioli* eines *Αϱνθ Ϝενετε* Sohn *Λαϱ. Ϝενετε ΑΘαλ.* mit einem jüngern
Bruder *Αϱ. Ϝενετε Αϱι ετεϱα* vor; und von den beiden Söhnen, welche dieser mit einer
Λεθια zeugte, heifst der ältere *Ζε. Ϝενετε Λα. Λεθιαλ κλαν*, der jüngere *Λα. Ϝενετε Λα.
Λεθιαλ ετεϱα*. Dafs der Beisatz *κλαν*, wie im Gälischen, gewisse Vorrechte gab, scheint
daraus hervorzugehen, weil wir ihn so oft allein gebraucht finden, wie im Geschlechte der
Τυς bei *Lanzi* II, 53—61. u. *Vermiglioli (Opusc. IV. p. 66. Iscr. Perug. I. Cl. 5.).*

19. Ob der lateinische Name *C. Juentius C. f.* im Grabmale der *Τινς* eine Über-setzung dieses Namens als *Joventius* von der tuskischen Benennung des Jupiter enthalte, wie Otfr. Müller vermuthete, mag dahin gestellt bleiben, weil der Name der *Τινς* auch von den Besitzungen am Flusse *Tinia* hergeleitet sein könnte; der Stammbaum dieses Geschlechtes aber läfst sich also ordnen:

1. *Αϱ. Τινς Αναινει ⌣ Καφατια.*

2. *Αϱ. Τινς Αϱ. Καφατιαλ,*   3. *Λαϱϑια Καια Θυξετναζ Αϱνϑαλιζα Καφατιλ,*
   mit einer *Τινια* verehlicht.   mit dem Bilde einer Frau.

4. (*Αϱ.*) *Τινς Αϱ. Τινις ⌣* 5. *Θανα Fελ(εϑει)* mit dem Bilde einer Frau.

6. *Αϱ. Τινς Fελ(εϑιαλ) ⌣ Ατυνει.*   7. *Fε. Τινς Fελεϑιαλ ⌣* 8. *Fεϑι Λυνκι,*
                               mit dem Bilde eines Manns.

9. *Fλ. Τινς Αϱ. Ατυνιαλ,*   11. *Fελ Τινς Αϱ. Λυνκιαλ κλαν.*
   mit weiblichem Bilde.   12. *Αϱ. Τινς Αϱ. Λυνκιαλ.*

10. *Θα. . . Ατυνιαλ Αϱ.*   13. *Fε. Τινς Fελυς Fετιαλ κλαν.*
                        14. *Fετε Fελυς Τινς Λυν(κιαλ).*

Hier hat die ältere Schwester sowohl, deren Geschlecht durch eine weibliche Figur angedeutet wird, als der ältere Bruder den Beisatz *κλαν;* es hat aber die jüngere Schwester den ersten Namen der Mutter zum Vornamen erhalten, weshalb sie den Zunamen mit den Brüdern gemein hat, die jedoch den Vornamen ihres Stammvaters als Vaternamen geführt zu haben scheinen. Sowie wir oben einen *Pomponius Plautus κλαν ζεχασε* genannt fanden, so wird anderwärts dem *κλαν* das Wort *λινε* hinzugefügt. Sollte dieses einerlei mit *λεινε* sein, welches in den Inschriften bei *Lanzi* II, 455 f. *Θανα Καινει ϱιλ λεινε* L. und *A. Πεχνι . . ϱιλ LIII. λεινε* Jahre der Geburt bezeichnet, wie sich *α(ι)Fιλ* in den Inschriften bei *Vermiglioli* Θ. *ΛειFαι Μα. Κϱαχε αFιλ XXIII.* und *ΚFϰFιλF* (*Κεχειλε, Caecilius?*) *Παπα αιF. XXII.* auf das Lebensalter bezieht; so würde *κλαν λινε* den Bevorrechteten durch Geburt, wie *κλαν ζεχασε* durch Ankindung bezeichnen.

20. Es kömmt aber auch der Ausdruck *λινε* für sich allein gebraucht im Gegen-satze von *ϑνι* vor, wie *Λαϱϑ Fετε Αϱνϑαλιζα ϑνι Λαϱϑ Fετε λινε.* So deutlich hier ein *Lars Vettius von Geburt* bezeichnet scheint, so unklar ist die Bedeutung des Wortes *ϑνι,* welches in der Inschrift *Θντνει ϑνι* auch weiblich gebraucht ist. Gewisser scheint die Bedeutung des Wortes *πνια* als Bezeichnung einer Verehlichten: denn wenn man auch *Φαζτι Αυτυς Fιπλες πνια* eben sowohl für eine Tochter als für eine Frau des *Αυτι Fιπλε* oder *Fιπι* zufolge der Inschrift *Αυτυ Fιπι Λαυτνι[αλ]* bei *Vermiglioli (Opusc. V, 151.)* erklären könnte, so ist doch *Θανα Υχαλνει Λαϱιζαλ Fετες πνια* vielmehr als Verehlichte eines *Vettius* zu deuten, und noch mehr erkennt man in *Θανα Ζετυμι πνια Λαϱιζαλ Πυμπυς*

Νυφρξνας und *Φειλια Καϊα πυια Λαρθιαλ Πυμπυν Ζατνας* bei *Vermiglioli (Iscr. Perug.*
Vol. I. Cl. IV, 7.) die Tochter eines *Lars Pomponius* von einer *Nofricia* und *Satia* als
verehlichte *Setumia* oder *Caïa.* Sowie man hier die Umschreibung durch *πυια* bald vor,
bald hinter dem Vaternamen geschrieben findet, so lesen wir in den Grabschriften der
Λαρχνα zu Clusium bei *Lanzi* II, 106—111. eben sowohl *Φλ. Λαρχναζα Αθ. Τυτινει,* deren
Söhne von *Λαρθ Λαρχνα Αρνθαλ* mit einerlei Vornamen *Αθ. Λαρχνα Τυτναλ* und *Αθ.
Λαρχνα Αρ. Τυτναλ* genannt sind, als *Θα. Καρχ. Λαρχαναζα,* wogegen der Muttername,
wie in *Φελ Λεχνε Φιζχε Λαρχναλ,* gewöhnlich am Ende steht. So heifst ein Ehepaar *Αθ.
Πυλφνα Λαρχναλ* und *Θανια Ρεμξανει Πυλφναζα Αθ.* und die Söhne einer mit *Λα. Πυλφνα*
verehlichten *Θανια Ζειαντι* werden *Λα. Πυλφνα Λα. Ζειαντιαλ* und *Αυ. Πυλφνα Λα.
Ζειαντιαλ,* sowie des letztern Sohn und Enkel *Αυ. Πυλφνα Περιζ Αυ. Ζειαντιαλ* oder
Ζαιντιαλ, genannt. Lesen wir gleich eben sowohl *Ταυχφιλ Φρεννει Τεβατναλ Λεχνεζα,* als
Αθ. Τιτει Λεχνεζα Καϊναλ; so finden wir doch den Mutternamen vorzüglich dann voran-
gesetzt, wenn er als Zuname beibehalten ward.

21. Aus den Grabschriften der *Λεχνε (Leccius* oder *Licinius)* im Senesischen entwarf *Otfr. Müller (Etrusk.* I. S. 438.) folgendes Stück eines Stammbaumes:

1. *A. Λεχνε* ⌣ 2. *Αλθνει Λεχνεζα.*
3. *A. Λεχνε A. Αλθναλ* ⌣ 4. *Λαρθια Φυιζινει Λεχνεζα.*
5. *A. Λεχνε Φυιζιναλ Αρθαλ.* 6. *A. Λεχνε Φυιζιναλ.*

Sollen aber nicht zwei Brüder gleiche Vornamen führen, so mufs man annehmen, dafs
Nr. 5. ein Sohn von Nr. 6. war, welcher den Mutternamen seines Vaters als Zunamen beibehielt, und eben deshalb ihn dem Vaternamen vorsetzte. Dafs ein Sohn auch den Vater-
und Mutternamen seines Vaters beibehielt, wenn er den Namen seiner Mutter dem Geschlechtsnamen vorsetzte, würde *Αυ Καϊ Θυρμνα Ζε. Ραπλιαλ* beweisen, wenn man die
Inschriften der *Thormenae* aus Perusia bei *Lanzi* II, 143—150. *Vermigl. Iscr. Perug.* Vol. I.
Cl. V. n. 40—46. also ordnen dürfte:

1. *Αυ. Θυρμνα Αρ. ΜαΦζι* ⌣ 2. *Λαρθ. Πετρυι. Θυρμνας Φετει (Φετιαλ?)*
3. *Ζε. Θυρμνα Πετρυαλ* ⌣ 4. *Λαρθ. Ραπλ. Θυρμνας Πετρυα.*
5. *Αρ. Θυρμνα Ζε. Ραπλιαλ* ⌣ 6. *Καϊ. Κρειχε Θυρμνας Λαυτνι.*
7. *Αυ. Καϊ Θυρμνα Ζε. Ραπλιαλ* ⌣ *Ζυρνια.* 8. *Φειλια Θ.... Αθεια Καϊαλ.*
9. *Λα. Καϊ. ΥΦταΦε Φελυς Ζυρνιαλ.*

Durch den letzten Namen wird, sofern er im Grabmale der *Thormenae* gefunden ward, eine
Λαρθια Καϊα Θυρμνα bezeichnet, deren Gatte *ΥΦταΦε Φελχε* hiefs, deren Vater aber den
Geschlechtsnamen *Καϊ* von seiner Mutter angenommen hatte, und darum sich nicht, wie
seine Schwester *Φειλια Θυρμνα Αρνθιαλ Καϊαλ,* deren Asche mit der Mutter in Einem

Sarkophage vereinigt wurde, *Aϑ. Καϊαλ*, sondern wie sein Vater, *Ζε. Παπλιαλ* zubenannte.
Mit welcher Willkür man oft die Namen bildete, zeigen die Inschriften der *Ρεξυ* bei Vermiglioli, denen zufolge eines *Ζε. Τιτε Φεζι* Tochter und eines *Aα. Ρεξυ* Frau *Λαρϑι. Ζε. Φεζι
Ρεξυς*, ihr Sohn aber mit demjenigen Mutternamen, welcher im Namen der Mutter ausgelassen ist, *Ρεξυ Τιτιλ* genannt wird.

22. So willkürlich auch die Tusken zu verfahren pflegten, wenn sie sich bei Er-
langung des römischen Bürgerrechtes einen Zunamen beilegten, um nach Juvenal's V, 127.
Forderung drei Namen zu haben, welche Ausonius in seinem *Griphus ternarii numeri* als
tria nomina nobiliorum bezeichnet; so unrömisch ist der Name des Lucumo aus Tarquinii
in *L. Tarquinius Priscus* umgebildet, da man aus dem Namen der Heimath wol einen Zunamen bildete, wie *Caecina Tuscus* bei *Tac. Ann. XIII, 20.*, aber keinen Geschlechtsnamen,
weshalb auch *L. Tarquinius* von seinem Wohnorte Collatia den Zunamen *Collatinus* bekam,
wie ein Schreiber bei *Orelli* 1189. vgl. *Dempster I. p. 3. L. Tarquitius L. f. Pom. Etruscus
Sulpicianus* genannt wird. Daſs jedoch der *Patronus Perusinorum C. Vibius C. f. L. n. Tro.
Gallus Proculejanus* bei *Grut.* 487, 2. *Gallus* genannt werden konnte, ohne aus Gallien zu
stammen, lehrt die Inschrift eines Kriegers bei *Grut.* 520, 3. *C. Annius C. f. Pom. Gallus
domo Arretio:* und daſs man eben so wenig aus dem Namen eines Volkstribunen aus Pisä
bei *Orelli* 3145. *L. Julius Larcius Sabinus* auf einen sabinischen Ursprung schlieſsen dürfe,
beweiset der Consul des J. 163. n. Chr. G. *M. Pontius Laelianus* bei *Mur.* 325, 21. u. 327, 7.,
wofür man bei *Gruter* 457, 2. *Orell.* 3186. *M. Pontius M. f. Pup. Laelianus Larcius Sabinus* lieset. Der Zuname *Larcius* ist ein tuskischer Geschlechtsname, welchen der Consul
des J. 247. *Sp. Larcius Rufus* führte, der aber auch in den Inschriften *Aullo Larci* bei
Lanzi und *T. Annius L. f. Largi* bei *Mur.* 85, 1. vgl. *Orell.* 1676. in einen Zunamen überging, wie der Zuname, welchen der College jenes Consuls *T. Herminius Aquilinus* mit dem
Consul des J. 305. *Lar Herminius T. f. Aquilinus* gemein hatte, aus dem Geschlechtsnamen
des Consuls *C. Aquilius Tuscus* vom J. 266. gebildet war. So bildete nach *Tac. A. IV, 1.*
auch *Aelius Sejanus* seinen Zunamen aus dem Geschlechtsnamen seines Vaters *Sejus Strabo*
als eines römischen Ritters. Wie verschieden man zu verschiedenen Zeiten tuskische Namen
ins Lateinische übertrug, zeigt *Caelius Vibennus* bei *Varro L. L. V, 8. §. 46.*, welchen
Claudius nach *Lips. Exc. ad Tac. A. II, 24. Caelius Vivenna, Tacitus A. IV, 65.* aber *Caeles Vibenna* nannte.

23. Sowie der ebenerwähnte Tuske *Καλε Φιτιναλ* geheiſsen haben mag, so kann
der Name des berühmten Sehers *Olenus Calenus* bei *Plinius H. N. XXVIII, 2 (4).* aus
Αυλε Καλεναλ, und der Name des *Vestricius Spurinna* bei *Tac. H. II, 11. u. 36. Plin. Ep.
II, 7.* vgl. *Valer. M. IV, 5, 1, ext. Cic. ad Fam. IX, 24.* aus *Φεζτριχε Σπυριναλ* entstanden
sein. Allein der Name des Kriegers *Q. Spurinna Q. f. P(om). Quintianus* aus Arretium

zeigt, daſs die Tusken in späterer Zeit ihre Geschlechtsnamen eben so, wie früher ihre Zunamen, auf *na* bildeten. Wenn sich gleich des Dichters *Persius* (Περιζ) Mutter mit zwei Geschlechtsnamen auf *ia Fulvia Sisennia* nannte, so war doch der letztere nur die weibliche Form des bekannten Geschlechtsnamens *Sisenna*. So lesen wir bei *Gruter* 379, 3. *L. Caecinae C. f. Gal. Severo,* und bei *Mur.* 2090, 3. u. 7. aus Volaterrä *Sex. Caecinae* u. *Q. Aulinna Sex. f. Sab.*; ferner bei *Grut.* 483, 7. *Q. Velcennae L. f. Stel. Proculo, decurioni Mevaniolae,* und bei Mur. 1516, 8. *C. Agisenna C. l. Pothus Socconiae sp. f. Voluptati, C. Agisennae C. l. Eroti Janioni Majori Patrono* aus Nepete, und 1275, 4. *Q. Saenae L. f. Sca. Nan., Cramponiae A. f. Maxim., L. Saenae Celeri filio, Q. Saenae Clementi fil., L. Saena Saturninus filius;* endlich die Kriegernamen bei *Mur.* 829, 4. *C. Lausenna M. f. Sca. Proculus Florentia.* u. 2038, 2. ....*na C. f. Pom. Clemens Arr.* u. ...*Frabenna L. f. Pol. Marcellinus For. C.,* bei *Dempst.* II. p. 352 ff. *Q. Tersina Q. f. Scap. Lupus Florent.* u. *A. Catinna Super....Florent.* Dazu kömmt die Inschrift aus Sena bei *Mur.* 1553, 4. *C. Perpernae C. f. Ser. Gemino C. Perper. Agathopus* u. s. w.; daſs jedoch diese Namenform nicht blofs auf Etrurien eingeschränkt blieb, beweisen die Inschriften aus Präneste bei *Mur.* 1237, 1. *M. Abenna M. l. Princeps,* und aus Tibur bei *Mur.* 665, 3 f. *M. Accennae L. f. Gal. Saturnino* und *M. Accenna M. f. Gal. Helvius Agrippa,* wo die beiden letzten Namen eben so hinzugefügt scheinen, wie wir oben die Namen *Larcius Sabinus* hinzugesetzt fanden.

II. Die umbrische Nomenclatur.

24. An die tuskische Nomenclatur schlieſst sich zunächst die *umbrische* an, welche des gegenseitigen Austausches ungeachtet dennoch so viel Eigenthümliches hat, daſs wir ihr einen besondern Abschnitt widmen müssen, wenn sich gleich unsere Kunde der umbrischen Nomenclatur fast nur auf lateinische Inschriften beschränkt, da die iguvinischen Tafeln, ihres bedeutenden Umfanges ungeachtet für Nomenclatur nichts enthalten, als einige Geschlechtsnamen in der auf unserer Steintafel ausgezogenen Stelle. So ungewiſs auch für uns der Sinn derselben noch ist, so läſst es sich doch nicht bezweifeln, daſs die darin enthaltenen Geschlechtsnamen Adjectivformen sind, da sich in einer zum Theil umbrisch, zum Theil lateinisch beschriebenen Tafel für Ατιεϱιατε der Ausdruck *Frater Atiersiur Sehmenier dequrier,* und neben *Casilate* auch der Genitiv *Casiler* findet. Fragen wir aber, welches Substantiv bei diesen Adjectiven zu ergänzen sei, so kann es kein anderes als der Dativ des Plurals Σεμενιες τεϰϑϱιες sein, da man auch die Geschlechtsnamen für einen Dativ erklären muſs, und statt des Singulars Σατανε und Ιϑιεσϰανε auch den Plural Σατανες und Ιϑιεσϰανες geschrieben findet. Unter τεϰϑϱιες kann man zwar nur Abtheilungen oder Classen verstehen; wenn aber das beigefügte Adjectiv Σεμενιες von *Semo* abgeleitet sein sollte, welches dem lateinischen *Divus* oder griechischen *Heros* entspricht, so könnte der umbrische Aus-

druck Σεμενιες τεκϙιες dem römischen *Diis Manibus* entsprechen. Wenigstens werden auch in Virgils Aeneide XI, 198. den Manen der Abgeschiedenen Säue geopfert, wie unsere Inschrift ein männliches Schwein und einen Bock (σιμ, καπϙεμ), wovon jenes nach der fernern Vorschrift der iguvinischen Tafel dem *Jupiter*, dieser dem *Semo Sancus Fidius* geweiht sein soll, zu opfern befiehlt, da der umbrische Imperativ επετε oder *obagito* für *offerto* im Gebrauche war. Nimmt man nun die Zahl XII. auch für einen Dativ, so hängt von dem zu ergänzenden Substantive τεκϙιες der Genitiv φαμεϱιας Πεμπεϱιας für *familiae Pompiliae* ab, womit sich τεκϝιας oder *decias* für *dignae* oder *nobilis* als Adjectiv verbinden läfst.

25. Da nun von acht Geschlechtern je zwei, und vom neunten sogar drei Abtheilungen namhaft gemacht werden; so können diese nicht unter den zwölf Abtheilungen des Pompilischen Stammes gemeint sein: vielmehr kommen zu diesen noch neunzehen andere hinzu. Unter diesen Abtheilungen hat aber nur der Geschlechtsname Κλαϝεϱνιιε gleiche Endung, wie Πεμπεϱια, obwohl man auf derselben Tafel noch die Worte ϝεζιαπεϱ νατινε Φϱατϱε Ατιιεϱιε und Πετϱενιαπεϱ νατινε Φϱατϱε Ατιιεϱιε d. h. *pro Vossia gente Fratrum Atiersiorum* und *pro Petronia gente* u. s. w. lieset: alle übrigen Geschlechtsnamen endigen sich, mit Ausnahme von Σατανε und Ιειεσκανε, auf ας, wie Ατιιεϱιας, Κϙειας, Πειεϱιας, Ταλενας, Μεσειας, Κασελας, wofür in einer lateinisch geschriebenen Inschrift auch *Casilos* gelesen wird, wie *Claverniur* für *Clavernius*. Ob der umbrische Name *Satanus* mit dem tuskischen *Zatna*, und *Talenas* mit *Thalna* verglichen werden darf, ist ungewifs; aber für *Petronius* haben wir oben die tuskische Form Πετϱε, wie Πεμπε für *Pompersius*, gefunden. Den umbrischen Namen auf ας entspricht im Tuskischen die Endung ατε, wie Υϱινατε und Φϱεντινατε bei *Vermiglioli* VI, 4. und Λα. Ζεντινατε Αϑννιαλ bei *Dempster* II. tab. LXXX, 2. vgl. mit *C. Sentinati* bei *Mur.* 977, 3. und *L. Sentinati L. f. Lem. Vero — Satria An. f. Vera* bei *Orelli* 3861. aus Sentinum. Wie wir aber für Καφατες im Lateinischen *Cafatius* geschrieben fanden, so könnte Κϙειας auch dem lateinischen Namen *Curiatius* entsprechen, und der Name des *Patronus Tufic.* bei *Orelli* 88. *L. Musetius L. f. Ouf. Sabinus* aus Μεσειας gebildet sein. Wenigstens findet sich vom Namen des römischen Ritters *P. Sufenas P. f. Pal. Myro* bei *Mur.* 1034, 3. in der römischen Inschrift 1561, 12. *C. Sufenas C. f. Pup. Niger sub Jano medio sibi et Sufenatiae C. l. Urbinae, C. Sufenati C. l. Argynno, C. Sufenati C. l. Anteroti, C. Sufenati C. l. Primigenio* auch die weibliche Form *Sufenatia*.

26. Wir finden die Endung *as* zwar auch in einer Inschrift aus Bononia 1472, 4. *Julio Malli l. Heraclioni fecit C. Carrinas Prepo;* aber · *Sufenas* hat gleiche Tribusbezeichnung, wie der *Patronus Sass(inatium) L. Appaeus L. f. Pup. Pudens* bei *Orelli* 2220.: und als umbrisch erscheint die Endung *as* nicht nur im Kriegernamen *C. Virinas C. f. Pol.*

Felix Aes(io), *Mur.* 2039., sondern auch in den Inschriften aus Sassina und Mevania: *D. M.*
Murciae Athenaidis Sassinas Secundus conjugi 1378, 14., *D. M. Vibies Myrines T. Sassinas*
Onager, conjug. cariss. 1420, 3., *D. M. Mattejae L. f. Gusae L. Sassinas Dexter M. P. et*
(Pos)tumia 1484, 3., *P. Mevanas vix. a. LX.*, *Helena Maxima conjugi dulcissimo*, 1377, 7.,
P. Mevanas municipium I. Faustus Meligerus lib. 1548, 11. Außer dieser Endung finden
wir in einer Inschrift aus Assisium bei *Grut.* 167, 8. noch eine andere auf *enus*, die zwar
auch in andern Gegenden von Italien vorkömmt, aber in Umbrien besonders häufig ist:
Post. Mimesius C. f., T. Mimesius Sert. f., Ner. Capidas C. f. Ruf. || *Ner. Barbius C. f.,*
C. Capidas T. f. C. n., V. Volsienus T. f. Marones. Sowie hier den drei Geschlechtsnamen
der zweiten Zeile der Zuname *Maro* gemein ist, so ist auch am Ende der ersten Zeile *Rufi*
zu lesen, damit der Zuname *Rufus* allen drei Geschlechtsnamen gemein werde. So sehr
diese Zunamen der römischen Nomenclatur entsprechen, so fremdartig sind manche der
Vornamen, wie *Sertor*, von welchem der Geschlechtsname *Sertorius* abgeleitet ist. Der
Auctor de praenomine erklärt ihn mit Festus sonderbarer Weise durch *per sationem natus*,
und legt ihn dem Äquicoler *Sertor Resius* bei, welcher das Fetialenrecht zuerst einführte.
Den Vornamen *Postumus* führte der Consul des J. 243. *Postumus Cominius Auruncus*, wie
den Vornamen *Volero* der Kriegsoberste des J. 355. *Volero Publilius P. f. Voler. n. Philo*
Volscus; da jedoch die übrigen Vornamen bis auf *Cajus* sabinisch sind, wie *Titus* und *Nero*
nach *Gell.* XIII, 22., so könnte *V. Volsienus* auch mit dem Sabiner *Volesus Valerius* verglichen werden.

27. Obwohl *Volero* und *Volesus* sich nicht mehr unterscheiden, als *Pompo* bei
Val. M. I, 1, 12. u. *Liv.* XL, 29. und *Pompus*; so würde doch der Geschlechtsname *Vol-*
sienus für *Volesus* entscheiden, wenn nicht die umbrisch-lateinische Inschrift eines Gränz-
steines bei *Vermiglioli Opusc.* 1, 3. *Iscr. Perug.* I, 1. AGER. EMPS. ET || TERMNAS. OHT ||
C. V. VISTINIE. NER. T. BABR || MARONMEI || VOIS. NER. PROPART. K || T. V.
VOISIENER || SACRE. STAHV zeigte, daſs jener Geschlechtsname *Voisienus*, wie *Babrius*
für *Barbius* zu lesen sei. Übrigens ist auch in dieser Inschrift *Voisiener* statt *Vois. ner* zu
lesen, und als umbrischer Ablativ des Plurals zu erklären; ob aber in der dritten Zeile
ebenso *Vistiniener* zu lesen, oder *Vistinie* für *Vistinier* anzunehmen sei, bleibt darum ungewiſs, weil *Ner. T. Babr. Maron* für *Nerone (et) T. Babrio Marone* geschrieben sein könnte,
wornach dann die Inschrift also zu deuten sein würde: *Ager emptus et terminatus ut(rimque)*
C. (et) V. Vestinii(s), Ner. (et) T. Babr(iis) Maron(ibus), m(eridie) E. (et) I. Voisienis,
pro part(e) k(ardinis) T. (et) V. Voisienis, sacer stet. Auf diese Weise wären auf jeder
Seite des Ackers je zwei Gebrüder die angränzenden Nachbaren gewesen, doch sind noch
keine umbrische Vornamen, welche mit *E.* und *I.* begönnen, bekannt. Wie sehr gewöhnlich
aber die Geschlechtsnamen auf *enus* bei den Umbriern waren, mögen noch folgende latei-

nische Inschriften beweisen. Wie bei *Mur. 750, 3. C. Titiẹnus C. f. Lem. Flaccus* aus Hispellum vorkömmt, so bei *Orelli* 90. *Versenus L. f. Lem. Granianus*, und 82. *Abejena C. f. Balbina, flaminica Pisauri et Arimini*, 87. *Camurena C. f. Celerina* aus Tufficum. In einer Inschrift aus Arimimum bei *Mur.* 860, 4. heifst eines umbrischen Veteranen Sohn *C. Cadiaenus Africanus*; aus Attidium sind *L. Sibidienus L. f. Ouf. Sabinus* und *C. Sibidienus C. f. Ouf. Maximus* 854, 5 f., aus Assisium *Q. Asisienus Q. f. Tro. Agrippa*, 676, 5 , aus Interamna *M. Salienus A. f. Clu. Gallus* bei *Grut.* 540, 3., aus Tuder *Q. Varenus C. f. Cl. Ingenuus* und *L. Bessulenus Sex. f. Clu. Philippus* bei *Mur.* 754, 1. u. 799, 4.

28. Statt dafs in der sentinatischen Inschrift bei *Mur.* 168, 6. eine Flaminica *Avidia C. f. Tertulla* heifst, lesen wir bei *Orelli* 2699, aus der Gegend von Tuder *Aufidienus C. ꟼ. ‖ Vol. Frensuia ‖ Aufidia C. ꟼ. ‖ Tertulla.* Der Zuname *Tertius* findet sich in einer Inschrift bei *Grut.* 475, 7. *L. Titulenus L. l. Tertius oriundus colonia Julia Fano Fortunae sexvir ‖ L. Titulenus Tituleni lib. Ursio annorum* XII.; der Zuname *Quartilla* in der Inschrift bei *Mur.* 1612, 13., in welcher die Frau eines *Passienus* ebenfalls *Passiena* heifst, und die Söhne vom Vater nur durch verschiedene Zunamen sich unterscheiden: *L. Passienus Eros fecit sibi, et L. Passieno L. f. Magno filio et Passienae L. f. Quartillae uxori, et Passieno Felici filio et .. L. f. Gratae uxori.* In der Inschrift aus Pisaurum bei *Fabr.* 137, 125. *Q. Sejenus Quintillius Q. f. Publiciae Veronae* sind aber zwei Geschlechtsnamen mit einander verbunden, wie im Namen des Dichters *S. Aurelius Propertius*, welcher nach seiner eigenen Aussage I, 22. extr. IV, 1, 64. aus Umbrien an Etruriens Gränze stammte, und nach *Plinius Ep.* VI, 15. mit *Passienus Paullus* aus einem Geschlechte war. So lesen wir in einer Inschrift aus Ariminum bei *Orell.* 1419. *Q. Pupius Salvius Minervai V. S. L. M.* und aus Hispellum 2170. u. 3866. *C. Matrinio Aurelio C. f. Lem. Antonino* u. s. w. In der alten Inschrift aus Pisaurum bei *Orell.* 1500. *Matre Matuta dono dedro(nt) matrona Mucuria Pola, Livia Deda* scheinen zwar zwei verschiedene Matronen angedeutet zu werden; aber wir lesen auch bei *Orell.* 2228. *Arria L. f. Plaria Vera Priscilla* und 3143. *C. Luxilius C. f. Pompt. Sabinus Egnatius Proculus*, wo die beiden letzten Namen jedoch als die ursprünglichen Namen eines Angekindeten nach der Sitte der spätern Zeit hinzugefügt zu sein scheinen, wie in der Inschrift aus Urbinum bei *Mur.* 1047, 4. *C. Clodienus C. fil. Stel. Serenus Vesnius Dexter*, vgl. mit *C. Vesidienus Cn. f. Bassus* bei *Grut.* 485, 7. Darum kann auch aus der Inschrift bei *Grut.* 876, 5 f. *C. Norbanus L. f. Junius Dexter* eben so wenig, als aus der *lex Junia Norbana de manumissione* geschlossen werden, dafs der Consul des J. 19. n. Chr. G. *L. Norbanus Balbus* gleich seinem Amtsgenossen *M. Junius Silanus (Tac. A.* II, 59.) zum Junischen Geschlechte gehört habe.

29. Geschlechtsnamen auf *anus* finden wir in den Inschriften aus Sarsina bei *Mur.* 665, 5. *M. Acerranus M. f. Aem. Secundus*, u. 1707, 2. *C. Marcanus C. f. Pup.*, und aus

Ameria bei *Grut.* 1100, 4. *Sex. Restianus Sex. f. Clu. Justus.* Von Geschlechtsnamen auf *inus*, welche man so häufig aufser Umbrien im Picenischen, Marsischen und Sabinischen neben den Geschlechtsnamen auf *enus* findet, kömmt zwar bei *Orelli* 3837. u. *Mur.* 748, 3. *Surinus* vor; aber *C. Suriinus T. f. Ani. Seneca Arimini* bei *Mur.* ist wie *Surenus* zu lesen, und in der perusischen Inschrift bei *Orelli* 2698. *Anniae Sefatrine Silenio* ꟼ *(Pater?) posuit* ist der zweite Name, wenn man ihn auch für umbrisch erklären wollte, nur ein Zuname, wie bei dem Patron von Interamna *T. Petidius T. f. Fab. Cessinus* bei *Grut.* 451, 4. vgl. 71, 2. *Fabr.* 401, 297. Auch Geschlechtsnamen auf *ellus* scheinen nur aufser Umbrien vorzukommen, wie *C. Enastellus C. f. Fab. Exoratus Luca* bei *Fabr.* p. 213, 536. *C. Sacellus Q. f. Vel.* aus Auximum bei *Mur.* 1739, 12. Noch weniger darf man in Umbrien Namen auf *iacus* erwarten, wie in einer Inschrift aus Aquil. bei *Mur.* 1137, 1. eines *T. Avidiacus T. fil. Flavianus* Freigelassener *T. Avidiacus T. lib. Philetus* genannt wird. Um so mehr befremdet die sonderbare Namenform eines Kriegers bei *Mur.* 800, 3. *Caco L. f. Ser. Maternus Assisio,* und eines Quatuorvir's aus Ameria bei *Grut.* 1097, 1. *Mars T. f. Clu. Proculus.* Aus dem Namen des *C. Atrius Umber* bei *Livius* XXVIII, 24 u. 28. sollte man vermuthen, dafs die Umbrier so wenig, als die Tusken, besondere Zunamen zu führen pflegten, und sich erst dann einen Zunamen beilegten, wenn sie das römische Bürgerrecht erhielten. Allein *Festus s. v. Plotos* erklärt, wie ich schon oben bei der tuskischen Nomenclatur bemerkte, den Zunamen des Dichters *M. Accius Plautus* für ursprünglich umbrisch: und da sich nach Servius zu *Virg. A.* X, 202. sarsinatische Umbrier in Perusia ansiedelten, so durfte auch bei den Πεμπε in Perusia der Zuname Πλαυτε für umbrisch erklärt werden. In den iguvinischen Tafeln haben aber *Casilos* und *Claverniur* oder *Casilas* und *Clavernius* weder Vor- noch Zunamen.

III. Die äquisch-sabinische Nomenclatur.

30. Besitzen wir gleich keine Inschriften in äquischer oder sabinischer Schrift oder Sprache, aus welchen sich eine eigenthümliche *äquische* und *sabinische* Nomenclatur erweisen liefse; so sind doch die Namen, welche der *Auctor de praenomine* anführt, von solcher besondern Beschaffenheit, dafs es für die Geographie und Geschichte von Alt-Italien nicht unwichtig scheint, ihren Charakter näher zu erörtern. Halten wir die äquischen Namen *Septimus Modius* und *Sertor Resius,* zu welchen wir noch die Namen tapferer Helden *Q. Modius* bei *Varro R. R.* II, 7, 1. und *Gracchus Cloelius* bei *Livius* III, 25. 28. IV, 9 f. hinzufügen können, mit den sabinischen Namen *Titus Tatius, Numa* und *Pompus Pompilius, Pirtilianus Lavianius* oder *Lavinius, Volesus Valesius, Mettus Curtius, Albus Funisillaticus* zusammen; so finden wir zwar den Geschlechtsnamen auf *ius* gleiche Vornamen, wie bei den Umbriern, *Sertor, Titus, Volesus,* vorgesetzt, aber diese sind so mannigfaltig, dafs sie

willkürlich gewählten Personennamen gleichen. So soll nach *Macrob. S. I, 6.* die Sabinerinn Hersilia ihren in fremdem Feindeslande geborenen Sohn *Hostus Hostilius* genannt haben, dessen Sohn unter dem Namen *Tullus Hostilius* den römischen Thron bestieg: und gleicher Sitte gemäfs nannte nach *Dionys. H. IV, 1.* Ocrisia, die Tochter des Tullius von Corniculum an der sabinischen Gränze ihren in der Gefangenschaft zu Rom geborenen Sohn *Servius Tullius.* Hiernach erscheint als eines Sabiner's Werk die Sage von einem nachgeborenen Sohne des Äneas, welcher von seiner Erziehung im Walde den Namen *Silvius* erhielt, und mit diesem die ganze Reihe albanischer Könige bis zur *Rhea Silvia,* welche dem Geschlechtsnamen *Silvius* noch einen besondern Personennamen vorsetzten. Zwar sind die Namen der albanischen Könige, welche man zur Begründung der griechischen Sage, der zufolge Romulus ein Sprosse des Äneas war, zwischen beiden einschalten mufste, zum Theil von griechischer Bildung, wie *Capys,* wovon man Capua's Namen abzuleiten versuchte, *Atys* oder *Epytus* und *Acrota* bei *Ovid. M, XIV, 617.* (vgl. Ἀκρότης bei *Äschylos Pers.* 997.); zum Theil aber sind sie, dem *Romanus* und *Quirinus* für Romulus gleich, von Orts- oder Flufsnamen gebildet, wie *Aventinus* und *Tiberinus;* zum Theil haben sie die sabinische Endung *a,* wie Alba, Agrippa und Proca, den Namen *Numa* und *Atta* für *Attus* oder *Appius* analog.

31. Den sabinischen Ursprung des Namens *Rhea Silvia* für *Ilia* bei *Hor. C. I, 2, 17.* bezeugt des Sertorius Mutter, welche nach Plutarchos *Rhea* hiefs, und Numa's Sohne *Calpus* gleich schrieb man auch *Calpetus* für *Capetus.* Aber sowie fast alle römische Königsnamen sabinisches Ursprungs sind, so stimmen auch die spätern Albaner *Tutor Cloelius* und *Mettus Fufetius* mit dem Äquer *Gracchus Cloelius* und dem Sabiner *Mettus Curtius,* wie der Seher *Attus Navius* mit dem Regiller *Attus Claudius* zusammen. Ja! wenn man den Vocalwechsel sabinischer Namen beachtet, wie *Titus Tatius, Volusus (Volesus, Velesus) Valesius,* weshalb man auch *Titienses* für *Tatienses,* wie *Ramnenses* von *Remus* oder *Romulus* sagte; so könnte *Mettus Fufetius* sogar einerlei Name mit *Modius Fabidius,* dem Gründer von Cures nach *Dionys. H. II, 48.,* sein, wie der Vorname des *Tallus Tyrannus* oder *Talus Turranus* bei *Dionys. H. II, 46.* und *Festus* mit dem Vornamen des *Tullus Hostilius.* Dafs auch der Vorname des *Olus Vulcentanus,* von dessen Kopfe man nach Servius zu *Virgil. A. VIII, 345.* u. *Arnobius VI.* pag. 194. die Benennung des Capitols ableitete, eine sabinische Umbildung des tuskischen Vornamens *Aulus* war, scheint aus dem Geschlechtsnamen *T. Ollius* hervorzugehen, welchen nach *Tac. A. XIII, 45.* der Vater der Poppäa Sabina führte. Verschieden hievon klingt zwar der Name *Aollius* oder *Avilius,* welchen dem Plutarchos zufolge Zenodotos dem Sohne des Romulus beilegte; aber er kann eben sowohl aus dem griechischen ἀϝέλιος für ἀέλιος oder *sol* nach *Varr. L. L. V, 10. §. 68.* gebildet sein, als *Auselius* oder *Aurelius* nach *Paulus D.* aus dem tuskischen εσιλ *(Bull. dell' inst. di corr. arch.* 1839. pag. 139. u. 1840. pag. 11.). Ja! das *s* kann in diesem Namen einge-

schoben sein, wie in *Hersilia* für *Hora* nach *Ovid. M.* XV, extr. Die Geschlechtsnamen auf *ilius* scheinen bei den Sabinern eben so üblich gewesen zu sein, wie die Verkleinerungsformen *Faustulus, Proculus, Romulus:* und so könnte auch, dem *Denter Romulius* bei *Tac. A.* VI, 11. analog, *Amulius* für *Ämilius* gesagt sein. Wenn aber für *Hostilius* u. dgl. bei Festus fälschlich *Hostillus* geschrieben wird, so darf daraus nicht gefolgert werden, dafs auch die Endung *elius* in *ellus* habe übergehen können.

32. Mag *Ofellus* bei *Hor. S.* II, 2, 112. ein Geschlechts- oder Zuname sein, so ist er eine Verkleinerungsform, wie der Zuname *Marcellus* für *Marcus* oder *Marculus*, und *Lucullus* für *Lucius:* überdies mufs *Ofellus*, welchen Horatius schon als Knabe kennen lernte, eher für einen Apulier als für einen Sabiner erklärt werden. Auch *C. Mamercius Proculus* in *Lupuli iter Venus* p. 26. und *C. Mamercius Januarius* p. 59. sind Apulier oder Osken; gleichwohl behauptet *Plutarchos* im Leben des Numa c. 21., die *Pomponii, Pinarii, Calpurnii, Mamercii* stammeten von vier Söhnen des Numa *Pompo, Pinus, Calpus, Mamercus*, ab. Die Calpurnischen Pisonen redet *Horatius A.* p. 292. wirklich als *Pompilisches Geblüt* an; allein die *Pomponii Plauti* in Perusia, deren Namenform mehr tuskisch als sabinisch ist, waren vielmehr sarsinatische Umbrier, und die *Pinarii* und *Potitii* sollen schon unter Evander geblüht haben. Man hat bei den Mamerciern des Plutarchos an eine Verwechselung mit den Ämiliern gedacht, von welchen der Consul des J. 280. *L. Ämilius* mit seinem Nachfolger *L. Pinarius Rufus* den Zunamen *Mamercinus* gemein hatte; allein das Ämilische Geschlecht des Triumvir's Lepidus wollte nicht einmal von Amulius, sondern von einem Griechen oder Troer *Ämylos* abstammen, wie Julius Cäsar, wenn er gleich sein mütterliches Geschlecht *Marcius Rex* bei *Suet. Caes.* 6. von Numa's Enkel *Ancus Marcius* ableitete, sein väterliches Geschlecht auf Ascanius unter dem erfundenen Namen *Iulus* zurückführte. Nicht nur hat *Proculus Julius* bei *Liv.* I, 16. einen sabinischen Vornamen, sondern auch der Consul des J. 264. *C. Julius L. f. Julus* führte den Stammnamen seines Geschlechtsnamens als Zunamen, wie sein Nachfolger *Sex. Furius Medullinus Fusus* und der Dictator *M. Valerius, Volusi f., Volusus Maximus*, deren gemeinsamer Ursprung aus dem Sabinischen sich durch das *s* verräth, welches erst der Censor *App. Claudius Cäcus* mit einem *r* vertauschte. Aber auch das Clölische Geschlecht, das nach *Liv.* I, 30. mit den Quinctiern, Serviliern, Geganiern, Curiatiern, aus Alba longa nach Rom kam, obwohl des *K. Quinctius Cincinnatus* Töchter nach *Valer. M.* IV, 4, 10. einen sabinischen Namen *Tatia* hatte, wollte dem *Paulus D.* zufolge von einem Gefährten des Äneas *Clolius* abstammen.

33. Von den anerkannt sabinischen Geschlechtern war das Claudische so stolz, dafs es nach *Tac. A.* XII, 25. bis auf den schwachen Kaiser Claudius kein fremdes Geblüt durch Ankindung in sich aufnahm: auch blieb der Vorname *Appius* sein Eigenthum. Eine ganz eigenthümliche Nomenclatur bemerkt man aber bei dem Flavischen Geschlechte aus

Reate, welches auf den kaiserlichen Thron gelangte. Den römischen Ritter *L. Flavius C. frater* bei *Cicer. Verr.* I, 5. V, 7, 59. u. *ad Fam.* XIII, 31., welchen Ruperti irrig dazu zählte, abgerechnet, hiefsen alle Glieder dieses Geschlechtes *T. Flavius,* und unterschieden sich nur durch den Zunamen, welchen der älteste Sohn meist vom Vater beibehielt, der zweite aber vom Geschlechtsnamen der Mutter bildete. Nur der einzige Sohn des Stammvaters *T. Flavius Petro,* dessen Frau *Tertulla* den Kaiser Vespasianus erzog, nannte sich *T. Flavius Sabinus;* aber eben so sein ältester Sohn, welcher in Rom *Praefectus urbi* war, während der jüngere Bruder, welcher Kaiser wurde, von seiner Mutter *Vespasia Polla,* des Kriegsobersten *Vespasius Pollio* aus Nursia Tochter, *T. Flavius Vespasianus* hiefs, und sein Nachfolger, dessen jüngerer Bruder von seiner Mutter *Flavia Domitilla,* des *Flavius Liberalis* aus Ferentum Tochter, deren Namen auch die Schwester sammt ihrer Tochter (*Maff. Veron.* 350, 8. *Grut.* 245, 5.) beibehielt, *T. Flavius Domitianus* genannt wurde. Des Domitianus Sohn mufste aus einem doppelten Grunde seines Vaters Namen führen, weil auch seine Mutter *Domitia Longina* hiefs (*Suet. Dom.* 1. u. 3.): man findet jedoch von ihm so wenig als von des Bruders Tochter (*Suet. Dom.* 22. *Tit.* 5.), welche Domitianus anfangs nicht leiden mochte, nachher aber heifs liebte, einen Namen angegeben, da ihr der kaiserliche Name *Julia* (*Suet. Dom.* 17.) erst später beigelegt wurde, wie Claudius (*Suet. Claud.* 11.) sogar seiner Mutter noch nach ihrem Tode den Namen *Augusta* gab, vgl. *Tac. A.* XV, 23. Von zweien Vettern hiefs einer dem Vater gleich *T. Flavius Sabinus* (*Suet. Dom.* 10.), der andere *T. Flavius Clemens,* dessen Söhne *Flavius Aurelianus* und *Flavius Luxurius* jedoch als des Domitianus Nachfolger (*Suet. Dom.* 15.) *Vespasianus* und *Domitianus* genannt werden sollten.

34. Der jüdische Geschichtschreiber, welchem Vespasianus das Bürgerrecht verlieh, hiefs ebenfalls *T. Flavius Josephus,* und in einer gabinischen Inschrift (*Heeren's Bibl. d. a. L. u. K.* X. App. S. 5.) aus der Zeit der Antonine kömmt nicht nur ein *T. Flavius T. fil. Quir. Aelianus,* sondern auch eine *Fl. T. fil. Variana — Crescentis* vor. Später verfuhr man in der Namengebung, wie schon Nero's Gemahlinn *Poppaea Sabina* ihren Namen nach eigener Willkür (*Tac. A.* XIII, 45.) vom mütterlichen Grofsvater annahm, so willkürlich, dafs *Flavius* ein Vorname wurde, wogegen *Titus* bei den Tusken als Geschlechtsname galt. Den sabinischen Ursprung dieses Vornamens bezeugt der *Auctor de praenomine,* wo der Erläuterung des Festus: »*Tituli* milites appellantur quasi *tutuli,* quod patriam tuerentur, unde et *Titi* praenomen ortum est,« zufolge »*Titus* e Sabino nomine *titulorum* fluxit,« zu lesen ist. Wie wenig Beachtung jedoch dergleichen Namenserklärungen verdienen, lehren die sonderbaren Erläuterungen der Namen *Tullus, Ancus* und *Servius.* Anstatt daher länger bei solchen Etymologieen zu verweilen, will ich lieber eine Eigenthümlichkeit der sabinischen Sprache erwähnen, aus welcher sich die obenangeführte Ähnlichkeit der äquischen Nomen-

clatur mit der sabinischen erklärt. Sowie die *Valerii* ursprünglich *Valesii* hiefsen, und nach *Varro* L. L. V, 19. §. 97. die Sabiner *fircus* und *fedus* für *hircus* und *haedus*, ja! nach *Apulej. de not. aspir.* pag. 94. u. 125. *vefere* und *trafere* für *vehere* und *trahere* sagten; so zeigt sich derselbe Austausch des *s* mit *r* und des *h* mit *f* im Namen der Stadt *Falerii*, welcher nach *Ovid. F.* IV, 74. *Amor.* III, 13, 34. *Halesus* ihren Namen gab. Da nun die Bewohner von Falerii bei *Virgil. A.* VII, 695. und *Silius* VIII, 491. *Aequi Falisci* genannt werden; so wird es dadurch wahrscheinlich, dafs die Äquer und Sabiner einander näher verwandt waren, als man bis jetzt geahnet hat. Dafs aber die Falisken wirklich Äquer waren, mufs desto umständlicher erwiesen werden, weil Falerii durch *Livius* IV, 23. für eine der zwölf Freistaaten Etruriens erklärt zu werden scheint, und darum der Ausdruck *Aequi Falisci* schon von Servius anders gedeutet wird.

35. Falerii lag freilich in Etrurien, aber die Falisken waren darum nicht mehr tuskisch, als die Nepesiner, welche *Silius* VIII, 491. mit ihnen verbindet, oder die Capenaten, in deren Gebiete der Hain der Feronia lag, wenn diese gleich, dem Cato zufolge, mit einem Könige *Propertius* die tuskische Stadt Veji erbauet haben sollten. Wenn Cato nach *Plinius H. N.* III, 8. u. *Solin.* c. 2. p. 13. den Halesus einen Argiver nannte, so stützte sich zwar diese Behauptung nur auf den Tempel der Juno, welcher in Falerii dem argivischen Tempel glich, und auf die Ähnlichkeit mancher Religionsgebräuche, sowie bei den Falisken auch die Kinder (*Liv.* V, 27.) nach griechischer Weise erzogen zu sein scheinen; aber die faliskische Juno wurde weder *Königinn*, wie in Veji (*Liv.* V, 21.), noch *Kupra*, wie in der tuskischen Pflanzstadt bei Firmum Picenum (*Strab.* V, p. 241. *Sil.* VIII, 434.), sondern *Curitis* (*Tertull. Apolog.* 24. *Grut.* 308, 1 f.), wie bei den Sabinern (*Plut. Rom.* 29. *Dion. H.* II, 48.) und in den iguvinischen Tafeln genannt. In ihren Dichtungen verriethen die Falisken die nächste Verwandtschaft mit den Bewohnern von Fescennia, welches *Dionysios H.* I, 21. eben so, wie Falerii, unter die pelasgischen Städte zählt; aber sowie sie von *Ovid. F.* III, 89. mit den Sabinern und Äquicolern und andern Völkern Latiums im Kalender zusammengestellt werden, und nach *Varro L. L.* VI, 3. §. 14. u. *Fest. s. v. Quinquatrus* mit den Tusculanen die Ausdrücke *Sexatrus, Septimatrus, Decimatrus*, gemein hatten, so gehörten sie ihrer Sprache nach zu dem weit verbreiteten Stamme des ausonischen Volkes, weshalb auch *Virgil. A.* VII, 723 ff. den Halesus über Aurunken und Osken gebieten läfst. Wir brauchen uns hiebei nicht auf die faliskische Inschrift des *Lerpirior Santirpior* bei *Orelli* 5034. zu berufen, deren Ächtheit sich wenig verbürgen läfst; sondern die Aussage des *Festus*, dafs die Falisken *stroppus* oder *struppeum* für στρόφιον, wie die Sabiner *alpum* für ἀλφὸν oder *album*, sprachen, und des *Scaurus* bei *Putsch.* p. 2252., dafs sie *haba* für *faba* sagten, wie die alten Römer *hanula* für *fanula*, bezeugt hinlänglich der angeführten Sprachen Verwandtschaft, wie sich die Verwandtschaft der Aequer mit den Umbriern in

vielen Ortsnamen, wie *Interocrium* mit *Interamna* verglichen, ausspricht.

36. Wenn Servius meint, Virgil habe die Falisken darum *aequos* oder *justos* genannt, weil das römische Volk von ihnen die Fetialenrechte holte; so widerspricht er seiner eigenen Bemerkung zu *Virg. A.* X, 14., der zufolge die Fetialenrechte, welche nach dem
Auctor de praenomine der Äquicoler Sertor Resius einführte, eine viel ältere Erfindung der
Äquer waren. Auch Otfr. Müller's Vermuthung *(Etrusk.* I. S. 110.) aus Zonaras *A.* VIII,
18., vgl. VII, 22., daſs durch die Benennung *Aequum Faliscum* bei *Strabo* V, pag. 226. eine
neue Anlage in der Ebene zum Unterschiede von der alten Stadt auf der Höhe bezeichnet
werde, ist gleich irrig, wie Harduin's Unterscheidung zwischen einer *Falisca Etruscorum*
und *Aequorum.* Denn der Name *Aequimelium* bei *Liv.* IV, 16. u. *Varr. L. L.* V, 32. §. 157.,
auf welchen Müller sich beruft, beweiset vielmehr, daſs nach römischem Sprachgebrauche,
in welchem den Bergen und Hügeln die *loca campestria* entgegengesetzt wurden, *aequum*
soviel als dem Boden gleichgemacht *(Virg. A.* XII, 569.) bedeuten würde, wogegen die
Aequi oder *Aequicoli* Mittel-Italiens als αἰπεινοὶ oder Höhenbewohner den Volsken als Bewohnern der Sümpfe (ἕλος) eben so entgegengesetzt wurden, wie die apulischen *Aecani* und
Aeculani bei *Plinius* III, 11. (16.) den Pediculern in der Ebene (πεδίον). Noch jetzt liegen
die Ruinen der Stadt Falerii auf einer Anhöhe, und auch Ovidius *Fast.* VI, 49. legt ihr
hohe Ringmauern bei: es könnten also die Falisken eher darum *Aequi* genannt sein, weil
sie auf einer Anhöhe wohnten. Wenn man sie dann aber auch für Pelasger erklärte, so
würde man doch damit ihre nahe Verwandtschaft mit den Sabinern aussprechen, welche
nach Cato ebenfalls aus dem Peloponnese nach Italien hinübergezogen sein sollten, und
gleich den Pelasgern einst die Aboriginer aus Reate verdrängten. Der Sabiner Verwandtschaft mit den Umbriern spricht sich nicht nur in gleicher Götterverehrung, wie des *Fidius
Sancus*, sondern auch in der Ähnlichkeit vieler noch erhaltener Sprachreste aus, sowie
wir auch in einer umbrischen Inschrift sabinische und äquische Vornamen fanden.

IV. Die volskisch-oskische Nomenclatur.

37. So häufig wir auch die Volsken mit den Äquern gegen die Römer kriegend
finden, so gleicht doch die *volskische* Nomenclatur mehr der *oskischen,* mit welcher ich sie
deshalb verbinde, als der äquisch-sabinischen, da wir nur in der sehr verdächtigen faliski-
schen Inschrift des *Lerpirior Santirpior* statt des persönlichen Vornamens und einfachen
Geschlechtsnamens, eben so, wie bei den Volsken und Osken, zwei Geschlechtsnamen mit
gleicher Endung mit einander vereint finden, wovon wir jedoch schon einzelne Beispiele bei
den Umbriern bemerkten, und noch mehr in den Städten Latiums, selbst in der ältesten
Geschichte Roms, wie *Mamurius Veturius* und *Egnatius Mecennius* bei *Plin. H. N.* XIV,
14., antreffen. Wenn man auch oft nur einen Geschlechtsnamen geltend machte, so war

doch der Gebrauch zweier Geschlechtsnamen bei allen Völkern zu beiden Seiten des Apenninus, südlich von Etrurien und Umbrien, üblich: und wenn Niebuhr schrieb: »Die Apulier
stimmten, wenn wir aus den arpanischen Münzen folgern dürfen, wie ihre vermuthlichen
Stammgenossen, durch den Gebrauch eines einzigen eigenthümlichen, ohne Geschlechtsnamen,
mit den Nichtitaliern überein«; so beweiset der Arpaner *Dasius Altinius* bei *Livius* XXIV,
45., dafs bei den Apuliern eben sowohl, als bei den Volsken und Osken, doppelte Geschlechtsnamen üblich waren, und *Δάξιος* auf den arpanischen Münzen eben sowenig, als *Dasius* bei
Livius XXI, 48. XXVI, 38. für einen eigenthümlichen Namen gehalten werden darf. Es
ist vielmehr ein Geschlechtsname, wie *Blassius* (*Valer. M.* III, 8. extr.) oder *Blattius*
(*Liv.* XXVI, 38.) in Salapia womit man den Cumaner *C. Blosius* und die *Blosii* in Capua
(*Cic. 2. Agr. contr. Rull.* 34.) vergleichen kann. Wenn daher auch der Dichter *Q. Ennius*
(*Gell.* XVII, 17.) aus Rudiä in Calabrien (*antiquo Messapi ab origine regis* bei *Silius* XII,
393.), wie *Cn. Naevius* (*Varr. L. L.* VII, 3. §. 54.) aus Capua, bei den Römern nur mit
Einem Namen genannt wurden, so bezeugt doch *Ennia Naevia* bei *Suetonius* Cat. 12. beider
Namen Vereinigung nach apulisch-oskischer Sitte.

38. Sowie der Name des armen Larinaten *Ennius* (*Cic. pro Cluent.* 59.) und des
Apuliers *Novius* bei *Mur.* 2066, 8. mit andern oskischen Namen vereinigt gefunden wird;
so kömmt auch der Name des Dichters *M. Pacuvius* aus Brundisium nicht nur bei *Livius*
XXIII, 2. als erster Geschlechtsname des Campaniers *Pacuvius Calavius* vor, sondern wir
lesen auch auf einer Erztafel von Antium (*Leps. inscr. Umbr. et Osc.* pag. 87. № 45.
tab. XXVII.) die volskische Inschrift *Pa. Vi. Pacuies medis* ‖ *Vesune dunom ded* ‖ *ca.
camnios cetur.* Obwohl in dieser Inschrift nichts verständlich ist, als die Worte *Pacuvius
meddix Vesunae donum dedit*; so lernen wir doch hieraus, dafs die volskische Endung *ies*
der römischen *ius* entsprach, und daher auch in der Inschrift aus Veliträ auf unserer Steintafel *Ec se Cosuties Ma. ca. Tafanies medix sistiatiens*, in welcher *ec se*, wie *e. s.* in einer
Inschrift aus Spoletum bei *Orelli* 1585., für *ex se* oder *sua pecunia* geschrieben zu sein
scheint, *Cosuties Tafanies* zwei Geschlechtsnamen eines volskischen Meddix sind, wie *Sep-
pius Laesius* und *Marius Alfius* bei *Liv.* XXVI, 6. XXIII, 35. eines oskischen. Was der
Beisatz *sistiatiens* besage, ist unbekannt; aber die zwischengesetzten Worte *Ma. ca.* scheinen
dem *Mari filius* in einer andern Inschrift aus Veliträ bei *Orelli* 1740. zu entsprechen: *M.
Ofasius Firmus Marus Cornelius, Mari f., Clu. Cossinus*, wo wir zwei Geschlechtsnamen
mit besonderm Vor- und Zunamen mit einander verbunden finden, wie in der Inschrift bei
Orelli 1738. *Fortunis Antiatibus M. Antonius Rufus Axius Damascos*, und 1453. *Deanae
Nemorensi sac. M. Acilius Priscus Egrilius Flavianus.* Wenn hier auch die beiden letzten
Namen den drei vorhergehenden nur durch Ankindung hinzugesetzt scheinen, so verräth
doch die Einschaltung des Vaternamens *Mari f.* und der Tribusbezeichnung *Clu.* im Namen

Marus Cornelius Cossinus, daſs dieser zweite Name für wichtiger galt, als der erste *M. Ofa-sius Firmus*. Der Name *Tafanies* kömmt zwar sonst nicht vor, wenn man nicht *Tapponius* in den Inschriften *C. Tapponius, C. f., Clu. Tappo* bei *Mur.* 1750, 13. und *C. Tappo, Tapponis f., sibi et Tapponiae Specumae uxori* bei *Grut.* 780, 10. damit vergleichen will; desto bekannter ist aber der Name *Cossutius*.

39. Nach Cäsar's Biographie bei *Suetonius* waren die *Cossutii* eine reiche Ritterfamilie, sowie bei *Cicero Verr.* III, 22, 55., vgl. 80, 185. ein *M. Cossutius* als *homo summa splendore et summa auctoritate praeditus* im J. R. 684. geschildert wird. Daſs der Name *Cossutius* aus dem Vornamen *Cossus*, wie *Tapponius* aus *Tappo*, gebildet wurde, beweiset die Inschrift *Suro Cossi f., Q. Cossutio Optato Secundo Suri f., Cossutiae Tertiae Volatia mater* bei *Mur.* 1218, 13.; daſs aber auch der Zuname *Cossinus* aus demselben Vornamen entstand, lehret der zugleich als Zuname gebrauchte Vorname *Tappo*. Bei solcher Willkür im Gebrauche der Namen kann es nicht befremden, wenn wir bei *Grut.* 561, 9. eben sowohl *D. Sextius Cossutius*, als bei *Orelli* 3483. *Sex. Cossutius Sex. fil. Quirin. Primus*, und der volskischen Inschrift auf unserer Steintafel analog in einer Inschrift aus Cortona v. J. R. 814. bei *Mur.* 1533, 9. *Cossutio C. Maec. Calidio Celeri*, lesen. Ob ebenso, wie hier bei *C.*, in der volskischen Inschrift bei *Ma.* die Bezeichnung des Sohnes ausgelassen sei, oder ob *ca.* als *camillus* zu deuten, welches, nach der Erzählung Virgils *A.* XI, 543. von *Camilla* zu schlieſsen, die volskische Bezeichnung eines freigeborenen Knaben war, vgl. *Macrob. S.* III, 8. u. *Fest. s. v. Flaminius camillus*, wage ich nicht zu entscheiden; gewisser ist es, daſs in den oskischen Namen, wie die Beispiele unserer Steintafel zeigen, die Bezeichnung des Sohnes oder der Tochter hinter dem Vaternamen nicht üblich war. So lesen wir in einer nolanischen Inschrift (*Leps. Inscr. Umbr. et Osc.* pag. 86. № 38. tab. XXVII.) Πααϰϑλ Μϑλαϰιϛ Μαραι μεδδίϛ δεγετασιϛ αραγετϑδ μϑλταϛ, wie in einer andern (№ 35.) Ν. Fεσϑλλιαίϛ Τϙ. μ. τ., und auf unserer Steintafel Λ. Σλαβιϛ Λ. Ανϰίλ μεδδίοϛ τοFτίϰϛ und Νι. Τϙεβιϛ Τϙ. μεδ. τοF. aus Herculaneum, F. Fιίνιϰιίϛ Μϙ. ϰFαισστϑϙ Πομπαιιανϛ und F. Ποπιδιϛ F. μεδ. τοF. aus Pompeji. Sowie hier aber der Vorname Τϙ. zugleich ein Geschlechtsname Τϙεβιϛ ist, wie *Ovius* in der Inschrift aus Venusia (*Lupuli iter Venus.* p. 338.) *Q. Ovius Ov. f. tr. pl. viam struxit;* so lesen wir auch bei *Lanzi* Ταναϛ Νιϑμεϙιϛ Φϙϑντεϙ; aber in pompejischen Inschriften bei *Lepsius* eben sowohl *F. Ααδιϙανϛ F.* (tab. XXIII, 13.) als *Μϙ. Ααδιϙιίϛ F.* (tab. XXII, 2. u. 4.), und gleich willkürlich wird der samnitische Feldherr im Bundesgenossenkriege *C. Papius Mutilus* auf den im Namen Samniums (Σαφινιμ) oder Italiens (Fιτελιο) geschlagenen Münzen bald Γ. Πααπι (Γ.), bald (Γ.) Μϑτιλ εμβϙατϑϙ genannt.

40. Nach diesen Beispielen oskischer Willkür wird man keine bestimmten Regeln in der oskischen Nomenclatur erwarten, und, wenn wir auch einzelne Inschriften, wie die

lateinische Inschrift aus Vulceji in Lucanien *(Orelli* 3730.), *C. Dexius C. f., P. Vellius P. f., M. Accius M. f. IIII viri,* ganz nach römischer Weise abgefafst finden, doch nicht alle oskische Inschriften darnach beurtheilen wollen. Gesetzt auch, dafs des Samniten *Herennius Pontius* Sohn nach römischer Sitte *C. Pontius (Liv.* IX, 1. 3. 15.) genannt wurde; so darf man doch darum in dem Distichon aus Neapel *(Orell.* 1193.):

> *Stallius Gaïus* has sedes *Hauranus* tuetur
> Ex Epicureio gaudivigente choro

keine solche Namenversetzung annehmen, wie im saturnischen Verse der Inschrift aus dem Grabmale der Scipionen *(Orell.* 550.) *Cornelius Lucius Scipio Barbatus,* wo der Versnoth wegen *Lucius* wie der oskische Geschlechtsname *Luccejus* oder wie *Lycius* bei *Stat. Theb.* X. nach *Priscian.* II, 8, 46. mit langer Mittelsilbe gesprochen ist; sondern mit derselben Willkür, mit welcher sich ein Oske bald diesen, bald jenen Namen beilegte, konnte er auch einerlei Namen als Vor-, Geschlechts- oder Zunamen gebrauchen. Sowie ein samnitischer Feldherr, der bei *Livius* IX, 44. *Statius Gellius* heifst, von *Diodor* XX, 90. *Gellius Gaïus* genannt wird; so lesen wir bei *Bartoli Antiqq. Aquilej.* 241. *M. Caius M. f. Marsus* und bei *Mur.* 801, 4. vgl. 1649, 10. *T. Caio T. f. Pol. Crispino, Drusi Caesaris benefic.* Obgleich *Mamercus* von Festus ausdrücklich ein oskischer Vorname genannt wird, so kömmt doch bei *Cicero ad Fam.* XIII, 11. ein *Q. Mamercus Q. f.,* wie bei *Orelli* 3854. ein *Aedilis Compsinorum P. Mamercus P. f. Maximus* vor: und eben so steht in einer herculanischen Inschrift bei *Orelli* 3288. *M. Spurius M. f. Men. Rugus,* in einer Inschrift aus Pinna, der wichtigsten Stadt der Vestiner, bei *Orelli* 3748. *Cn. Lucio, Cn. filio, Quir. Vario Festiano — Cn. Lucius Faustus pater,* wie denn auch der Führer, nach welchem die Lucanier benannt sein sollen, bei *Plinius H. N.* III, 5. (10.) u. *Eustath.* zu *Dionys. Perieg.* 365. *Lucius* heifst, obwohl ihn Paulus D., dem Bruttier *C. Lucilius Hirpus* bei *Varro R. R.* II, 1, 2. gleich, *Lucilius* nennt.

41. Dafs auch *Luccius* in der Inschrift aus Casinum bei *Orelli* 2797. *L. Luccio L. f. Pal. Ummidio Secundo — L. Luccii L. f. Ter. Hiberni alumno* derselbe Name sei, und nicht für *Luccejus* stehe, beweiset die pompejische Inschrift 3820, in welcher eines *M. Allejus Libella* und einer *Alleja M. f. Decimilla* Vater *M. Allejus Luccius Libella* heifst. Eben so steht in einer Inschrift aus Nola 2420. *L. Stattius Phileros,* statt dafs man in *Lupuli iter Venus.* p. 124. *L. Statio Restitutiano L. Statius Restitutus filio caris. f.)* lieset: und eben hieraus ergibt sich, dafs auch der Vorname *Velius* (F.) mit dem Geschlechtsnamen *Vellius,* woraus wieder *Vellejus* gebildet ward, einerlei war. Wie mannigfaltig man dergleichen Namen ausbildete, ersieht man an dem Namen Παϰις oder *Paccius,* woraus einerseits Παϰϰϑλ oder *Pacilus, Pacullus* und *Pacuvius,* andererseits *Pacidius, Pacidejus (Caes. B. Afr.* 13. u. 78. *Orell.* 140.) und *Pacidejanus (Hor. S.* III, 7, 97. nach *Lucil.* bei *Cic.*

ad Q. Fr. III, 4, 2. *Tusc. Q.* IV, 21, 48. u. *Opt. g. dic.* 6, 17.) hervorgingen. Daſs die
Namen auf *anus*, deren man eine groſse Anzahl in einer Inschrift aus Vulceji bei *Gruter*
209, 2. findet, oft nur willkürliche Ausbildungen eines Geschlechtsnamens waren, wie *Me-
cianus* für *Mecennius*, beweiset nicht nur der oben angeführte Name *Ααδιϱανς*, sondern
auch *Q. Vettius Vettianus* bei *Cicero Brut.* 46, 169. Sowie daher der vorerwähnte *Restitutus* seinen Sohn *Restitutianus* nannte, und wie in einer Inschrift aus Beneventum bei
Orelli 2373. von dreien gleichnamigen Söhnen eines *A. Vibbius Januarius* der eine *Justinus*,
der andere *Justianus* zubenannt wird; so konnte sich auch der Bruder des Geschichtschreibers *C. Vellejus Paterculus* II, 115., dessen Ältervater *Minatius Magius Aeculanensis* (II,
16.) ein Enkel des berühmten Campaniers *Decius Magius* war, *Magius Celer Vellejanus*
nennen, ohne angekindet zu sein, wie es vielleicht *Metius Pomposianus* bei *Suet. Vesp.* 14.
Domit. 10., *Gabinius Vettius Precianus* bei *Orelli* 24., *C. Bultius Geminius Titianus* 3718.
aus Marsala in Sicilien war. Warum aber *Minatius Magius* den Zunamen *Aeculanensis* von
Äculanum in Samnium bekam, läſst sich eben so wenig bestimmen, als warum bei *Livius*
XXIV, 19. ein *Medixtuticus Campanorum Cn. Magius Atellanus* heiſst.

    42. Daſs die Vornamen der Osken eigentlich Geschlechtsnamen waren, lehren des
Livius Ausdrücke *Calavios Ovium Noviumque* IX, 26., wodurch sich der Geograph Reichard
verleiten liefs, einen Ort *Calavii* neben *Cales* zu schaffen, und *Minios Celeres Stenium
Pacuviumque* XXIII, 8. Denn obgleich ein samnitischer Priester bei *Livius* X, 38. *Ovius
Paccius* heiſst, so beweisen doch die mamertinischen *Ovii* bei *Cic. p, Balb.* 22, 51., welchen
Cn. Pompejus das römische Bürgerrecht verlieh, und *L. Novius December* bei *Fabr.* p. 27,
120., daſs *Ovia* bei *Cic. ad Att.* XII, 21. eben sowohl ein Geschlechtsname war, als *Novia
p. Cluent.* 91. Darum ist auch *Ofilius Calavius, Ovii filius*, bei *Livius* IX, 7. nicht anders
zu deuten, als *Calavii filius Perolla* XXIII, 8.: und es kann daher nicht befremden, wenn
wir denselben Namen bald vor-, bald nachgesetzt finden. So lesen wir bei *Livius* IX, 44.
Statius Gellius, aber X, 15. *Gellius Egnatius*, und bei *Vellej.* II, 16. *Marius Egnatius*,
aber in *Lupuli iter Venus.* p. 296. *C. Egnatio C. f. Hor. Maro Egnatia C. f. Marulla*;
und wie die Söhne einer campanischen Priesterinn *Paculla Minia* bei *Liv.* XXXIX, 13.
Minius und *Herennius Cerrinius* genannt sind, so heiſst ein anderer Campanier XXIII, 8. u.
46. vgl. XXVI, 15. *Cerrinius Jubellius cognomine Taurea*, gleich dem *Decius Jubellius*
XXVIII, 28. Ja! derselbe Name kann sowohl als Zuname, wie als Vor- und Geschlechtsname vorkommen, wie ein Volkstribun bei *Livius* XXII, 34. *Q. Baebius Herennius* heiſst,
obwohl *Herius* und *Herennius* (XXIII, 43.) so häufig als Vornamen gebraucht wurden, daſs
man in lateinischen Inschriften diese Namen auch nur *Her.* schrieb, wie *Min.* für *Minius*,
St. oder *Sta.* für Statius, *Sal.* für *Salvius (Fabr.* 27 f.) und *Tul.* für *Tullius (Orell.* 566.
u. 3893). Ungeachtet ein Larinate bei *Cicero p. Cluent.* 4. *Statius Albius Oppianicus* heiſst,

wie man *Statius Minatius* und *Statius Trebius* bei *Liv.* X, 20. u. XXIII, 2. lieset, nannte sich der Proconsul Asiens *L. Statius Murcus*, dem *C. Statio C. f.* in *Lupuli iter Venus.* p. 13. gleich, der epische Dichter aber *P. Papinius Statius*, vgl. *Orell.* 3045. 3970. 4814. 4941. oder 3270. u. 5022. Es läfst sich daher auch der Oske *Messius Cicirrus* bei *Hor. S.* I, 5, 12. mit dem Volsken *Vectius Messius* bei *Liv.* IV, 28. oder mit *Pappus Mesius* in den Atellanen (*Varr. L. L.* VII, 5. §. 96. u. 3. §. 29.) vergleichen.

43. Sowie nach *Festus* und dem *Auctor de praenomine* der erste Name des Maleventaners *Numerius Otacilius* bei den Fabiern in Rom ein Vorname wurde, so ging auch der Name *Vibius* in einen römischen Vornamen über; aber da *Vibius* und *Paccius* nach *Liv.* XXVII, 15. Geschlechtsnamen der edelsten Bruttier waren, so sind auch *Vibius Curius* bei *Caes. B. C.* 1, 24. und *Vibius Virrius* bei *Liv.* XXIII, 6. für zwei Geschlechtsnamen zu erklären: wenigstens ist *Vibius Accuaeus* bei *Liv.* XXV, 14. *Val. M.* III, 2, 20. eben so nach der Stadt Accua, als *Pontius Telesinus* bei *Liv.* XXIV, 20. nach Telesia zubenannt, und demnach wie *N. Decius Samnis* bei *Liv.* XXII, 24. zu erklären. Gleichwohl findet man gewisse Namen häufiger voran-, andere häufiger nachgesetzt: denn wie *Marius Egnatius* lieset man *Marius Alfius* (Liv. XXIII, 35.), *Marius Blosius* XXIII, 7. und *Marius Statilius* XXII, 42.; während *Metius* nachgesetzt zu werden pflegt, wie *Geminius Metius* bei *Liv.* VIII, 7., *Octavius Metius* X, 41., *Statius Metius* XXIV, 19. und *Stenius Metius*, der Mamertiner Anführer bei Festus. *Stenius* und *Stattus* erscheinen so häufig als Vornamen, dafs sie auch mit einander verwechselt werden, wie der Feldherr der Bruttier und Lucanier 280 v. Chr. G. bei *Plinius H. N.* XXXIV, 6 (15.) *Stenius Statilius*, bei *Val. M.* I, 8, 6. *Statius Statilius* heifst. Dafs jedoch *Stenius* so wenig als *Marius* als Vorname galt, erhellet aus den Inschriften derer, die als römische Bürger noch einen Vornamen davor setzten, wie in der Inschrift aus Acerra bei *Orelli* 3716. *Gn. Stennio Egnatio, Gn. Stennii Egnatii Rufi f., Fal. Primo,* und in einer Inschrift aus Präneste 3719. *M. Mario M. f. Clabilio Glauco.* Denn dafs auch in Präneste, Tusculum, Aricia, wie bei den Volsken, doppelte Geschlechtsnamen üblich waren, beweiset die Inschrift bei *Orelli* 1822. *Opi divinae C. Scilius C. f. Quir. Nigerius,* und das Mamilische Geschlecht in Tuskulum, welches durch den Dictator *L. Mamilius* (*Liv.* III, 18. 29.) das römische Bürgerrecht erhielt, dessen Stammvater aber, der sich durch des Telegonos Tochter (*Liv.* I, 49. *Dion. H.* IV, 45 u. *Fest. s. v. Mamilia fam.*) von Odysseus abzustammen rühmte, *Octavius Mamilius* hiefs; ferner *Egerius Laebius* bei *Priscian.* IV. p. 629. VII. p. 762. oder *Manius Egerius* bei *Festus.*

44. Dafs *Manius* in Aricia kein Vorname, sondern ein Geschlechtsname war, ersieht man aus dem Sprüchworte: *Multi Manii Ariciae*, demzufolge eine *progenies terrae* bei *Persius* VI, 56. *Manius* heifst; dafs aber auch die Berühmung eines mütterlichen Ursprungs nichts Ungewöhnliches war, läfst schon die Sage vermuthen, dafs *Aricia* nach der

Gattinn des Hippolytos benannt sei. Eben dieses war in Tusculum der Fall, wo sich nach *Plinius* VII, 12. die Nachkommen des Cato Censorius in zwei Zweige theilten, deren erster nach der Gattinn Licinia *Liciniani,* der andere nach der Gattinn Salonia ihrer niedern Herkunft ungeachtet *Saloniani* genannt wurden. Im Namen des *Octavius Mamilius* bezeichnete der zweite Geschlechtsname die mütterliche Herkunft; von der campanischen Priesterinn *Paculla Minia* bei *Liv.* XXXIX, 13. nahm aber Ein Sohn, *Herennius,* gar keinen, der andere, *Minius,* den ersten Geschlechtsnamen von der Mutter an. Es erhellet hieraus, dafs die Wahl der Namen völlig willkürlich war, wie denn auch in einer Grabschrift bei *Orelli* 2799. *C. Paccio Clementi Faenia Fida conjug(i) et L. Faenius Sophron alumnus bene merenti fecerunt,* ein *alumnus* nur nach der Mutter benannt ist. In einer Inschrift aus Teate 3853 oder 4052. heifst eines *M. Baebius M. f. Q. n. Arn. Svetrius Marcellus* Sohn zwar ebenfalls *M. Baebius Svetrius Marcellus,* die Tochter aber blofs *Svetria Rufa,* ungeachtet die Vater- und Tribusbezeichnung dem ersten Geschlechtsnamen beigefügt ist, wie bei dem Consul unter Nero *C. Ummidius C. f. Ter. Durmius Quadratus* 3128. Man bildete die Frauennamen mit gleicher Willkür, wie die männlichen. So lesen wir bei *Liv.* XXXIX, 19. *Fecennia Hispala,* wie *Naevius Turpio* in Cicero's Verrinischen Reden, und *Liv.* XXVI, 33. *Faucula Cluvia,* wie *Brutulus Papius* VIII, 39.; aber auch *Vestia Oppia Atellana* XXVI, 33., wie *Comius Castronius* bei *Festus s. v. Samnitibus.* Statt dafs in einer Inschrift aus Puteoli v. J. 161. n. Chr. G. Vater und Sohn drei Namen auf *ius* führen, *Tanonius Bojonius Chrysantius,* fehlt diese Endung ganz in dem Namen *C. Accavus C. f. Ser. Frontio* aus Corfinium bei *Mur.* 665, 2., vgl. 935, 4. Wenn aber Cicero's Stammvater bei Plutarchos *Tullus Attius* genannt wird, so sollte doch wohl seinem Geschlechtsnamen gemäfs *Attius Tullius* geschrieben sein, wie bei *Liv.* II, 35. u. *Zonar. A.* VII, 16.

V. Die römische Nomenclatur.

45. Obgleich die r ö m i s c h e Nomenclatur von Zeit zu Zeit allerlei Veränderungen erfuhr, und unter der Kaiserherrschaft zuletzt in völlige Regellosigkeit ausartete; so unterschied sie sich doch ursprünglich von allen andern Nomenclaturen durch solche Eigenthümlichkeiten, dafs mit der Ertheilung des römischen Bürgerrechtes gewöhnlich eine Namensänderung verbunden war. Diese Erfahrung machte zufolge der uns überlieferten Geschichte schon der ältere Tarquinier sammt seiner Gemahlinn *Tanaquil,* die sich selbst *Gaja Caecilia* genannt haben soll, während er statt *Lucumo* die Namen *Lucius Tarquinius* annahm. Nach dieser Sage würde bei den Römern das weibliche Geschlecht sowohl, als das männliche, zwei Namen geführt haben, deren erster ein persönlicher Vorname, der andere ein Geschlechtsname war, sowie auch schon der erste Befehlshaber der römischen Burg *Spurius Tarpejus* genannt wird, und nach *Varro L. L.* IX, 38. §. 61. in den Liedern der Salier

eine *Lucia Volaminia* oder *Volumnia*, nach *Gell.* VI, 7. in den alten Annalen aufser der *Acca Larentia* auch eine *Gaja Fufetia* oder *Tarratia* gefeiert ward. Da jedoch der einfache Name der *Horatia* und *Lucretia,* und selbst der *Tullia major* und *minor,* mit jener Sage wenig zusammenstimmt, so dürfen wir sie wohl für eine sabinische Erfindung halten. So wohlbegründet auch die Kenntnifs der römischen Nomenclatur scheint, da nicht nur die alten Grammatiker sich fleifsig damit beschäftigten, sondern auch *Carolus Sigonius* ein besonderes Buch darüber schrieb, welches Gothofredus in sein *Corpus Grammaticorum* aufgenommen hat; so ist doch darin noch Vieles unerforscht geblieben, welches weder *Henricus Cannegieter* durch sein Buch *de mutata Romanorum nominum sub Principibus ratione* hinreichend aufgehellt hat, noch ich selbst hier vollkommen aufzuhellen vermag. Da der beschränkte Raum dieser Blätter es nicht erlaubt, in alle Einzelheiten einzugehen, so will ich nur die wesentlichen Eigenthümlichkeiten der römischen Nomenclatur zu bestimmen suchen, und vor allen Dingen darauf aufmerksam machen, dafs der Römer die bürgerlichen Namen, welche den Mitgliedern des Staates gewisse Vorrechte ertheilten, von den persönlichen unterschied, und mit diesen eben so willkürlich verfuhr, wie er jene regelte.

46. Die Verbindung eines Vornamens mit dem Geschlechtsnamen, welchem man in der spätern Zeit auch noch einen Zunamen hinzufügte, wurde nur bei den Bürgern des Staats erfordert, und war bei Frauen und Kindern eben so überflüssig als bei Sclaven. Dadurch erklärt sich die Bemerkung des Rechtsgelehrten Q. Scävola, welche der *Auctor de praenomine* anführt, dafs den Söhnen der alten Römer nicht vor der Bekleidung mit der männlichen Toga, und den Töchtern nicht vor ihrer Verheurathung ein Vorname beigelegt sei. Denn wenn man auch nach Plutarchos und Paulus D. den Mädchen schon am achten, wie den Knaben am neunten, Tage nach ihrer Geburt, am sogenannten Weihetage *(die lustrico),* einen Namen gab, so war dieser doch nur ein Jugendname, welchen die Töchter bei ihrer Verheurathung, die Söhne aber bei der Bekleidung mit der männlichen Toga, wodurch sie Mitglieder des Staates wurden, abzulegen pflegten. Gesetzt auch, *Lucifer* wäre für den sechzehnjährigen Sohn des *Cominius Epictetus* von *Äquiculana* bei *Orelli* 2753. kein solcher Jugendname gewesen; so war es doch *Lentulus* für *Dolabella's* Sohn von Cicero's Tochter *(ad Att.* XII, 18. 30). So wurde der Kaiser Augustus, welcher nach *Dio C.* XLV, 1. vor seiner Ankindung durch Cäsar *C. Octavius Caepia* hiefs, nach *Suet. Oct.* 7. als Kind *Thurinus* genannt. Ob der Vorname *Decimus,* welchen dessen angekindeter Sohn Drusus nachher mit *Nero* vertauschte, ein Jugendname desselben war, hat *Suetonius (Claud.* 1.) nicht ausdrücklich bemerkt; aber dem Kaiser Nero (c. 6.) legte nach dessen Geburt sein Onkel C. Cäsar, welcher selbst durch Kriegerscherz *(Calig.* 9.) den Jugendnamen *Caligula* erhielt, den Tacitus keiner Aufnahme in seine Geschichte würdigte, den Namen seines Nachfolgers *Claudius* spottend bei. Dafs dergleichen Jugendnamen oft auch später noch beibehalten

wurden, und in Zunamen übergingen, lehret *M. Curius*, welcher nach *Plinius H. N.* **VIII**, 15. *Dentatus* genannt wurde, weil er mit Zähnen zur Welt kam. Auf eben die Weise behielt Nero's Gemahlinn *Octavia* ihren Jugendnamen (*Tac. A.* XI, 32. 34.) bei, wie ihr noch vor Anlegung der männlichen Toga vergifteter Bruder nur *Britannicus* genannt ward. Hieraus erklärt sich der Übergang verkleinerter Vornamen, welche ebenfalls Jugendnamen waren, in Zunamen, wie *M. Claudius Marcellus*, *L. Licinius Lucullus*.

47. Die Wahl der Jugendnamen wurde durch gar mannigfaltige Umstände bestimmt, wenn man gleich dazu gern Namen von glücklicher Vorbedeutung wählte, wie der Dictator *Sulla Felix* seinen Kindern die Namen *Faustus* und *Fausta* gab, welche darauf zu Vornamen wurden. Daher konnte auch wol *Spurius*, wodurch in späterer Zeit wenigstens, wie Cannegieter aus vielen Inschriften erwiesen hat, ein Sohn aus unbürtiger Ehe bezeichnet wurde, sowie die Bezeichnung eines nach des Vaters Tode gebornen Kindes durch *Postumus* und *Postuma*, zum Vornamen werden. Bei der Willkür, mit welcher man den Kindern Jugendnamen gab, kann es nicht befremden, wenn man ihnen auch schon solche Namen beilegte, welche sie bei Anlegung der männlichen Toga erhalten sollten, wie *P. Clodius* bei *Cic. ad Att.* XIV, 13. Gleichwohl fehlt es selbst in späterer Zeit, in welcher man auch früh verstorbenen Kindern vollständige Namen beilegte, nicht an Beispielen, dafs man dergleichen in Ermangelung eines Vornamens *Pupus* nannte, wie bei *Orelli* 2718. *D. M. Pupi Acuti Justini Virilliena Crescentina mater infelicissima filio*, und 2719. *Pupus Torquatianus — ann.* VIII. — *Pupus Laetianus — ann.* V. Auch wird *Pupus* bei *Suetonius Cal.* 13. unter die *fausta nomina* gezählt. Ihre Töchter pflegten die alten Römer nach der Farbe ihres Haares oder ihrer Augen zu benennen, wie *Murrula* und *Burra* nach dem *Auctor de praenomine* (vgl. *Martini* zu *Isidor. Gloss. s. v. Mutelus*), *Rufa* und *Rufilla* nach *Hor. S.* II, 3, 216. (vgl. *Ter. Heaut.* V, 5, 17.), *Rutila* nach *Varr. L. L.* VII, 5. §. 83. und *Afranius* bei *Festus* (vgl. *Juven. S.* X, 294 f.), *Caesulla* und *Ravilla* nach *Festus*. Mehre Schwestern unterschied man aber gewöhnlich durch Zahlnamen, wie Plutarchos schon des Romulus Tochter *Prima Quirina* zu nennen sich erlaubte: dergleichen Zahlnamen wurden den Geschlechtsnamen beliebig vor oder nachgesetzt, wie *Prima Valeria* oder *Salvia*, und *Cornelia* oder *Julia Secunda*, *Junia Tertia* oder *Tertulla*, *Livia Quarta* und *Claudia Quinta* (*Lib.* XXIX, 14.), aber auch *Quarta Hostilia* (*Liv.* XL, 37.) und *Quinta Nonia* für *Nonia Quintilla*, u. s. w. In späterer Zeit kommen solche Zahlnamen auch als Zunamen vor, wie Cannegieter eine *Julia* oder *Aelia Sexta* und *Septimia sp. f. Sexta* in Inschriften nachweiset. Wie jede heimgeführte Braut (*Plut. Q. R.* 27. *Quint.* I, 7, 28.) sich nach dem Beispiele der Tanaquil *Gaja* nannte; so wurde eine gefahene Vestalinn als priesterliche Braut mit dem Namen der Gemahlinn des Königs Latinus *Amata* begrüfst.

48. Wiewohl in mehren Inschriften der spätern Zeit auch weibliche Vornamen,

wie *Gnaea, Tita, Tiberia; Paulla* schon bei *Cicero ad Fam.* VIII, 7.; *Lucia, Publia, Mania,* und selbst *Numeria,* welchen Namen *Varro L. L.* IX, 38. §. 61. mit *Marca* ableugnet, nach dem *Auctor de praenomine* in noch früherer Zeit vorkommen; so wurden doch die Frauen und Töchter bis zur Kaiserherrschaft gewöhnlich ganz einfach mit dem Geschlechtsnamen benannt, sowie Plutarchos selbst des T. Tatius und Numa Pompilius Töchter nur *Tatia* und *Pompilia* nennt. Wird gleich eine Vestalinn damaliger Zeit bei *Dionysios H.* III, 67. *Pinaria P. filia* genannt, so hat sie doch keinen Vornamen, wie *P. Horatius, P. filius,* bei *Liv.* I, 26. Cicero's Frau und Tochter hießen nur *Terentia* und *Tullia* oder *Tulliola,* doch seines Freundes Atticus Tochter auch schon *Attica,* wie seine Mündel *ad Att.* XIII, 6. *Cato* und *Lucullus.* Statt daß aber des Triumvir's Antonius Töchter noch nach alter Sitte nur als *Antonia major* und *minor* unterschieden wurden, erhielten der letztern Kinder schon willkürliche Namen, und von den beiden Töchtern der ältern Antonia*) hieß die jüngere *Domitia Lepida,* und gleich der Gemahlinn des Augustus *Livia Drusilla,* welche durch dessen Testament die Namen *Julia Augusta* erhielt, führten sämmtliche Gemahlinnen des Kaisers Claudius mit allen ihren Nebenbuhlerinnen einen doppelten Namen: eine seiner Bräute *Livia Medullina (e genere antiquo dictatoris Camilli, Suet. Cl.* 26.) hatte sogar noch den Beinamen *Camilla* angenommen. Junge Söhne wurden in den Zeiten des Freistaates gewöhnlich nur mit dem Zunamen benannt, wie der junge Cicero, als er das Griechische zu lernen begann, sich selbst *ad Att.* II, 9 f. Κικέρων schrieb: mit dem Vornamen *Marce!* redete ihn sein Vater *Off.* I, 1. erst an, als er schon ein Jahr lang in Athen den philosophischen Studien oblag. Früher überschrieb Cicero die Briefe an seine Familie *ad Fam.* XIV, 1 ff. *Tullius Terentiae suae, Tulliolae et Ciceroni suis s. d.,* und nur, weil der junge Quintus (*ad Att.* VI, 1.) die männliche Toga früher anlegte, als Marcus, überschrieb er den Brief an den kranken Tiro *ad Fam.* XVI, 3 ff. *Tullius et Cicero* oder *M. Tullius Cicero pater et filius et Q. Q.* oder *et Q. pater et Q. filius,* und mit Einschluß der Frauen (*ad Fam.* XVI, 11.) *M. Tullius et Cicero, Terentia et Tullia, Q. frater et Q. f. Tironi s. p. d.*

49. Weil in den Zeiten des Freistaates ein Knabe erst als bürgerliches Glied des Staates einen Vornamen erhielt, hörte sich jeder Bürger gern bei seinem Vornamen nennen (*Hor. S.* II, 5, 52. *Pers.* V, 79 ff.), weshalb auch den Horatius, der sich selbst nur *Flaccus* (*Epod.* XV, 12. *S.* II, 1, 18.) oder berühmend *Horatius* (*Epist.* I, 14, 5. *C.* IV, 6, 44.) nannte, die schmeichelnden Schreiber als *Quintus* begrüßten (*S.* II, 6, 37.). Im höhern Alterthume benannte man die Sclaven nur mit dem Vornamen ihres Herrn vermittelst des Zusatzes *por* für *puer,* wie *Gaipor, Lucipor, Marcipor, Publipor, Quintipor (Fest. s. v.*

---

*) Daß bei *Tacitus A.* IV, 44. *major* für *minor* zu lesen sei, erhellet daraus, weil auch *A.* XII, 64., dem Zusammenhange mit *Agrippinae* gemäß, *genitae* für *genita* geschrieben werden muß.

Quintipor, Quint. I, 4, 26. *Plin. H. N.* XXIII, 6. *Prisc.* VI. p. 700.). Als *M. Manlius Capitolinus* von demselben tarpejischen Felsen herabgestürzt wurde, welchen er so rühmlich gegen die Gallier vertheidigt hatte, beschlofs man nicht, dafs keiner seiner Nachkommen den Zunamen *Capitolinus,* sondern dafs keiner dessen Vornamen *Marcus* führen solle, weshalb die *M. Manlii,* welche in spätern Inschriften vorkommen, nicht dem patricischen Geschlechte angehörten, bei welchem nach *Cicero Phil.* I, 13. dieser Beschlufs einst gefafst war. Denselben Beschlufs fafste man nach Plutarchos (*Cic.* extr.) einst bei den Antoniern, und das Claudische Geschlecht, in welchem sich der erste angekindete Sohn, wie *Drusus,* den bedeutsamen Zunamen *Nero (Orell.* 3311. *Tac. A.* XII, 25 f. *Suet. Ner.* 6.) als Vornamen beilegte, verwarf nach *Sueton. Tib.* 1. den Vornamen *Lucius,* weil zwei dieses Vornamens unter den Claudiern eines Verbrechens überwiesen waren. Erst unter den Kaisern stimmte man für Tilgung gewisser Zunamen eben sowohl als der Vornamen (*Tac. A.* II, 32. III, 17.). Sich selbst ohne Vornamen zu nennen, galt als Bescheidenheit (*Cic. ad Fam.* VII, 32.); wie aber der blofse Zuname, mit welchem der Vater seinen Sohn in früherer Zeit (*ad Fam.* XVI, 16.) benannte, für den jungen Quintus von Seiten Cicero's (*ad Att.* XIII, 30.) ein Spott war, so konnte sich Nero, auch ohne Rücksicht auf seine Ankindung, schon dadurch beleidigt fühlen, dafs ihn Britannicus nur als *Domitius (Tac. A.* XII, 41.) oder *Ahenobarbus (Suet. Ner.* 7.) begrüfste. Das Ominöse, welches der Römer im Gebrauche gewisser Vornamen fand, war der Grund, warum bei den zahlreichen Geschlechtsnamen und fast unzähligen Zunamen nur so wenige Vornamen in allgemeinen Gebrauch kamen, obgleich bei einigen Geschlechtern so ganz besondere Vornamen üblich wurden, dafs man bei *Appius* sofort an einen *Claudius* denken darf.

50. Dafs die meisten Vornamen der Römer aus Jugendnamen entstanden, erhellet aus ihrer Beziehung auf besondere Umstände bei der Geburt. Die zum Theil sich sehr widersprechenden Erklärungen derselben bei römischen Schriftstellern können wir aber um so mehr hier mit Stillschweigen übergehen, da sie wenigstens, nachdem sie einmal eingeführt waren, den Söhnen ohne weitere Rücksicht auf ihre Bedeutung beigelegt wurden: nur der Umstand, dafs man unter den Vornamen nur die Zahlnamen *Quintus, Sextus, Decimus,* findet, während *Primus, Secundus, Tertius, Quartus,* in der spätern Zeit neben *Quintus* und *Sextus* als Zunamen, und *Septimius, Octavius, Nonius, Decimius,* neben *Quinctius* und *Sestius* oder *Sextius* als Geschlechtsnamen vorkommen, verdient noch eine besondere Beachtung. Wie *Quinta* eine fünfte Tochter bezeichnete, so mag auch die Freude über einen fünften oder sechsten Sohn die Vornamen *Quintus* und *Sextus* veranlafst haben; wogegen der Vorname *Decimus* schon dadurch, dafs er vorzüglich nur bei dem plebejischen Geschlechte der Junier im Gebrauche war, eine verschiedenartige Entstehung desselben vermuthen läfst. Zufolge dessen, was *Gellius* III, 16. über den Namen der römischen Parce *Decima* bemerkt,

ertheilte man einem erst im zehnten Monate seiner Empfängnifs geborenen Sohne den Vornamen *Decimus,* vermied aber die Vornamen *Septimus* und *Octavus* für zu früh Geborene eben so sehr, als man den Vornamen *Nonus* überflüssig fand. Nach Heilverkündenden Namen strebend, bezeichnete man nach *Varro L. L.* IX, 38. §. 60. eben so einen bei Tage oder am Morgen geborenen Sohn durch *Lucius* und *Manius,* ohne einen Vornamen für denjenigen zu schaffen, welcher bei Nacht oder am Abende geboren wurde. Welches Ursprungs die römischen Vornamen waren, erkennt man zum Theil, nach dem Namen *Appius Claudius Regillanus* zu schliefsen, aus den Zunamen der ältesten Consuln und Kriegsobersten, wie *Vopiscus Julius C. f. C. n. Volscus Julus;* zum Theil verräth aber auch die ungewöhnliche Form derselben einen fremden Ursprung, wie *Lar* und *Kaeso,* wodurch eben so, wie durch den Zunamen *Cäsar* bei *Plin. H. N.* VII, 7., ein aus der Mutter Leibe geschnittenes Kind bezeichnet sein soll.

51. Ursprünglich römisch sind vielleicht aufser den Zahlnamen *Quintus, Sextus. Decimus* nur solche Vornamen, die auf *ius* ausgehen, obwohl auch unter diesen sich sabinische, wie *Appius* für *Atta* oder *Attus,* und oskische, wie *Vibius* und *Numerius* befinden. Aus dem Namen des Decemvirs *P. Sestius Q. f. Vibi n. Capitol. Vatican.* schlofs Sigonius irrig auf einen Vornamen *Vibus,* welcher seiner Form nach sabinisch sein würde, statt dafs *Vibius* eben sowohl oskisch zu sein scheint, als *Statius* aus der spätern Zeit. Bei den ältern Römern war nach *Gellius* IV, extr. *Statius* ein Sclavenname, den als solchen auch des Q. Cicero Freigelassene *(ad Fam.* XVI, 16.) führte, und der insubrische Comiker *Caecilius Statius* als Zunamen erhielt. Wie dieser, gingen in früherer Zeit auch die Vornamen *Agrippa, Fusus, Julus, Volusus, Postumus, Proculus,* späterhin auch *Marcus, Titus, Quintus, Sextus* u. s. w. in Zunamen über, wogegen man unter Augustus wieder Zunamen zu Vornamen werden liefs, wie bei *Julus Antonius Africanus, Paullus Fabius Maximus (Hor. C.* IV, 1. 2.), *Cossus Cornelius Lentulus* (nach *Cannegieter* p. 2. statt *Cn. Cornelius Lentulus Cossus),* so dafs nicht nur ein Consul des J. 16. n. Chr. G. *Sisenna Statilius Taurus,* und ein anderer vom J. 45. *Taurus Statilius Corvinus,* sondern auch dessen Tochter in einer Inschrift bei Gruter *Statilia Optata Messallina Tauri filia* genannt wird. In der spätern Kaiserzeit liebte man besonders die Vornamen *Flavius* und *Valerius;* wenn aber Augustus bei *Suet. Octav.* 69. *Salvia Titiscenia* schreibt, so ist der erste Name ein nach oskischer Sitte vorgesetzter Geschlechtsname. Anstatt jedoch gleich den Osken Vornamen aus Geschlechtsnamen zu schaffen, bildeten die Römer vielmehr, wie die Sabiner, Geschlechtsnamen aus Vornamen auf *ilius,* wie *Caelius* aus *Caius, Lucilius* aus *Lucius, Manilius* oder *Manlius* aus *Manius, Publilius* aus *Publius, Servilius* aus *Servius;* bei Zahlnamen aber auch auf *ius,* wie *Quinctius* und *Quinctilius, Sextius* und *Sextilius.* Viele Vornamen kamen dadurch ganz aufser Gebrauch, weil bei manchen Geschlechtern nur gewisse Vornamen üblich waren.

sowie die *Fabii Maximi* bis auf Augustus für den Vornamen *Quintus* eine solche Vorliebe hatten, dafs man sie nur durch ihre vielfachen Beinamen zu unterscheiden weifs. Die beiden Zweige der *Octavii* hiefsen nach *Suet. Oct.* 2. nur *Gajus* und *Gnaeus,* die *Domitii* aber (*Ner.* 1.) bald *Gnaeus,* bald *Lucius.*

52. Dem *Auctor de praenomine* zufolge zählte Varro gegen dreifsig römische Vornamen auf, und eben dieser Auctor erklärt mit Übergehung dreier zu Beinamen gewordenen Vornamen *Postumus, Agrippa, Proculus,* und der drei Zahlnamen *Quintus, Sextus, Decimus,* folgende 24 Vornamen: *Opiter, Vopiscus, Hostus, Volero, Lar, Statius, Faustus, Tullus, Sertor, Ancus, Lucius, Manius, Gnaeus, Gajus, Aulus, Marcus, Publius, Tiberius, Titus, Appius, Kaeso, Servius, Spurius, Numerius.* Diese Anzahl liefse sich leicht verdoppeln, wenn man, wie hier nur mit einzelnen Vornamen geschehen ist, alle Vornamen aus der römischen Sagengeschichte und aus den Inschriften der spätern Zeit dazu zählen wollte; allein nur die zuletzt genannten vierzehn Vornamen verrathen, nebst den drei Zahlnamen *Q. Sex. D.,* durch ihre gewöhnliche Abkürzung einen allgemeinen Gebrauch. Doch kam der Vorname *Kaeso* schon mit dem Consul des J. 336. v. Chr. G. *K. Duilius K. f. K. n.* aufser Gebrauch, als eben der Vorname *Decimus* mit dem Befehlshaber der Reiterei *D. Junius Brutus Scaeva* im J. 340. aufblühte. Dazu kömmt, dafs der Vorname *Sextus,* welchen schon der Schänder der Lucretia geführt haben soll, seitdem *L. Sextius Sex. f. N. n. Sextinus Lateranus* mit *L. Aemilius L. f. Mam. n. Mamercinus* 366. v. Chr. G. der erste plebejische Consul wurde, bis auf den Consul des J. 157. *Sex. Julius Sex. f. L. n. Caesar* in den Fasten nicht wieder erscheint, alle übrigen Vornamen aber, welche abgekürzt zu werden pflegen, ganz allein während der samnitischen Kriege im Gebrauche waren, als die Plebejer, welche früher von den stolzen Patriciern nur als Sclaven behandelt waren, alle ihre Talente entfalteten. Da nun in den Abkürzungen der Vornamen sowohl als des Calenders, weil *C* als *G* galt, noch das *K* gebräuchlich war, und daher *Gajus* und *Gnaeus* mit C., *Quintus* mit Q., *Kaeso* aber nach dem Verse des *Terentianus Maurus* »*Saepe Kaesones notabant hac (K) vetusti litera*« mit K geschrieben wurde; so liegt die Vermuthung nahe, dafs die Abkürzungen der Vornamen um dieselbe Zeit aufkamen, als der Ädilis Cn. Flavius (*Liv.* IX, 46.), um das Volk gegen die Willkür der patricischen Pontificen zu schützen, den Calender öffentlich anschlug.

53. Viel früher konnte es nicht wohl geschehen sein, weil erst seit der Einäscherung Rom's, vor welcher noch unabgekürzte Vornamen im Gebrauche waren, die *Aemilii Mamercini* den Vornamen *Marcus* in die Stelle des *Mamercus* treten liefsen; aber auch viel später nicht, weil der Freigelassene des *Sp. Carvilius Ruga,* welcher im J. 231. v. Chr. G. das erste Beispiel einer Ehescheidung gab, das *G* einführte, welches zwar noch nicht auf der Schiffsschnäbelsäule des Duilius, aber schon in den Grabschriften der ältern

Scipionen erscheint. Als aber die Pest, welche zur Einführung der ersten rohen Schauspiele aus Etrurien im J. 362 v. Chr. G. Anlaſs gab, viele ausgezeichnete Helden, unter andern den groſsen *M. Furius Camillus,* weggerafft hatte, und in den Senat sogar Freigelassene, wie *Cn. Flavius,* aufgenommen wurden; da sahen sich die Patricier gezwungen, ihre langen Bärte abzulegen, und durch anderweitige Verdienste zu glänzen. Sollte da nicht der Censor des J. 313 v. Chr. G. *App. Claudius Caecus,* früher *Crassus* zubenannt, neben seinen andern groſsen Verdiensten, auch die römische Geschichte zuerst begründet haben, deren Königsgeschichte eben so sehr den Sabinern, als die ältere Consulgeschichte den Patriciern schmeichelt? Er soll wenigstens die Namen der sabinischen *Valesii, Papisii, Fusii, Vetusii* u. s. w. mit einem *r* zu schreiben gelehrt haben, wie denn auch nach *Cicero ad Fam.* IX, 21. der Enkel des *M. Papirius Crassus,* der nach *Livius* V, 41. den ihn am Barte zupfenden Gallier mit seinem Stabe schlug, zuerst *Papirius* genannt wurde. Wenn damals erst die römische Sagengeschichte ausgeschmückt wurde, so begreift es sich leicht, wie man zur Ausbildung der Geschichte des Romulus eben sowohl die griechischen Sagen von des Kyros wunderbarer Erhaltung im ersten Buche des Herodotos, als die sabinische Sage vom Gründer der Stadt Cures benutzen, und aus des Herodotos Erzählung von Zopyros am Ende des dritten Buches, verbunden mit dessen Nachricht von Periander und Thrasybulos V, 92, 24 ff., die Ausmalung der Geschichte von der Eroberung Gabii's durch Sex. Tarquinius schöpfen konnte. Die Sagen von Hercules und andere Berühmungen der Fabier, welche *Ovidius F.* II. und *Silius* zu Anfange des siebenten Buches berührt, mögen aber erst durch die Fabier ausgebildet sein, welche nicht, wie man dem Vespasianus *(Suet. Vesp.* 12.) schmeichelte, von einem Begleiter, sondern den Antoniern *(Plut. Ant.* 4.) gleich von einem Sohne des Hercules abzustammen sich rühmten.

54. Zum Beweise, daſs in derselben Zeit, als die ersten römischen Geschichtschreiber auftraten, griechische Gelehrsamkeit hochgeschätzt wurde, braucht nur der Consul des J. 304 v. Chr. G. *P. Sempronius* genannt zu werden, welcher wegen seiner Kenntniſs des bürgerlichen Rechtes einen griechischen Zunamen *Sophus* erhielt. Es sollten aber aus Griechenland nicht nur schon die Decemvirn bei ihrer Gesetzgebung sich belehrt, sondern auch die Tarquinier *(Ovid. F.* II, 713.) Orakel geholt haben. Die Zunamen der Römer waren übrigens sogleich von den ältesten Zeiten der Consulgeschichte an so mannigfaltiger Art, daſs es uns zu weit führen würde, wenn wir sie alle besprechen wollten: es genüge, nur einiger Besonderheiten zu erwähnen. Wie die einfachen Namen des *Romulus* und *Remus* von der Erfindung ihrer Sage durch die Griechen zeugen; so spricht sich der Sabiner Erfindung in den zweifachen Namen der frühern und spätern Könige aus. Die beiden *L. Tarquinius* unterschieden erst die spätern Geschichtschreiber durch die Zunamen *Priscus* und *Superbus:* hätte der erste Erzähler ihrer Geschichte schon an einen Zunamen gedacht, so

würde dieser *Tarquinius* gelautet haben, wie der Stammvater nach griechischer Weise *Damaratus Bacchiades Corinthius* genannt werden konnte, und *Atta Clausus* etwas später *Appius Claudius Sabinus Regillanus* hiefs. Doch die Bezeichnung der Heimath war selbst als Zuname für den Römer von geringer Bedeutung, weshalb der bekannte Decemvir *Ap. Claudius* mit den beiden Zunamen *Sabinus Regillanus* noch einen dritten *Crassinus* verband. Obgleich die Zunamen für so unwesentlich galten, dafs man ihnen nicht nur die Vornamen des Vaters und älterer Ahnen, sondern auch die Bezeichnung der Tribus, in welche der Genannte eingeschrieben war, vorsetzte (*Cic. ad Fam.* VIII, 7.); so finden wir doch schon in den ersten Jahren des Freistaates den Consuln einen oder zwei Zunamen beigegeben, wovon einer, oder auch beide, den Wohnort bezeichneten, wie *Sp. Verginius Tricostus Coeliomontanus*, *Sp. Tarpejus Montanus Capitolinus*, und *P. Sestius Capitolinus Vaticanus*, wo jedoch der erste Zuname, welchen auch M. Manlius als Bewohner des von ihm geretteten Capitoles führte, ein ererbter zu sein scheint.

55. Wiewohl die Zunamen auch vererbt, und eben dadurch gehäuft wurden; so vertauschte man sie doch oft gegen andere, und der ältere Cato wurde beliebig *Sapiens, Priscus* oder *Censorius* zubenannt. Andere vernachlässigten die Zunamen ganz (*Gell.* IX, 2.), weshalb man nach des Plutarchos *(Mar.* 1.) Bemerkung so wenig einen Zunamen von *C. Marius* und *Q. Sertorius* kannte, als wir den Vornamen des Dichters *Albius Tibullus* oder des Geschichtschreibers *Cornelius Nepos* wissen, wogegen *Cicero de orat.* II, 64. mit Auslassung des Geschlechtsnamens *Cornelius* nur *Maluginensis M. Scipio* schrieb, und dabei den zweiten Zunamen eben so voranstellte, wie sich *Suetonius Tib.* 2. im Namen *Claudius Appius Regillanus* den Geschlechtsnamen voranzusetzen erlaubte. Bei *Cicero Brut.* 48. finden wir auch im Namen *T. Annius Velina* eine Tribusbezeichnung als Zunamen; woher aber der Consul des J. 498 v. Chr. G. *Q. Cloelius Siculus* seinen Zunamen erhielt, ist schwer zu bestimmen. Doch erwarb sich schon im J. 494 v. Chr. G. der junge *C. Marcius* durch Eroberung der Stadt Corioli den Ehrennamen *Coriolanus,* wie sich der jüngere *P. Cornelius Scipio* zwei Beinamen dieser Art *Africanus Numantinus* zugleich erwarb, obwohl er den ersten schon wegen seiner Ankindung durch den Sohn des ältern Scipio führen durfte, wogegen er den Beinamen seines natürlichen Vaters *L. Aemilius Paullus Macedonicus* verlor, aber zur Bezeichnung des Geschlechtes, welchem er früher angehörte, wie sein von *Q. Fabius Maximus Labeo* angekindeter Bruder, den Beinamen *Aemilianus* annahm. Nach ehrenden Siegernamen strebte vorzüglich das Geschlecht der Meteller im zweiten Jahrh. v. Chr. G.; bis zum Übermafs häuften dergleichen Siegernamen die spätern Kaiser, die wir, um nicht zu weitläuftig zu werden, hier übergehen. Ehrenvolle Beinamen aller Art erwarben sich vorzüglich die Valerier, unter welchen der Eroberer Messana's *M'. Valerius Maximus Corvinus* im J. 263 v. Chr. G. dem einst durch einen Sieg im Zweikampfe mit einem

Gallier erworbenen Beinamen *Corvus* noch die weibliche Verkleinerungsform *Messalla* hinzufügte. Auf eine ähnliche Weise erhielt schon *C. Mucius Scaevola* einen weiblichen Zunamen, wogegen in der spätern Zeit die Frauen männliche Zunamen, wie *Mus, Optatus,
Stratonicus (Marini's Atti de' fratelli Arvali* p. 323.), sich beizulegen keinen Anstand nahmen.

56. Die Vorliebe der Römer für Verkleinerungsformen mochte dadurch begründet
sein, dafs man die Jugendnamen in Zunamen übergehen liefs; besonders schmeichelte man
den Frauen mit Verkleinerungsformen, wie *Primilla, Secundilla, Tertulla, Quartilla, Tulliola,
Livilla, Drusilla, Urgulanilla.* Eine weibliche Form hatten männliche Zunamen nur dann,
wenn sie, wie *Scaevola, Barbula, Sulla, Ovicula,* von weiblichen Substantiven gebildet
waren: in andern Fällen behielt man die männliche Form bei, wie *Lucullus, Catullus, Tibullus.* Wie aber Cicero den *P. Clodius Pulcher* spottend *Pulchellus* nannte, so wurde auch
die Form auf *io,* wie *Pollio* von *Paullus* und *Secundio* von *Secundus,* mit welcher Cleopatra
nach *Suet. Oct.* 17. ihr Söhnchen von Cäsar *Caesario* nannte, zu Spottnamen, wie *Rufio,
Glabrio, Turpio, Senecio, Tyrannio,* gebraucht. Gleich spottend war die Verstärkungsform
auf *o,* welche der griechischen auf *ων,* der altdeutschen auf *ac* oder *olt,* wie *fressac* und
geizolt, entsprach, aber auch, wie im deutschen *Reinhold,* durch den Gebrauch die spottende
Kraft verlor. Wie der Grieche *Nico* bei *Liv.* XXVI, 34. den Spottnamen *Perco* erhielt, so
ward nach *Plinius H. N.* VII, 27. der Vater des grofsen Pompejus wegen seiner Ähnlichkeit mit dem schielenden Koche Monogenes nicht *Strabus,* sondern *Strabo* genannt: und so
mag *Cato,* wenn auch *catus* nach *Varr. L. L.* VII, 3. §. 46. fast eben so viel als *sapiens*
bedeutete, dennoch ursprünglich ein Spottname gewesen sein, wie *Scipio* mit *scorpio* verglichen, trotz der scheinbaren Belobung bei *Macrob. S. 1, 6. sub fin.* Bei keinem Volke
trifft man so viele Spottnamen an, als bei den Römern; aber eben deshalb schämte man
sich ihrer nicht. Alle die vielen Beinamen des *Q. Fabius Maximus Verrucosus Ovicula
Cunctator* waren, wenn gleich Ennius den letzten durch den Vers: *Unus qui nobis cunctando
constituit rem,* zu einem grofsen Ehrennamen erhob, gewissermafsen Spottnamen: denn der
Censor des J. 304. *Q. Fabius Maximus Rullianus (Liv.* IX, 46.) erwarb sich den Zunamen
Maximus doch mehr durch seine Strenge, als durch den sanften Charakter, welchem der
Dictator *M'. Valerius Publicola (Liv.* II, 30 f. *Cic. Brut.* 14.) denselben Zunamen verdankte.
So beschimpfend aber auch der Zuname *Brutus* für den ersten Consul gewesen war, so gern
behielt ihn der Cäsarmörder *M. Junius Brutus* auch nach seiner Ankindung vom mütter-
lichen Oheim *Q. Servilius Caepio* bei.

57. Bei Ankindungen nahm man den Namen eines natürlichen Sohnes an, pflegte
aber in den Zeiten des Freistaates den frühern Geschlechtsnamen mit der Endung *anus* hinzuzufügen, wie sich der zweite Sohn des *Cn. Servilius Caepio,* welchen *Q. Fabius Maximus
Labeo* ankindete, zum Unterschiede des ebenfalls angekindeten Ämilius *Servilianus* nannte.

Während der Bürgerkriege begann man jedoch auch seinen frühern Zunamen beizubehalten, wie sich *P. Cornelius Scipio Nasica* nach seiner Ankindung von *Q. Caecilius Metellus Pius* kurzweg *Q. Metellus Scipio* oder auch *Scipio Metellus (Cic. ad Att.* VI, 1, 17.) nannte. Noch unter der Kaiserherrschaft wird in einer Inschrift bei *Maffei (Mus. Veron.* p. 242, 3.) der Sohn eines *P. Aelius Antipater* nach der Ankindung von *P. Aelius Marcellus* mit beiden Zunamen *Antipater Marcellus* genannt, womit *Cannegieter* pag. 24. eine ebenfalls angekindete unbürtige Tochter des *P. Aelius Julianus* mit dem Namen *P. Aelia Juliana Marcella* vergleicht. Je mehr aber unter den Kaisern die Ankindungen zunahmen, welche man nach *Tacitus A.* XV, 19. unter Nero sogar nur auf kurze Zeit geltend machte, um bei der Bewerbung um Ehrenstellen Familienvätern gleichgeachtet zu werden; mit desto mehr Willkür bildete man die Namen der Angekindeten, so dafs es uns viel zu weit führen würde, wenn wir alle Verschiedenheiten der Nomenclatur durch einzelne Beispiele verfolgen wollten. Nur die merkwürdigsten Veränderungen in der römischen Nomenclatur, welche man als eine Folge der immer häufiger werdenden Ankindungen zu betrachten pflegt, mögen hier noch angeführt werden. Wie die Kaiser selbst, deren erster, *Octavianus Augustus*, sogar seine Gemahlinn *Livia Drusilla* in dasselbe Geschlecht, in welches er durch Ankindung des Dictator's *C. Julius Caesar* aufgenommen war, unter dem Namen *Julia Augusta* durch sein Testament *(Tac. A.* I, 8.) aufnahm, mit ihrem Beispiele in beliebiger Nomenclatur vorangingen, lehrt die Geschichte, und die Beschaffenheit ihrer Eigennamen und Titel auf Steinen und Münzen, welche man in des gelehrten Grafen *Fr. Mediobarbus Biragus* Werke: *Imperatorum Romanorum numismata* der Reihe nach gesammelt findet. Unser Augenmerk sei hier auf die Nomenclatur der Privatpersonen gerichtet.

58. Da der jüngere Plinius als Sohn eines Cäcilius nach der Ankindung vom ältern Plinius (vgl. *Mur.* 7, 32. *C. Plinius L. f. Ouf. Caecilius Secundus)* sowohl *Caecilius* als *Plinius* genannt wurde; so schliefst man hieraus, dafs damals bei einem Angekindeten eben so zwei Geschlechtsnamen mit einander verbunden wurden, wie man früher schon zweierlei Zunamen mit einander verband. Allein der ältere Plinius erwähnt auch *H. N.* XXXIII, 5. einen *C. Caecilius Claudius Isidorus* unter den Consuln *C. Asinius Gallus* und *C. Marcius Censorinus* im J. 9 v. Chr. G., der nach gallischer Sitte zwei beliebige Geschlechtsnamen gehabt zu haben scheint, demzufolge dann auch der jüngere Plinius die beiderlei Geschlechtsnamen bei der Ankindung nur nach gallischer Sitte verband. Wenn nun dasselbe bei den Osken geschah, bei welchen die Vornamen eigentlich Geschlechtsnamen waren; so konnte durch Ankindung leicht ein solcher Name erwachsen, wie in einer Inschrift aus Vibo Valentia bei *Orelli* 3703. *Q. Muticillo Q. f. Aem. Sex. Deciano.* Auf diese Weise begann man, wie man glaubt, bei Ankindungen allmählich mehre vollständige Namen nach beliebiger Anordnung zu verbinden, wie schon ein Consul des J. 93 n. Chr. G. (vgl.

Spon. Itiner. pag. 140.) *C. Antius Aulus Julius Quadratus* heifst, und ein *L. Messius Rusticus* zweier Inschriften v. J. 121 bei *Grut.* 197, 5. u. 198, 2. in einer andern Inschrift vom J. 128 bei *Orelli* 2760. *Marcus Messius Rusticus Aemilius Papus Arius Proculus Julius Celsus*, und vom J. 145 bei *Grut.* 256, 2. sogar *M. Catius Priscus Messius* u. s. w. genannt wird, vgl. *Marini's Atti degli Arvali* p. 235. Wenn man aber in einer tiburtischen Inschrift des Consuls *Q. Sosius Priscus* vom J. 169 bei *Orelli* 2761. *Q. Pompejo Q. f. Quir. Senecioni ‖ Roscio Murenae Coelio Sex. Julio Frontino Silio Deciano ‖ C. Julio Eurycli Herculaneo ‖ Vibullio Pio Augustano Alpino ‖ Bellicio Sollerti Julio Apro ‖ Ducenio Proculo Rutiliano ‖ Rufino Silio Valenti Valerio ‖ Nigro Ce . Fusco Salentiano ‖ Sosio Prisco* weit über dreifsig Namen auf solche Weise zusammengesetzt sieht, dafs man auf den ersten Anblick eine Menge verschiedener Personen zusammengestellt glaubt, wie in der raetischen Inschrift bei *Orelli* 481.; so scheint die Namenhäufung nicht blofs durch Ankindungen veranlafst zu sein.

59. Erwägt man des *Persius* III, 27 f. Frage: *An deceat pulmonem rumpere ventis, stemmate quod Tusco ramum millesime ducis?* so schaltete man wol in den Namen des eiteln Pontifex die Namen aller seiner Ahnen von väterlicher und mütterlicher Seite ein, deren Bilder er in seiner Vorhalle aufgestellt hatte, sowie man in dergleichen ehrenden Inschriften alle Titel der einst bekleideten Ämter zusammenzureihen pflegte. Auf diese Weise ward das, was man als Folge der Ankindungen betrachtet, mehr dadurch veranlafst, dafs aller Völker Nomenclaturen in Rom allmählich Eingang fanden. Statt dafs sich *M. Vipsanius Agrippa* mit Weglassung seines Geschlechtsnamens, dessen er sich seiner niedern Herkunft wegen schämte, nur *M. Agrippa* schrieb, wie in der Inschrift des Pantheons bei *Orelli* 34., und daher der Name seines nachgeborenen Sohnes *M. Agrippa Postumus* nur aus drei alten Vornamen bestand, setzten andere dem Geschlechtsnamen ihres Vaters noch den Geschlechtsnamen der Mutter vor, wie der Vater eines *Q. Postimius Romulus* bei *Orelli* 3190. *Q. Val. Q. f. Postimius Romulus* heifst. So setzte wenigstens der Sohn des *C. Messius Quintus Trajanus Decius*, der sich als Kaiser auf den Münzen häufig nur *Quintus Trajanus Decius* nannte, seinen Namen *Q. Herennius Etruscus Messius Decius* aus dem Namen des Vaters und der Mutter *Herennia Etruscilla* willkürlich zusammen. Mit gleicher Willkür legte man sich, da durch den Isisdienst der Gebrauch verschiedener Namen nach ägyptischer Sitte im ganzen römischen Reiche verbreitet wurde, gewisse Namen bei, woraus Mifsbräuche erwuchsen, welchen schon der Kaiser Claudius nach *Suet. Cl.* 25. durch ein Verbot entgegenarbeitete. Wie der Apostel *Paulus* diesen Namen für *Saul (Apostelg.* XVII, 9.) annahm, so nannte sich nach *Martial.* VI, 17. ein *Cinnamus Cinna.* Von dieser Sitte zeugen auch die Inschriften bei *Orelli* 2766 u. s. w. *Ti . Claudio Niceroti, qui et Asiaticus — C. Julius Nereus, qui vocatur Petitius.* Irrig hat man aber in dem Schriftstellerverzeich-

nisse-des ältern *Plinius* zu *lib.* II., wo, wie man aus dem Verzeichnisse zu *lib.* XI u. XVIII. ersieht, nach *item* die Worte *de Etrusca disciplina scripsit* zu ergänzen sind, durch falsche Interpunction *Tarquitio, qui item Julio Aquila, qui item Sergio Paulo,* ein Beispiel doppelter Namensveränderung finden wollen.

60. Wie man schon zu Cicero's Zeit auf öffentlichen Denkmälern nicht blofs den Vornamen des Vaters und Grofsvaters, sondern noch älterer Ahnen vor der Tribusbezeichnung einschaltete, lehret die Inschrift *M. Tullio M. f. M. n. M. pn. Cor. Ciceroni Cos.* u. s. w. bei *Orelli* 572. Viel weiter trieb man aber eine solche Bezeichnung in der spätern Kaiserzeit, da man in *Lupuli iter Venus.* pag. 114. u. 318. eine Inschrift unter *Antoninus Aug. Pius* also abgefafst findet: *C. Neratio C. f. C. n. C. pron. C. abn(epoti) Cor. Proculo Betitio Pio Maximiliano,* obgleich die Inschriften *C. Betitio C. f. Cor. Pio hic (Mirabell.) sito* pag. 124. und *Betitiae C. f. Maximillae cet.* pag. 125. beweisen, dafs *C. Betitius Pius* nur ein angekindeter Sohn des *C. Neratius* war. In den Überschriften der Briefe an Freunde oder Verwandte liefs Cicero Vor- und Geschlechtsnamen beliebig weg; je vornehmer aber derjenige war, welchen man höflich begrüfsen wollte, desto vollständiger schrieb man den Namen. Sowie Q. Metellus seinen Brief *(ad Fam.* V, 1.) *Q. Metellus Q. f. Celer s. d. M. Tullio Ciceroni* überschrieb, so antwortete Cicero *M. Tullius M. f. Cicero s. d. Q. Metello Q. f. Celeri Procos.*; statt dafs aber Cicero seinen ersten Brief an Varro *(ad Fam.* IX, 1.) mit dem vollen Namen *M. Tullius Cicero M. Terentio Varroni s. d.* überschrieb, setzte er den spätern Briefen nur die Namen *Cicero Varroni* vor. Wenn der Inhalt des Briefes es verlangte, redete man auch Freunde höflich an, wie Cicero *(ad Att.* III, 20.) seines Freundes Ankindung mit der Überschrift *Cicero s. d. Q. Caecilio Q. f. Pomponiano Attico,* und des jungen Cölius Beförderung zu einer curulischen Würde *(ad Fam.* II, 9 f.) mit der Überschrift *M. Tullius Cicero s. d. M. Coelio Rufo, Aedili curuli designato,* beglückwünscht. Während man sonst bei Freunden nur den Zunamen angab, wie *Cicero Attico s.,* setzte man unter Brüdern den Vornamen an dessen Stelle, wie *Marcus Q. fratri s.* oder mit gröfserer Zärtlichkeit in einem Glückwunschschreiben *(ad Fam.* XVI, 16.) *Q. Cicero M. Ciceroni fratri s. p. d.* Da aber bei *Fabr.* p. 391, 258. ein im sechsten Jahre gestorbener Sohn *L. Valerius Turnus,* und bei *Orelli* 2708 f. zweijährige Kinder *C. Julius sp. f. Maximus* und *L. Baebius Callistianus* schon mit einem vollständigen Namen beehrt wurden; so kann es noch weniger befremden, wenn bei *Grut.* p. 331, 3. ein im Wettkampfe des Jupiter Capitolinus gekrönter Dichter von dreizehn Jahren *L. Valerius L. f. Pudens* heifst.

61. Einem Freigelassenen ertheilte der Patronus einen Namen, wie ein Vater seinem Sohne: nur wurde die Abkürzung *f(ilius)* mit *l(ibertus)* vertauscht, und dem Vor- und Geschlechtsnamen des Freilassers, in der ältern Zeit wenigstens, nur ein anderer Zuname, besonders der frühere Sclavenname, zugegeben. So erhielt der freigelassene Grieche des

M. Livius Salinator den Namen *M. Livius Andronicus*, und der freigelassene Carthager des
P. Terentius Lucanus den Namen *P. Terentius Afer.* So wurden zwar auch zwei geliebte
Freigelassene Cicero's *M. Tullius Laurea* und *M. Tullius Tiro* genannt; dafs man aber damals
schon den ganzen Namen auch willkürlich bestimmte, deutet *Cicero ad Att.* IV, 15. durch
sein Schreiben an Atticus an: *De Eutychide gratum, qui vetere praenomine, novo nomine,
T. erit Caecilius, ut est ex me et te junctus Dionysius, M. Pomponius.* Man legte auch den
Freigelassenen den Namen ihrer Patrone mit der Endung *anus* bei, wie eine Freigelassene
der Livia bei *Orelli* 2991. nach Mäcenas als Patrone *Anna Liviae Maecenatiana* benannt
ist. Obwohl die kaiserlichen Freigelassenen meist ihre Sclavennamen beibehielten (*Orell.*
2994 f.), so lieset man doch in einer Inschrift aus des Tiberius Zeit (*Orell.* 2993.) auch *Ti.
Claudio, Ti. Aug. lib. Arrio Claudianiano scrib. libel. Ti. Claudius Flamma Clausus, Ti.
Aug. praegustator cet.* Noch willkürlicher findet man im J. 193 n. Chr. G. (*Orell.* 39.)
die Namen gehäuft: *Aelius Achilles C. l. Perpetuus Flavianus Eutychus Aquilio Felici Ha-
drasto Aug. lib.* Mit welcher Willkür man den Freigelassenen einer Colonie oder eines
Municipiums einen Geschlechtsnamen gab, hat mein Sohn in der *Zeitschrift für die Alterthumswissenschaft* 1834. S. 182 ff. vgl. *Orell.* 2992. 2371. nachgewiesen. Der Name des
Dichters *Q. Horatius Flaccus* zeigt, dafs auch der Name der Tribus, in welche eine Colonie
eingeschrieben war, zum Geschlechtsnamen des Freigelassenen erhoben wurde: denn dafs des
Horatius Geburtsort Venusia zur *Horatia tribus* gehörte, wird aus vielen Inschriften klar,
wogegen das alte Geschlecht der Horatier, von welchem man des Dichters Geschlechtsnamen
herzuleiten geneigt sein möchte, längst ausgestorben war.

62. Bei Ertheilung des Bürgerrechtes an Fremde verfuhr man eben so, wie bei
der Freilassung eines Sclaven: nur wurde er der Sohn seines natürlichen Vaters genannt,
wie *Caesar B. G.* I, 47. von einem Gallier schreibt: *C. Valerius Procillus, C. Valerii Ca-
buri filius, cujus pater a C. Valerio Flacco civitate donatus erat.* Die Verschiedenheit des
Zunamens bei dem Vater und Sohne ist gallischer Sitte gemäfs, nach welcher sich nicht
selten gallische Brüder durch den Zunamen unterschieden, wie *Julius Gratus* und *Julius
Fronto* bei *Tacitus H.* II, 26. oder wie von des Dichters *P. Virgilius Maro* Brüdern der
eine *Silo,* der andere *Flaccus* hiefs. Aus den Worten Cicero's *ad Fam.* XIII, 36., mit
welchen er einen sicilischen Gastfreund *Demetrius Megas* empfiehlt: *Ei Dolabella rogatu
meo civitatem a Caesare impetravit, qua in re ego interfui: itaque nunc P. Cornelius vocatur,* erhellet, dafs man den Vor- und Geschlechtsnamen vom Fürbitter entlehnte, den Zunamen aber unbestimmt liefs. So wurde der Gaditaner *L. Cornelius Balbus (Plin. H. N.*
VII, 44.) nach *L. Cornelius Lentulus* benannt, auf dessen Vorschlag ihm Pompejus das
Bürgerrecht ertheilte, und Cicero *Verr.* IV, 17. schreibt: *Q. Lutatius Diodorus, qui Q.
Catuli beneficio a L. Sulla civis romanus factus est.* Nothwendig war jedoch eine solche
Namengebung nicht: denn Cicero schreibt selbst *ad Fam.* XIII, 35, 1., dafs der von ihm
dem Cäsar empfohlene Sicilianer *C. Avianius Philoxenus* seinen Namen von Cicero's Freunde
Avianius Flaccus annahm. Wenn ganzen Provinzen das römische Bürgerrecht ertheilt wurde,
konnte natürlich nicht jeder gleichen Vor- und Geschlechtsnamen erhalten, wie so viele
Gallier den Namen *Julius* bekamen: diesem Umstande ist vorzüglich die Aufnahme fremder
Geschlechtsnamen an der Stelle römischer auf *ius* zuzuschreiben, wovon bei allen früher
erläuterten Nomenclaturen so viele Beispiele angeführt sind, dafs ich hier deren überhoben
sein kann. Nur wie mannigfaltig die Vor- und Geschlechtsnamen im cisalpinischen Gallien
waren, möge zum Schlusse noch bemerkt werden.

63. Von Geschlechtsnamen auf *ius* genüge die Anführung einer einzigen Inschrift
bei *Gruter* 360, 3. *P. Aquius, Scaevae et Flaviae filius, Consi et Didiae nepos, Barbi et
Duriciae pronepos, Scaura* oder vielmehr *Scapula,* wegen der eigenthümlichen Art der Ah-
nenbestimmung, welche zwar, insofern der Vater vom Sohne sich nur durch den Zunamen
unterscheidet, eine gallische Nomenclatur verräth, aber insofern mit dem Zunamen des
Vaters zugleich der Geschlechtsname der Frau desselben verbunden ist, den Glauben an ihre

Achtheit äufserst schwächt. Wie häufig die Geschlechtsnamen auf *anus, enus, inus*, im cisalpinischen Gallien waren, mögen folgende Beispiele zeigen: *M. Montanus M. f. Ouf. Cassianus* aus Mediolanum bei *Mur.* 1267, 7., *M. Novanus M. f. Marcellus* aus Mutina 1485, 7. vgl. 190, 1.; *C. Disidenus C. f. Pup. Secundus* aus Cäsena 698, 1., *P. Matienus P. fil. Fab. Proculus Romanius Maximus* aus Brixia bei *Orelli* 4051.; *C. Macedinus C. f. Ani. Rufus*, bei *Mur.* 1704, 5. Mehr verdient jedoch bemerkt zu werden, dafs man auch die Zunamen aus dem Mutternamen auf *anus* bildete, wie bei *Orelli* 2754. *M. Avilio M. f. Quir. Scymniano — Flavia Scymnis mater.* In einer Inschrift bei *Grut.* 51, 2. *C. Albinus C. f. Ouf. Mascellio — nomine suo et Juliae Ingenuae uxoris et Albinorum Juliani, Mascellionis, Ingenuae Montanae, liberorum suorum*, geht der Muttername dieser Art dem Vaternamen vor, während die Tochter mit dem Zunamen der Mutter noch einen andern Zunamen verbindet. Dafs aber der Name der Mutter auch nur in seiner männlichen Form auf *us* angenommen wurde, und die Tochter damit den Namen der Grofsmutter verband, sowie auch des Grofsvaters Zuname dem zweiten Sohn beigelegt wurde, bezeugt eine Inschrift aus Mediolanum bei *Grut.* 739, 1. *M. Pullienus M. f. Ouf. Ingenuus sibi et M. Pullieno Tertullo patri, Ingenuae matri, Priscae Macrini f. uxori, Primae Ingenuae Priscae, M. Pullieno Prisco, L. Pullieno Tertullo b. m. et posteris posuit.* Auffallend ist aber die gänzliche Verschiedenheit des Bruder- und Schwesternamens bei *Orelli* 2750. *Q. Stlaccius Quintianus Tulliae Justae sorori suae — et C. Vergilius* f. fecit matri *Justus.*

64. Von Geschlechtsnamen auf *ellus* findet sich schon bei *Cicero Brut.* 40. *C. Rusticellus Bononiensis;* Geschlechtsnamen auf *illus* und *ullus* enthält folgende Inschrift des Herzogl. Museums in Braunschweig: *Tertius Cintulli f. sibi et Cintullo Ateponis f. patri suo, et Juliae Troucilli filiae matri suae, et Quintae Cintulli f. sorori suae, et Secundae Toutilli filiae uxori suae, ex testamento.* Vergleicht man mit dieser Inschrift *Grut.* 532, 4. vgl. 1109, 1. 1157, 14. *Ter. Exsomnus Ter. f. An. Ver(cell.)* und *Fabr.* p. 24, 108. *Quart. Annius Quar. f. Poll. Saturninus;* so scheinen *Tertius, Quinta* und *Secunda* blofse Vornamen zu sein; aber wir lesen bei *Mur.* 696, 2. 949, 5. auch *N. Decumus N. f. Col. Varrus,* und bei *Marini (Atti degli Arvali* p. 235.) sogar *L. Decimus Laberius Claudius,* der tuskischen Inschrift des Herzogl. Museums zu Braunschweig analog: *C. Secunda Titia T. f. Vesconia;* und wiederum *L. Tacitus L. f. Lem. Secundus Parentio — et Tacitia parentes fil. cet.* bei *Mur.* 856, 7. und *Quartia Terentia Secunda* bei *Fabr.* p. 24, 109. vgl. *Orell.* 2720. neben *Quartinia Babaeria.* Eine ganz besondere Form hat schon der Geschlechtsname *T. Tinea Placentinus* bei *Cicero Brut.* 46.; aber noch auffallender ist in einer Inschrift aus Novaria bei *Grut.* 736, 10. *M. Philocles M. f. Cla. Marcellinus.* Weniger kann daher der Name *Superus* aus Cremona bei *Maffei (Mus. Veron.* 124, 2.) befremden, oder *Cn. Biennus L. f. Pol. Broccus* aus Regium Lepidi bei *Orelli* 3983., *Lansidenna Rutila L. Nigella* aus Venetia bei *Mur.* 1618, 12., *Aquilejensis* bei *Bartoli (Antiqq. Aquil.* 59. 62. 68. 286 f. 364). Noch häufiger ist die Endung *iacus*, wie *C. Laeciniacus Maximus* aus Aquileja bei *Mur.* 1364, 8., *T. Curtiacus T. f. Lem. Bon.* bei *Mur.* 809, 3. *Grut.* 1107, 9., *L. Magiacus L. f. Ani. Severin. Vercell.* bei *Fabr.* p. 213, 536. vgl. *Orell.* 455. Weil des Rubellius Plautus Gattinn bei *Tac. A.* XVI, 10. nicht blofs *Antistia* vom Vater *L. Antistius Vetus*, sondern auch *Pollutia* genannt wird; so hat man vermuthet, dafs ihre Mutter *Pollutia* geheifsen habe. Auf ähnliche Weise ist wenigstens ein Frauenname in folgender Inschrift bei *Orelli* 2749. gebildet: *Sex. Attio Attico, Valeriae Sextinae matri, Valeriae Attiae sorori, Sex. Attio Festo fratri, Attiae Novellae filiae, Memminiae Priscae uxori, L. Attius Secundus.*

LITERATURAE ET INSCRIPTIONES ITALICAE.

I. Literaturae in vasculis antiquis repertae.

1. Literatura **TUSCA** *in vasculo Nolano:* 8↓ΘVϒϹϘⳂΛΛΙΛΛΛΙΙΙⳡⵕⳠⵌⴹⵉⴹⴸⴸⵂ

2. Literatura **PELASGICA** *ex Agylla:* ΑΒϹΔⴹℲℲΒΘΙΚⵏⴹⵑⵉⵏⵉⵎⴱⴹΘΡⵏΡϹⵕΥΤⵏⵏⵏ

II. Inscriptiones bilingues **TUSCAE** *et* **LATINAE.**

1. C·VENSIVS·C·F·CAIVS·
2. C·ALFIVS·A·F·CAINNIA·NATVS
3. MOTACILIVS·RVFVS·VARIA·NATVS
    4. T·ATIVS·L·F·ESTE·HARVSPE·FVLGVRIATOR

III. **UMBRICAE** *inscriptionis initium ex Iguvina tabula.*

IIII. E variis **OSCIS** *inscriptionibus nomina quaedam.*

V. **VOLSCAE** *inscriptionis finis e Veliterna tabula.*

VI. **GRAECAE** *ex Sicilia, Bruttio et Japygia inscriptiones.*

Sc. o J. G. Schwab

For EU product safety concerns, contact us at Calle de José Abascal, 56–1°,
28003 Madrid, Spain or eugpsr@cambridge.org.

www.ingramcontent.com/pod-product-compliance
Ingram Content Group UK Ltd.
Pitfield, Milton Keynes, MK11 3LW, UK
UKHW030900150625
459647UK00021B/2710